国家新文科研究与改革实践项目“文科类院校教师教学发展态势与推进机制研究——基于全国教师教学发展指数的挖掘”（2021170007）和“新文科背景下高校教师教学发展的机制研究与实践”（2021190014）资助项目

The Analysis Report of Faculty Instructional Development of National University (2020)

全国普通高校教师教学发展分析报告（2020版）

中国高等教育学会“高校教师教学发展研究”专家工作组 编

图书在版编目(CIP)数据

全国普通高校教师教学发展分析报告：2020 版 / 中国高等教育学会“高校教师教学发展研究”专家工作组编. — 杭州：浙江大学出版社，2022.2

ISBN 978-7-308-21895-5

Ⅰ. ①全… Ⅱ. ①中… Ⅲ. ①高等学校－师资培养－研究报告－中国－2020 Ⅳ. ①G645.12

中国版本图书馆 CIP 数据核字(2021)第 216202 号

全国普通高校教师教学发展分析报告(2020 版)

中国高等教育学会“高校教师教学发展研究”专家工作组 编

责任编辑 吴昌雷
责任校对 王 波
封面设计 北京春天
出版发行 浙江大学出版社
(杭州市天目山路 148 号 邮政编码 310007)
(网址：http://www.zjupress.com)
排 版 杭州朝曦图文设计有限公司
印 刷 杭州杭新印务有限公司
开 本 787mm×1092mm 1/16
印 张 18.25
字 数 432 千
版 印 次 2022 年 2 月第 1 版 2022 年 2 月第 1 次印刷
书 号 ISBN 978-7-308-21895-5
定 价 55.00 元

全国普通高校教师教学发展分析报告(2020版)
中国高等教育学会“高校教师教学发展研究”专家工作组

专家委员会

领导小组

组　长　张大良

副组长　姜恩来　何莲珍　王小梅　郝清杰　刘宴兵　周建松

成　员　(以姓氏笔画为序)

冯晓云　吴英策　吴静怡　宋　辉　张文东　陆国栋　邵　进　蔡敬民

工作小组

组　长　何莲珍　王小梅

副组长　陆国栋　吴英策　刘　波　田　静　段成荣　刘　臻　谭华霖　陈　刚　王文格　杨　毅　张红伟　李　辉　张树永　韩建平　郭福春　马建荣

编写委员会

主　编　陆国栋

副主编　吴英策

编　委　(以姓氏笔画为序)

马　楠　王　进　王　珺　王文华　王宁军　白逸仙　朱　琦　孙永乐　李　新　李小龙　李银丹　杨　林　吴一鸣　吴晓娟　何钦铭　张　聪　张克俊　张丽华　陈　亮　封　毅　赵　燕　赵春鱼　施为家　洪　佳　姚　旭　顾大强　顾琼莹　徐巧宁　黄　召　黄　翔　颜　晖　薛晓婧　魏志渊

序

“三寸粉笔，三尺讲台系国运；一颗丹心，一生秉烛铸民魂。”教师是人类灵魂的工程师，是人类文明的传承者，也是中华民族“梦之队”的筑梦人。党和国家对教师队伍建设高度重视，提出“中国梦的实现，关键在人才，基础在教育，根本在教师”，高素质专业化创新型教师队伍的建设也被列为国家发展十大战略任务之一。进入新时代，我国高等教育已进入内涵式、高质量发展阶段，要实现中华民族伟大复兴的中国梦，需要全面提升教师队伍素质，实现教师的可持续发展。然而，从我国当前的高等教育发展生态来看，教师各个方面的发展却呈现“不平衡、不充分”的特点，特别在绩效管理背景下，过分追求“科研GDP”或“学生 GDP”已经严重抑制了教师教学的积极性，并在客观上促成大学科研和教学“两张皮”的现象，教师教学发展的“弱化”严重影响着人才培养质量。

在这样的现实背景下，高校教师的发展亟待一种“回归”，即回归本分，教书育人，传道授业；或者说回归初衷，立德树人，甘当人梯。高校教师教学发展是引导教师“回归”的有效途径，也是提高人才培养质量的基本保证。然而，普通高校教师教学发展的概念长期处于模糊和不确定的状态，使得其发展面临“宣传力度大、政策落地难”的尴尬局面，特别在学术绩效主义的影响下，教师教学发展更是不得不让位于科研发展和学科发展。

面对上述问题，中国高等教育学会成立了“高校教师教学发展研究”专家工作组，并于2019 年 2 月 22 日启动了“全国高校教师教学发展指数”的研究工作，工作组在系统研究我国高校教师发展历程的基础上，通过大数据分析，梳理高校教师教学发展维度，构建出一个边界清晰、内涵明确的“指数”来表征我国高校的教师教学发展现状和生态。2019 年5 月 27 日在福州春季高等教育博览会上，中国高等教育学会首次预发布了全国本科院校教师教学发展指数，又于当年 11 月 1 日在南京秋季高等教育博览会上正式发布全国本科院校教师教学发展指数，并首次预发布全国高职院校教师教学发展指数；2020 年 11 月在长沙秋季高等教育博览会上，中国高等教育学会正式发布了 2020 版全国普通高校教师教学发展指数，其中包括“全国本科院校教师教学发展指数”、“全国高职院校教师教学发展指数”和“浙江省高校教师教学发展指数”3 类指数，依据分类评估原则，各指数又包含若干子清单，之后中国高等教育学会决定每年发布本科、高职和省域等若干指数清单。

“指数”的发布使得“高校教师教学发展”这一难以量化、不易表征的概念得以明晰，形成了对高校人才培养能力的一种理性审视视角，这在国内尚属首创，并在全国范围引起广泛关注，为中国特色高校教师教学内涵的界定和标准体系的构建，为高校教师教学工作的科学评估和创新发展，为完善我国高等教育治理体系，提供了宝贵的理论支撑和实践经验。

今天，工作组将探索过程和已经取得的阶段性进展进行了整理、提炼，形成了又一成果——《全国普通高校教师教学发展分析报告》，并向社会公布。本报告详细介绍了本科、高职以及省域指数的设计和实践过程，并基于指数进行了全国、各区域、各省域、各类型高校的教师教学发展态势分析、问题剖析，提出了对策建议。相信报告的出版能够引导社会各方更加重视高校教师教学发展，同心协力、同频共振促进教师发展；同时报告中的数据和对策也能够为教育管理部门和各高校推进教师教学工作提供依据和借鉴，进一步激励教师提高教学水平和人才培养质量，为高等教育强国建设贡献力量。

张大良

2021 年 9 月于北京

目 录

1 绪论

全国高校教师教学发展指数(下简称"教发指数")是中国高等教育学会"高校教师教学发展研究"专家工作组的研究成果。该研究于 2019 年 2 月 22 日启动,2019 年 5 月 27 日在春季高等教育博览会上首次预发布全国本科院校教师教学发展指数;2019 年 11 月 1 日在秋季高等教育博览会上首次正式发布全国本科院校教师教学发展指数,首次预发布全国高职院校教师教学发展指数,之后将每年发布本科和高职兄弟榜和若干子清单。全国高校教师教学发展指数以"6+1"为结构,以"1+6"为特点,覆盖所有普通高校。目前,本科院校教发指数已经发布三轮(含预发布),该指数成为 2019 年 11 月高等教育四大关键词之一,两次得到"学习强国"专题报道;高职院校教发指数在 2019 年 11 月进行了首次预发布,2020 年 11 月在秋季高博会上首次正式发布。

1.1 全国普通高校教师教学发展指数研发背景

2018 年 1 月,中共中央、国务院颁布《中共中央国务院关于全面深化新时代教师队伍建设改革的意见》(下简称《意见》),这是新中国成立以来党中央出台的第一个专门面向教师队伍建设的里程碑式的政策文件,《意见》提出"中国梦的实现,关键在人才,基础在教育,根本在教师""要全面提高高等学校教师质量""全面开展高等学校教师教学能力提升系列活动"。2019 年 2 月,中共中央、国务院印发的《中国教育现代化 2035》中将"建设高素质专业化创新型教师队伍"列为十大战略任务之一。说明教师发展是教育发展的奠基石作用进一步彰显并得到了前所未有的重视。

然而,在绩效管理背景下,过分追求"科研 GDP"或"学生 GDP"已严重抑制教师教学的积极性,并在客观上促成大学科研和教学"两张皮"的现象[①],教师教学发展的"弱化"严重影响人才培养质量。哈佛大学校长哈瑞·刘易斯在《失去灵魂的卓越——哈佛是如何忘记教育宗旨的》一书中指出:作为知识的创造者和储存地,这些大学是成功的,但它们忘记了更重要的教育学生的任务[②]。说明教师教学关注度的偏移似乎是世界高等教育之"通病"。引导教师投入教学,促进教师教学发展已经成为新时代我国高等教育内涵式发展的当务之急。

声誉机制是"倒逼"大学政策调整的有效手段之一,第三方评价是一种常见的声誉机制调节手段。过去十多年,科研导向的大学排行榜对当代我国大学政策的调节作用可见一斑。然而,高校教师教学活动和教学发展由于边界的模糊性和内涵的复杂性带来教师教学质量和发展状态衡量的不确定性,使得教师教学发展面临"口号响,落地难""理念好,操作难"的尴尬情境。如何激发教师教学发展?引入第三方评价的声誉机制调节作用成为破解以上难题的可能尝试。鉴于此,课题组在系统研究我国高校教师发展历史的基础上,通过大数据分析,梳理高校教师教学发展维度,以期用一个边界清晰、内涵明确的"指

---

① 康翠萍,王磊.高校教师教学发展应纳入学术发展轨道[J].教育研究,2016,37(12):122-124.

② 刘易斯.失去灵魂的卓越:哈佛是如何忘记教育宗旨的[M].侯定凯,译.上海:华东师范大学出版社,2007:1-2.

数"来表征我国高校的教师教学发展现状和生态,以此"倒逼"高校更加重视教师教学发展,进一步夯实人才培养中心地位,为更好地实施高教强国战略服务。

高校教师发展的概念最早出现于1973年拉尔夫(Norbert Ralph)所撰写的《高校教师发展的阶段》一书①。1975年,弗兰西斯(John B. Francis)首次对高校教师发展下了一个相对明确的定义:为满足学生、院系和高校教师自身需要,在院系层面开展的一系列改善教师态度、技能和行为的活动,以使他们能够更好、更有效地胜任②。但弗兰西斯的定义指向组织层面,而非教师个人的教学发展。同年,伯奎斯特(William H. Bergquist)和菲利普斯(Steven R. Philips)提出高校教师发展三维度理论模型:个人发展、教学发展和组织发展③。在接下来的很长一段时间内,人们探讨教师发展的时候往往将其内涵等同于教师教学发展④,⑤,⑥,⑦。1985年,艾博尔(K. E. Eble)和迈克伊骑(W. J. Mckeachie)等在伯奎斯特的模型上增加了课程发展维度⑧,使得教师教学发展得到更多关注。1990年,美国著名高等教育家、卡内基基金会前主席博耶(Ernest Boyer)在《学术反思》报告中首次提出"教学学术"概念,指出"教学支撑着学术,没有教学的支撑,学术的发展将难以为继"⑨,更是将教师的教学发展提升了一个高度。20世纪90年代之后,受到博耶的"多元学术观"的影响,"高校教师发展"的概念逐渐固定下来,目前,最具有代表性的观点是美国教育协会(National Education Association,NEA)在《高校教师发展:增强一种国家资源》中对"高校教师发展"的界定,认为高校教师发展应该包括:教学发展、专业发展、个人发展和组织发展,四个维度是一个整体,但是教学发展应该是教师发展的核心部分⑩。

虽然教师教学发展的核心地位从理论研究上得到确立,但目前教师教学发展却面临组织属性的边界刚性制约、教师学术职业与教学专业修习路径补偿、教学与科研张力失

---

① RALPH N. Stages of Faculty Development[J]. New Directions for Higher Education,1973,(1):61-68.

② FRANCIS J B. How Do We Get There From Here? Program Design for Faculty Development [J]. The JournalofHigherEducation,1975,46(6):719-732.

③ BERGQUIST W H,PHILIPS S R. Components of an Effective Faculty Development Program [J]. The Journal of Higher Education,1975,46(2):177-211.

④ RIEGLE R P. Conceptions of Faculty Development[J]. Educational Theory,1987,(1):53-59.

⑤ ROBERT B. Reexamination of Traditional Emphases in Faculty Development[J]. Research in HigherEducation,1984,21(2):195-209.

⑥ WATSONG, GROSSMANL H. Pursuinga Comprehensive Faculty Development Program: Making Fragmentation Work[J]. Journal of Counseling & Development,1994,(72):465-473.

⑦ SMITH A B. Faculty Development and Evaluation in Higher Education[M]. Washington D C: The American Association for Higher Education,1976:13.

⑧ EBLE K E, MCKEACHIE W J. Improving Undergraduate Education Through Faculty Development[M]. San Francisco:Jossey-Bass,1985:1.

⑨ 博耶. 关于美国教育改革的演讲[M]. 北京:教育科学出版社,2002:65.

⑩ BLEDSOEGB. Faculty Development in Higher Education. Enhancing a National Resource. To Promote Academic Justice and Excellence Series[R]. Washington D. C. :National Education Association, 1991:11-12.

调，特别在大学综合排行、科研学科排名等社会评价引导下，人才培养与教学工作地位日渐式微。有学者呼吁：加快建立健全研究与教学关联的评价制度，改变以科研为首的大学评价制度，增加教学在大学评价中的权重[①]。要提高教学发展的知名度，教师教学发展工作在校园内不能“静悄悄”，而应“大张旗鼓”和“轰轰烈烈”，这样才能营造良好的教师教学文化[②]。本研究拟开发的高校教师教学发展指数就是对此的直接回应。

1.2 全国普通高校教师教学发展整体设计

1.2.1 指数设计目的

“指数”研发目的可概括为：廓清边界、引导高校、完善体系。“廓清边界”是指指数的研发旨在厘清我国高校教师教学发展的内涵、边界，并且以可观测、可量化的指标加以表征。“引导高校”是指以全国普通本科院校为分析对象，以第三方评价的方式向社会公布，以期通过声誉机制调节高校政策导向，引导高校更好地投入教师教学发展培养，提高教师教学发展水平，从而达到提高教学质量的目的。“完善体系”是指通过教师教学发展指数的研发，助力高校教学质量持续改进，进一步完善高等教育治理体系，提高高等教育治理能力。

1.2.2 指数分析对象

指数的分析对象为我国普通高等学校，不包含军事院校和成人高等学校。根据教育部发布的普通高等学校名单动态调整指数分析对象。以 2020 年 11 月最新一次发布为例，指数研发对象包括本科院校 1250 所，高职院校 1490 所，其中 22 所本科层次的职业大学由于其仍然保持职业性，划入高职院校进行指数研究。

1.2.3 指数研发原则

(1)关注教学。教师教学发展指数的第一个关键词是“教学”，所有指标都指向教学或与教学高度相关。虽然，对于高校教师而言，科研对教学具有重要的反哺作用，但由于两者联系的松散性，在教师教学发展指数中不考虑科研指标。从某种程度上讲，高校教师教学发展指数的设计是对目前大学排行榜过于关注科研结果的一种补充和调节，是从另一个角度向社会呈现高校发展面貌。

(2)关注教师。教师是教师教学发展指数各个数据点的主体，因此，“指数”所采集的数据都是以一线教师为主体，是真正从事教学的教师个体或团体发展的表现，而非其他。

(3)关注历史积累。“十年树木，百年树人”，教师的成长有其特定的规律性和阶段性，

---

① 苏强，吕帆，林征.大学教师教学发展的理性思考与超越之维[J].教育研究，2015，36(12)：52－58.

② 汪霞，崔军.高校教师教学发展的理论基础与促进策略[J].中国高教研究，2015(11)：87－91.

高校教师整体的发展更与每个教师的成长息息相关，也与高校教师发展政策成效以及辐射作用等息息相关，且这是一个积累的过程。所以，“指数”的数据采集关注历史积累。

(4)关注发展。高校教师教学发展有其内在的规律性和阶段性，把高校作为分析单位来看，其教师教学发展整体状态与该校建校时间、发展历史息息相关。所以在数据分析中，我们将高校自身的发展历史也作为一个类别变量纳入分析，如分析“年轻高校”的教师教学发展生态。

(5)关注成果。要对某一个对象作出价值判断的前提是对象必须有清晰的内涵和明确的判断标准。需要化繁为简，从众多复杂的现象中抽取最能表征事物本质的核心要素是科学评价活动的重要步骤。教师教学发展是在同性价值取向的基础上彰显个性、不断创新的过程，对个体而言，这个过程是复杂的、边界模糊的，但是对高校而言，却可以通过教师教学发展各个方面的成果加以表征。由于各类教师教学发展成果在取得的过程中就已经包含了各个高校教师教学水平的筛选，成果类指标可以看作是高校教师教学发展状态的关键评价指标。

1.3 全国普通高校教师教学发展研究实践

1.3.1 本科院校教师教学发展指数发布历程

1.3.1.1 2019 预发布

2019 年 2 月 22 日，全国教师教学发展指数研究启动，历时三个月之后，在 5 月 27 日举行的春季高等教育博览会上首次预发布。

通过申请教育部信息公开、档案馆查询、网站查询、长期积累等多种途径，采集普通本科院校教师教学发展在教师团队、教改项目、教材项目、教学论文、教学成果奖、教师培训基地和教师教学竞赛七个一级指标中的数据，共采集到原始数据 38 万余条。

多元发展是高等教育发展的主要特征之一，不同的高校有不同的办学定位和人才培养目标，有不同的资源获取渠道和成效，有不同的生源结构和特点，多元发展需要多样评价，同质性高校的横向比较才更有意义。因此，在指标的发布形式上，除了总榜单之外，根据学校发展的学科类型、资源获取类型以及发展特点，形成多个分榜单(具体见表 1-1)。

表 1-1 我国普通本科院校教师教学发展指数预发布内容

序号	名称	发布数量
1	全国普通本科院校教师教学发展指数(2019 版预发布)	前 300
2	“双一流”建设高校教师教学发展指数(2019 版预发布)	全部
3	地方本科院校教师教学发展指数(2019 版预发布)	前 100
4—1	综合类本科院校教师教学发展指数(2019 版预发布)	前 20
4—2	理工类本科院校教师教学发展指数(2019 版预发布)	前 20

续表

序号	名称	发布数量
4－3	人文社科类本科院校教师教学发展指数(2019 版预发布)	前 20
4－4	农林类本科院校教师教学发展指数(2019 版预发布)	前 20
4－5	医药类本科院校教师教学发展指数(2019 版预发布)	前 20
4－6	师范类本科院校教师教学发展指数(2019 版预发布)	前 20
5	民办及独立学院教师教学发展指数(2019 版预发布)	前 20

指数一经预发布，立刻引起媒体和高校关注，短短一周内，跟指数相关的媒体稿达到 100 篇以上，《中国青年报》整版对指数做了详尽介绍，“学习强国”学习平台对该指数做了进一步宣传报道。

1.3.1.2 2019 首次正式发布

全国教师教学发展指数设计的亮点之一是允许高校对自己纳入指数的所有指标和原始数据进行免费查询。指数预发布后，高校可对照这些原始数据进行检验和核查，如果出现遗漏、缺损或不准确的情况，即向指数研发小组反馈相关信息，研发人员根据各高校反馈的信息和相关证据对数据进行核实和调整。历时两个月的意见征求后，共收集到 322 条修订意见，研发小组逐一对照、沟通；继续补充 2019 年 5 月到 8 月 30 日的数据和部分新增数据，经过多轮讨论研究，本科院校教师教学发展指数增补 1 个二级指标、5 个三级指标、17 个四级指标；修改 4 个三级指标；新增 3578 条数据；删除 2 个三级指标(共 168 条数据)。

2019 年 11 月 1 日，在南京举行的秋季高等教育博览会首次正式发布全国普通高校教师教学发展指数 2019 版。一个新的变化是，根据意见中提交的学校办学历史积累和学校规模对指数的影响，正式发布的本科院校教师教学发展指数还推出了新建本科院校教师教学发展分类指数和本科院校教师教学发展师均指数两个子清单(详见表 1-2)。

表 1-2 我国普通本科院校教师教学发展指数正式发布内容

序号	指数名称	发布数量
1	全国普通本科院校教师教学发展指数(2019 正式版)	前 300
2	“双一流”建设高校教师教学发展指数(2019 正式版)	全部
3	地方本科院校教师教学发展指数(2019 正式版)	前 100
4－1	综合类本科院校教师教学发展指数(2019 正式版)	前 20
4－2	理工类本科院校教师教学发展指数(2019 正式版)	前 20
4－3	人文社科类本科院校教师教学发展指数(2019 正式版)	前 20
4－4	农林类本科院校教师教学发展指数(2019 正式版)	前 20
4－5	医药类本科院校教师教学发展指数(2019 正式版)	前 20
4－6	师范类本科院校教师教学发展指数(2019 正式版)	前 20
5	民办及独立学院教师教学发展指数(2019 正式版)	前 20
6	新建本科院校教师教学发展指数(2019 预发布)	前 100
7	全国普通本科院校教师教学发展师均指数(2019 预发布)	前 100

1.3.1.3 2020第二次发布

2020年11月9日，中国高等教育学会在长沙举行的秋季高等教育博览会上正式发布了2020版全国普通高校教师教学发展指数。中国高等教育学会副秘书长王小梅代表专家工作组做发布，中国高等教育学会工程教育专业委员会秘书长、浙江大学机器人研究院常务副院长陆国栋教授代表专家工作组对指数进行了解读。本次共发布"全国本科院校教师教学发展指数""全国高职院校教师教学发展指数"和"浙江省高校教师教学发展指数"3类指数。其中"全国本科院校教师教学发展指数"包含12个高校教师教学发展指数清单（详见表1-3），"全国高职院校教师教学发展指数"包含8个高校教师教学发展指数清单（详见表1-5）。此外，浙江省还率先推出了浙江省本科院校教师教学发展省域指数。

表1-3 2020版全国本科院校教师教学发展指数清单名称一览

序号	名称	发布数量
1	全国普通本科院校教师教学发展指数(2020版)	前300
2	"双一流"建设高校教师教学发展指数(2020版)	全部
3	地方本科院校教师教学发展指数(2020版)	前100
4－1	综合类本科院校教师教学发展指数(2020版)	前20
4－2	理工类本科院校教师教学发展指数(2020版)	前20
4－3	人文社科类本科院校教师教学发展指数(2020版)	前20
4－4	农林类本科院校教师教学发展指数(2020版)	前20
4－5	医药类本科院校教师教学发展指数(2020版)	前20
4－6	师范类本科院校教师教学发展指数(2020版)	前20
5	民办及独立学院教师教学发展指数(2020版)	前20
6	新建本科院校教师教学发展指数(2020版)	前100
7	全国普通本科院校教师教学发展师均指数(2020版)	前100

2020版指数依旧从"6＋1"个维度刻画我国高校教师教学发展生态，其中本科指数包括"教师团队""教改项目""教材项目""教学论文""教学成果奖""教师培训基地"6个维度和"教师教学竞赛"特别维度；高职指数为突出高职的应用性、职业性、实践性、双师特性等，在一级指标上进行了调整，包括"教师团队""产教融合""专业与课程""教材与论文""教学成果奖""教师培训基地"6个维度和"教师教学竞赛"特别维度，与本科指数既相互联系又相互区别，组成一个统一的整体。

此次本科院校教师教学发展指数中，上榜本科院校达到1226所，占全国本科院校总数的98.08％，比2019年增长1.1个百分点，排名前三的依旧为清华大学、北京大学和浙江大学。从各区域上榜率来看，东部地区上榜501所，占东部地区本科院校数的98.04％，中部和西部地区均上榜294所，分别占中部和西部地区本科院校数的98.99％和97.35％，东北地区上榜137所，占东北地区本科院校数的97.86％。相比2019年的指数，各区域的指数覆盖率均有增加，特别是西部地区上榜比例增加明显。从各区域校均分来看,东部 33.38 分排名第一,东北 31.96 分次之,西部 29.53 分排名第三,中部 27.81 分相对偏低。从院校分类来看,理工类上榜率 97.64%,综合类 97.29%,师范类 99.41%,农林类 100%,医药类 96.30%,人文社科类 99.17%,在校均分上农林类领先,其次为师范类,而人文社科类相对落后。在前 100 高校中,"双一流"建设高校(含一流大学建设高校和一流学科建设高校)86 所,占所有"双一流"建设高校数的 62.77%。

1.3.2 高职院校教师教学发展指数发布历程

1.3.2.1 2019 预发布

2019 年 11 月 1 日,在南京举行的秋季高等教育博览会上,首次预发布全国高职院校教师教学发展指数。跟本科院校教师教学发展指数一样,高职指数预发布后,学校可以核查自己的所有数据并提交修改意见。此次预发布含 7 类共 10 个指数清单(见表1-4)。

表 1-4 2020 版全国高职院校教师教学发展指数清单名称一览

序号	指数名称	发布数量
1	全国高职院校教师教学发展指数(2019 预发布版)	前 300
2	高水平高职院校教师教学发展指数(2019 预发布版)	全部
3	示范性高职院校教师教学发展指数(2019 预发布版)	全部
4	骨干高职院校教师教学发展指数(2019 预发布版)	全部
5	一般高职院校教师教学发展指数(2019 预发布版)	前 100
6—1	东部地区高职院校教师教学发展指数(2019 预发布版)	前 20
6—2	中部地区高职院校教师教学发展指数(2019 预发布版)	前 20
6—3	西部地区高职院校教师教学发展指数(2019 预发布版)	前 20
5—4	东北地区高职院校教师教学发展指数(2019 预发布版)	前 20
7	民办高职院校教师教学发展指数(2019 预发布版)	前 20

1.3.2.2 2020 首次正式发布

2020 年 11 月 9 日,在 2020 年高等教育博览会上首次正式发布高职院校教师教学发展指数。这次发布吸收了预发布中各学校提交的修改意见和建议,不再发布骨干和示范高职清单,所以此次发布的清单数量为 5 类 8 个子清单(见表 1-5)。

表 1-5 2020 版全国高职院校教师教学发展指数清单名称一览

序号	名称	发布数量
1	全国高职院校教师教学发展指数(2020 版)	前 300
2	"双高"高职院校教师教学发展指数(2020 版)	全部
3	一般高职院校教师教学发展指数(2020 版)	前 100
4—1	东部地区高职院校教师教学发展指数(2020 版)	前 20
4—2	中部地区高职院校教师教学发展指数(2020 版)	前 20

续表

序号	名称	发布数量
4—3	西部地区高职院校教师教学发展指数(2020 版)	前 20
4—4	东北地区高职院校教师教学发展指数(2020 版)	前 20
5	民办高职院校教师教学发展指数(2020 版)	前 20

此次正式发布的高职院校教师教学发展指数中，上榜高职院校达到 1344 所，占全国高职院校总数的 90.20%，比预发布时提高 5.36 个百分点，排名前三的分别为深圳职业技术学院、天津市职业大学和金华职业技术学院。需要说明的是，由于职业大学是高等职业技术学院升格后的本科层次职业学校，但其仍保持“职业教育”特色，因此将其一并纳入到高职指数计算范畴。从各区域上榜率来看，东部地区上榜 489 所，占东部地区高职院校数的 94.40%，中部地区上榜 379 所，占中部地区高职院校数的 90.02%，西部地区上榜 368 所，占中部地区高职院校数的 85.38%，东北地区上榜 108 所，占东北地区本科院校数的90.00%，从上榜比例来说东西部差异明显，西部地区上榜率相对偏低。从各区域校均分和校均项目数来看，东部地区以校均 38.6 分和校均 73.3 项占绝对优势，而西部地区校均分和校均项目数分别为 29.9 分和 37.2 项，差距明显。从各省的表现来看，浙江省的校均分最高，其次为天津市和江苏省，云南省和贵州省的校均分相对偏低。在前 100 高校中，“双高”高职院校 95 所，占所有“双高”高职院校数的 48.22%；在前 300 高校中，“双高”建设高职院校 186 所，占所有“双高”建设高职院校数的 94.4%。进入指数覆盖的民办高职共 274 所，占所有民办高职院校总数的 76.54%，从校均得分来看，公办院校是民办院校的 2.09 倍，在高职教帅教学水平上我国高等教育仍存在“公强民弱”的现象。

1.3.3 指数特点

总而言之，高校教师教学发展指数主要呈现以下几个方面的特点，概括为“1+6”。“1”是指指数面向所有高校，是所有普通高校的俱乐部，相信不久的将来，无论是本科院校还是高职院校都将拥有自己的教师教学发展指数，有利于高校进行横向比较、对标发展；其余 6 个特点分别为：其一，高校分布广：从研发结果来看，目前 97%的本科院校已经进入指数覆盖范围；其二，时间跨度大：指数所包含的项目最早可以追溯到 1989 年，时间跨度 30 年，充分关注高校教师教学发展的历史和积淀；其三，考虑因素多：指数从高校教师发展的平台、载体到成果，共设计了 7 个一级指标、38 个二级指标和 52 个三级指标，全方位展示高校教师教学发展生态；其四，信息采集全：通过申请教育部信息公开、档案馆查询、网站查询和长期积累等多种方式，共采集 38 万余条数据，数据量庞大；其五，方法科学合理：指数研发过程充分考虑了大数据的客观属性和人们对教师教学发展各个指标的主观判断，通过主客观综合，迭代拟合的方式进行建模，保证了指数研发的科学性和合理性；其六，模型公开透明：课题组公开全部模型和指标，并且为学校提供免费查询账号，学校可以查询自己近 30 年来的所有教师教学发展原始数据。

2

全国本科院校教师教学发展指数设计与实践

引导教师“回归本分”,热爱教学、倾心教学和研究教学是当前高校内涵式发展的重要课题。然而,由于高校教师教学发展概念的模糊性和不确定性使得长期以来教师教学发展面临“宣传力度大、政策落地难”的尴尬局面,特别在学术绩效主义的影响下,教师教学发展更是不得不让位于科研发展和专业发展,教学地位被一定程度“弱化”,影响人才培养质量。要促使高校重新审视教师教学发展地位,并真正以“抓铁有痕”的工作干劲推进教师教学发展,重要的前提条件是给学校教师教学发展以一个“清晰可衡量”的形象,以此作为基准或参照推动高校政策导向和实施。社会指数是指一系列的统计,用来监督社会系统,帮助识别社会变化,引导介入改变社会变化的过程①,指数会对社会状况产生重要影响②。研发一个能够清晰衡量学校教师教学发展生态的“社会指数”可能成为倒逼高校促进教师教学发展的有效途径,而其首要问题是廓清高校教师教学发展概念和结构,确立科学的测评模型。本章以 2019 年 5 月 27 日第一次预发布的全国普通本科院校教师教学发展指数为样例,回顾全国本科院校教师教学发展指数的设计过程。

2.1 理论模型

高校教师教学发展到底应该包含哪些内容?对该问题的回答是构建教师教学发展模型的第一步。通过文献梳理发现,研究者针对教师个体的教学发展内涵进行了不少研究,如 2001 年,斯坦雷(C. A. Stanley)采用思辨法对此开展研究,将教师教学发展内容拆分为学生学习的指导与咨询、教与学的方法与技术以及课程设计与评价③。2005 年,阿莫德森(C. Amundsen)等采用统计学的方法将大学教师教学发展内涵划定为教学技能、教学方法与方式、教学过程实践、学科知识与专业学习、教学组织的发展与建设等④。同年,爱凯林德(G. S. Akerlind)运用深度访谈的方法提出教师教学发展应该包括教学知识、教学技能、教学认识、教学信息、临床教学能力、个人的学习能力、教学哲学和改造教学的能力发展⑤。美国教育协会将教师教学发展细化为:通过改善教师的教学环境和条件,提高教师教学技能,丰富学习材料,逐渐实现提高学生学习成绩和教师教学质量的过程;具体包括准备学习材料、更新教学模式和课程计划、认识学生及其学习风格、教学诊断、评价反馈学

---

① Baird C M., Social indicators: Statistics, trends and policy development[M]. New York: Nova Science Publishers. Ins, 2011: Ⅶ

② 马妮. 实证主义社会学与社会指数运动——20 世纪社会指数运动之社会学审视(Ⅲ)[J]. 广东社会科学, 2017(3): 199－204.

③ STANLEY C A. The Faculty Development Portfolio: A Framework for Documenting the Professional Development of Faculty Developers[J]. Innovative Higher Education, 2001, 26(01): 23－36

④ AMUNDSEN C. Academic Communities and Developing Identity: The Doctoral Student Journey [M]//In P. Richards. Global Issues in Higher Education. NY: Nova Publishing, 2005: 57－83.

⑤ AKERLIND G S. Academic Growth and Development: How Do University Academics Experience It? [J]. Higher Education, 2005(01): 1－32

生学习效果和掌握教学技能①。我国研究者也从不同方面强调了教师教学发展的影响因素和内容，具体包括：强调“教学”的学术性，教师的职业道德与职业生涯发展，教学平台的建设，教师教学认识的提升、教学方法的改进、开展教学培训②、③、④、⑤等。

从文献综述来看，虽然不同学者对教师教学发展的内容有不同的论断和表述方式，但概括而言可以总结为以下几个方面：其一，强调教师个体或团队对学生的指导和职业道德等；其二，强调教师教学方面的观念、知识和教学学术研究；其三，强调教学全过程的资源、平台及改革，包括专业、课程、实验实践、基地等；其四，强调教师个体的教学方法和技术；其五，强调教师的个人学习和组织培训。

基于对文献的梳理和分析，结合课题组前期的调研、多次讨论和意见征求，将全国普通本科院校教师教学发展指数的内容确定为 7 个一级指标（简称“6＋1”）、38 个二级指标和 52 个三级指标。指标内涵的梳理及推演过程见表 2-1。

表 2-1　国内外教师教学发展内涵指标分析

教师教学发展内容梳理	国内外指标描述	引证文献
强调教师个体或团队对学生的指导、职业道德等个人属性	学生学习的指导与咨询	C. A. Stanley，2001
	认识学生及其学习风格	NEA，1991
	职业道德	苏强，吕帆，林征，2015
	教学信息	G. S. Akerlind，2005
强调教师教学方面的观念、知识和教学学术研究	学科知识与专业学习	C. Amundsen et al，2005
	教学知识	G. S. Akerlind，2005
	教学认识	G. S. Akerlind，2005/陆国栋等，2014
	专业境界	苏强，吕帆，林征，2015
	学术性工作	苏强，吕帆，林征，2015
强调教学全过程的资源平台以及改革实践	课程设计与评价	C. A. Stanley，2001
	更新教学模式和课程计划	NEA，1991
	教学过程实践	C. Amundsen et al，2005
	改善教师教学环境及条件（平台）	NEA，1991/张连红等，2014/陆国栋等 2014
	教学组织的发展与建设	C. Amundsen et al，2005

① BLEDSOEGB. Faculty Development in Higher Education. Enhancinga National Resource. To Promote Academic Justice and Excellence Series[R]. Washington D. C.：National Education Association, 1991：11－12.

② 苏强，吕帆，林征. 大学教师教学发展的理性思考与超越之维[J]. 教育研究，2015，36(12)：52－58.

③ 陆国栋，孙健，朱慧. 教师教学发展的融合理念与现实探索[J]. 中国高等教育，2014(06)：32－34.

④ 陈时见，周虹. 高校教师教学发展的内涵特征与实践路径[J]. 高等教育研究，2016，37(08)：35－39.

⑤ 张连红，陈德良，王丽萍. 高校教学文化建设与教师教学发展[J]. 中国高等教育，2014(08)：47－49.

续表

教师教学发展内容梳理	国内外指标描述	引证文献
强调教师个体的教学方法和技术	教与学的方法与技术	C. A. Stanley,2001
	教学技能	C. Amundsen et al,2005
	教学方法与方式	C. Amundsen et al,2005/陆国栋等,2014
	教学技能	G. S. Akerlind,2005
	临床教学能力	G. S. Akerlind,2005
	教学哲学和改造教学的能力发展	G. S. Akerlind,2005
	准备学习材料	NEA,1991
	教学诊断	NEA,1991
	评价反馈学生学习效果和掌握教学技能	NEA,1991
强调教师的个人学习和组织培训	个人的学习能力	G. S. Akerlind,2005
	教学能力提升制度(培训)	张连红等,2014/陆国栋等,2014

第一,教师个体或团队对学生的指导、教师的职业道德等维度主要指向教师的身份特征,可用教师身份所获得各种“证明”来表征,我们将之命名为“教师团队”,主要指向教师作为教育工作者所获得的各类荣誉或能力证明,如全国教育系统先进工作者、国家级的教学名师、国家级的教学团队、教学指导委员会以及各类指向学生指导的相关称号等。

第二,国内外关于教师教学发展有大量指标指向教学全过程中的资源、平台以及改革实践。在我国,主要可以用各类教育教学改革项目加以表征,我们将其命名为“教改项目”,包括各类综合类教改项目,如“六卓越一拔尖”培养计划、“新工科”研究与实践项目等;各类专业类改革项目,如国家级特色专业;课程类改革项目,如精品课程;各类教学基地以及实验实践类的改革项目。

第三,国内外关于教师教学发展含有部分指向教师教学的观念、知识以及教学学术研究方面的指标,主要指向教师的教育教学经验总结或学理研究。我们认为高校教师在这方面的积累主要可以体现为“教材”和“论文”,教材是教师多年课程教学积累的宝贵经验和理论总结,教学论文是教师对教育教学问题的思考和解决方案。根据我国高校教师教改研究实践,设立两个指标,分别为“教材项目”和“教学论文”。

第四,教师教学发展的指标中还强调教师的个人学习和组织培训。哈佛大学博克教学中心提出“好教师不是天生的”,高校教师的教学发展有其特定的规律性,从新手教师到课堂能手,教学从根据大纲“按部就班”到“无招胜有招”境界,需要不断学习,而对教师教学进行培训是一种重要的外部推动力量,学校的教师教学培训力量越强大,越能够推动教师教学的良性发展。因此,我们将“教师培训基地”列为一项重要的考察指标。

第五,教师教学技巧、技能、能力等微观指标是高校教师教学发展不可或缺的一部分。根据建构主义的观点,教学活动是教师和学生就教学材料的互动、建构过程,这个过程中所产生的“化学反应”是在黑箱中进行的。从操作性来看，教师教学竞赛关注教师在模拟的教学情境中所表现的教学技能，可以用教师教学竞赛作为该维度的关键性指标。因此，在教师教学发展指标中设计了“教师教学竞赛”维度。

第六，虽然国际指标中未涉及教学成果奖，但从理论上而言，教学成果奖是高校教师开展教育教学活动的整体经验和成效的总结，能够在很大程度上反映教师教学发展的成效。我国从 1989 年开始设立国家级高等教育教学成果奖，并列为国家三大奖项之一。2014 年，学位与研究生教育学会也开始设立研究生教学成果奖，以奖励在研究生教育教学改革中的重大成果和突破。因此，我们将教学成果奖列为教师教学发展指数的重要维度，命名为“教学成果奖”。

基于关注教学、关注教师、关注积累、关注发展和关注成果的指数研发原则，通过课题组前期的文献梳理、高校调研、多次讨论和意见征求，将全国普通本科院校教师教学发展指数的内容确定为 7 个一级指标（简称“6＋1”）、38 个二级指标和 52 个三级指标（理论模型见图 2-1）。

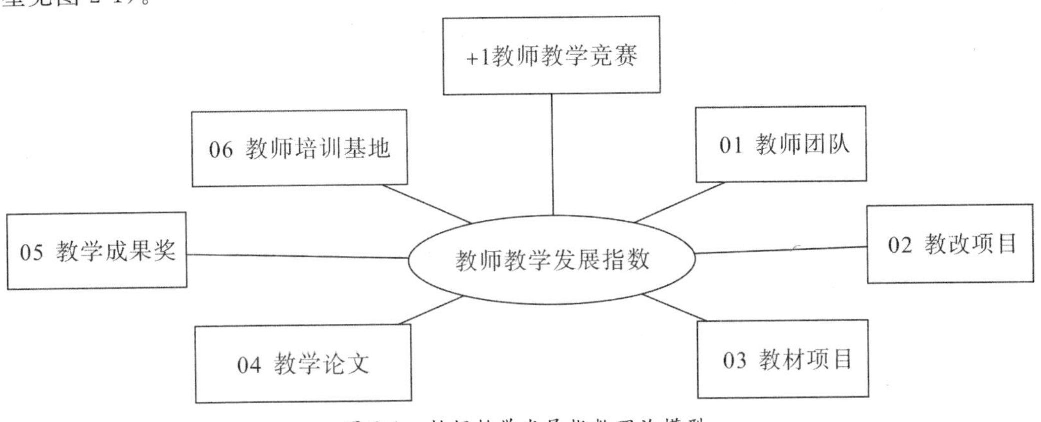

图 2-1 教师教学发展指数理论模型

2.2 指标体系

在上述指数研发原则的基础上，通过多轮研讨会和专家意见征询，将我国普通本科院校教师教学发展指数设定为 6 个方面和 1 个特殊维度，简称“6＋1”，并分别命名为“教师团队”“教改项目”“教材项目”“教学论文”“教学成果奖”“教师培训基地”和“教师教学竞赛”。

2.2.1 教师团队指标分解

教师团队主要指向高校教师个体在教育教学方面所获得的相关能力认定或荣誉，是教师个体属性的表达。进一步细分为立德树人、教学名师、教学团队、指导委员会和指导教师。其中，“立德树人”主要指教师个体由于教育教学方面的突出表现而获得的由各级各类主管部门正式颁发的荣誉性称号，进一步分为个人荣誉，如全国教书育人楷模、全国高校优秀思想政治教育工作者、师德标兵等；集体荣誉，如全国教育系统先进集体、全国师德建设先进集体等;社会声誉,如全国十大最美老师、全国道德模范、感动中国人物(教育类)等。"教学名师"主要指由部委所颁发的对教育教学方面做出突出贡献的教师荣誉称号,如教育部教学名师奖、中组部"万人计划"教学名师等。"教学团队"主要指由教育部认定的国家级的教师教学团队,如国家级教学团队等。"指导委员会"是指由教育部认定的普通高校教学指导委员会、国家教育咨询专家委员会、全国民族教育专家委员会等,包括各委员会的主任、副主任、秘书长和成员。"指导教师"是指在某方面指导学生具有突出贡献的优秀教师,如教育部全国万名优秀创新创业导师等。

2.2.2 教改项目指标分解

教改项目统指国家级层面,以项目形式确立的教育教学改革实践探索。从内容的角度,可以分为综合类、专业类、课程类、教学基地类和实验实践类教改项目。"综合类"教改项目是指以学校、学院或某一方面改革为内容的教育教学改革项目,如世界银行"大学发展贷款项目","新世纪高等教育教学改革工程"本科教育教学改革立项项目,"六卓越一拔尖"培养计划等。"专业类"教改项目主要指聚焦于某一类(或大类)专业改革的教育教学改革项目,如国家级特色专业、专业综合改革试点项目等。"课程类"教改项目主要指聚焦于课程改革的教育教学改革项目,如国家精品课程建设项目、精品资源共享课、精品在线开放课程等。"教学基地"是指聚焦于基地建设的教育教学改革项目,如理科基础科学研究和教学人才培养基地、文科基础学科人才培养和科学研究基地、工科基础课程教学基地等。"实验实践类"项目主要指聚焦于大学生动手能力和实践能力培养的相关教育教学改革项目,如国家级实验教学示范中心、大学生校外实践教育基地、国家级工程实践教育中心等。

2.2.3 教材项目指标分解

教材项目是指高校获得的国家级层面认定的教材。教材是教师对课堂教学的理性反思和经验总结,是高校教师教育教学实践和改革的浓缩与精华,在一定程度上反映高校的教师教学发展水平。因此,我们把教材项目单列为一个一级指标。目前来看,国家级层面的教材主要包括:中宣部或教育部组织编写且已经出版的"马克思主义理论研究和建设工程"教材,普通高等教育本科国家级规划教材和普通高等教育精品教材。

2.2.4 教学论文指标分解

教学论文是教师教育教学实践和研究的成果,在一定程度上反映高校教师的整体教育教学水平。为了总结我国群众性高等教育科研成果,加强教育科学研究,《中国高教研究》杂志社于 2003 年 3 月启动了全国范围内有关普通高等教育科研论文成果的汇编统计工作,发布年度全国高校高等教育科研论文统计分析结果。在研究中,《中国高教研究》杂志社每年会遴选具有一定影响力的全国中文核心期刊作为论文遴选期刊,14 种到 18 种不等。本研究采用 2009 年到 2019 年 11 年间《中国高教研究》全国高等教育科研论文成果汇编中的数据作为指标衡量各个高校教师教学论文维度的评价指标。11 年间共有 21 种教育类核心期刊进入汇编。纳入分析的论文剔除了广告、短评、博士论文提要、投稿须知、征订启事、学术动态等文献信息以及教育综合类期刊中非高教类的文献。

2.2.5 教学成果奖指标分解

教学成果奖是对高校教育教学改革重要成果的认定，是高校教师教学发展水平的重要体现。其中，高等教育国家级教学成果奖是国家在教学研究和实践领域中颁授的最高奖项，每 4 年评审 1 次，获奖项目需要在教育教学领域及实践中取得重大突破。普通本科院校教师教学发展指数遴选从 1989 年到 2018 年共 8 次国家级教学成果奖中的普通高等学校获奖数据作为研究单位，纳入高等教育国家级教学成果奖指标之中。此外，由中国学位与研究生教育学会组织评审的研究生教育成果奖自 2014 年以来已经有三届历史，旨在奖励在研究生教育的理论研究与教育教学实践工作中开拓创新、做出突出贡献、取得显著成效的集体和个人，能够在一定程度上反映高校研究生教育教学成果。

2.2.6 教师培训基地指标分解

教师培训基地指的是教育部出台的专门针对教师开展相关培训的基地，目前主要有两类：一类为教育部 2012 年启动并审批设立的国家级教师教学发展示范中心；另一类是“西部受援高校教师和管理干部进修锻炼项目”基地，该项目要求参加高校的教师和管理干部赴西部结对高校开展进修锻炼，为西部高校提供相应的结对帮助，并给予相应的资金扶持。这可认为是另一种形式的教师教学发展的培训训练，因此把该项目列入教师培训基地一级指标。

2.2.7 教师教学竞赛指标分解

教师教学竞赛是高校教师通过教学相长、教学交流、“磨课”“展课”“辩课”等多个环节，引领教师加深教学感悟、提升教学能力。教师参加全国性教师教学竞赛的结果是教师教学能力的一项重要表征，高校教师教学竞赛获奖结果也从一个侧面反映高校的教师教学发展水平。因此，指数中设立了“教师教学竞赛”一级指标以考察高校教师教学发展水平。中国高等教育学会从 2018 年开始启动全国普通高校教师教学竞赛状态数据，在 2018 年 2 月 2 日正式发布“全国普通高校教师教学竞赛研究报告(2012—2017)”，2020 年 2 月 21 日，又发布了 2012—2019 年的教师教学竞赛研究报告，该报告对我国高校教师参加教师教学竞赛的获奖情况做了梳理并给出了高校教师教学竞赛的状态数据。本研究将中国高等教育学会所公布的普通本科院校教师教学竞赛状态数据作为全国高校教师教学发展指数“教师教学竞赛”一级指标的数据来源。

2.3 指标权重的确定

每项指标都是从一个侧面反映高校教师教学发展的情况，需要确定每项指标权重以反映指标在指数中的重要程度。这是一个见仁见智的问题，不同的专家对于每一项指标的重要性以及每项指标在指数中应该在多少程度上得以体现可能会有不同的看法。如何将人们头脑中关于每项指标的重要性的直观判断转化为模型中每项指标的系数是建模的关键。此外,由于教师教学发展指数数据库数据量巨大,达到了 38 万余条数据,且数据结构不均衡,存在大量极端数据,单纯依赖每项指标的重要性判断也可能带来指数整体结构的偏颇。因此,我们采用客观数据和主观评价多次迭代拟合的思想进行建模,客观评价中采用了描述性统计和熵值法(Entropy method,简称 EM);主观评价主要采用层次分析法(The analytic hierarchy process,简称 AHP)和德尔菲法(Delphi method,简称 DM),邀请 20 位来自教育学、教育管理实践领域的专家经过多轮意见征询,根据专家主观意见和客观数据的多次迭代拟合确定高校教师教学发展指数指标体系的权重,具体流程如下:

第一,对数据进行描述性分析,大致了解数据结构。

第二,用熵值法计算每项指标的内部熵,以了解每一项指标数据对整体数据的影响和贡献。然而,如果单纯用熵值法也会带来技术主义的危险,因为部分指标的数量含义跟实际含义可能是有差别的。因此,我们在熵值法给出基本信息之后,参考熵值法计算结果,采用德尔菲法和层次分析法两种主观评价法对指标权重进行修正。

第三,采用德尔菲法确定指数的总分权重。普通本科院校教师教学发展指数概念下,每个一级指标总分该占据大概多少份额来源于专家对高校教师教学发展的主观感知,且这种主观感知会在很大程度上影响教师教学发展指数的内在结构。我们邀请专家首先确定教师教学发展指数一级指标的总分权重,记录为 w_t'。

第四,撇开教师教学发展指数的概念,根据工作量、难度系数、对教师个体发展的重要性等因素的考虑,每一项目的重要性是不同的。采用 AHP 的方法,通过两两比较,请专家确定每一个项目的重要性,表现在三级指标上的单项权重,记为 w'。由于专家在判断单个项目重要性的时候,无法顾及教师教学发展指数的内在结构,且由于指数不同维度间的数据量差异较大和极端值的存在,根据单项权重加权的总分权重(记为 w_t'')会与第一轮判断中的 w_t' 产生较大偏差,打破教师教学发展指数本身的内在结构,因此需要进行不断的迭代拟合。具体为根据 w_t'' 和 w_t' 之间的差距,对每一项三级指标的权重和一级指标总分权重进行调节,直到所有单项指标权重既符合专家判断所形成的两两相互之间的关系,同时,由单项指标加权所得到的一级指标总分权重基本符合 w_t' 的需求。最终确定权重。(见表 2-2)。

表 2-2　教师教学发展指数一级指标总分权重

序号	一级指标	占比
1	教师团队	26%
2	教改项目	28%
3	教材项目	10%
4	教学论文	5%
5	教学成果奖	24%
6	教师培训基地	2%
7	教师教学竞赛	5%

2.4 指数模型分析

2.4.1 指数模型的信度分析

从理论讲，高校教师教学发展是一项系统工程，教师教学发展指数所涉及的"6+1"项一级指标可以看作是我国高校教师教学发展每个构面的"刻画"，每个构面应在有其特殊性的基础上呈现一定的共性，表现在数据层面，教师教学发展的各个构面得分应该具有一定的相关性。为了考察这个问题，我们将每所高校每项指标的得分进行标准化后，计算一级指标之间的相关性(见表 2-3)。结果显示，每个一级指标间相关性显著，肯德尔相关系数位于 0.348 至 0.677 之间，基本呈现中度相关，说明高校教师教学发展指数各个维度的表现既表现出一定的共性，又具有各自的独立性，符合理论假设。

表 2-3 一级指标相关性分析

	教师团队	教改项目	教材项目	教学论文	教学成果奖	教师培训基地	教师教学竞赛
教师团队	1						
教改项目	0.677**	1					
教材项目	0.497**	0.582**	1				
教学论文	0.404**	0.501**	0.370**	1			
教学成果奖	0.580**	0.589**	0.491**	0.390**	1		
教师培训基地	0.492**	0.435**	0.414**	0.480**	0.495**	1	
教师教学竞赛	0.485**	0.564**	0.357**	0.387**	0.376**	0.348**	1

备注：* 表示显著相关；** 表示非常显著相关。

此外，还需要考虑模型的信度指标，分别采用内部一致性和分半信度表示。所谓内部一致性是指用来测查同一个概念的多个计量指标的一致性程度，常用克伦巴赫(L. J. Cronbach)α 系数进行检验，且一般认为内部一致性系数>0.7，说明测量工具的可信度较高。所谓分半信度是指将一个测验分成对等的两半后，所有被试在这两半上的得分相关性，得分越高，说明信度越高。分别计算所有指标的内部一致性系数和分半信度，发现除教学成果奖以外，其他所有指标的内部一致性系数和分半系数均大于 0.7，符合测量学要求。教学成果奖的内部一致性系数为 0.676，分半信度为 0.693，接近于 0.7，基本符合测量学要求①。

2.4.2 指数模型的效度分析

效度是一个测验对其所要测量的特质测量到什么程度的估计。本研究采用内容效度和效标关联效度来考察指数模型的有效性。在内容效度方面,由于指数所有指标所采集的数据都是客观数据,且各项指标的设定均通过多轮专家研讨和论证,基本上已经保证其内容效度。效标关联效度指的是一个测量与预测量的特征的其他标准之间的相关程度,一般用两种研究指标与效标指标的相关性来表示。高校的发展是一个综合的系统工程,任何子系统之间都相互关联,高校教师教学发展状态在一定程度上是学校综合表现的一部分。以大学排行榜数据作为效标考察教师教学发展指数的效度可能是一个比较可行的途径。以软科中国最好大学 2019 年排名(简称"软科榜 2019"),杭州电子科技大学中国科教评价研究院和浙江高等教育研究院推出的 2019—2020 年中国重点大学和一般大学综合竞争力排行榜(简称"中评榜")和中国校友会网的 2018—2019 年中国大学排行榜(简称"校友会榜")作为效标,分析指数与三大排行榜数据的肯德尔相关系数以讨论指数的效标关联效度。结果显示(见表 2-4),高校教师教学发展指数与三大排行榜的相关系数位于 0.625 和 0.790 之间,均达到非常显著水平,说明本模型所表征的高校教师教学发展状态与高校的整体发展具有较强的相关性,通过效标关联效度的检验。

表 2-4 高校教师教学发展指数与三大排行榜的肯德尔相关系数

相关系数	软科榜 2019	中评榜 2019	校友会榜 2019
指数排序	0.625**	0.713**	0.790**
N	540	426	716

备注:* 表示显著相关;** 表示非常显著相关。

2.5 概貌与启示

2.5.1 指数的非均衡分布折射我国高校教师教学发展"中段"断档现象

多元发展是高等教育发展的基本规律,从发展水平上来看,理论上应该基本符合正态分布,即有一部分"领头羊"学校,起到引领教育教学改革的作用,一部分高校可能由于种种原因面临诸多发展问题,大部分应该属于中间部分,通过差异性发展达到一个整体均衡。理论上而言,高校教师发展也应该遵循这样的发展规律和生态。用各高校教师教学发展"6+1"个维度所获得的项目数作为分析单位,用正态 P-P 图和直方图考察我国本科院校教师教学发展的整体生态,结果发现整体而言,本科院校教师教学发展整体生态离正态分布较远(见图 2-2 和图 2-3)。所有学校项目数均值为 286 项,中值只有 142 项,呈现

① 教师培训基地和教师教学竞赛由于二级指标过少,未做内部一致性和分半信度检验。

极右偏态，偏度达到 3.344。说明少数高校所获得的项目数拉高了平均数，而大部分高校所得的项目数处于较低水平。

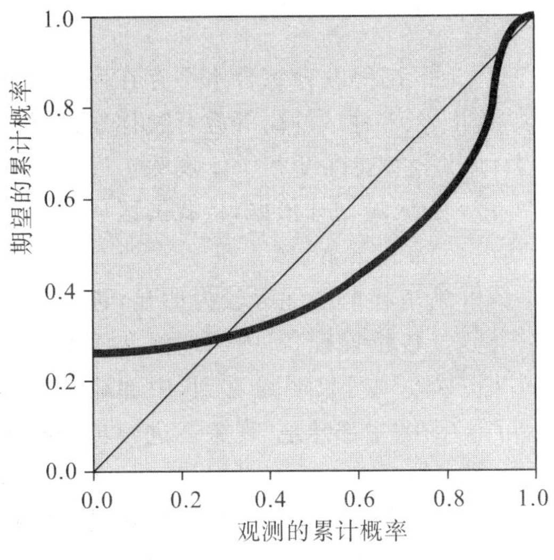

图 2-2 项目数的正态 P-P 图态检验

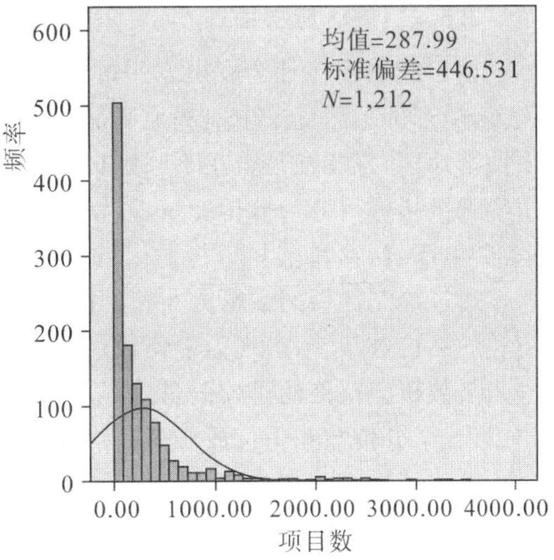

图 2-3 项目数分布的直方图

那么，这种极右偏态是由于什么原因造成的呢？将高校分类型做比较后，可以从重点建设政策找到端倪。重点建设一直是我国高等教育发展的重要政策导向，从“985”工程、“211”工程，到“2011 计划”以及当前正在实施的“双一流”建设，其核心特点是资源驱动型发展，通过大投入期待大发展。由此可能带来部分顶端高校快速发展，而中间段高校跟不上，导致前端和中部相脱节的情况。将目前获得较多资源的“双一流”建设高校分为一组，“非双一流”高校分为一组，分两组考察其项目数（见图 2-4 和图 2-5），可见“双一流”建设高校项目数大部分位于 1000 项以上，而其他双非高校项目数绝大部分位于 500 项以下，中间的差距不可谓不大。在“双一流”高校内部，奖项数量基本呈现 45 度角下降，而“非双一流”高校维度，除了个别高校获得较高的项目数以外，其他高校的项目数比较均匀，处于“低质均衡”态势，再次证明了我国本科院校教师教学发展“中间”断档的现象。

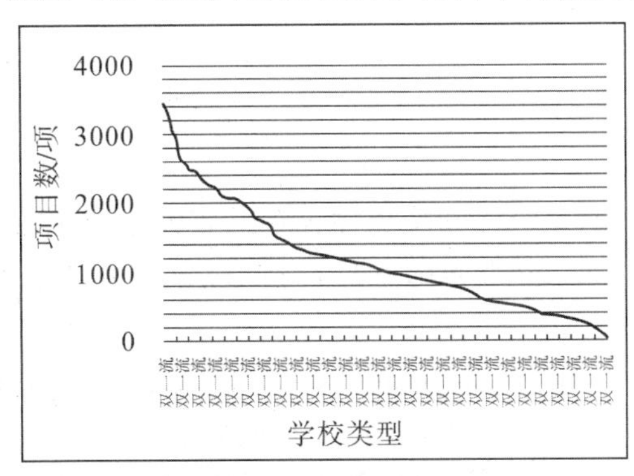

图 2-4 “双一流”建设高校项目数分布（N=137）

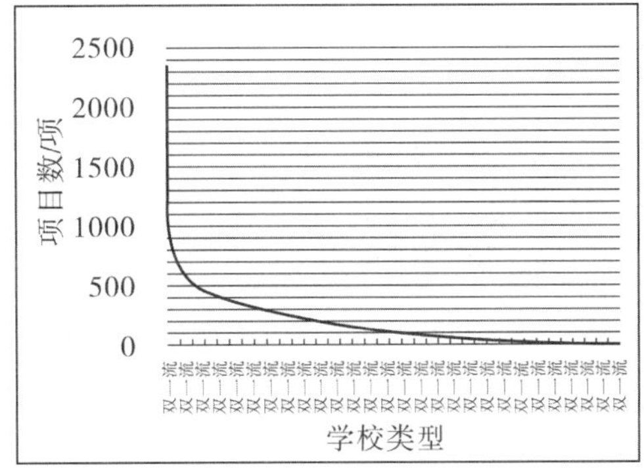

图 2-5 “非双一流”高校项目数分布（N=1075）

2.5.2 指数的区域差异印证我国高等教育的区域不均衡

2.5.2.1 区域层面

由于我国经济社会发展水平的地区差异性,各地区高等教育综合水平存在一定的地区差异,东部地区优于中西部地区是一个明显特征,即东部地区的高等教育整体发展优于中西部地区,该特征是否在不同区域本科院校教师教学发展维度有所体现呢?以学校在每个三级指标得分为分析变量,以常见的区域四分法为区域划分依据,将我国区域划分为东部、中部、西部和东北①,探讨区域层面的教师教学发展差异性。

通过绘制区域间数据分布箱型图(见图 2-6),可见东部地区优势较为明显,进入指数覆盖的高校数最多,表现为中位数、第一和第三个分位数位置较高;中部地区和西部地区进入指数覆盖范围的学校数量差异不大,但是,从图 2-6 中可以明显看到,中部地区的第一、第三个分位数和中位数低于西部地区,提示可能存在"中部洼地"现象。进一步分析区域内的均衡性②发现,中部地区的内部差异最大,最不均衡,变异系数为 0.558(见图 2-7);其次是东部地区,变异系数为 0.550。提示区域层面,中部地区高校教师教学发展可能存在"不充分、不均衡"的态势;而东部地区虽然在数量层面表现优势,但内部的均衡性相对并不高,这是东部地区区域高等教育发展需要关注的问题。

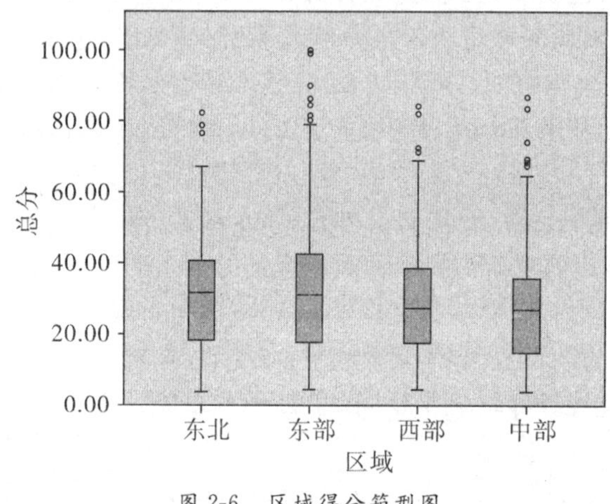

图 2-6 区域得分箱型图

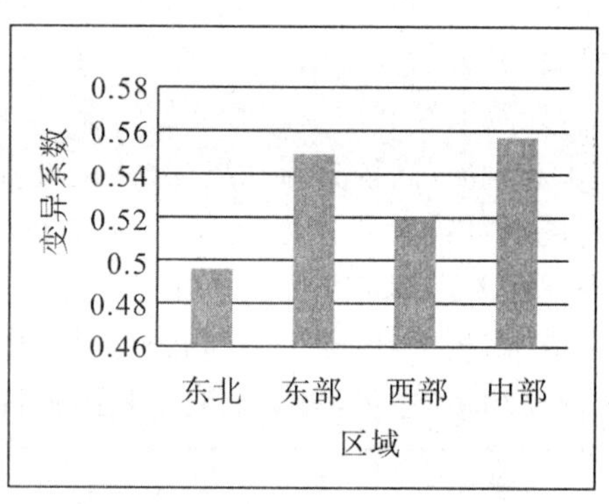

图 2-7 区域内部变异系数

2.5.2.2 省域层面

在省域层面,不同省份高校教师教学发展的充分性和均衡性也存在较大差异。在充分性方面,北京市明显高于其他省份,青海省和上海市紧随其后,高校得分均值高于 40

① 按照国家统计局 2011 年提出的我国经济区域的划分规则,从东部、中部、西部和东北四个区域层面探讨我国高校教师教学竞赛获奖分布情况。其中,东部地区包括:北京、天津、河北、上海、江苏、浙江、福建、山东、广东和海南;中部包括:山西、安徽、江西、河南、湖北和湖南;西部包括:内蒙古、广西、重庆、四川、贵州、云南、西藏、陕西、甘肃、青海、宁夏和新疆;东北包括:辽宁、吉林和黑龙江。

② 采用变异系数表征区域内部的均衡性。变异系数反映单位均值上的各指标观测值的离散程度,是一个考察事物内部离散型的重要测量学指标,变异系数越大,说明区域内部高校之间的差异性越大,均衡性越低。

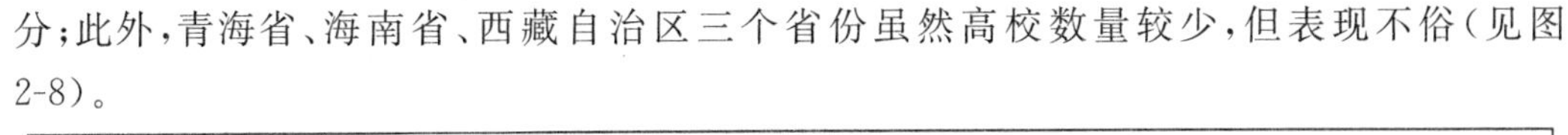

分；此外，青海省、海南省、西藏自治区三个省份虽然高校数量较少，但表现不俗（见图2-8）。

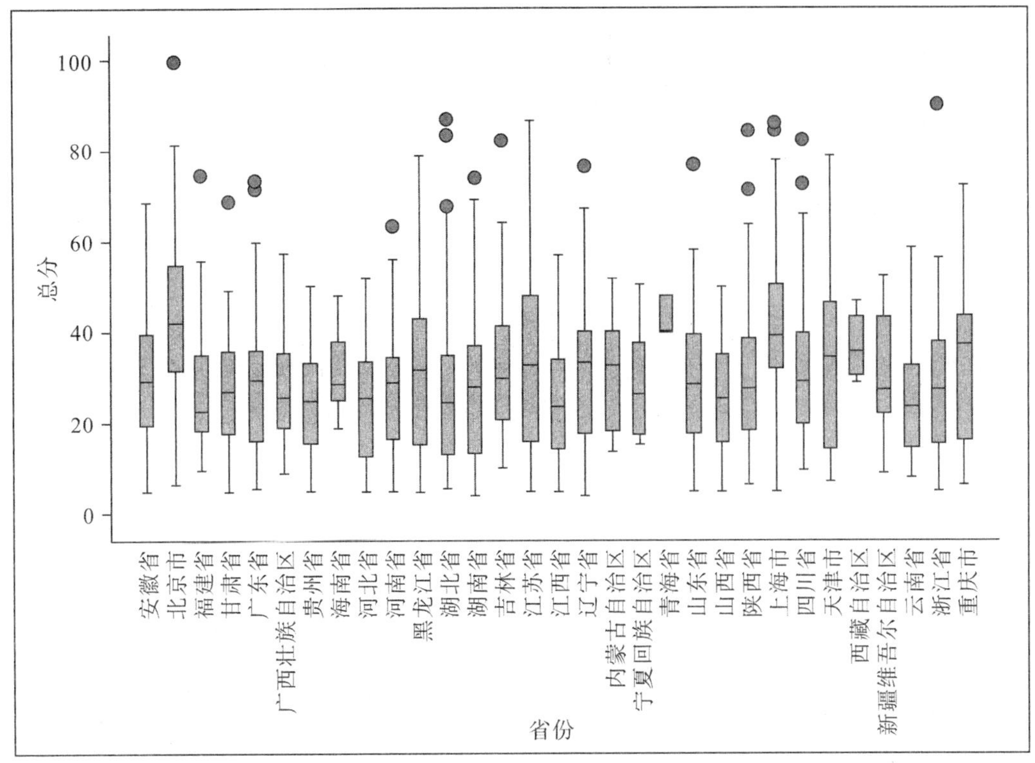

图 2-8　各省份高校教师教学发展总分分布箱型图

在均衡性方面，变异系数最高的省份为湖北省，达到 0.67，其次为湖南省（0.61）和甘肃省（0.59），说明三个省份普通本科院校教师教学发展内部差异性较大；变异系数较低的省份分别为青海省、西藏自治区和海南省，可能跟三个省份高校数较少有一定关系（见表2-5）。省域层面，普通本科院校教师教学发展从数据层面表现出来的充分性和均衡性能够帮助我们从另一个侧面理解高校的发展状态。

表 2-5　各省份高校教师教学发展指数得分比较

省份	最高得分	最低得分	均值±标准差	变异系数
安徽省	68.44	4.71	29.17±14.87	0.51
北京市	100	6.3	43.50±19.05	0.44
福建省	74.71	9.42	27.45±14.57	0.53
甘肃省	68.94	4.71	27.49±16.34	0.59
广东省	73.54	5.6	29.15±15.67	0.54
广西壮族自治区	57.25	8.86	27.41±12.6	0.46
贵州省	50.15	4.71	23.55±12.56	0.53
海南省	47.98	18.82	32.13±9.73	0.3

续表

省份	最高得分	最低得分	均值±标准差	变异系数
河北省	52.14	4.71	24.64±13.64	0.55
河南省	63.45	4.71	27.93±13.28	0.48
黑龙江省	78.82	4.71	31.48±17.29	0.55
湖北省	86.84	5.6	27.82±18.6	0.67
湖南省	74.13	3.96	27.93±16.95	0.61
吉林省	82.25	10.08	31.37±14.45	0.46
江苏省	86.55	4.71	32.84±19.16	0.58
江西省	57.22	4.71	25.54±13.63	0.53
辽宁省	76.59	3.96	30.95±15.12	0.49
内蒙古自治区	51.67	13.61	31.53±12.45	0.39
宁夏回族自治区	50.3	15.11	28.55±12.67	0.44
青海省	47.89	39.63	42.63±4.57	0.11
山东省	76.76	4.71	29.4±14.89	0.51
山西省	49.8	4.71	26.54±12.10	0.46
陕西省	84.26	6.2	30.86±17.84	0.58
上海市	86.24	4.71	41.70±18.93	0.45
四川省	82.07	9.44	31.19±15.98	0.51
天津市	78.99	7.11	33.22±18.85	0.57
西藏自治区	46.84	28.8	36.80±8.16	0.22
新疆维吾尔自治区	52.45	8.7	30.66±13.90	0.45
云南省	58.59	8.04	25.22±13.77	0.55
浙江省	90.04	4.71	28.36±15.91	0.56

2.5.3 学校发展的聚类分析揭示我国不同类型院校发展的差异性

“6＋1”维度表征了高校教师教学发展的不同侧面,有的是从平台层面,如各类教改项目,有的是从成果层面,如教学成果奖等,不同高校获取教师教学发展各个项目的能力是不同的,那么在这 7 个维度存在着什么样的差别?我们试图采用系统聚类对此加以探讨。由于数据规模不等,分析中采用了平均联结法,依据一级指标对 1212 所普通本科院校进行聚类,结果明显可以聚成四大类,分别命名为聚类 1、聚类 2、聚类 3 和聚类 4(见图 2-9)。

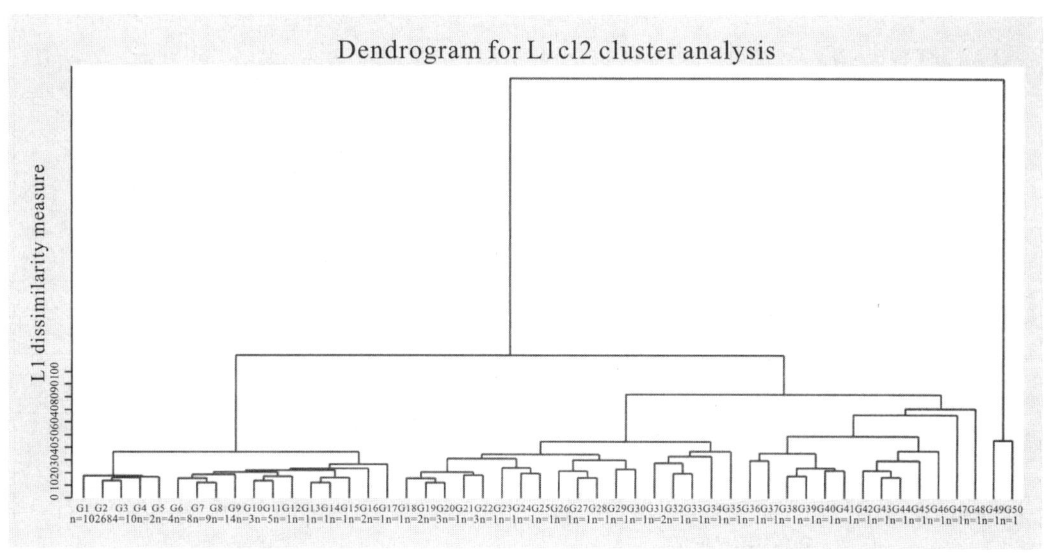

图 2-9 聚类分析树状图

聚类 1 由 2 所高校组成，分别为指数得分最高的清华大学和北京大学，我们称之为“全面开花型”，除了教师教学竞赛和教学论文两个维度，这两所高校在其他维度基本得到了最高的分数（见图 2-10）；聚类 2 由 13 所高校组成，如浙江大学、武汉大学、南京大学等都位列其中，与聚类 1 相比，聚类 2 中的高校在教师团队、教改项目、教材项目以及教学成果奖四个维度的得分明显低于聚类 1 的高校，提示聚类 2 跟聚类 1 的高校实际存在的差异方向（见图 2-11）；聚类 3 由 24 所高校组成，如哈尔滨工业大学、同济大学、山东大学等，在得分上的表现为差距进一步拉大，但聚类 3 的发展模式和聚类 2 的发展模式非常相近，差异主要体现在得分高低（见图 2-12）；聚类 4 由 1173 所高校组成，可以说大部分高校进入了第 4 聚类，且与前 3 个聚类的差距巨大，同时也呈现另一种发展模式，从图 2-13 可以看出，聚类 4 的高校就自身发展而言，教师教学竞赛和教学论文的得分反而成优势项目，在教师培训基地和教学成果奖方面的得分极低，从侧面说明对于大部分高校而言，教学成果奖的获得极其不易；同时也提示，虽然从 2012 年教育部启动国家级教师教学发展示范中心建设以来，教师教学发展得到了普遍重视，但国家级示范中心主要集中于少数高校，且国家级教师教学发展的平台过于欠缺，使得对于大部分高校而言，教师教学相关培训的基地和扶持并不充分。或许该多鼓励各省份多设立省级的教师教学发展相关培训基地，以惠及位于聚类 4 的大部分地方院校，为其教师教学发展提供更多支持和帮助。

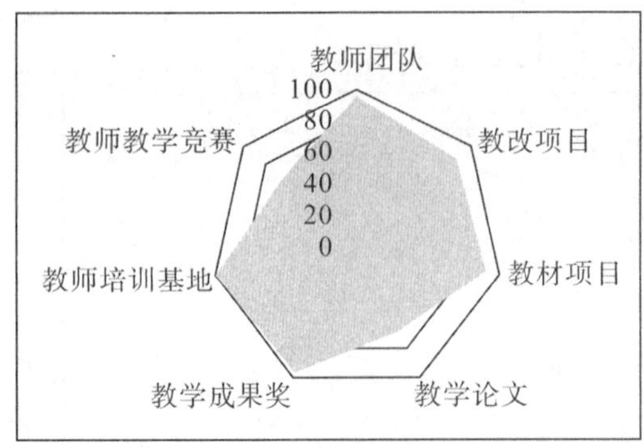

图 2-10 聚类 1 高校教师教学发展生态

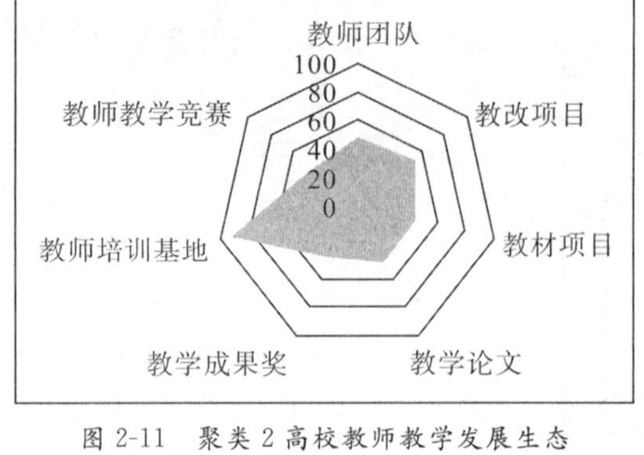

图 2-11 聚类 2 高校教师教学发展生态

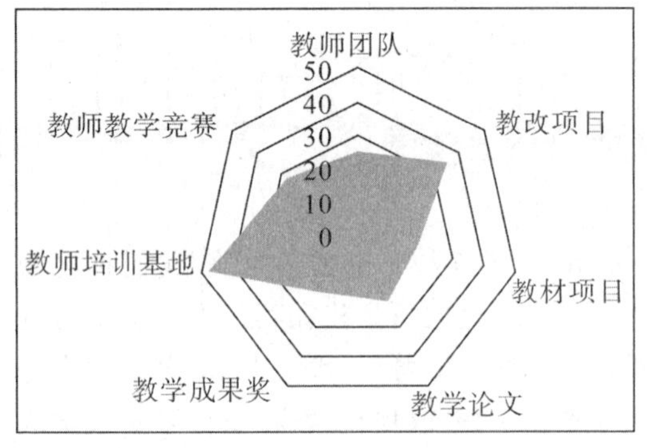

图 2-12 聚类 3 高校教师教学发展生态①

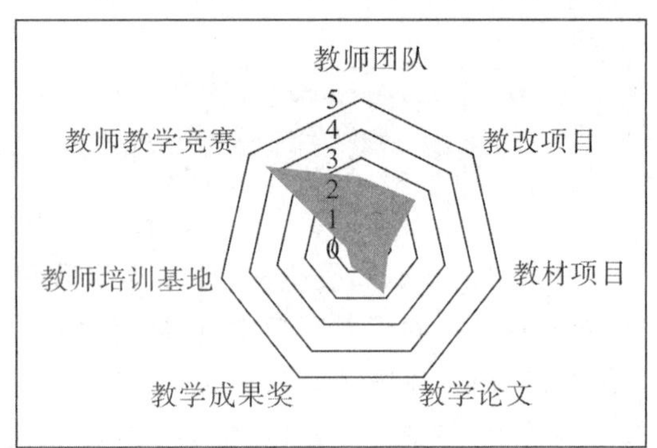

图 2-13 聚类 4 高校教师教学发展生态②

2.5.4 指数的内部结构不均衡提示我国高校教师教学发展短板

经过多年积累,多轮研讨,通过多种途径,尽可能全面地采集高校教师教学发展数据,可以说目前数据库基本涵盖了几乎所有本科院校教师教学发展的关键指标。通过对一级指标项目数的频数分析,发现我国本科院校教师教学发展整体而言可能存在两大短板:其一,教学成果奖过于单一:从数据来看,教学成果奖目前只包含两类奖项(国家教学成果奖和研究生教学成果奖),高校"本科不牢,地动山摇",或可新设中国高等教育学会层面的本科教学成果奖,以鼓励高校更好地投入本科教学。其二,教师教学培训过于薄弱:从数据来看,全国性教师教学培训基地数据占所有教师教学发展项目数据的比例不到 1%,类型也只有两类。教师并非天生就是教学能手,需要进行不断的培训和培养,需要在教学中有引导地开展反思和持续改进,良好的培训组织非常必要。因此,建议在国家级教师教学发展示范中心的辐射下,各省尽快建立省级高校教师教学发展示范中心,真正将教师教学发展培训落地,使得教师教学培训更接地气,更有活力。

与教师教学竞赛状态数据类似,此次首先推出本科高校教师教学发展指数,下一步将适时推出高职院校教师教学发展指数。希望高校教师教学发展指数的推出能够为高校教师教学发展再加"一把火",从各个维度推进高校教师教学投入,夯实人才培养基础。

---

① 为方便查看,该图形扩大 2 倍。

② 为方便查看,该图形扩大 20 倍。

不可否认，高校教师教学发展指数构建是一个复杂的评价问题，本研究结合理论指标和实际政策，综合熵值法、德尔菲法和层次分析法，通过迭代拟合构建普通本科院校教师教学发展指数模型，确定指标体系权重，并通过对指数模型的信效度分析证明了指数模型的有效性。通过模型的初步应用，从区域发展层面和高校发展类型层面对我国高校教师教学发展整体生态进行了初步分析。当然，目前教师教学发展指数的指标提取侧重于可测量、可操作的结果性指标的提取，对于教师教学发展微观和过程层面的指标，限于数据的可采集性问题并未涉及，虽然这些“黑箱”要素能够在一定程度上通过结果指标呈现，但难免存在“挂一漏万”的可能。随着对高校教师教学发展本质属性的进一步把握和过程数据的进一步掌握，指数模型还需要持续不断进行优化，以动态支撑指数研发的目的，为完善高等教育治理体系，提升治理能力服务。

3

全国高职院校教师教学发展指数设计与实践

3.1 总体考虑

3.1.1 目的与策略

全国高职院校教师教学发展指数是在国家、社会和学校对高质量职教教师队伍的强烈需求下应运而生的,用于提升我国教师教学水平。全国高职院校教师教学发展指数的设计重点考虑了以下目标:①廓清边界——理清我国高职院校教师教学发展的内涵、边界,并且用可观测、可量化的指标加以表征;②精准"画像"——为各高职院校刻画专属教师教学画像,帮助高职院校寻找发展短板,精准施策与提升;③完善体系——在准确描绘单体高职院校教师教学发展概貌并引导其发展的基础上,形成省、区域及不同类型高职院校教师教学发展"全景图",以此推进不同区域、层次高职院校教师教学发展治理体系的构建与完善,帮助区域教育主管部门、高校提升教育治理能力。

为达到以上目的,本研究立足中国国情,通过"声誉机制"的牵引作用,以第三方指数的方式,公开、公正、透明地向社会展示高职院校教师教学发展侧面,从而引导高职院校更合理有效地促进本校教师教学发展,在资源分配中给教师教学以更多的份额和政策支持,从根本上提升教师教学幸福感和人才培养能力。

3.1.2 对象与范围

全国高职院校教师教学发展指数分析对象为我国高等职业学校,包括专科层次的高等职业技术学院,以及本科层次的职业大学。其中,职业大学是高等职业技术学院升格后的本科层次职业学校,重点发展职业技能型本科教育,但仍保持其"职业教育"特色,因此将其一并纳入到高职指数计算范畴。具体而言,根据 2019 年 6 月 15 日教育部公布的全国高等学校名单及 2019 年以来教育部陆续正式公布的各职业学院更名职业大学的名单,目前我国共有高等职业技术学院 1468 所,职业大学 22 所,共 1490 所。

3.1.3 原则与关注

高职院校教师教学发展指数与普通本科院校教师教学发展指数有许多类似的设计原则和关注点,但又有自身的特点和内涵。高职指数着眼于学校与社会用人单位的结合,师生与实际劳动者的结合,以及理论与实践的结合。本着"凸显高职特点,贴合教师需求"的原则,本指数关注高等职业教育和高职院校教师教学发展的多方面特点,具体包括:

(1)关注教师教学。从"教师教学发展指数"这个名称可看出,"教学"是其中一个关键词。高职院校教师的教学能力决定了技能人才的培养质量,是高职院校的核心发展力,因此在指标筛选过程中,各指标都指向教学或与教学高度相关,特别关注体现高职教师教学的特色指标。同时,"教师"是指数的另一个关键词,指数的关注点为高职一线教师个人及团体,关注高职教师的日常教学活动、表现及相关产出,关注高职教师的发展环境及动向,指数所采集的数据都是以高职一线教师为主体。

(2)关注产教融合。高等职业教育与普通本科教育的最大区别是其“职业性”,职业教育更加强调人才培养与社会产业、行业的紧密结合,高等职业教育作为职业教育的组成部分,在强调基本理论学习的基础上,实践能力培养是其主要特色,由此对高职教学提出了“产教融合”的本质要求。因此,区别于普通本科院校教师教学发展指数,高职院校教师教学发展指数必须更加关注教育与产业的融合和互动,因此,在指数指标设计中,将“产教融合”作为一级指标独立存在。

(3)关注历史积累。各高职院校教师教学现状的形成都是一个长期积累的结果,与高职院校的建校历史、政策演变等息息相关,时间维度的历史数据能够更客观地体现各高职院校发展的特点和规律,可作为评价高职教师教学发展状况的有效依据,因此,指数关注历史积累,关注历史数据的采集和分析。

(4)关注高职发展。高职院校教师教学发展状况与其建校历史、发展过程、所处地区以及相关产业的发展息息相关,因此不能用孤立的眼光去看待高职院校的教师教学问题。高职指数设计和分析时就强调要关注高职“发展”,关注发展过程中的内外因素,关注发展过程中形成的有效数据,从而更客观地分析、评价和预测各高职院校的教师教学发展状况。

(5)关注职教成果。高职教师教学的内涵复杂,层次多样,要对其发展状态作出科学的明确的评价,需要在错综复杂的现状中提取可量化和可评测的指标,而高职院校教师教学发展的各项成果在取得的过程中就已经包含了各权威机构对该校教师教学水平的筛选和评定,具有重要的参考意义。因此,指数关注高职各类教育教学成果,将成果类指标作为高职院校教师教学水平评定的重要要素。

3.2 模型与体系

3.2.1 指数模型

基于上述指数研发目的与原则,通过大量理论论证和实际调研,结合多轮专家研讨会以及线上线下专家意见征询,最终将高职院校教师教学发展指数设定为 6 个方面和 1 个特殊维度,简称“6+1”模型,如图 3-1 所示。在模型总体名称上高职指数与本科指数保持一致以体现一体性,在具体指标内涵上根据高职教育教学和教师教学发展特点进行重新建模,体现独特性。各一级指标命名分别为“教师团队”“产教融合”“专业与课程”“教材与论文”“教学成果奖”“教师培训基地”和“教师教学竞赛”,下面介绍各一级指标的含义和具体的指标体系。

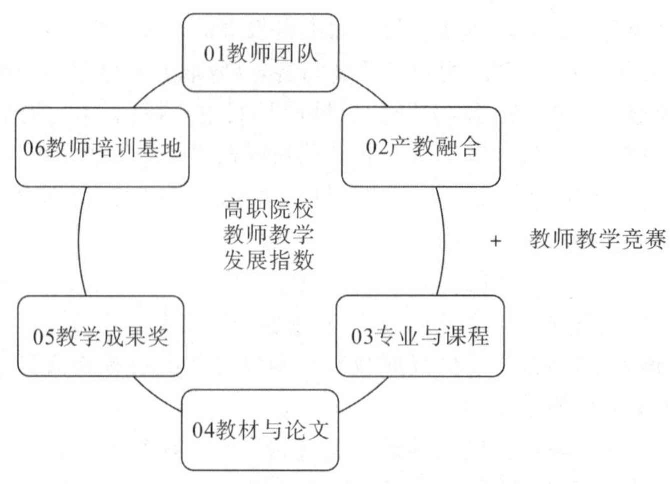

图 3-1 我国高职院校教师教学发展指数"6+1"模型

3.2.2 指标体系

3.2.2.1 教师团队指标体系

"教师团队"主要指向高职院校教师个体和集体在教育教学方面所获得的相关能力认定或荣誉,是教师个体或集体属性的表达。进一步细分为立德树人、教学名师、教学团队、指导委员会和指导教师 5 个二级指标,二级指标下又设了 16 个三级指标,具体指标内容见表 3-1,表中斜体字所表示的指标是高职教师指数中所独有的,高职独有指标共 9 个,占教师团队所有三级指标的 56.25%。

"立德树人"主要指高职教师个体由于育人方面的突出表现而获得的由各级各类主管部门正式颁发的荣誉性称号,可进一步分为个人荣誉、集体荣誉和社会声誉 3 个三级指标。个人荣誉中包括如全国教书育人楷模、全国教育系统先进个人、高等职业学校"双师型"教师个人专业发展典型案例、全国高校优秀思想政治教育工作者、全国高校优秀辅导员、师德标兵、师德楷模等四级指标;集体荣誉中包括如全国职业教育先进单位、全国职业院校教学、实习、学生管理 50 强、全国教育系统先进集体、全国师德建设先进集体等集体荣誉指标;社会声誉包含如全国十大最美老师、感动中国人物(教育类)、全国党和人民满意的好老师等四级指标。"教学名师"主要指由部委所颁发的对教育教学方面做出突出贡献的教师荣誉称号,如教育部教学名师奖、技能大师工作室等。"教学团队"主要指由教育部认定的国家级的教师教学团队,如全国职业院校教师教学创新团队、国家级教学团队等。"指导委员会"是指由教育部认定的职业教育各类指导委员会,包括职业院校教学指导委员会、行业职业教育教学指导委员会、教育部职业院校文化素质教育指导委员会、现代学徒制工作专家指导委员会等。"指导教师"是指在某方面指导学生具有突出贡献的优秀教师,如全国职业院校技能大赛优秀指导教师、优秀工作者、优秀裁判等。

表 3-1 教师团队指标体系

二级指标	三级指标
0101 立德树人	010101 个人荣誉
	010102 集体荣誉
	010103 社会声誉
0102 教学名师	010201 教育部国家级教学名师奖
	010202 中组部国家“万人计划”教学名师
	010203 技能大师工作室
0103 教学团队	*010301 全国职业院校教师教学创新团队*
	010302 国家级教学团队
	010303 全国高校黄大年式教师团队
0104 指导委员会	*010401 职业院校教学指导委员会*
	010402 行业职业教育教学指导委员会
	010403 教育部职业院校文化素质教育指导委员会
	010404 现代学徒制工作专家指导委员会
	010405 教育部高等学校教学指导委员会
	010406 教育部高等学校教师培养教学指导委员会
	010407 全国民族教育专家委员会
0105 指导教师	*010501 全国职业院校技能大赛优秀工作者*
	010502 全国职业院校技能大赛优秀裁判
	010503 全国职业院校技能大赛优秀指导教师

注：斜体字表示该指标为高职的特有指标，下同。

3.2.2.2 产教融合指标体系

高职院校与产业联系紧密，高职教师教学的发展也难以脱离产业。“产教融合”指标主要指向学校和企业深度合作所设立的试点院校、基地、项目等，是教师教学与产业密切结合共同发展的体现，这也是高职的重要特色。从内容的角度，又可分为综合类、教学基地和示范项目 3 个二级指标，二级指标下又设了 23 个三级指标，具体指标内容见表 3-2，其中高职独有指标共 16 个，占产教融合所有三级指标的 69.57%。

“综合类”是指国家级层面设立的各类试点职业院校，包含“双高”建设高职院校、国家示范性高等职业院校、国家骨干高职院校等三级指标。“教学基地”是指聚焦于基地建设的产教融合教育教学改革项目，如国家级高技能人才培训基地、大学生文化素质教育基地等。“示范项目”主要指高职院校和企业合作设立的聚焦于高职学生动手能力和实践能力培养的相关教育教学改革项目，如 1+X 证书制度试点院校、中央财政支持的职业教育实训基地、现代学徒制试点单位、产学合作协同育人项目、国家高职高专学生实训基地以及由各级各类主管部门正式发文的各类校企合作项目等。

表 3-2　产教融合指标体系

二级指标	三级指标
0201 综合类	*020101 国家示范性高等职业院校*
	020102 国家骨干高等职业院校
	020103 优质校(高等职业教育创新发展行动计划)
	020104 职业院校教学诊断与改进工作试点院校
	020105 中国特色高水平高职学校
	020106 中国特色高水平专业群建设高职学校
0202 教学基地	*020201 国家级高技能人才培训基地*
	020202 大学生文化素质教育基地
0203 示范项目	*020301 1＋X 证书制度试点院校*
	020302 中央财政支持的职业教育实训基地
	020303 生产型实训基地(高等职业教育创新发展行动计划)
	020304 虚拟仿真实训中心(高等职业教育创新发展行动计划)
	020305 协同创新中心(高等职业教育创新发展行动计划)
	020306 现代学徒制试点单位
	020307 产学合作协同育人项目
	020308 大学生创新创业训练计划
	020309 国家高职高专学生实训基地
	020310 校企合作项目
	020311 创新创业荣誉类
	020312 高校思想政治工作有关培育建设项目
	020313 国家级职业教育教师教学创新团队课题研究项目
	020314“六卓越一拔尖”培养计划
	020315“新工科”研究与实践项目

3.2.2.3　专业与课程指标体系

“专业与课程”指标包含与教育教学相关的“专业类”和“课程类”两大指标，二级指标下又设 8 个三级指标，具体指标内容见表 3-3，其中高职指数独有指标共 4 个，占所有三级指标的一半。“专业类”指标主要指国家层面设立的以提高教学质量和办学水平、发挥示范作用为目标的各类专业点，如骨干专业(高等职业教育创新发展行动计划)、全国职业院校示范专业点、国家高职高专精品专业建设项目等。“课程类”指标主要指聚焦于课程改革的教育教学项目，如教育部职业教育专业教学资源库、国家精品课程建设项目、精品资源共享课等。

表 3-3 专业与课程指标体系

二级指标	三级指标
0301 专业类	*030101 骨干专业(高等职业教育创新发展行动计划)*
	030102 全国职业院校示范专业点
	030103 国家高职高专精品专业建设项目
0302 课程类	030201 精品课程
	030202 精品视频公开课
	030203 精品资源共享课
	030204 精品在线开放课程
	030205 教育部职业教育专业教学资源库

3.2.2.4 教材与论文指标体系

“教材与论文”指标下设“教材项目”和“教学论文”两大二级指标，具体指标内容如表3-4所示。“教材项目”是指高职院校获得的国家级层面认定的教材，目前，国家级层面的教材主要包括：职业教育国家级规划教材、普通高等教育国家级规划教材和普通高等教育精品教材等。

教学论文是教师教学工作的总结提炼和成果展示，在一定程度上反映了高职院校教师的教育教学水平。为了更好地反映高职教育科学研究现状，《中国高教研究》杂志社从2015年起启动了全国高校高职教育科研论文统计工作，每年在《中国高教研究》第12期发布统计结果和相关分析。高职教师教学发展指数采用了《中国高教研究》全国高校高职教育科研论文的统计数据作为指标，该项研究中每年遴选具有影响力的22家左右教育类中文核心期刊，其中包括《职教论坛》(南昌)、《中国职业技术教育》(北京)、《职业技术教育》(长春)、《教育与职业》(北京)4家被北京大学《中文核心期刊目录》刊载的职业教育类期刊，以及另外18家左右高教核心期刊来更好地反映整体状况。虽然高职类核心期刊只有4种，但在高职教育科研论文发文数量上却占了绝大部分，因此在“教学论文”指标上同样体现鲜明的高职特色。

表 3-4 教材与论文指标体系

二级指标	三级指标	
0401 教材项目	040101 规划教材	
	040102 精品教材	
0402 教学论文	*040201 职教论坛*	0402014 复旦教育论坛
	040202 中国职业技术教育	0402015 江苏高教
	040203 职业技术教育	0402016 研究生教育
	040204 教育与职业	0402017 高教探索
	040205 教育研究	0402018 中国高等教育

续表

二级指标	三级指标	
0402 教学论文	040206 北大教育评论	0402019 学位与研究生教育
	040207 中国高教研究	0402020 高教发展与评估
	040208 高等工程教育研究	0402021 黑龙江高教研究
	040209 高等教育研究	0402022 现代大学教育
	0402010 清华大学教育研究	0402023 现代教育管理
	0402011 高校教育管理	0402024 大学教育科学
	0402012 教育发展研究	0402025 现代教育科学
	0402013 中国大学教学	

3.2.2.5 教学成果奖指标体系

教学成果奖是对高职院校教育教学改革重要成果的认定,是高校教师教学发展水平的重要体现。其中,高等教育国家级教学成果奖是国家在教学研究和实践领域中颁授的最高奖项,每 4 年评审 1 次,获奖项目需要在教育教学领域及实践中取得重大突破。高职院校教师教学发展指数遴选从 1989 年到 2018 年共 8 次国家级教学成果奖中高职院校作为研究单位的获奖数据纳入教学成果奖指标中,具体指标体系见表 3-5。

表 3-5 教学成果奖指标体系

二级指标	三级指标
0501 高等教育国家级教学成果奖(含职业)	050101 特等奖
	050102 一等奖
	050103 二等奖
0502 基础教育国家级教学成果奖	050201 特等奖
	050202 一等奖
	050203 二等奖

3.2.2.6 教师培训基地指标体系

"教师培训基地"是指教育部出台的专门针对教师开展相关培训的基地。教师培训基地对于培养优秀高职教师,实现教师队伍的可持续发展起到重要作用,是教师教学发展水平的一个体现,因此把教师培训基地列入高职指数的一级指标。目前"教师培训基地"下设有"双师基地(高等职业教育创新发展行动计划)""高等职业学校专业骨干教师国家级培训基地""全国高职高专教育师资培训基地"和"教育部职业院校校长培训基地"四类二级指标,所有教师培训基地的指标均为高职独有指标,体现高职院校在教师培训方面的特色。

3.2.2.7 教师教学竞赛指标体系

教师教学竞赛对于激发教师教学兴趣,促进教师教学能力提高起到重要作用,是高校教师教学能力的重要体现，因此将其作为一级指标的特别维度。中国高等教育学会从2018年开始启动全国普通高校教师教学竞赛状态数据，在2018年到2020年连续三年发布了“全国普通高校教师教学竞赛研究报告”，对高校教师教学竞赛情况做出分析及数据排行，为高校教师教学竞赛研究和对比提供依据。其间，2019年开始发布高职院校教师教学竞赛状态数据。本研究将中国高等教育学会所公布的“全国高职院校教师教学竞赛状态数据”作为高职指数“教师教学竞赛”一级指标的数据来源。

3.2.3 建模方法与一级指标权重

指标体系中的各类指标从各个维度对高职院校教师教学发展状况进行描述和表征，然而如何将这众多指标进行有效组合，并赋予合理权重，使之成为有机整体，最终能够呈现高职院校教师教学真实面貌是个复杂的建模和评价问题。课题组通过理论研究，实际验证，多轮组内讨论，及与院校、企业、行业、部门专家的多方面探讨研究，采用与本科指数类似的主客观相结合逐步迭代的方法进行指数建模。首先，以20多万条指标数据为基础，通过数据分析技术得到相对客观的初代权重体系，再采集专家意见并采用层次分析法和德尔菲法对权重体系进行修正，循环往复经过多轮迭代，不断修正指标权重，使得单项指标和总分指标的权重均符合专家判断，形成相对统一的主客观结果，由此得到最终的权重体系。高职院校教师教学发展指数一级指标权重如图3-2所示。

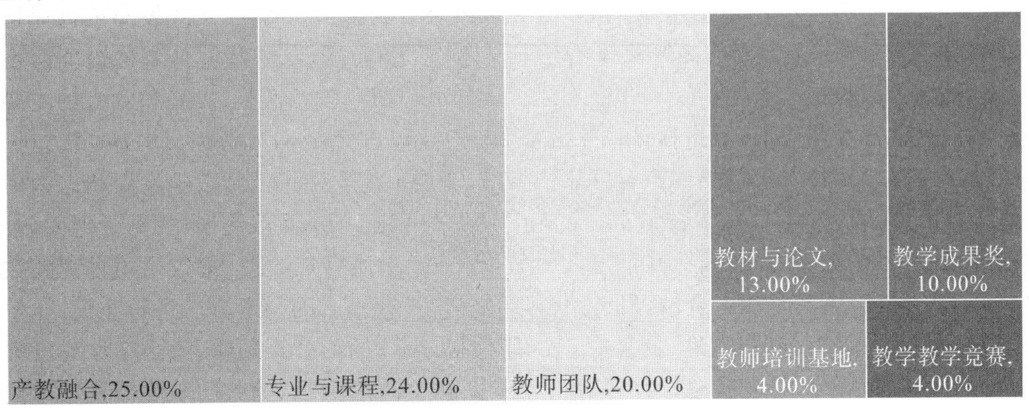

图3-2 高职院校教师教学发展指数一级指标权重

3.3 初步实践

3.3.1 数据来源及数量

高职指数的数据主要通过申请教育部信息公开、档案馆查询、网站查询等多种途径，采集高职院校教师教学发展在教师团队、产教融合、专业与课程、教材与论文、教学成果奖、教师培训基地和教师教学竞赛“6+1”个一级指标中的数据，预发布的全国高职院校教师教学发展指数共采集到原始数据20余万条。

3.3.2 指数形式及内容

为适应职业教育改革发展新形势、新任务、新要求，各高职院校的发展模式应该更多元、更立体、更全面，共同构建新时期中国特色高等职业教育体系。不同的高职院校，其办学定位和人才培养目标不同，接收的生源不同，获得的资源不同，面向的地区和职业定位也不同。因此在对各高职院校教师教学发展水平进行评估时，除了总体评价，同质性高职院校的横向比较也很有意义。因此，在高职指标的发布形式上，应该包括总指数榜单和分榜单。在分榜单内容的选取上，首先考虑到不同的层次认定和经费投入等会对教师教学水平产生影响，因此设置"双高"高职院校和一般高职院校两个分指数榜单，以此对不同层次高职院校进行教师教学发展水平的横向对比评价；其次，高职院校对接地区产业，体现区域特色，因此有必要对各区域内高职院校教师教学水平进行比较，为此设置了东部、中部、西部和东北四个区域指数分榜单；再者，不同的办学类型也会影响教师教学水平，我国公办和民办高职院校的办学定位、历史、特点各不相同，民办高职院校间的横向比较更有针对性，因此单独设立民办高职院校教师教学发展指数分榜单。

3.3.3 指数特点分析

全国高职院校教师教学发展指数的一个最大特点就是覆盖了大部分高职院校，实现了各高职院校教师教学水平的量化评价，这在国内属首创。从2020年正式发布的高职指数结果来看，目前90.20%的高职院校已经进入指数覆盖范围；从各指标体系的时间跨度来看，高职指数数据主要起始于1999年，涵盖我国高等职业教育恢复、发展和壮大的主要过程，因此时间跨度较大；从指标体系来看，目前指数包含7个一级指标，18个二级指标和88个三级指标，基本把现有的、有可靠依据的、能展示高职院校教师教学发展状态的因素都考虑齐全，因此考察因素较丰富；目前指数共采集到20余万条数据，数据量庞大，且数据库还在不断更新增大，因此其信息收集较全；基于上述客观数据，指数采用客观大数据和专家参与权重确定相结合的评价方式，以及多次迭代拟合的科学方法进行建模，体现了指数研发的科学性和合理性；此外，指数模型、指标、数据均公开透明，每个学校均可查到自己所有的教师教学发展原始数据，并能申请修改和增补数据，为各高职院校在具体操作层面上如何提升教师教学水平提供借鉴，这也是本指数的一大特色。

4 全国地方本科院校教师教学发展数据分析

地方高校是我国高等教育的重要组成部分,占全国普通高校总数的比例超过 96%。地方高校为国家和地方经济社会发展提供了大量人力资源支撑,但受政策、资源和区位条件的限制,很多地方高校发展面临困难,制约了其进一步发展[①]。高校教师作为学校办学的主体,是决定学校发展的关键因素之一,尤其对以教学为主的地方本科高校而言,教师的教学水平直接影响学校的办学水平和人才培养质量。

目前,学界对教师教学发展评价的研究主要集中在微观层面,聚焦于教师的具体教学行为,如课程评估,教学学术能力评价,教师教学质量评价标准及方式等[②];在研究方法上,主要根据个人经验以及所在学校的实际情况来分析高校教师教学发展问题,并提出改进建议[③];宏观层面的教师教学发展现状与图景描述尚不够清晰。

本研究以全国本科高校教师教学发展指数(2020 版)中的地方本科高校指数(下简称"2020 版地方指数")为分析工具,着重在宏观层面解析地方本科高校教师教学的发展现状,并从区域、省域、管理、类型、特色等不同维度刻画地方本科高校教师教学发展轮廓,挖掘其特征,提出对策建议,为教育行政主管部门、高校更好地优化教师教学发展举措,提升教师教学发展水平,提高办学质量提供政策参考。[④]

4.1 文献综述与分析框架

2020 版地方指数中上榜地方本科高校 1112 所,占全国普通本科地方高校总数 96.02%[⑤]。东部地区上榜高校 427 所,占东部地区地方本科高校数的 95.73%,中部地区上榜高校 281 所,占中部地区地方本科高校数的 97.23%,西部地区上榜高校 277 所,占西部地区地方本科高校数的 94.86%,东北地区上榜高校 127 所,占东北地区地方本科高校数的 96.95%。总体来看,教师教学发展指数涵盖高校面广,可以较好反映全国地方本科高校教师教学发展的状况。

图 4-1 显示了地方本科高校教师教学发展指数的整体分布情况,其中最高分为 67.24 分、最低分为 3.73 分、校均得分 28.55 分。从分布情况看,60 分以上分段(含 60 分)的高校有 5 所,仅占所有上榜学校数的 0.45%,绝大部分地方本科高校指数得分小于 60,其中处于指数平均分以下的高校有 553 所,占所有上榜学校数的 49.73%。

---

① 柴葳,刘博智.新时代高等教育内涵发展的新动员令——访全国人大代表、中国高等教育学会会长杜玉波[N].中国教育报,2018-03-08(1).

② 周广礼,马海泉.教学学术能力:大学教师发展与评价的新框架[J].教育研究,2013,(8):37-47.

③ 周卫东.新建地方本科院校教师转型发展研究[J].江苏高教,2019(7):58-62.

④ 中国高教学会.全国普通高校教师教学发展指数(2020 版)发布[EB/OL].(2020-11-27)[2021-7-7].https://www.cahe.edu.cn/site/content/13739.html.

⑤ 根据教育部公布的 2020 年全国普通高等学校名单计算得出。

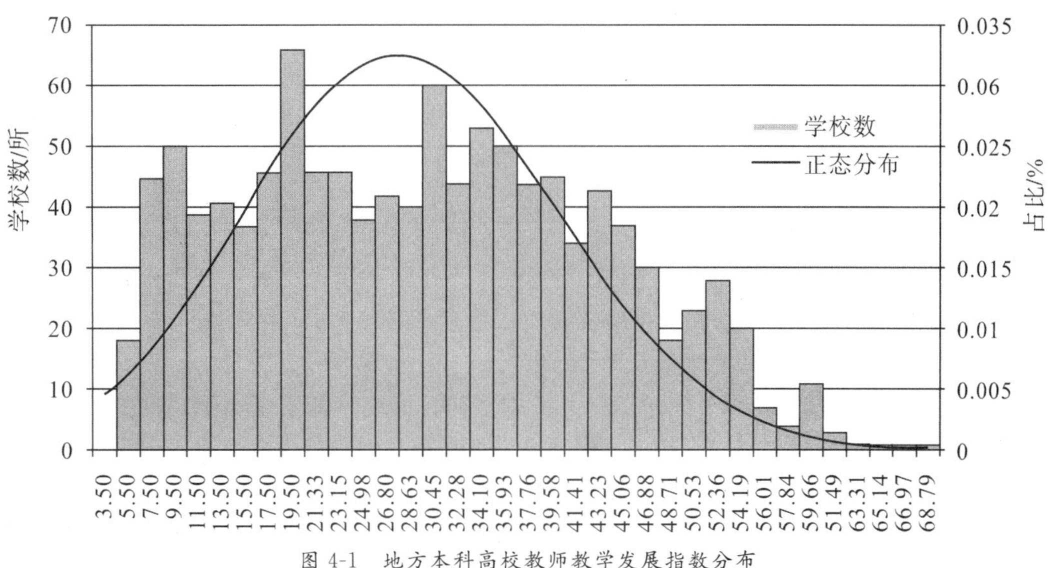

图 4-1　地方本科高校教师教学发展指数分布

通过对数据的分析，我国地方本科高校教师教学发展呈现以下特征：

1. 东部、东北部地区教师教学整体发展水平优于中西部地区

表 4-1 显示，在校均得分上，东北地区地方本科高校的得分最高，东部地区次之，西部、中部地区最低；在进入指数前 100 的比例上，东部地区地方本科高校的比例远远高于其他地区，西部地区次之，东北和中部地区最低；从标准差来看，东部地区地方本科高校最高，中部和西部地区次之，东北地区最低。从上述三个指标可以看出，东北地区地方本科高校教师教学发展整体水平最高且内部发展较为均衡，但教师教学发展水平高的地方本科高校较少；东部地区地方本科高校教师教学整体发展水平较好，教师教学发展水平高的地方本科高校数量较多，但内部发展存在一定程度的不均衡；中部地区地方本科高校教师教学整体发展水平处于四大地区排名最后，教师教学发展水平高的地方本科高校较少，且内部发展不均衡；西部地区地方本科高校教师教学发展整体发展和高水平高校数量都位居全国中等水平，但内部发展的均衡尚有待提高。

表 4-1　不同区域地方本科高校指数各区域教师教学发展水平对比

区域	学校数	校均得分	进入指数前 100 比例(%)	标准差
东部	427	29.46	11.71	14.65
中部	281	26.43	6.41	14.47
西部	277	28.45	8.66	14.38
东北	127	30.37	6.30	13.40

2. 省域高校发展各具特点

以省份为单位，分别计算各省份地方本科高校指数的校均得分与标准差，并以各省份地方本科高校指数的校均得分均值和标准差均值分别作为坐标横轴和纵轴，形成各省份地方本科高校校均得分与标准差分布四象限图（见图 4-2）。根据图 4-2，可以将 2020 版地方指数中的 31 个省份分成四种类别，每一个类别中的地方本科高校教师教学发展具有不

同的特点。

第一类:“一高一低”,即校均得分高于全国平均水平且标准差低于全国平均水平,这一类省份地方本科高校教师教学发展水平较高且各校之间发展较为均衡,包括青海、西藏、海南、内蒙古、吉林 5 个省份。这些省份除吉林以外,都呈现出集中力量发展少数高质量高校的特点。

第二类:“双高”,即校均得分高于全国平均水平但标准差高于全国平均水平的省份,包括北京、上海、天津、江苏、辽宁、黑龙江、重庆 7 个省份。大多为教育较为发达的省份,教师教学发展整体水平较高,但省内各高校之间发展差异较大,一定数量的高水平高校表现突出,但发展水平低的高校数量也不少。

第三类:“双低”,即校均得分低于全国平均水平且标准差低于全国平均水平的省份,包括湖北、四川、宁夏 3 个省份,这类省份地方本科高校的教师教学发展水平较低,但各校之间发展较为均衡。

第四类:“一低一高”,校均得分低于全国平均水平且标准差高于全国平均水平的省份,这类省份发展水平较低且各校之间发展不均衡,呈现出少数高校教师教学发展较好,但大部分高校教师教学发展落后的局面,其他 16 个省份的地方本科高校的教师教学发展都归属于这一类,占所有省份的 51.61%。

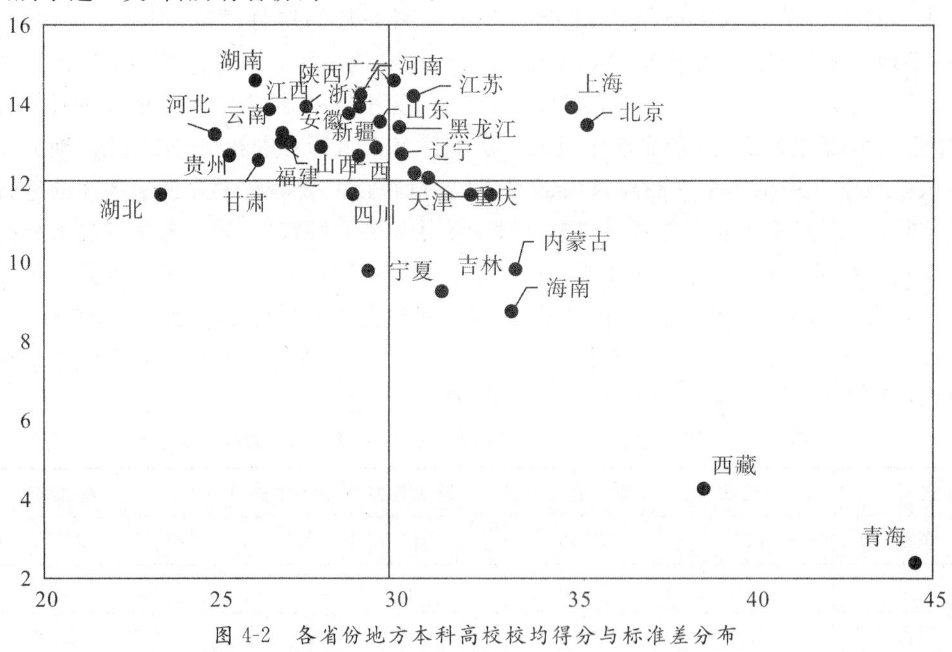

图 4-2 各省份地方本科高校校均得分与标准差分布

3. 重点建设高校的教师教学发展优势明显

重点建设一直是我国高等教育发展中一项重要的制度设计,通过对所遴选的重点高校的资源和政策倾斜,扶持和打造一批高水平高校引领全国高等教育发展。为分析地方本科高校中重点建设高校与非重点建设高校教师教学发展生态差异,本研究将地方本科高校中的国家“双一流”建设高校、“2011 计划”高校、中西部高校基础能力建设工程高校及入选各省份的重点建设高校列为地方重点建设高校,其余学校列为非重点建设高校。

经统计，在2020版地方指数中，共有288所地方重点建设高校①，824所地方非重点建设高校。表4-2显示，重点建设高校和非重点高校之间的教师教学发展水平差距明显。在校均得分上，地方重点建设高校均得分45.57分，非重点建设高校校均得分为22.60分，前者为后者的2倍多。从进入指数前100的比例来看，两者之间的差距更加悬殊，重点建设高校的比例高达34.38%，而非重点建设高校仅为0.12%。

表4-2 地方本科高校指数中重点建设高校与非重点建高校教师教学发展水平对比

学校类型	学校数	校均得分	进入指数前100比例
重点建设高校	288	45.57	34.38
非重点建设高校	824	22.60	0.12

2020版地方指数还显示，作为国家支持地方高校发展的一项重要举措，部省合建、省部共建可以对地方本科高校的教师教学发展发挥促进作用，14所部省合建地方本科高校除西藏大学外，其他均进入指数前100，其中7所高校排名前50；在指数前100的地方本科高校中，有81所高校是部省合建或省部共建高校。

4. 民办高校与公办高校的教师教学发展水平存在较大差距

民办本科高校是地方本科高校的重要组成部分，此次进入指数覆盖的地方民办本科高校共394所，占2020版地方指数中高校总数的35.43%。2020版地方指数显示，地方民办本科高校与公办本科高校的教师教学发展水平存在较大差距。考虑到地方民办高校大都为2000年之后成立，而大部分公办高校成立的时间较长，通过对比地方新建本科高校②中的民办本科高校和公办本科高校教师教学发展水平更能科学客观地比较两者之间的差距(见表4-3)。表4-3显示，在新建本科高校中，民办本科高校的校均得分为14.67分，公办本科高校的校均得分为27.75分，前者只有后者的一半。从进入指数前300比例来看，两者的比例都不高，但民办本科高校没有一所学校进入指数前300，最高排名为301名，99.20%的民办本科高校排名在中位数(第556名)之后。

表4-3 新建本科高校指数地方民办本科高校和公办本科高校教师教学发展水平对比

学校类型	学校数	校均得分	进入指数前300比例(%)
民办本科高校	364	14.67	0.00
公办本科高校	272	27.75	1.47

注：未包含中外合作办学和内地与港澳台地区合作办学的高校

5. 不同学科类型高校的教师教学发展各异

为比较不同学科类型地方本科高校的教师教学发展状况，将地方本科高校划分为理工、综合、医药、农林、师范和人文社科六种类型(见表4-4)，分别从进入校均得分和进入指数前100比例两个指标来观测各类高校教师教学发展的现状。从校均得分来看，农林类、

① 在列入重点建设的地方高校名单中，“双一流”建设高校有47所、“2011计划”高校有4所、中西部高校基础能力建设工程高校有165所、各省份重点建设高校有181所，排除重复项，共计288所地方院校

② 新建本科高校是指教育部2000年以后批准设立的本科高校，这些高校全部为地方本科高校

医药类和师范类得分较高，理工类居中，综合类和人文社科类高校得分较低。从进入指数前 100 的比例来看，农林类高校的比例远远高于其他类型的高校；医药类、综合类和师范类高校的比例居中；理工类、人文社科高校的比例较低，其中人文社科高校仅为1.88%，远远落后于其他类型高校。综合地看，农林类、医药类和师范类高校发展较好，整体水平较高且有较多数量的高水平高校；理工类和综合类高校的整体发展和高水平高校数量都位居中等水平；而人文社科类高校的发展水平较低且缺乏高水平高校。

表 4-4　不同类型地方本科高校教师教学发展水平对比

学校类型	学校数量	校均得分	进入指数前 100 比例(%)
理工类	325	28.27	7.40
综合类	262	26.26	11.80
医药类	101	33.08	11.88
师范类	163	32.37	11.66
农林类	49	34.54	20.41
人文社科类	213	25.07	1.88

6. 行业特色高校的教师教学发展水平突出

在地方本科高校中有着数量较多的行业特色高校。这些高校主要是世纪之交高教管理体制改革中划入省区市等为主管理的原行业部门所属、行业特色鲜明的高等学校[①]。排除被兼并和撤销的高校，共有 147 所行业特色高校进入 2020 版地方指数。指数显示，依靠显著的行业办学特色和突出学科专业群优势，行业特色高校教师教学发展指数显著高于其他高校(见表 4-5)。在校均得分上，行业特色高校校均得分 42.26 分，非行业特色高校校均得分 26.46 分，前者为后者的 1.60 倍，从进入指数前 100 的比例来看，行业特色高校为 17.69%，非行业特色高校为 7.67%，行业特色高校是非行业特色高校的 2.33 倍。

表 4-5　行业特色高校与非行业类高校教师教学发展水平对比

学校类型	学校数	校均得分	进入指数前 100 比例(%)
行业特色高校	147	42.26	17.69
非行业特色高校	965	26.46	7.67

4.2　讨论与思考

通过从多角度切入，以客观数据为分析工具，可以在整体上刻画出地方本科高校教师教学发展轮廓。(1)从指数整体分布来看，地方本科高校教师教学发展结构欠合理，高分段学校占比低，低分段学校集聚，发展不充分不平衡问题较为突出。(2)从区域来看，中西

① 罗维东. 新时期行业特色高校发展趋势分析及对策思考[J]. 中国高教研究，2009(3)：1—3.

部地区地方本科高校的教师教学发展落后于东部、东北地区，尤其是中部地区地方本科高校的教师教学发展明显落后，区域发展存在一定的不协调。(3)从省域来看，各省份地方本科高校发展各具特点，但大部分省份的地方本科高校的教师教学发展水平低且内部发展不均衡。(4)从管理层面来看，重点建设高校远高于非重点建设，民办高校与公办高校之前也存在较大差距，在体制机制上如何给予非重点建设高校、民办高校更多支持亟待破题。(5)从学科类型来看，理工类、综合类和人文社科类高校的教师教学发展落后于农林类、医药类和师范类高校发展水平，尤其是人文社科类高校发展较弱。(6)从办学特色来看，行业特色高校的教师教学发展水平高于非行业特色高校。

当前，我国教育已进入新的发展阶段，党的十九届五中全会提出了要建设高质量教育体系，加快推进教育现代化、建成教育强国、办好人民满意教育的新目标，也提出了提升教师教书育人能力素质的具体要求。提升地方本科高校教师教学发展水平，是贯彻落实党的十九届五中全会的重要举措，也是建设高质量高等教育体系的必然要求。结合国家对高等教育建设的要求以及地方本科高校教师教学发展的特点，我们认为可以从以下三个方面着力提高地方普通本科高校教师教学发展水平。

1. 加大支持力度，强化分类管理，推进均衡发展

我国当前高等教育发展以资源驱动型为主，高校的各种资源主要来源于国家的投入。在资源的外部获取上，地方高校的资源获取能力偏弱，在各种资源的竞争中处于不利地位，无法与中央部属高校竞争[①]，这一问题在教师教学发展上表现尤为突出，地方本科高校教学发展的资源配置要远远落后于部属高校。另外，相对于公办高校来说，民办高校在获取教师教学发展相关资源上，也同样处于弱势地位。因此，教育行政主管部门要关注部属高校与地方高校之间，公办高校和民办高校之间的差距，平衡重点建设高校和非重点建设高校的投入，强化分类管理，加大对地方本科高校尤其是其中的民办高校，中西部地区、民族地区、偏远地区高校以及发展滞后高校的支持力度，推进地方本科高校教师教学均衡发展。进一步完善和落实扶持政策，在遴选国家级专业、教学团队、教改项目、教材项目、教学成果奖或教师培训基地时分“赛道”评审，适当向地方本科高校，尤其资源匮乏，急需支持的高校倾斜。在 2019 年国家一流本科专业建设“双万计划”的遴选中，教育部就明确提出一流本科专业分“赛道”建设，中央部门所属高校、地方高校名额分列，向地方高校倾斜[②]。

采取部省合建、省部共建等方式对支持地方高校起到了积极作用。在现有基础上，可以进一步加大部省合建、省部共建力度，扩大共建范围，充分利用中央部委的政策、资金和平台等资源，搭建合作平台，拓宽合作渠道，建立教师教学交流机制，为地方本科高校教师提供培训进修、教改研究等各方面的支持。如北京市充分利用市内部属高校多的优势，与

① 任初明. 地方高校竞争力培育面临的问题与战略应对——基于资源基础理论的视角[J]. 江苏高教，2011(5)：72－73.

② 教育部. 教育部办公厅关于实施一流本科专业建设“双万计划”的通知(教高厅函〔2019〕18 号)[EB/OL]. (2019－4－4)[2021－7－7]. http://www.moe.gov.cn/srcsite/A08/s7056/201904/t20190409_377216.html.

部属高校合作共建教师发展基地,先后在北京大学、清华大学等6所部属高校建立北京市属高校教师发展基地,搭建部属高校和市属高校之间的合作平台,充分利用部属高校的优质资源,提升市属高校教师教学发展水平[①],取得了很好的效果[②]。

2. 加快教师教学发展中心和基层教学组织建设,完善教师培训网络

教学是一门科学,也是一门艺术,培训是赋能教师教学发展的有效手段之一,开展有效培训的基础是提供高质量的培训基地和培训项目。目前高质量培训基地和培训项目总体供给偏少。从全国层面来看,我国自2012年启动国家级教师教学发展示范中心建设以来,仅批准了30个国家级教师教学发展示范中心,且全部集中在部属高校。省级层面,目前仅有10个省份设立了113个省级教学发展示范中心,还有三分之二的省份没有设立省级教学示范中心。地方本科高校的教师教学培训主要由本校自行承担,在水平和层次上往往具有一定的局限性。

基于此,或可根据不同类型高校教师教学发展的需求,构建立体化的教师培训网络。其一,不同层级教育主管部门根据所辖高校教师教学发展的特点,从供给层面加大培训基地和项目的数量和覆盖范围:教育部可继续加强国家级教师教学发展中心的建设,并向地方本科高校延伸;同时,充分发挥现有的30个国家级教师教学发展示范中心的示范引领作用,通过成立联盟等形式,向地方本科高校辐射。如西安交通大学国家级教师教学发展示范中心发起成立西北地区高校教师教学发展中心联盟,辐射西北五省210多所高校[③]。省级教育主管部门可以进一步加强省级高校教师教学发展示范中心建设,为地方高校教师教学发展提供专业性的平台和常态化、制度化的培养机制。其二,进一步发挥学会、协会等第三方组织在教师教学发展中的纽带和推动作用。中国高教学会发起成立"西北地区高校教师教学发展研究院",与省级教育主管部门、相关高校合作共建区域级的教师教学发展研究院,服务所在区域高校教师教学发展,也是一种很好的发展模式。其三,可通过购买服务等方式,发挥教育企业的专业化资源在教师教学培训及发展中的作用。

在高校自身发展层面,要重视校内教师教学发展中心或培训基地的建设,投入专项资金,建立稳定的培训队伍,服务于教师教学发展。其一,校级教师教学发展中心要着重开展校本培训,紧密结合本校办学定位和人才培养目标,立足本校教师教学的现实需求,有针对性地为本校教师开展教学有关的培训和培养[④]。其二,要加强院系基层教学组织建设,实现院系基层教学组织与学校教师教学发展中心联动发展。完善有效的基层教学组织不仅可以成为增进教师交流和促进教师发展的平台,成为组织教师讨论和研究教学的中心,而且还能成为院系二级教师教学发展网络,构建校院两级教师教学发展组织构架,

① 北京市人民政府.北京市属高等学校创新团队建设与教师职业发展计划项目管理办法[EB/OL].(2013-2-27)[2021-7-7]. http://www.beijing.gov.cn/zfxxgk/110003/gdjy23/2013-02/27/content_369749.shtml.

② 于淼.部属院校对市属高校教师的师资培训刍议[J].继续教育研究,2011(12):128-129.

③ 西安交通大学.西北地区高校教师教学发展中心联盟在西安交通大学成立[EB/OL].(2015-06-01)[2021-7-7]. http://www.snedu.gov.cn/jynews/jyyw/201506/01/49598.html.

④ 周卫东.新建地方本科院校教师转型发展研究[J].江苏高教,2019(7):58-62.

健全教师教学发展机制[①]。特别是针对当前部分高校基层教学组织功能弱化，教研活动缺失，教学行为个体化等问题，重新架构基层教学组织的管理体制和组织形式，激活基层教学组织活力是从根本上解决教师教学发展基层动力的有效途径。

3.强化特色办学，以特色引领教师教学发展

在高等教育竞争日趋激烈和地方高校办学同质化的形势下，特色发展是地方本科高校发展的一条重要战略，也是地方高校提高竞争力重要手段。地方高校唯有找准自己的位置，扬长避短，发挥优势，不断探索特色化发展战略，努力形成办学特色，这样才能在日益激烈的高校竞争中取得一席之地[②]。行业特色高校的教师教学发展指数分析表明，学校紧密结合地方社会经济和行业企业发展需求，强化学校特色，将有助于教师教学发展水平的提高。

以特色引领地方本科高校教师教学发展是一个系统工程，要将特色贯穿到专业建设、教师团队以及教改研究等各个方面。其一，要根据本校的办学历史、办学理念和办学基础，结合行业和地方经济发展需求，围绕某一或某些优势领域，集中优势资源，重点打造一批有竞争力的特色专业，为教师教学发展提供良好平台；其二，要有针对性引进和培养一批与特色专业直接相关的高水平学科带头人和教师，形成特色鲜明的高水平教师团队，通过学科带头人引领，发挥团队协作，带动教师教学整体发展；其三，要紧密结合行业前沿发展，强化校企合作，制定政策措施激励教师深入生产一线，构建以解决企业生产实际问题为目标的教学平台和实习实训基地，在实战中提升教师教学水平；其四，要基于特色的专业、教师团队、教学平台和实训基地，针对特色办学中出现的新问题、新情况，加强教育改革探索和研究，开展特色的教改项目研究，开发特色的教材体系，及时提炼和总结改革经验，形成特色教改论文，培育特色教学成果[③]。

---

① 陆国栋，张存如. 基层教学组织建设的路径、策略与思考——基于浙江大学的实践与探索[J]. 高等工程教育研究，2018(3)：130－136.

② 董建春. 试论地方本科院校的特色建设[J]. 高等教育研究，2009(7)：36－39.

③ 张士乔. 以特色办学推进大学高质量发展[N]. 中国科学报，2019－11－06(4).

5 全国高职院校教师教学发展指数数据分析

5.1 发展态势分析

5.1.1 整体发展态势分析

发布的2020版高职院校教师教学发展指数中上榜高职院校(含职业大学)①共1334所,占全国高职院校及职业大学总数的90.20%,总体涵盖面广。依照排名绘制高职指数的总分分布图,如图5-1所示,将第一名得分归一为100分,则最低分为6.91分,差距明显。经统计,60分以上的高职院校有125所,仅占上榜院校数的9.4%,剩下90.6%的高职院校得分均在60分以下,高分段学校偏少,进一步计算可得校均分为37.83,校均项目数为58.56,总体偏低。观察图5-1曲线变化形态可见,曲线由陡变缓再变陡,说明高分段分数下降剧烈,呈断崖式变化,第一名归一分为100分,第二名得分直接降至84.77分,第三名为80.91分,剩余的均为80分以下;中间段变化相对缓和,低分段分数再次变化剧烈,再加上那些未上榜高职院校,说明目前我国高职院校中还有一部分学校发展掉队严重,层次梯度欠佳。

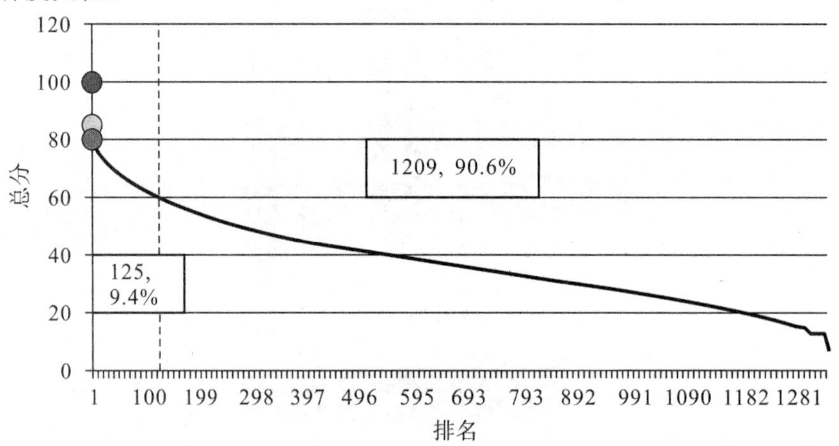

图5-1 各排名总分分布图

再看项目数分布情况,用各高职院校在教师教学发展"6+1"个维度所获得的项目数作为分析单位,绘制直方图考察我国高职院校教师教学发展的整体分布形态,结果如图5-2所示。可见高职院校教师教学发展整体形态偏离正态分布较远,所有学校项目数均值为58.56项,中值只有28.0项,呈现右偏态,偏度达到2.987,说明少数高职院校所获得的项目数拉高了平均数,而大部分高职院校所得的项目数处于较低水平。由此同样说明我国高职院校教师教学发展结构形态不够合理。

① 后面的统计数据均包括职业大学,不再特别说明。

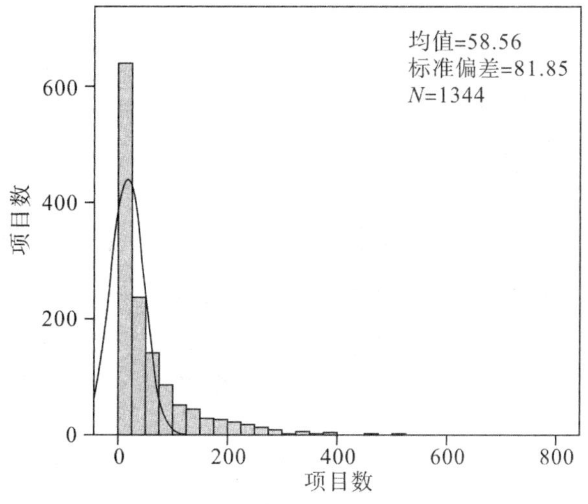

图 5-2 项目数分布的直方图

5.1.2 区域发展态势分析

按照东部、中部、西部和东北四区域划分，分析各区域高职院校教师教学发展状况。各区域进入指数的学校覆盖比率如图 5-3 所示，其中，东部地区上榜 489 所，占东部地区高职院校总数的 94.40%；中部地区上榜 379 所，占中部地区高职院校总数的 90.02%；西部地区上榜 368 所，占西部地区高职院校总数的 85.38%；东北地区上榜 108 所，占东北地区高职院校和职业大学总数的 90.00%。高职指数在各区域总体涵盖面广，东部地区最高，近 95%的高职院校已在指数“6+1”维度中得分进入榜单，东北和中部地区上榜率也都超过 90%，而西部地区进入指数的学校约为 85%，比率较其他三区域偏低。

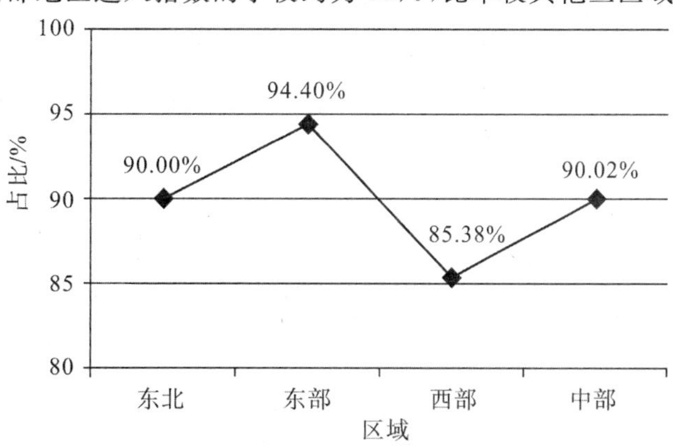

图 5-3 各区域高职院校进入指数比例

统计各区域的项目数和总分，其中东部地区项目总数为 37978，总分为 20017.5，占绝对优势，中部地区项目总数为 18827，总分为 13899.3，总量上排名第二，西部地区项目总数为 16015，总分为 12870.6，东北地区项目总数为 5878，总分为 4057.4。考虑到各区域高职院校数量的差异，因而通过校均项目数和校均分来进行比较，如图 5-4 所示。在校均项目和校均分上东部地区都遥遥领先，其次为东北地区，再次为中部地区，而西部地区这两项统计值均靠后，由此可见，在高职教师教学发展水平上区域间差异明显，同样呈现东强西弱状态。

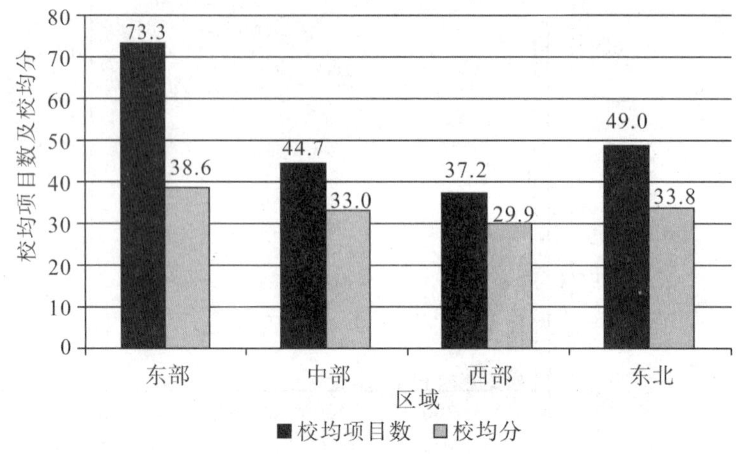

图 5-4　各区域高职院校校均项目数和校均分

5.1.3　省域发展态势分析

分析我国 31 个省份中进入指数的高职院校数和上榜院校占各省高职院校总数比例发现(见图 5-5),数量上江苏省、广东省占优势,这两个省的高职院校数量也较大。从各省的上榜比例来说,青海、西藏、海南和天津最高,占比达 100%,全部上榜。广东、福建、浙江、北京等东部省市上榜率也均超过 96%;而广西、云南等西部省市上榜比例相对较低,为 80%左右,有待提高。

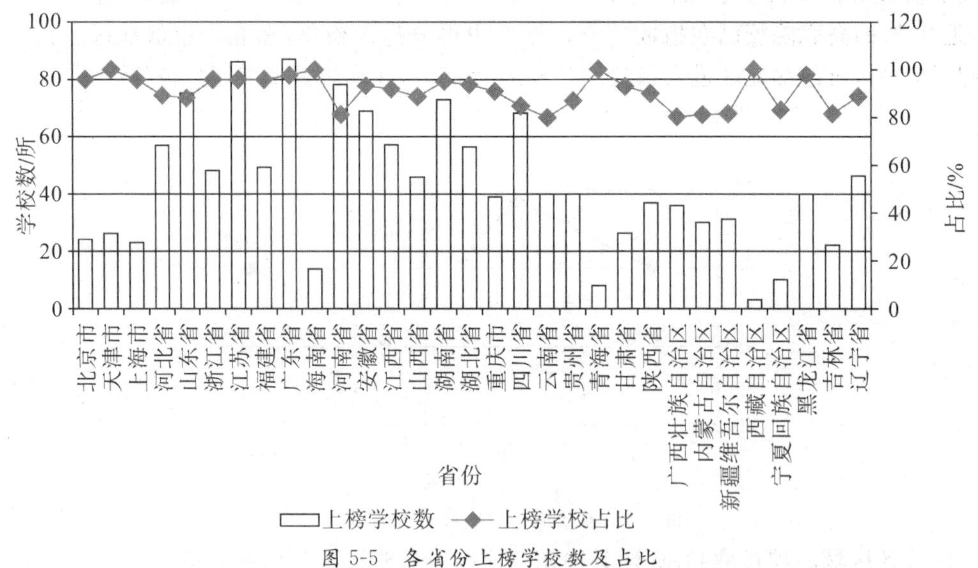

图 5-5　各省份上榜学校数及占比

为探究各省份教师教学发展的整体水平和内部差异,绘制各省高职院校校均分与变异系数[①]关系图(见图 5-6),并对其进行 K 均值聚类分析,结果显示总体可分为六类。第一类包括浙江省和天津市,这两省市校均分高,内部差异偏小,整体发展水平较高;第二类

① 变异系数为原始数据标准差与原始数据平均数的比。

包括北京、上海、江苏三省市，这类地区的校均分仅次于第一类地区，整体发展较好，变异系数中偏下，内部差异不大，主要是一些经济发达地区；第三类包括青海、西藏两省区，这两个地区的变异系数是所有省市中最小的，说明内部差异最小，校均分也中偏上，说明整体发展较好，青海、西藏的高职院校数量少，各院校在政策帮扶下呈现良好的均衡发展态势，通过分析前几类教师教学发展较好地区可见，经济和政策对当地高职院校教师教学发展均产生影响；第四类包括福建、海南、湖南、湖北、黑龙江五省，这一区间的校均分和变异系数都处于中间位置，处于中等发展水平；第五类包括广东、山东、河北、安徽、江西、山西、重庆、甘肃、陕西、宁夏、辽宁十一个省份，这一类所包含的省份最多，且涵盖东、中、西、东北四区域，校均分略低于平均值，变异系数略高于平均值，整体发展水平中偏下；第六类包括广西、内蒙古、新疆、河南、吉林、四川、云南和贵州八省份，这一类大部分为西部地区，校均分偏低，变异系数也大，整体发展落后且内部差异大，与浙江、天津等省市差距明显。总的来说，省域间的发展不均衡，东部省份发展优于西部，与我国高等教育"东强西弱"的发展态势相一致，西部一些省份存在发展不充分的问题；此外，从图5-6的各省分布可见，右疏左密，百分之六十以上的省、区、市位于校均分偏低而变异系数偏大的区间，说明目前我国省域教师教学发展的结构欠合理。

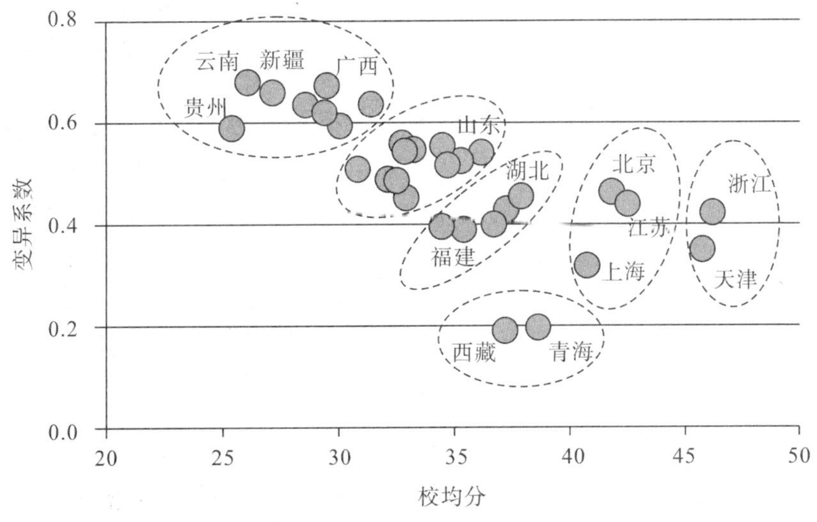

图5-6 各省份高职院校校均得分与变异系数关系

各省份校均得分与校均项目数关系如图5-7所示，若以各省、区、市校均分和校均项目数的平均值为界线，可分为四个象限。第一象限包括：浙江、天津、北京、江苏、上海、山东、福建、广东、湖北、陕西共10省市，这些地区的校均分和校均项目数都较高，由图可见浙江省的校均项目数和校均分处于第一，北京、天津和江苏也领先其他地区，呈显著偏离状态。第二象限包括：广西、重庆、吉林共3省份，这些地区获得的校均项目数占优势，但在项目表现上有待提高。第三象限包括：贵州、云南、河北、新疆、四川、河南、江西、甘肃、内蒙古、安徽、山西、海南、辽宁、宁夏共14个省份，该区域包含的地区最多，说明大部分地区获得的校均项目和校均分都很少，从图中可见云南、贵州和新疆呈现明显落后状态。第四象限包括：西藏、青海、湖南、黑龙江共4省区，这一象限的特点就是平均项目数少，但得分高，体现了这些地区集中力量在教师发展的某些方面实现了突破，以西藏和青海为代表。

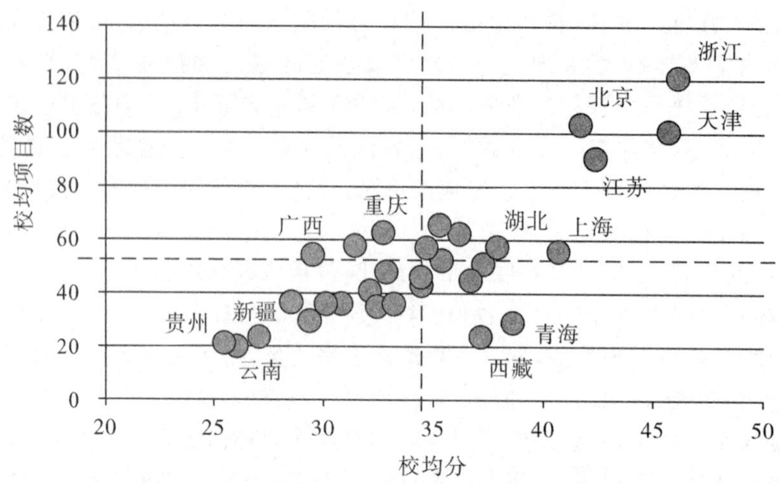

图 5-7　各省高职院校校均分与校均项目数关系图

比较各省份进入高职教师教学发展指数前 100 名和前 300 名的院校数量及占比[①]来分析各省域教师教学发展水平。由图 5-8 可见，进入前 100 名的高职院校覆盖 25 个省份，进入数量较多的分别为江苏省(15 所)、浙江省(11 所)和广东省(8 所)，而占比较高的为浙江省(22.0%)、北京市(20.0%)和江苏省(16.67%)，可见无论数量上还是占比浙江省和江苏省都占了绝对优势，高水平高职院校较多。由图 5-9 可见，进入前 300 名的高职院校覆盖了 30 个省份，仅西藏自治区尚未覆盖，进入数量较多的分别为江苏省(37 所)、浙江省(25 所)和山东省(23 所)，而占比较高的为浙江省(50.0%)、江苏省(41.11%)、天津市(38.46%)和北京市(32.0%)，浙江省有一半的高职院校进入了前 300，相比较其他省份优势明显，而云南、贵州两省进入高分段的比例就偏低了，进入前 100 的占比约 2%，进入前 300 的占比约 7%，高分段院校数量不足对于整个地区教师教学水平的长远发展不利。

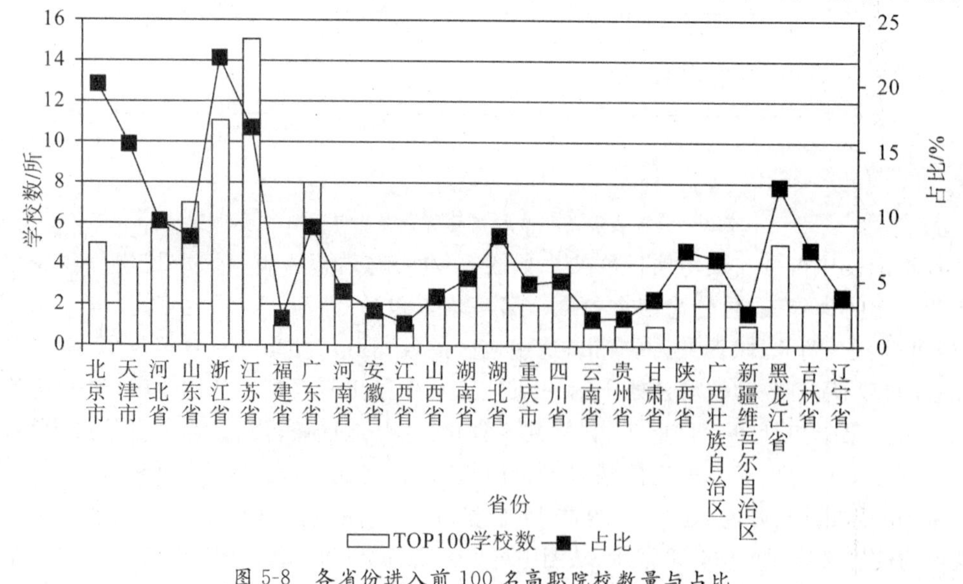

图 5-8　各省份进入前 100 名高职院校数量与占比

① 进入前 100/300 名的高职院校数除以该省份高职院校总数

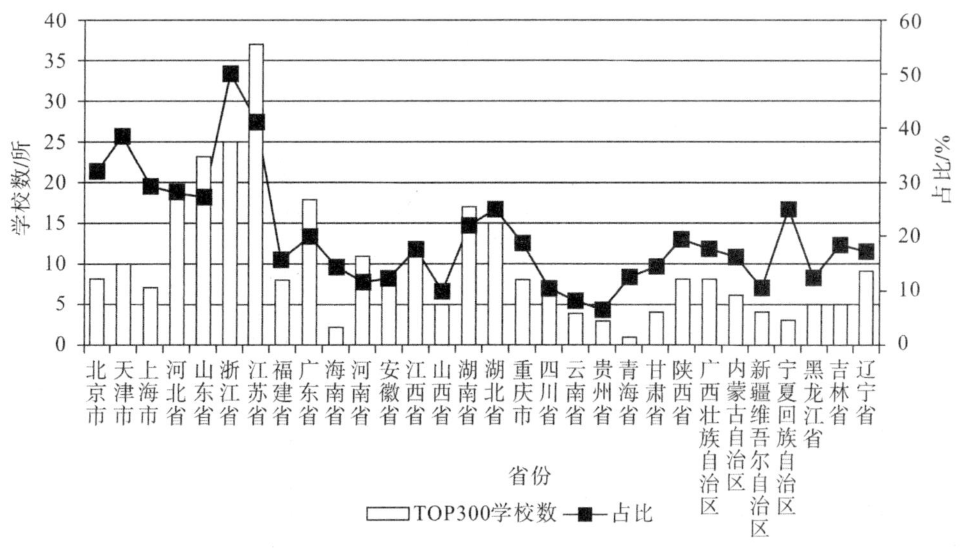

图 5-9　各省份进入前 300 名高职院校数量与占比

通过上述分析可知，目前各省间高职教师教学发展水平差异明显，一些省市如浙江、江苏、北京、天津的上榜率、校均分以及高排名段高职院校占比均大幅度领先，且省内高职院校差异较小，而另一些省份如云南和贵州的各方面数据都较低，呈现一种“两极分化”状态。分析其原因，一是和地方经济相关，将 2019 年各省地区生产总值和各省教师教学发展指数的总分及总项目数分别进行相关分析，结果如表 5-1 所示，由于高职教发指数总分和项目数分布呈右偏态，因此采用 Spearman 相关性分析，结果显示相关系数分别为0.874 和 0.897，P＜0.01，两者显著正相关，2019 年浙江、江苏的人均地区生产总值超过 10 万元，而云南、贵州的人均地区生产总值约为 4.7 万元，地方经济是造成地区间教师教学发展水平差异的重要原因；二是与经费投入及落实有关，长期教育经费不足造成西部地区整体教师教学水平落后，近年来贵州、云南高职高专的教育经费投入增长较快，还需持续投入。此外，拨款政策的落实也关系到最终成效，根据《2019 中国高等职业教育质量年度报告》的评价，目前浙江、江苏等省份生均财政拨款政策落实到位，评价为 A，而贵州、云南等地的政策落实还有待提高，评价为 C；三是和师资人才结构有关，最新统计显示浙江、江苏“双师”素质专任教师比例的中位数分别为 85.2%和 80.5%，而云南、贵州的中位数分别为 50.2%和 43.8%，再加上西部高职院校紧缺高层次领军人才，因此造成了西部地区整体教师教学水平落后。

表 5-1　地区 GDP 与项目数及总分的相关性分析

			地区 GDP	总分	项目数
Spearman 的 rho	地区 GDP	相关系数	1.000	0.874**	0.897**
		Sig.（双侧）	.	0.000	0.000
		N	31	31	31
	总分	相关系数	0.874**	1.000	0.919**
		Sig.（双侧）	0.000	.	0.000
		N	31	31	31

续表

			地区 GDP	总分	项目数
Spearman 的 rho	项目数	相关系数	0.897**	0.919**	1.000
		Sig.(双侧)	0.000	0.000	.
		N	31	31	31

**. 在置信度(双测)为 0.01 时,相关性是显著的。

除了整体表现,各省份高职院校在教师教学内部各维度的表现也值得关注。将高职教发指数 7 个一级指标作为衡量教师教学水平的 7 个维度,统计各省在每一维度的校均分,并对各维度的得分做归一化处理。将处理好的数据输入 SPSS 软件进行 K 均值分类,经过多次分类研究,最终发现 31 个省份的发展模式可归纳为单向型、偏向型、半开型和均衡型四种。

1. 单向型

这类省份在指数 7 个维度中的其中一个维度表现特别突出,而其他维度很少或没有得分(见图 5-10),包括西藏、青海、云南、贵州、新疆 5 个省区。同为单向型,但各省的得分维度均不同,西藏在教师团队表现突出,说明其教师个体和集体实力较强,涌现了多位全国优秀教师及教育工作者;青海在产教融合得分偏高说明其教师发展与地区产业联系紧密,协同发展,设立了多批示范项目,这两个地区的特点是学校数量少资源有限,集中力量实行单项突破且突破成绩显著,提升了整体水平。相比之下,云南、贵州、新疆得分面积就小了许多,整体水平落后,这 3 个地区表现相对较好的是教师培训,但是成绩还不够突出,需要进一步加大力度,通过教师培训提升地区高职教师实力,带动其他各方面一起发展(为保证图 5-10 清晰,仅展示若干典型省份的教师教学发展得分形态,图 5-11～图 5-13 同)。

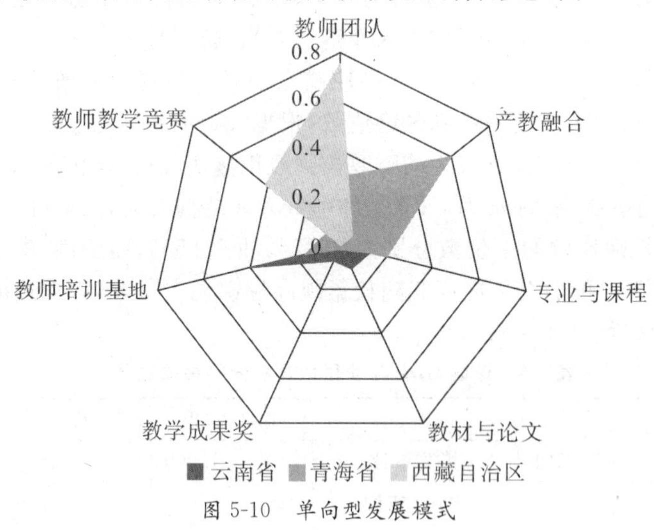

图 5-10　单向型发展模式

2. 偏向型

这类省份在指数 7 个维度中的其中一个或两个维度表现较好,而其他维度相对单向型而言还是有一定得分的(见图 5-11),表现出“偏向”形态,包括宁夏、甘肃、安徽、河南、内蒙古 5 个省区。其中,宁夏在这一类型中的整体实力相对强,且在产教融合这一维度表现较好，但在教材和论文以及教学成果奖得分偏少，有待加强。甘肃、安徽的发展形态和宁夏相似但各维度得分均比宁夏少，因此总体发展水平不如宁夏。内蒙古和河南在教师培训基地表现相对较好，但各维度总体得分偏低，导致整体实力不强。

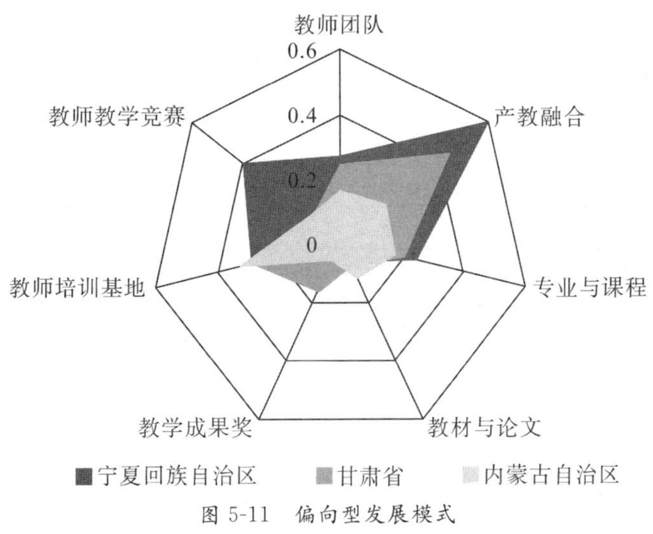

图 5-11　偏向型发展模式

3. 半开型

这类省份在指数 7 个维度中有一半的维度表现较好，另一半则有待加强（见图 5-12），包括上海、福建、海南、河北、湖北、湖南、陕西、山西、重庆、广西、吉林和辽宁共 12 个省份。这一类型包含的省份最多，其特点是各省整体水平基本处于中等位置，但各维度表现存在差异，有强项也有弱项，具体分析见表 5-2。如重庆在教师教学竞赛和教师团队方面表现不理想，说明需要提升高职教师个体和团体的实力，培养教学方面的领军人才；而辽宁在教学成果奖和教师培训基地表现不理想，说明需加强顶层设计，重视培育凝练教学成果，同时加强培训基地的建设。从发展的角度来说半开型省份需要保持强项，跟进弱项，以此提升教师教学整体水平。

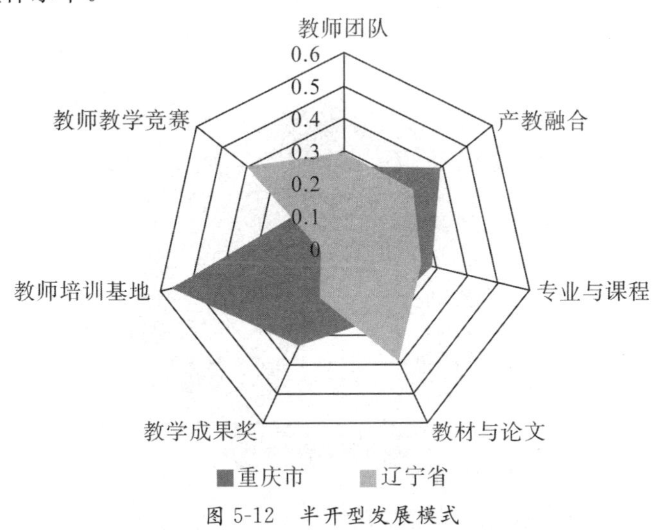

图 5-12　半开型发展模式

表 5-2　半开型省份各维度表现分析

省份	教师团队	产教融合	专业与课程	教材与论文	教学成果奖	教师培训基地	教师教学竞赛
上海	o_+	＋	o_+	o_-	o_-	＋＋	－－
福建	o_-	o_+	o_-	－－	o_-	o_+	－
海南	o_+	o_+	－	－－	－－	o_+	－
河北	＋	＋	o_+	o_+	－	＋＋	－
湖北	o_+	＋＋	＋	o_+	－	＋＋	＋
湖南	o_+	o_-	＋	o_-	o_+	＋＋	o_-
陕西	＋	＋＋	o_+	－	＋	＋	o_+
山西	－	－－	－	－	－－	o_-	－－
重庆	o_-	o_+	o_-	o_-	o_+	＋＋	－
广西	o_+	o_-	o_+	－	o_-	－－	－
吉林	o_+	＋＋	o_-	o_-	－	＋	－
辽宁	o_-	o_-	o_-	o_+	－	－－	＋

注：－－,－，o_-，o_+,＋,＋＋分别代表归一分≤0.1，0.1～0.2，0.2～0.3，0.3～0.4，0.4～0.5，＞0.5。

4. 均衡型

这类省份在指数 7 个维度的表现相对均衡(见图 5-13),包括浙江、江苏、北京、天津、广东、山东、黑龙江、四川、江西共 9 个省市。虽然都为均衡型发展形态,但各省份得分面积相差较大,说明省份间发展水平相差很大。此外各省份在 7 个维度的表现也非完全均衡,还是存在一定的短板,如在整体和高分段都表现优异的浙江省,在高职教发指数内 6 个维度的表现均抢眼,但在教师教学竞赛这项的表现就明显落后了,而天津市在教材与论文这项的表现有待加强,对于这些整体教师教学水平较高的省市今后发展的重点在于补齐短板。而对于四川、江西这些总体得分较少的省份,除补短板更要寻突破,争取通过某一个或几个维度的发展提升整体教师教学水平,各省的具体分析见表 5-3。

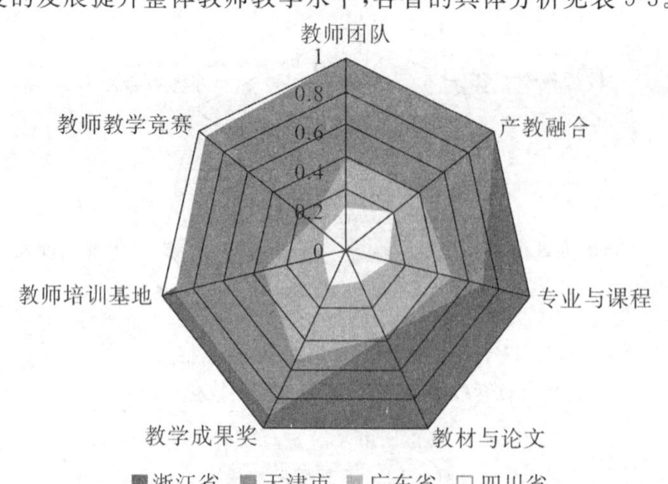

图 5-13　均衡型发展模式

表 5-3 均衡型省份表现分析

省份	发展层次	相对短板
浙江	上	教师教学竞赛
江苏	上	教师教学竞赛
北京	上	教师培训基地
天津	上	教材与论文
广东	中	教师教学竞赛
山东	中	教师培训基地
黑龙江	中	教学成果奖
四川	下	教师培训基地
江西	下	教师教学竞赛

注:发展层次“上”“中”“下”分别代表七个维度归一分的平均值>0.5,0.3~0.5,≤0.3。

5.1.4 校域发展态势分析

1. 重点与非重点建设高职院校对比

“双高”建设高职院校,国家示范性、骨干高职院是我国高职院校中的典型代表,分别对以上高职院校进行高职教发指数分析(见表 5-4),可见这些重点建设的高职院校优势明显,校均分为一般高职院校的 2 倍左右,校均项目数为一般高职院校的 5 倍以上,T 检验结果显示,重点建设高职院校与一般高职院校间的差异显著。再看各重点建设高职院校的排名分布情况(见图 5-14),可见其基本处于高排名段,300 名之后的非常少,特别是高水平高职院校,近 9 成的高水平高职院校都在前 100,由此可见在教师教学发展的高水平段,各层面重点建设高职院校表现抢眼。

表 5-4 各层面高职院校差异性分析

院校类型	校均分	总分标准差	T 检验	校均项目数	项目数标准差	T 检验
“双高”建设院校	62.33	8.80	−40.450**	197.69	112.94	−20.024**
非“双高”建设院校	33.62	11.25		34.66	42.06	
示范骨干校	61.74	9.65	−36.350**	187.92	122.53	−17.055**
非示范骨干校	33.77	11.45		36.60	44.43	
民办高职院校	24.38	7.66	26.474**	12.75	15.51	20.272**
公办高职院校	41.27	14.36		70.28	87.63	

注:** $p<0.01$。

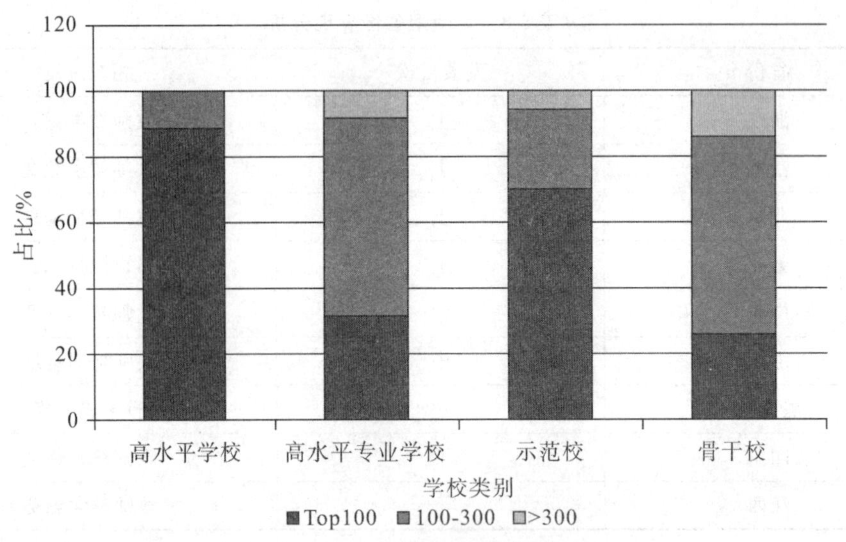

图 5-14　重点建设高职院校位序分布

通过上述分析可见一批高职院校已经脱颖而出,优势高职院校集群已形成。然而,在这些抢眼的数据背后,难免带来一丝担忧,少数重点建设高职院校获得了教育资源的极大倾斜,那么其他的大多数高职院校的各类资源就会受限,高职院校间的发展鸿沟是否会越拉越大?重点建设高职院校能否真正起到"示范引领、以点带面"的作用?这是值得深思的问题。此外,进一步分析"双高"建设高职院校在高职教发指数 7 个维度的表现,分别计算每类学校在 7 个维度的得分占总分的比例,再除以各类学校的数量以获得校均占比(见图 5-15)来进行各维度的比较。发现 A、B 类高水平学校在教学成果奖方面表现突出,但 A 类高水平学校在教师培训基地和产教融合这两方面有待加强,C 类高水平学校在 7 个维度的表现相对均衡,但总体水平与前两类相比还是有一定差距,各类重点建设高职院校在具体发展上还要有针对性地持续改进和提高。

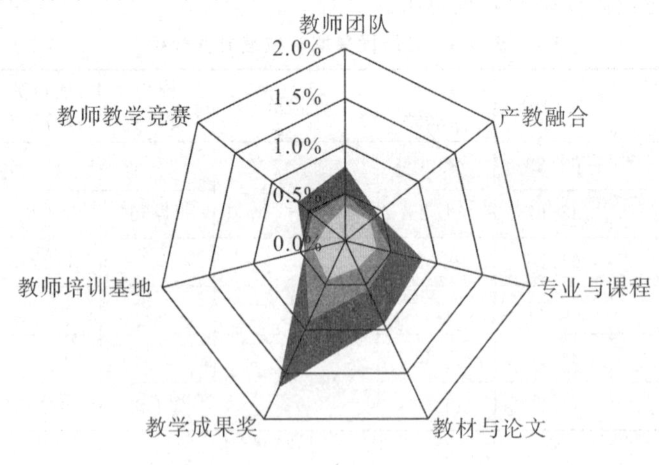

图 5-15　高水平高职院校各维度表现

2. 民办与公办高职院校差异分析

在发布的 2020 版高职教发指数中,民办高职院校上榜率为 76.54%,公办及中外合作办学高职院校上榜率为94.61%。民办高职院校数量占所有高职院校总数的24.03%，而项目数占比仅为4.44%，总分占比为13.14%，项目数和总分占比远小于其数量占比，前300名中仅出现1所民办高职院校，而公办高职院校则相反。由此也可见民办与公办高职院校间的巨大差距，与我国高等教育"公强民弱"的现状相一致。如何提升民办高职院校教师教学水平，从而提高整个民办高职教育的质量，引导其办出特色，使之成为我国高等职业教育的有效组成部分是有待解决的问题。

5.2 存在的问题分析

(1)目前全国高职教师教学发展指数的高职院校覆盖率为90.20%，总体涵盖范围较广，但与普通本科的98.08%的覆盖率相比存在一定的差距，说明还有一部分高职院校在教师教学发展各个维度均未得分。再看排名在前的高职院校的得分和项目数分布，同样差距较大，说明目前我国高职院校教师教学发展整体结构欠佳，呈右偏态，高分段学校数偏少且院校间的差距较大，低分段学校数偏多且差距也大，存在尾部掉队问题，中间段学校分数的变化相对平缓，但平均分偏低，整体水平还需提高。

(2)各省份高职院校教师教学发展水平差异明显，浙江、天津、北京、江苏上榜率、校均分、校均项目数、高分段学校数占比都高，且内部差异小，云南、贵州在各方面的表现均落后，内部差异还大，总体来讲东部省份优于西部，经分析发现各地区教师教学发展水平与各省的经济水平，经费投入与落实情况，师资人才结构等有关，西部地区的教师教学发展需要在以上几个方面下功夫。

(3)通过对各省教师教学内部7个维度的表现分析后发现，整体表现较好的东部省份主要为均衡型发展模式，但是各省也存在各自的发展短板，要想更上一层楼需要思考如何补齐短板；而在西部也有发展较好的省份，如青海、西藏、宁夏和陕西，其中青海、西藏、宁夏采用了单向或偏向型发展模式，都是集中有限资源在其中一个方面下大功夫，如与当地产业结合或加强教师团队建设以此取得教师教学的巨大发展，陕西省采用了半开型发展模式，重点抓教师教学发展的三四个方面，在每个方面上都取得中等左右成绩，整体实力也不弱，这些都可为其他西部省份的发展提供借鉴。

(4)通过比较各层面高职院校教师教学发展水平发现，目前双高计划等支持的重点建设高职院校优势明显，然而其自身发展也存在一些不足，如A类高水平高职院校在产教融合和教师培训方面的表现明显不在A等级，有待提高。此外，目前这些重点建设高职院校的辐射带动作用尚不明显，重点和一般高职院校间的发展"鸿沟"如何逐步缩小，形成合理梯度也有待解决。公民办高职院校间的差异依旧明显，民办高职院校的发展之路值得深思。

(5)从目前高职院校教师教学发展指数的内部结构来看，尽管已经涵盖了二十多年来有关高职院校教师教学发展的各类指标，但通过分析可以发现，指数内部的结构还是存在明显的不均衡。最明显的是高职院校教师教学培训的相关指标过少，只有四类，数据量也偏少，仅占1.53%，很多学校在这个维度很难得分，因此也难以准确评估各高职院校在教师培训这一维度呈现的教师发展水平。高职院校教师属于双师型教师,教师教学内容除了传统的书本知识外,还与产业、行业的发展息息相关,教师的学识修养、教学能力需要不断提升,与时俱进,因此高职教师的培训至关重要。而从指数上来看目前的培训的广度和深度都难以满足高职教师发展的需求,有待加强。另一方面,高水平的职业教育类期刊也偏少,目前有影响力的核心期刊仅四种,且与本科高教类期刊水平相比差距明显,在数量和质量上都有很大的提升空间。高职院校的论文内容多数与教育教学相关,是教学工作的提炼和展示,需要有更多更好的平台去展示,高等职业教育也需要提升理论、学术水平,提升国际影响力,为建设中国特色高水平高职院校而服务。

5.3 优化对策和建议

5.3.1 提高区域教师教学政策的精准度,分层分类推进教师教学工作

我国高职教师教学发展整体结构欠佳且地区发展形态各异,需要分类指导、精准施策,不断提质培优,实现协同发展。首先,各地高职教师教学发展改革应将顶层设计与基层探索相结合,集思广益,良性互动,以具体的问题为导向,解决各地区教师教学发展的瓶颈问题,同时要发挥地区优势,增强核心竞争力,例如对于在教发指数尚未得分或得分较低的地区,可结合当地优势产业,采用单向或偏向型发展方式,以此实现突破;其次,为保证各地高职教师教学发展工作持续有效地推进,或可加快建立区域高校教师教学发展研究院等相关研究组织,组建各区域专家工作组,实现地区高职教师教学调查、研究、实施、评价工作常态化;再次,以新技术、大数据助力地区教师教学精准施策,建立各地教师教学发展数据平台,动态监测、科学治理,可考虑在全国高职院校教师教学发展指数的基础上,引入地区特色指标,构建各省高职院校教师教学发展指数,因地制宜,提升工作质效。

5.3.2 加强多元主体的合作参与,共同提升高职教师教学水平

通过前文分析可知,地区经济与高职教师教学水平显著相关,政府、行业、企业、社会机构等多元主体的有效参与有利于教师教学水平的提高,教师教学水平的提升又可促进地区经济和产业的发展。高职教发指数显示目前行业、企业等与高职院校在教师教学方面的合作主要是基于产教融合项目及建立教学基地而进行的,合作模式相对单一,合作内容尚不深入。因此需推进多元主体在教师教学各维度的深度合作参与,如建立产业人才数据平台,引导教师教学培养目标的合理定位;校企合作共建专业教学标准,共同开发课程和教材;校企共建专兼结合、“双师型”教学团队;以及多元合作共建新型职教教师培养培训体系等,整体上创新参与模式,深化参与内容,共享参与成果,形成良性循环。

5.3.3 推进重点和一般高职院校的分类管理,建立院校间的共享机制

一方面“双高”等重点建设高职院校的教师教学工作应坚持质量导向,发挥其“引领改革、支撑发展”作用,提高服务效度,增强开放程度,积极推进高职教师教学发展工作的标

6.2 指数分析对象

指数的分析对象为浙江省普通本科高等学校，不包含军事院校和成人高等学校。根据 2019 教育部公布数据，浙江省普通本科高校，按办学属性分为公办和民办，其中公办本科 31 所，民办本科院校 26 所，另有中外合作办学高校 2 所。浙江省本科高校分布覆盖 11 个地级市，但数量上呈现不均衡性，其中省会城市本科高校数占 47.46%，其次是宁波市占 11.86%、温州市占 10.17%，其他地级市均在 10%以下（见图 6-2）。

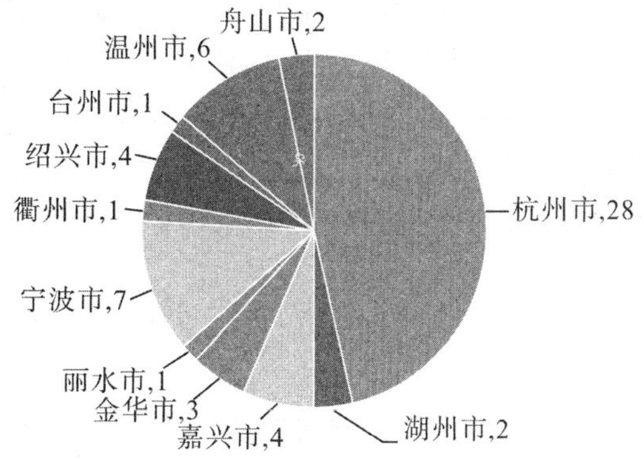

图 6-2 浙江省本科院校分布情况（59 所）

2019 年浙江省普通高校教师教学发展指数覆盖 58 所普通本科高校（除西湖大学外），指数观测不同类型的本科高校。从院校归属看，部属院校仅浙江大学 1 所，其他均为地方院校。从院校类型来看，国家“双一流”建设大学 3 所（中国美术学院和宁波大学划入国家“双一流”建设大学），省重点建设大学 13 所，一般本科 19 所，纯民办高校 4 所，独立学院 19 所。从学科分类看，综合类 20 所，人文社科类 14 所，理工类 13 所，医药类 5 所，师范类 3 所，农林类 3 所（见图 6-3）。

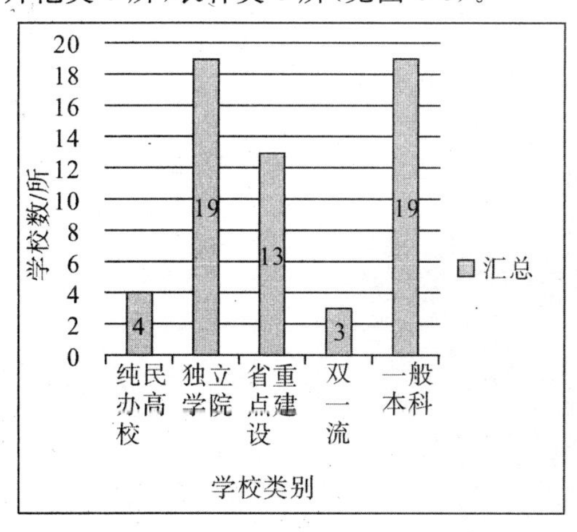

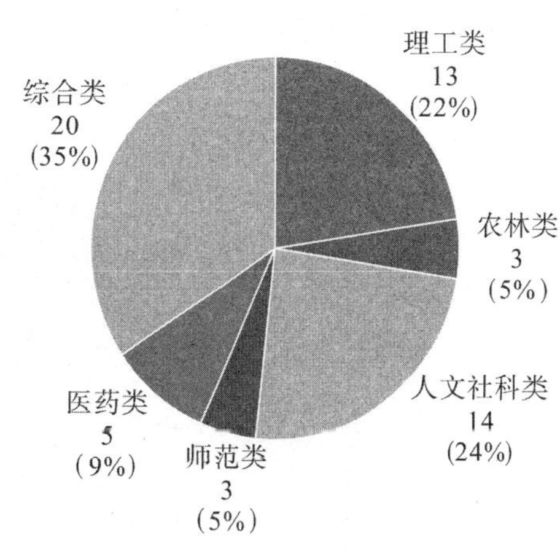

图 6-3 浙江省不同类型本科高校数量

6.3 指标设计特色

"浙江省本科院校教师教学发展指数"由浙江省高校的全国教师教学发展指数和省域特色高校教师教学发展指数两部分复合而成。浙江省省域特色指标设计体现三个特点:延承性、地域性、时代性。

6.3.1 延承性:遵循全国指数"5"原则和"6+1"维度

工作组在系统研究我国高校教师发展历史和现状的基础上,通过大数据分析,构建教师教学发展指数模型,其科学性和合理性已经实践检验,浙江省本科院校教师教学发展指数模型将继续延承这一成果。该指数遵循全国指数"关注教学""关注教师""关注历史""关注发展""关注成果"五个关注原则,以及"教师团队""教改项目""教材项目""教学论文""教学成果奖""教师培训基地"六个维度和"教师教学竞赛"特别维度。具有与全国指数一脉相承的特点:

第一,浙江省本科高校全覆盖。从目前的研发结果看,浙江省所有本科院校都进入指数覆盖范围。

第二,涵盖时间长。从数据历史看,最早可追溯至 1989 年,数据跨度 30 多年,充分关注高校教师教学发展积淀。

第三,信息采集全。多种采集方式,通过申请教育部信息公开、档案馆查询、官网查询和长期积累等渠道,采集原始数据 46596 条。

第四,方法科学合理。针对原始数据结构复杂、不均衡以及多极值点的特点,在迭代拟合的思想下,通过熵值法、层次分析法和德尔菲法的综合运用,确定指数权重(见图 6-4)。

第五,模型公开透明。工作组公开所有模型的计算方法和原始数据,高校可以通过工作组提供的免费账号,查询本校近 30 年所有教师教学发展相关状态数据。

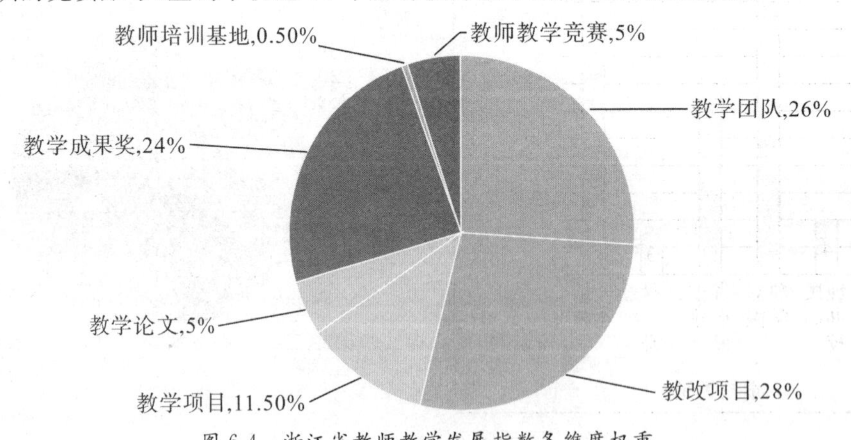

图 6-4 浙江省教师教学发展指数各维度权重

6.3.2 地域性:体现因地制宜

省域指数从高校教师发展的平台、载体到成果,包含多个维度,除"6+1"一级指标外,二级指标共59个,三级指标共84个(详见表6-1)。充分展现浙江省在贯彻落实国家教育改革系列政策时,结合本省教育资源特色,对项目推行进行的优化和创新,增设如浙江省教坛新秀、高等教育教学改革项目、新形态教材、浙江省优势专业、教师教育基地以及北大核心期刊等35个区域性指标,全方位展示了地域高校教师教学发展生态(见图6-5)。

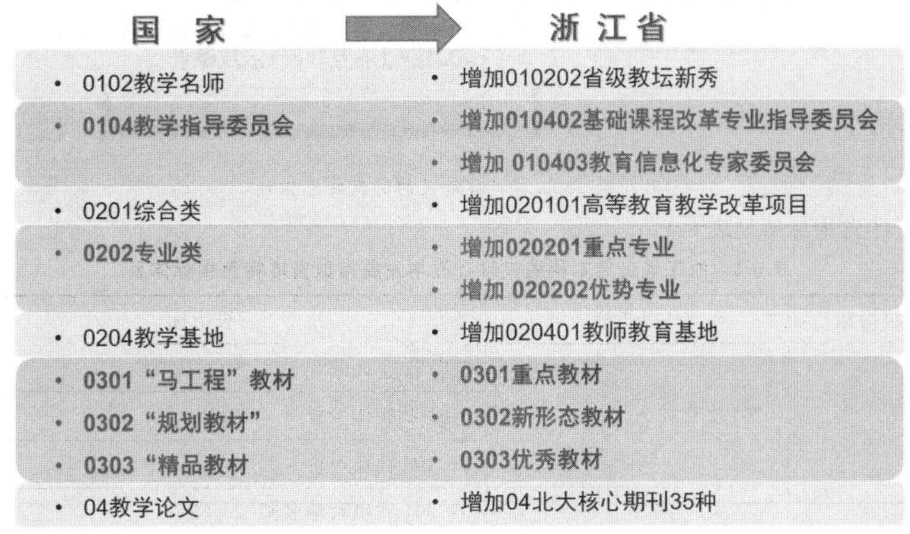

图6-5 浙江省指数对标国家指数增设的区域性指标

6.3.3 时代性:彰显时代气息

工作组在数据采集过程中发现省域层面一些项目虽然没有对应的国家指标,但独具特色且紧跟时代潮流,经充分调研分析,结合特色重构省域指数三级指标体系(见图6-6)。比如,浙江省自2015年开始推行应用型高校建设试点,共有20所大学被列为应用型建设试点示范高校,约占浙江省普通本科高校数量的一半;按照全面实施创新驱动发展战略、"一带一路"枢纽打造、中国制造2025浙江行动纲要等重大决策部署,推出产教融合"五个一批"(包括产教融合示范基地、产学合作协同育人项目等),全面推行校企协同育人;为深入贯彻落实全国教育大会精神,推出"互联网+教学"系列教学改革项目,评选课堂教学创新校,促进信息技术与教育教学的深度融合等。

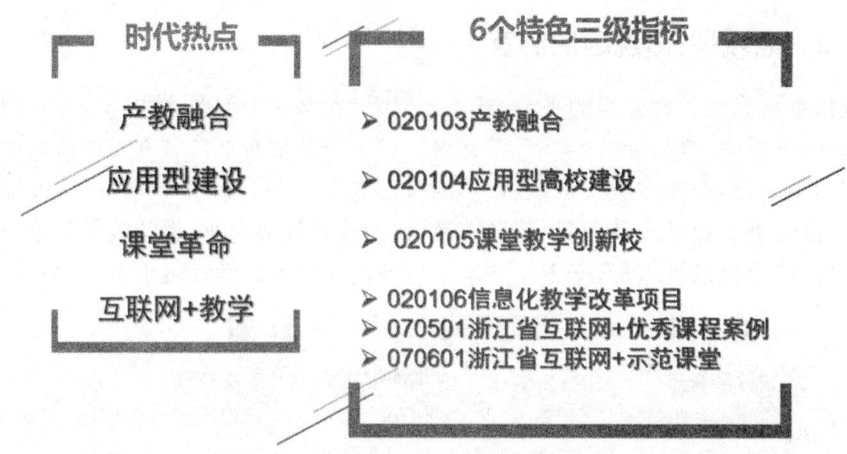

图 6-6　浙江省指数增设的时代特色指标

浙江省指标请见表 6-1：

表 6-1　浙江省普通本科院校教师教学发展指数省域特色指标体系

一级指标	二级指标	三级指标
01 教师团队	0101 立德树人	010101 个人荣誉
		010102 集体荣誉
		010103 社会声誉
	0102 教学名师	010201 省级教学名师
		010202 省级教坛新秀
		010203 “万人计划”教学名师
	0103 教学团队	010301 省级教学团队
	0104 教学指导委员会	010401 高等学校教学指导委员会
		010402 基础课程改革专业指导委员会
		010403 教育信息化专家委员会
	0105 指导教师	010501 优秀创新创业导师
02 教改项目	0201 综合类	020101 高等教育教学改革项目
		020102 人才培养模式创新实验区
		020103 产教融合
		020104 应用型高校建设
		020105 课堂教学创新校
		020106 信息化教学改革

续表

一级指标	二级指标	三级指标
02 教改项目	0202 专业类	020201 重点专业
		020202 优势专业
		020203 特色专业
		020204 一流专业
	0203 课程类	020301 精品课程
		020302 精品在线开放课程
		020303 一流本科课程
	0204 教学基地	020401 教师教育基地
	0205 实验实践类	020501 实验教学示范中心
		020502 大学生校外实践教育基地
		020503 产学合作协同育人项目
		020504 虚拟仿真实验教学项目
		020505 创新创业项目
		020506 创新创业荣誉类
03 教材项目	0301 重点教材	030101 重点教材
	0302 新形态教材	030201 新形态教材
	0303 优秀教材	030301 优秀教材
04 教学论文	0401 思想教育研究	040101 思想教育研究
	0402 思想政治教育研究	040201 思想政治教育研究
	0403 中国高校科技	040301 中国高校科技
	0404 中国特殊教育	040401 中国特殊教育
	0405 职教论坛	040501 职教论坛
	0406 职业技术教育	040601 职业技术教育
	0407 中国职业技术教育	040701 中国职业技术教育
	0408 民族教育研究	040801 民族教育研究
	0409 中国远程教育	040901 中国远程教育
	0410 教育与职业	041001 教育与职业
	0411 成人教育	041101 成人教育
	0412 开放教育研究	041201 开放教育研究
	0413 远程教育杂志	041301 远程教育杂志
	0414 中国电化教育	041401 中国电化教育

续表

一级指标	二级指标	三级指标
04 教学论文	0415 教师教育研究	041501 教师教育研究
	0416 现代远程教育研究	041601 现代远程教育研究
	0417 电化教育研究	041701 电化教育研究
	0418 全球教育展望	041801 全球教育展望
	0419 华东师范大学学报	041901 华东师范大学学报
	0420 学校党建与思想教育	042001 学校党建与思想教育
	0421 现代教育技术	042101 现代教育技术
	0422 教育学报	042201 教育学报
	0423 比较教育研究	042301 比较教育研究
	0424 现代远距离教育	042401 现代远距离教育
	0425 教育与经济	042501 教育与经济
	0426 外国教育研究	042601 外国教育研究
	0427 中国教育学刊	042701 中国教育学刊
	0428 湖南师范大学教育科学学报	042801 湖南师范大学教育科学学报
	0429 教育理论与实践	042901 教育理论与实践
	0430 教育科学	043001 教育科学
	0431 教育学术月刊	043101 教育学术月刊
	0432 当代教育科学	043201 当代教育科学
	0433 当代教育与文化	043301 当代教育与文化
	0434 河北师范大学学报	043401 河北师范大学学报
	0435 当代教育论坛	043501 当代教育论坛
	0436 国家教育行政学院学报	043601 国家教育行政学院学报
05 教学成果奖	0501 高等教育教学成果奖(含职业)	050101 特等奖
		050102 一等奖
		050103 二等奖
	0502 基础教育教学成果奖	050201 特等奖
		050202 一等奖
		050203 二等奖
06 教师培训基地	0601 教师教学发展示范中心	060101 教师教学发展示范中心
	0602 研讨交流	060201 CHED

续表

一级指标	二级指标	三级指标
07 教师教学竞赛	0701 高校青年教师教学竞赛	070101 浙江省高校青年教师教学竞赛
	0702 高校微课教学比赛	070201 浙江省高校微课教学比赛
	0703 高校辅导员职业能力大赛	070301 浙江省高校辅导员职业能力大赛
	0704 高校多媒体课件大赛	070401 浙江省高校多媒体课件大赛
	0705 互联网＋优秀课程案例	070501 浙江省互联网＋优秀课程案例
	0706 互联网＋示范课堂	070601 浙江省互联网＋示范课堂

6.4 指数状态分析

6.4.1 排名概貌

此次浙江省普通本科院校教师教学发展指数中，上榜 TOP10 的既有中央高校，也有省属高校，排名前三的分别为浙江大学、浙江工业大学和浙江师范大学。浙江大学是浙江省内仅有的 1 所 211/985 大学，指数得分 100 分，排名稳居全省第一；第二名（浙江工业大学）分数骤降为 67.76 分；第三名（浙江师范大学）63.25 分；第四名（宁波大学）60.15 分；其他都在 60 分以下。（见图 6-7）

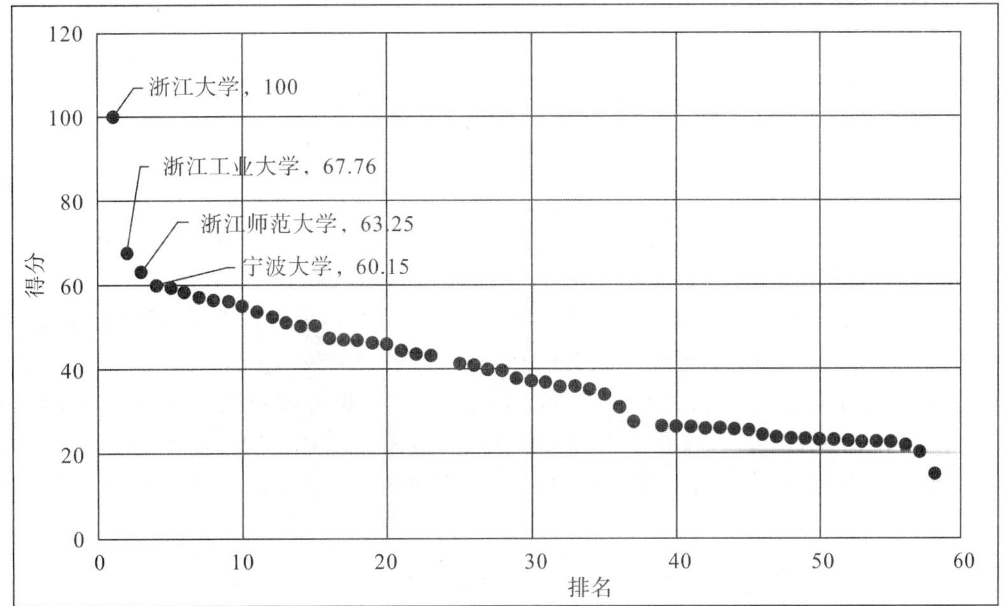

图 6-7　各排名总分分布

6.4.2 区域差异

从院校所在城市分布看,TOP10 院校中杭州市上榜 6 所,占杭州市本科院校数的 22.22%,温州市上榜 2 所,占温州市本科院校数的 33.33%,金华市、宁波市各上榜 1 所,分别占该市本科院校数的 33.33%、14.29%。从区域高校校均分来看,从高到低依次为杭州市、台州市、宁波市、丽水市、金华市、衢州市、舟山市、湖州市、温州市、绍兴市、嘉兴市,前后校均分差异在 0.09 至 4.54 之间,差距最大的是宁波市与台州市,其次是衢州市与金华市,为 2.51,最小的是湖州市与舟山市。丽水市、衢州市与台州市都仅有一所本科高校,台州高校远超前两者,与杭州市高校校均得分相近;舟山市与湖州市相近;相对而言嘉兴市高校校均得分最低,为 30 分以下,其他地区都在 30 分以上。(见图 6-8)

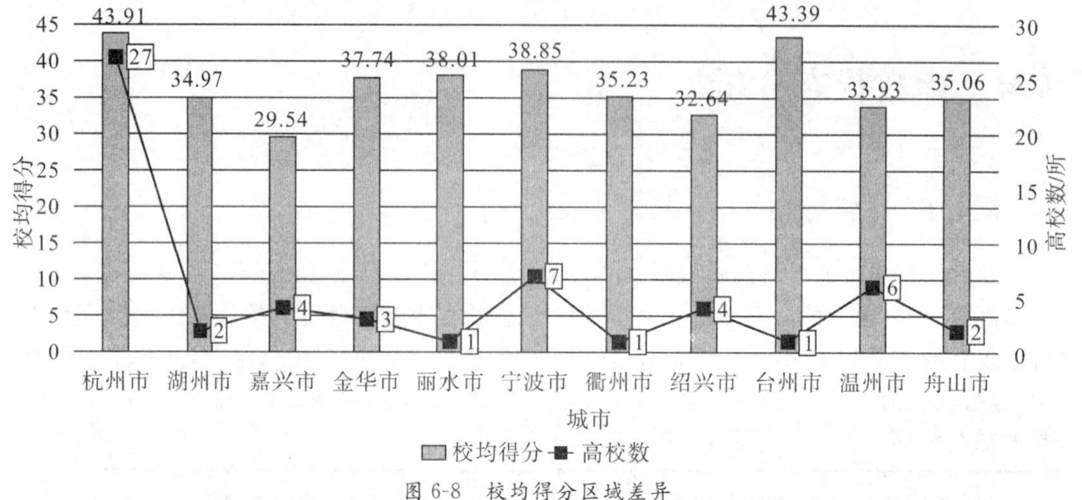

图 6-8 校均得分区域差异

6.4.3 高校类型差异

浙江省双一流建设高校共 3 所:浙江大学、中国美院、宁波大学,同时,中国美院和宁波大学也是浙江省重点建设高校,指数将两所高校划入双一流分析。浙江省重点建设高校(不含中国美院和宁波大学)共 3 批 13 所。一般本科指除去双一流、省重点建设、独立学院、纯民办的院校,共 19 所。

从不同性质分类看,各类高校排序符合常理。在前 10 高校中,"双一流"建设高校(含一流大学建设高校和一流学科建设高校)2 所;省重点建设高校 8 所。

从校均得分来看,双一流高校占绝对优势,是重点建设高校的 1.28 倍,一般本科的 1.84 倍、纯民办的 2.04 倍、独立学院的 2.97 倍;一般本校是独立院校的 1.58 倍;纯民办高校是独立院校的 1.43 倍;一般本科与纯民办高校得分相近,前者高出 3.85 分(见图 6-9)。

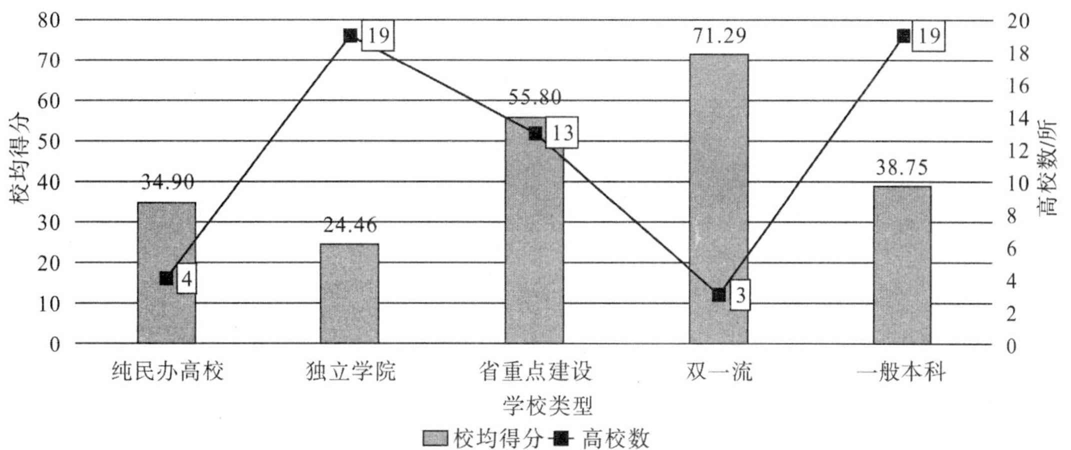

图 6-9 不同高校类型的校均得分差异

从不同类型高校获得的项目数量和质量看，双一流高校获得国家项目数最多，省重点建设高校次之，独立学院最少；省级项目数亦然。相比之下，省重点建设高校与纯民办、一般本科高校差距不大。独立学院无论是项目数量还是质量与双一流高校差距甚远(见图6-10)，独立院校应加强内涵建设，提高教师教学水平。

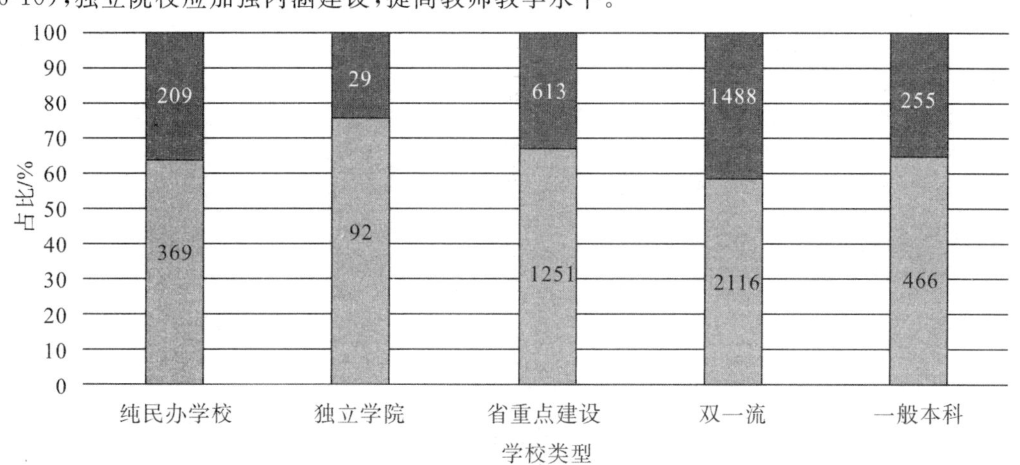

图 6-10 不同类型院校国家项目数 VS 省项目数(校均)

7 全国普通本科院校教师教学发展指数（2020版）

7.1 全国普通本科院校教师教学发展指数(2020 版总清单)

续表

序号	学校名称	项目数	总分	省份
1	清华大学	3313	100	北京市
2	北京大学	3579	99.8	北京市
3	浙江大学	3437	90.81	浙江省
4	武汉大学	2832	87.3	湖北省
5	南京大学	2822	87.22	江苏省
6	上海交通大学	2594	86.97	上海市
7	复旦大学	2617	85.36	上海市
8	西安交通大学	2831	84.96	陕西省
9	华中科技大学	3055	84.05	湖北省
10	吉林大学	3943	83.59	吉林省
11	四川大学	2751	83.21	四川省
12	中国人民大学	2461	83.19	北京市
13	北京师范大学	2828	82.13	北京市
14	东南大学	2412	80.6	江苏省
15	天津大学	2401	79.48	天津市
16	哈尔滨工业大学	2403	79.29	黑龙江省
17	同济大学	2422	78.98	上海市
18	山东大学	2295	77.41	山东省
19	大连理工大学	2610	77.02	辽宁省
20	华东师范大学	2693	76.98	上海市
21	厦门大学	3072	75.66	福建省
22	中山大学	2357	74.99	广东省
23	中南大学	4087	74.66	湖南省
24	南开大学	1974	74.63	天津市
25	北京交通大学	1559	74.08	北京市
26	重庆大学	2198	73.47	重庆市
27	西南交通大学	1558	73.09	四川省
28	华南理工大学	2415	72.79	广东省
29	西北工业大学	2988	72.12	陕西省
30	北京航空航天大学	2179	70.47	北京市
31	湖南大学	1960	70.13	湖南省
32	北京理工大学	1706	69.93	北京市
33	兰州大学	2085	69.65	甘肃省
34	华中师范大学	1542	69.46	湖北省
35	中国科学技术大学	1648	69.11	安徽省
36	东北大学	2019	68.48	辽宁省
37	华中农业大学	1640	67.86	湖北省
38	中国农业大学	1963	67.28	北京市
39	南京师范大学	1459	67.24	江苏省
40	东北师范大学	1460	66.86	吉林省
41	电子科技大学	2242	66.65	四川省
42	西南大学	1518	66.29	重庆市
43	中国矿业大学	1440	65.78	江苏省
44	武汉理工大学	1974	65.42	湖北省
45	郑州大学	1311	65.29	河南省
46	西安电子科技大学	1792	65.17	陕西省
47	西北大学	1053	64.09	陕西省
48	南京航空航天大学	1377	63.96	江苏省
49	南京农业大学	1425	63.9	江苏省
50	华东理工大学	1316	63.87	上海市
51	北京科技大学	1143	63.64	北京市
52	陕西师范大学	1310	63.37	陕西省
53	华南师范大学	1316	62.67	广东省
54	合肥工业大学	1266	62.47	安徽省
55	南京理工大学	1367	61.73	江苏省
56	河海大学	1436	61.52	江苏省
57	江南大学	1322	61.22	江苏省
58	湖南师范大学	739	60.94	湖南省
59	北京化工大学	1130	60.32	北京市
60	云南大学	629	59.82	云南省
61	苏州大学	1060	59.71	江苏省
62	南昌大学	1024	59.59	江西省

续表

序号	学校名称	项目数	总分	省份
63	首都医科大学	567	59.47	北京市
64	哈尔滨工程大学	1576	59.31	黑龙江省
65	福建师范大学	865	59.24	福建省
66	山东农业大学	1103	59.18	山东省
67	中国海洋大学	1383	59.17	山东省
68	浙江工业大学	971	59.13	浙江省
68	西南财经大学	1086	59.13	四川省
70	东华大学	1150	58.81	上海市
71	广西大学	1051	58.8	广西壮族自治区
72	河南大学	949	58.7	河南省
73	北京工业大学	1206	58.62	北京市
74	首都师范大学	1173	58.6	北京市
75	西北农林科技大学	1516	58.33	陕西省
76	昆明理工大学	665	58.02	云南省
77	扬州大学	1072	57.99	江苏省
78	哈尔滨医科大学	547	57.71	黑龙江省
79	华南农业大学	944	57.61	广东省
80	中国地质大学(武汉)	1544	57.49	湖北省
81	中国药科大学	816	57.48	江苏省
82	暨南大学	1380	57.28	广东省
83	北京林业大学	988	57.21	北京市
84	上海财经大学	987	57.1	上海市
85	中国医科大学	525	56.98	辽宁省
86	黑龙江大学	705	56.58	黑龙江省
87	长安大学	1436	56.52	陕西省
88	中国石油大学(华东)	1138	56.09	山东省
89	北京邮电大学	1198	55.99	北京市
90	对外经济贸易大学	960	55.6	北京市
91	中国传媒大学	972	55.48	北京市
92	东北林业大学	1407	55.41	黑龙江省
93	华北电力大学	1900	55.1	北京市
94	江苏大学	975	54.75	江苏省

续表

序号	学校名称	项目数	总分	省份
95	西安建筑科技大学	698	54.68	陕西省
96	福州大学	671	54.56	福建省
97	中央财经大学	956	54.54	北京市
98	山东师范大学	1561	54.52	山东省
99	河北师范大学	449	54.47	河北省
100	上海大学	946	54.44	上海市
101	北京外国语大学	846	54.27	北京市
102	中南财经政法大学	1250	54.26	湖北省
103	青岛大学	1221	54.24	山东省
104	西南石油大学	700	54.09	四川省
105	湘潭大学	459	54.04	湖南省
106	新疆大学	681	53.99	新疆维吾尔自治区
107	安徽大学	1572	53.92	安徽省
107	太原理工大学	499	53.92	山西省
109	东北农业大学	580	53.83	黑龙江省
110	南方医科大学	687	53.8	广东省
111	大连海事大学	1149	53.71	辽宁省
112	贵州大学	534	53.5	贵州省
113	中国政法大学	860	53.4	北京市
114	天津师范大学	508	53.39	天津市
115	上海中医药大学	666	53.38	上海市
116	东北财经大学	516	53.27	辽宁省
117	南京医科大学	540	53.25	江苏省
118	河北农业大学	376	53.19	河北省
119	南京工业大学	898	53.08	江苏省
120	上海师范大学	827	52.99	上海市
121	浙江师范大学	880	52.96	浙江省
121	河南理工大学	913	52.96	河南省
123	广西师范大学	769	52.86	广西壮族自治区
123	内蒙古大学	691	52.86	内蒙古自治区
125	西安理工大学	697	52.58	陕西省
126	河南师范大学	777	52.35	河南省

续表

序号	学校名称	项目数	总分	省份
127	哈尔滨师范大学	668	52.32	黑龙江省
128	安徽师范大学	1455	52.18	安徽省
129	天津医科大学	291	51.97	天津市
130	山东科技大学	1308	51.9	山东省
131	宁夏大学	480	51.88	宁夏回族自治区
132	石河子大学	938	51.87	新疆维吾尔自治区
133	宁波大学	670	51.83	浙江省
133	内蒙古农业大学	183	51.83	内蒙古自治区
135	福建农林大学	572	51.76	福建省
136	上海外国语大学	1030	51.72	上海市
137	西北师范大学	332	51.65	甘肃省
138	长沙理工大学	409	51.61	湖南省
139	杭州电子科技大学	669	51.51	浙江省
140	南京邮电大学	772	51.32	江苏省
141	上海理工大学	806	51.25	上海市
142	云南师范大学	373	51.12	云南省
143	燕山大学	644	51.09	河北省
144	河北大学	577	51.02	河北省
145	四川师范大学	771	50.89	四川省
146	北京联合大学	770	50.82	北京市
147	重庆医科大学	245	50.79	重庆市
148	黑龙江中医药大学	290	50.71	黑龙江省
149	河南农业大学	381	50.68	河南省
150	海南大学	469	50.67	海南省
151	广东外语外贸大学	552	50.64	广东省
152	广东工业大学	818	50.62	广东省
153	山西大学	344	50.61	山西省
154	江西师范大学	603	50.55	江西省
155	湖南农业大学	434	50.52	湖南省
156	河北工业大学	565	50.47	河北省
157	南京信息工程大学	843	50.41	江苏省

续表

序号	学校名称	项目数	总分	省份
157	天津中德应用技术大学	117	50.41	天津市
159	北京中医药大学	967	50.39	北京市
160	广州大学	836	50.37	广东省
161	四川农业大学	567	50.3	四川省
162	天津中医药大学	265	50.28	天津市
163	中央音乐学院	374	50.16	北京市
164	青海大学	179	50.05	青海省
165	贵州师范大学	394	50.03	贵州省
166	江西财经大学	471	49.96	江西省
167	兰州理工大学	760	49.66	甘肃省
168	浙江理工大学	697	49.64	浙江省
169	南京林业大学	755	49.54	江苏省
170	温州医科大学	516	49.53	浙江省
171	汕头大学	551	49.37	广东省
172	南京中医药大学	680	49.36	江苏省
172	天津工业大学	682	49.36	天津市
174	深圳大学	688	49.24	广东省
175	辽宁大学	407	49.09	辽宁省
175	桂林电子科技大学	814	49.09	广西壮族自治区
177	湖北大学	654	48.9	湖北省
178	中央民族大学	1407	48.84	北京市
178	西南政法大学	228	48.84	重庆市
180	武汉科技大学	546	48.82	湖北省
181	桂林理工大学	733	48.51	广西壮族自治区
182	南京工程学院	525	48.38	江苏省
183	成都理工大学	669	48.37	四川省
183	中国石油大学(北京)	843	48.37	北京市
185	天津理工大学	465	48.28	天津市
186	哈尔滨理工大学	478	48.17	黑龙江省
187	长春理工大学	677	47.95	吉林省

续表

序号	学校名称	项目数	总分	省份
188	广州中医药大学	550	47.82	广东省
189	兰州交通大学	467	47.72	甘肃省
190	西南科技大学	533	47.71	四川省
191	陕西科技大学	535	47.63	陕西省
192	西藏大学	517	47.5	西藏自治区
192	成都中医药大学	378	47.5	四川省
194	浙江工商大学	571	47.44	浙江省
195	西安科技大学	657	47.43	陕西省
196	中国地质大学(北京)	1139	47.4	北京市
197	广西医科大学	360	47.37	广西壮族自治区
198	江苏师范大学	796	47.36	江苏省
199	中南民族大学	677	47.21	湖北省
200	延边大学	374	47.16	吉林省
201	北京协和医学院	445	47.1	北京市
202	长江大学	423	47.08	湖北省
203	河南科技大学	627	46.83	河南省
204	南通大学	854	46.8	江苏省
205	温州大学	661	46.71	浙江省
206	杭州师范大学	591	46.61	浙江省
207	石家庄铁道大学	292	46.56	河北省
208	沈阳师范大学	596	46.54	辽宁省
209	新疆农业大学	429	46.48	新疆维吾尔自治区
210	济南大学	783	46.45	山东省
211	山东理工大学	739	46.34	山东省
212	中国美术学院	267	46.33	浙江省
213	辽宁工程技术大学	450	46.24	辽宁省
214	中北大学	302	46.22	山西省
215	湖南科技大学	311	46.06	湖南省
216	云南农业大学	283	46.01	云南省
217	山西医科大学	302	45.98	山西省
217	重庆邮电大学	312	45.98	重庆市

续表

序号	学校名称	项目数	总分	省份
219	上海海事大学	610	45.89	上海市
220	青岛科技大学	811	45.86	山东省
221	吉林农业大学	553	45.81	吉林省
222	重庆交通大学	240	45.58	重庆市
223	辽宁师范大学	358	45.5	辽宁省
224	三峡大学	344	45.47	湖北省
225	华北理工大学	420	45.43	河北省
226	江西中医药大学	330	45.39	江西省
227	河南工业大学	532	45.38	河南省
228	南华大学	420	45.36	湖南省
229	沈阳农业大学	415	45.29	辽宁省
230	安徽农业大学	571	45.23	安徽省
231	天津科技大学	538	45.16	天津市
232	曲阜师范大学	628	45.1	山东省
233	河北医科大学	303	45.04	河北省
234	安徽工业大学	1163	45	安徽省
235	重庆师范大学	219	44.98	重庆市
236	山西农业大学	244	44.84	山西省
237	聊城大学	553	44.79	山东省
238	山东建筑大学	365	44.74	山东省
239	安徽医科大学	493	44.66	安徽省
240	北京体育大学	542	44.65	北京市
241	吉林师范大学	422	44.61	吉林省
242	华东政法大学	521	44.56	上海市
243	东北电力大学	335	44.49	吉林省
244	江西农业大学	330	44.4	江西省
245	山东中医药大学	525	44.39	山东省
246	昆明医科大学	228	44.36	云南省
247	北京工商大学	486	44.26	北京市
248	华侨大学	564	44.25	福建省
249	东北石油大学	462	44.22	黑龙江省
250	沈阳药科大学	350	44.19	辽宁省
251	安徽理工大学	1158	44.13	安徽省
252	东华理工大学	375	44.07	江西省
253	首都经济贸易大学	590	44.05	北京市

续表

序号	学校名称	项目数	总分	省份
253	中国计量大学	490	44.05	浙江省
255	天津职业技术师范大学	425	44	天津市
256	南昌航空大学	385	43.93	江西省
257	新疆医科大学	322	43.91	新疆维吾尔自治区
258	江西理工大学	466	43.88	江西省
259	长春工业大学	589	43.86	吉林省
259	北华大学	670	43.86	吉林省
261	湖北工业大学	630	43.8	湖北省
262	河北科技大学	347	43.78	河北省
262	上海工程技术大学	563	43.78	上海市
264	北京信息科技大学	517	43.75	北京市
264	宁夏医科大学	252	43.75	宁夏回族自治区
266	广西民族大学	474	43.69	广西壮族自治区
267	中央美术学院	383	43.65	北京市
268	长春中医药大学	574	43.45	吉林省
269	北京建筑大学	461	43.43	北京市
270	内蒙古师范大学	124	43.42	内蒙古自治区
271	常州大学	463	43.41	江苏省
272	华北水利水电大学	406	43.37	河南省
273	上海音乐学院	53	43.21	上海市
274	山东财经大学	441	43.2	山东省
275	甘肃农业大学	302	43.17	甘肃省
276	沈阳建筑大学	328	43.08	辽宁省
276	华东交通大学	351	43.08	江西省
278	河南牧业经济学院	136	43	河南省
279	上海海洋大学	463	42.94	上海市
280	大连外国语大学	274	42.93	辽宁省
281	福建中医药大学	307	42.82	福建省
282	合肥学院	1111	42.76	安徽省
283	沈阳工业大学	399	42.71	辽宁省

续表

序号	学校名称	项目数	总分	省份
283	郑州轻工业大学	537	42.71	河南省
285	北京语言大学	457	42.67	北京市
286	辽宁中医药大学	220	42.61	辽宁省
287	浙江中医药大学	364	42.56	浙江省
288	中国音乐学院	136	42.53	北京市
289	四川美术学院	121	42.32	重庆市
290	内蒙古科技大学	190	42.24	内蒙古自治区
291	徐州医科大学	365	42.16	江苏省
292	天津财经大学	205	42.14	天津市
292	安徽建筑大学	1084	42.14	安徽省
294	武汉纺织大学	325	42.11	湖北省
295	福建医科大学	355	42.08	福建省
296	新疆师范大学	301	42.05	新疆维吾尔自治区
297	大连工业大学	427	42.03	辽宁省
298	成都信息工程大学	553	42.01	四川省
299	哈尔滨商业大学	419	41.98	黑龙江省
300	大连医科大学	278	41.97	辽宁省
301	成都工业学院	405	41.94	四川省
301	集美大学	444	41.94	福建省
303	河北经贸大学	240	41.9	河北省
304	青岛理工大学	773	41.89	山东省
305	青海民族大学	82	41.86	青海省
306	西安工业大学	561	41.82	陕西省
307	西藏民族大学	399	41.75	西藏自治区
308	福建工程学院	409	41.65	福建省
309	北京第二外国语学院	344	41.63	北京市
310	广州医科大学	275	41.57	广东省
311	山西师范大学	189	41.54	山西省
312	青海师范大学	97	41.53	青海省
313	武汉工程大学	345	41.52	湖北省
314	中南林业科技大学	255	41.46	湖南省

续表

序号	学校名称	项目数	总分	省份
315	临沂大学	774	41.45	山东省
316	重庆科技学院	310	41.41	重庆市
317	内蒙古工业大学	145	41.34	内蒙古自治区
317	信阳师范学院	410	41.34	河南省
319	吉首大学	250	41.27	湖南省
319	安徽财经大学	2743	41.27	安徽省
321	鲁东大学	937	41.15	山东省
322	安徽中医药大学	644	41.14	安徽省
323	内蒙古医科大学	116	41.03	内蒙古自治区
324	浙江农林大学	425	41	浙江省
325	江苏科技大学	473	40.96	江苏省
326	沈阳航空航天大学	373	40.92	辽宁省
327	上海应用技术大学	524	40.88	上海市
328	海南师范大学	260	40.75	海南省
328	重庆文理学院	447	40.75	重庆市
330	南宁师范大学	595	40.64	广西壮族自治区
331	中国人民公安大学	385	40.63	北京市
332	河南中医药大学	347	40.6	河南省
333	上海健康医学院	213	40.57	上海市
334	延安大学	452	40.54	陕西省
335	烟台大学	318	40.49	山东省
336	中国矿业大学(北京)	817	40.48	北京市
336	乐山师范学院	554	40.48	四川省
336	南京财经大学	438	40.48	江苏省
339	遵义医科大学	211	40.43	贵州省
339	大连海洋大学	230	40.43	辽宁省
341	浙江财经大学	408	40.41	浙江省
342	黑龙江科技大学	389	40.18	黑龙江省
343	中国民航大学	454	40.14	天津市
344	重庆工商大学	201	40.01	重庆市
344	广东财经大学	382	40.01	广东省

续表

序号	学校名称	项目数	总分	省份
346	大连大学	399	39.97	辽宁省
347	上海对外经贸大学	418	39.92	上海市
347	北方工业大学	507	39.92	北京市
349	西安美术学院	295	39.91	陕西省
350	天津外国语大学	104	39.88	天津市
351	西安工程大学	480	39.83	陕西省
352	辽宁石油化工大学	354	39.75	辽宁省
353	南京艺术学院	165	39.74	江苏省
354	重庆理工大学	166	39.54	重庆市
355	大连交通大学	463	39.37	辽宁省
356	西安外国语大学	406	39.3	陕西省
357	湖南中医药大学	220	39.28	湖南省
358	渤海大学	500	39.27	辽宁省
359	云南民族大学	206	39.25	云南省
360	浙江万里学院	406	39.13	浙江省
361	贵州财经大学	223	39.11	贵州省
362	上海体育学院	288	39.03	上海市
362	河北地质大学	179	39.03	河北省
364	西华大学	545	39	四川省
365	辽宁科技大学	355	38.96	辽宁省
365	河南财经政法大学	212	38.96	河南省
367	内蒙古民族大学	115	38.92	内蒙古自治区
367	西南民族大学	702	38.92	四川省
369	蚌埠医学院	334	38.88	安徽省
370	湖南工业大学	280	38.87	湖南省
371	长春工程学院	469	38.85	吉林省
372	上海第二工业大学	367	38.81	上海市
372	四川外国语大学	134	38.81	重庆市
374	淮阴师范学院	392	38.77	江苏省
375	长春师范大学	324	38.64	吉林省
376	盐城工学院	455	38.51	江苏省
377	滨州医学院	268	38.48	山东省
378	海南医学院	274	38.46	海南省
379	佛山科学技术学院	444	38.39	广东省

续表

序号	学校名称	项目数	总分	省份
380	青岛农业大学	701	38.38	山东省
381	大连东软信息学院	465	38.26	辽宁省
382	云南财经大学	175	38.25	云南省
383	盐城师范学院	320	38.2	江苏省
384	佳木斯大学	287	38.16	黑龙江省
385	广西中医药大学	264	38.1	广西壮族自治区
386	北京服装学院	361	38.08	北京市
386	黑龙江工程学院	282	38.08	黑龙江省
388	景德镇陶瓷大学	349	38.07	江西省
389	山西财经大学	204	38.03	山西省
390	北京印刷学院	379	38	北京市
391	厦门理工学院	391	37.98	福建省
392	沈阳工程学院	276	37.95	辽宁省
393	贵州医科大学	244	37.93	贵州省
394	湖州师范学院	383	37.91	浙江省
395	北京石油化工学院	439	37.88	北京市
396	贵州民族大学	234	37.87	贵州省
397	上海戏剧学院	150	37.85	上海市
398	广西艺术学院	342	37.81	广西壮族自治区
399	大连民族大学	872	37.77	辽宁省
399	浙江科技学院	407	37.77	浙江省
401	广东海洋大学	526	37.68	广东省
402	齐鲁工业大学	619	37.62	山东省
402	西安石油大学	466	37.62	陕西省
404	北京舞蹈学院	154	37.59	北京市
404	西北民族大学	837	37.59	甘肃省
406	湖南理工学院	224	37.57	湖南省
407	西安邮电大学	546	37.45	陕西省
408	安庆师范大学	533	37.42	安徽省
409	苏州科技大学	335	37.4	江苏省
410	沈阳化工大学	305	37.33	辽宁省
411	绍兴文理学院	374	37.27	浙江省
412	赣南师范大学	257	37.22	江西省

续表

序号	学校名称	项目数	总分	省份
413	中国人民警察大学	502	37.21	河北省
414	常州工学院	331	37.16	江苏省
415	沈阳大学	278	37.15	辽宁省
416	西南林业大学	249	37.08	云南省
416	新疆财经大学	211	37.08	新疆维吾尔自治区
418	湖北经济学院	208	36.96	湖北省
418	天津商业大学	409	36.96	天津市
420	塔里木大学	576	36.95	新疆维吾尔自治区
421	首都体育学院	247	36.88	北京市
422	黑龙江八一农垦大学	254	36.84	黑龙江省
423	天津体育学院	138	36.8	天津市
424	锦州医科大学	209	36.75	辽宁省
425	湖南文理学院	202	36.71	湖南省
426	常熟理工学院	563	36.66	江苏省
427	金陵科技学院	287	36.63	江苏省
428	山东交通学院	693	36.53	山东省
429	皖南医学院	443	36.5	安徽省
430	太原科技大学	188	36.45	山西省
431	湖南工程学院	276	36.42	湖南省
432	山东第一医科大学	822	36.39	山东省
433	西北政法大学	415	36.36	陕西省
434	齐齐哈尔大学	338	36.35	黑龙江省
434	湖北师范大学	282	36.35	湖北省
436	北京电影学院	54	36.34	北京市
437	江苏海洋大学	468	36.32	江苏省
437	淮北师范大学	429	36.32	安徽省
439	广东药科大学	211	36.23	广东省
440	山东工艺美术学院	57	36.22	山东省
441	中国刑事警察学院	446	36.18	辽宁省
442	武汉轻工大学	231	36.17	湖北省
443	上海电机学院	375	36.14	上海市
444	阜阳师范大学	378	36.13	安徽省

续表

序号	学校名称	项目数	总分	省份
445	淮阴工学院	366	36.11	江苏省
446	潍坊学院	601	36.08	山东省
447	广西科技大学	486	36.07	广西壮族自治区
448	洛阳理工学院	164	35.92	河南省
449	浙江海洋大学	377	35.9	浙江省
450	岭南师范学院	319	35.81	广东省
450	河北北方学院	138	35.81	河北省
452	南昌工程学院	185	35.8	江西省
453	山东艺术学院	73	35.77	山东省
454	吉林建筑大学	312	35.76	吉林省
455	江汉大学	236	35.75	湖北省
456	邵阳学院	220	35.73	湖南省
457	广州美术学院	171	35.68	广东省
458	济宁医学院	251	35.66	山东省
459	安徽工程大学	1119	35.65	安徽省
460	西华师范大学	472	35.64	四川省
460	鲁迅美术学院	63	35.64	辽宁省
462	上海电力大学	424	35.61	上海市
463	湖北中医药大学	212	35.59	湖北省
464	德州学院	656	35.54	山东省
465	贵州中医药大学	196	35.49	贵州省
465	成都大学	454	35.49	四川省
467	上海立信会计金融学院	358	35.47	上海市
468	河南科技学院	375	35.46	河南省
469	河北工程大学	242	35.41	河北省
470	湖南城市学院	222	35.4	湖南省
471	浙江水利水电学院	245	35.39	浙江省
472	中原工学院	439	35.26	河南省
473	湖南第一师范学院	152	35.24	湖南省
474	吉林财经大学	290	35.22	吉林省
475	韶关学院	241	35.19	广东省
476	井冈山大学	267	35.18	江西省
477	南京审计大学	308	34.97	江苏省

续表

序号	学校名称	项目数	总分	省份
478	山东工商学院	469	34.96	山东省
479	四川轻化工大学	405	34.92	四川省
480	黄冈师范学院	232	34.85	湖北省
481	广东医科大学	239	34.84	广东省
482	北方民族大学	546	34.83	宁夏回族自治区
483	哈尔滨体育学院	59	34.82	黑龙江省
484	东莞理工学院	359	34.66	广东省
485	吉林化工学院	278	34.59	吉林省
485	安徽科技学院	568	34.59	安徽省
487	内蒙古财经大学	89	34.51	内蒙古自治区
488	北京农学院	323	34.49	北京市
489	星海音乐学院	100	34.45	广东省
490	天津农学院	400	34.43	天津市
491	河南城建学院	143	34.37	河南省
492	华北科技学院	459	34.36	河北省
493	齐齐哈尔医学院	197	34.32	黑龙江省
494	湖南工商大学	137	34.29	湖南省
495	泉州师范学院	230	34.27	福建省
496	甘肃中医药大学	78	34.23	甘肃省
497	玉林师范学院	466	34.21	广西壮族自治区
498	广东技术师范大学	405	34.17	广东省
499	中国民用航空飞行学院	478	34.15	四川省
500	天津城建大学	258	34.13	天津市
501	九江学院	219	34.04	江西省
502	商丘师范学院	133	33.91	河南省
503	新乡医学院	338	33.86	河南省
504	徐州工程学院	373	33.85	江苏省
505	肇庆学院	227	33.82	广东省
506	吉林艺术学院	175	33.81	吉林省
507	潍坊医学院	194	33.76	山东省
508	辽宁科技学院	213	33.75	辽宁省

续表

序号	学校名称	项目数	总分	省份
508	洛阳师范学院	418	33.75	河南省
510	台州学院	344	33.73	浙江省
511	上海商学院	189	33.69	上海市
512	长江师范学院	244	33.68	重庆市
513	贵州师范学院	201	33.56	贵州省
514	湖北民族大学	276	33.51	湖北省
515	湖北汽车工业学院	195	33.48	湖北省
515	长春大学	382	33.48	吉林省
517	江苏理工学院	344	33.45	江苏省
518	沈阳理工大学	208	33.43	辽宁省
519	太原师范学院	99	33.36	山西省
520	郑州航空工业管理学院	170	33.3	河南省
521	遵义师范学院	118	33.27	贵州省
521	河北中医学院	142	33.27	河北省
523	桂林医学院	274	33.24	广西壮族自治区
523	西南医科大学	490	33.24	四川省
525	绥化学院	129	33.23	黑龙江省
526	浙江传媒学院	342	33.21	浙江省
527	宜春学院	199	33.2	江西省
528	福建警察学院	190	33.19	福建省
529	宁波工程学院	313	33.14	浙江省
530	重庆第二师范学院	79	33.13	重庆市
531	吉林工程技术师范学院	291	33.11	吉林省
532	牡丹江师范学院	239	33	黑龙江省
533	中央戏剧学院	249	32.87	北京市
533	长治医学院	93	32.87	山西省
535	嘉兴学院	356	32.86	浙江省
536	牡丹江医学院	127	32.84	黑龙江省
537	北部湾大学	295	32.79	广西壮族自治区
538	云南艺术学院	89	32.75	云南省
539	成都体育学院	213	32.67	四川省

续表

序号	学校名称	项目数	总分	省份
539	兰州财经大学	94	32.67	甘肃省
541	江西科技师范大学	347	32.56	江西省
541	广西财经学院	478	32.56	广西壮族自治区
543	哈尔滨学院	158	32.51	黑龙江省
543	西藏藏医药大学	89	32.51	西藏自治区
545	浙江树人学院	330	32.49	浙江省
546	中国戏曲学院	175	32.48	北京市
547	合肥师范学院	442	32.47	安徽省
548	西藏农牧学院	147	32.43	西藏自治区
549	山东协和学院	332	32.39	山东省
550	北京物资学院	385	32.38	北京市
551	绵阳师范学院	389	32.36	四川省
552	南阳师范学院	426	32.35	河南省
553	西昌学院	321	32.34	四川省
554	宁夏师范学院	90	32.29	宁夏回族自治区
555	滁州学院	450	32.19	安徽省
556	陕西中医药大学	257	32.17	陕西省
557	山西大同大学	138	32.16	山西省
558	南京晓庄学院	234	32.04	江苏省
559	桂林旅游学院	89	32.03	广西壮族自治区
560	广东金融学院	282	32.02	广东省
561	昆明学院	109	31.97	云南省
562	承德医学院	62	31.94	河北省
563	辽宁工业大学	234	31.89	辽宁省
564	湖南科技学院	214	31.8	湖南省
565	湖北第二师范学院	187	31.79	湖北省
566	北京电子科技学院	367	31.76	北京市
566	许昌学院	92	31.76	河南省
568	闽江学院	256	31.75	福建省
568	中国科学院大学	58	31.75	北京市

续表

序号	学校名称	项目数	总分	省份
570	中国青年政治学院	468	31.73	北京市
571	浙江警察学院	129	31.72	浙江省
572	长沙学院	236	31.69	湖南省
573	外交学院	344	31.68	北京市
574	湖北科技学院	266	31.62	湖北省
575	上海公安学院	21	31.57	上海市
576	仲恺农业工程学院	303	31.54	广东省
577	五邑大学	324	31.51	广东省
578	南阳理工学院	135	31.46	河南省
579	广东石油化工学院	260	31.4	广东省
579	广州体育学院	107	31.4	广东省
581	西安航空学院	219	31.38	陕西省
581	湖北文理学院	218	31.38	湖北省
583	安阳师范学院	307	31.33	河南省
584	重庆三峡学院	121	31.29	重庆市
585	南京体育学院	123	31.28	江苏省
586	河南工学院	80	31.17	河南省
587	湖北美术学院	129	31.12	湖北省
588	湖北工程学院	219	31.09	湖北省
588	嘉应学院	218	31.09	广东省
590	韩山师范学院	250	30.99	广东省
591	川北医学院	357	30.98	四川省
592	吉林外国语大学	246	30.96	吉林省
593	皖西学院	454	30.83	安徽省
594	山东英才学院	275	30.75	山东省
595	渭南师范学院	267	30.73	陕西省
596	天津美术学院	56	30.71	天津市
597	成都师范学院	348	30.66	四川省
598	浙江外国语学院	181	30.62	浙江省
599	陕西理工大学	276	30.6	陕西省
600	云南中医药大学	138	30.55	云南省
601	武汉音乐学院	79	30.52	湖北省
602	上饶师范学院	164	30.51	江西省
603	保定学院	45	30.44	河北省
604	泰山学院	430	30.41	山东省

续表

序号	学校名称	项目数	总分	省份
605	郑州师范学院	69	30.39	河南省
606	衡阳师范学院	123	30.37	湖南省
607	河北科技师范学院	108	30.32	河北省
607	江西警察学院	103	30.32	江西省
609	周口师范学院	88	30.27	河南省
609	宝鸡文理学院	284	30.27	陕西省
611	通化师范学院	219	30.26	吉林省
612	攀枝花学院	367	30.2	四川省
613	右江民族医学院	219	30.14	广西壮族自治区
614	贵阳学院	148	30.1	贵州省
615	辽东学院	209	30.08	辽宁省
616	吉林工商学院	191	30.02	吉林省
617	鞍山师范学院	86	30	辽宁省
618	防灾科技学院	482	29.98	河北省
619	河西学院	86	29.97	甘肃省
620	贵州工程应用技术学院	238	29.95	贵州省
621	江苏第二师范学院	126	29.92	江苏省
622	广州航海学院	85	29.84	广东省
623	山东体育学院	59	29.78	山东省
624	成都医学院	339	29.73	四川省
624	黄山学院	343	29.73	安徽省
626	武汉体育学院	124	29.7	湖北省
627	曲靖师范学院	145	29.69	云南省
628	南京医科大学康达学院	33	29.66	江苏省
629	南京森林警察学院	276	29.65	江苏省
630	广东第二师范学院	129	29.64	广东省
631	怀化学院	260	29.59	湖南省
632	沈阳音乐学院	32	29.57	辽宁省
633	新疆工程学院	110	29.49	新疆维吾尔自治区
634	三明学院	229	29.44	福建省
635	吉林医药学院	174	29.37	吉林省

续表

序号	学校名称	项目数	总分	省份
636	兰州城市学院	63	29.32	甘肃省
637	闽南师范大学	299	29.29	福建省
638	梧州学院	368	29.28	广西壮族自治区
639	铜陵学院	627	29.22	安徽省
640	天津音乐学院	42	29.19	天津市
641	吉林体育学院	96	29.15	吉林省
641	河南工程学院	122	29.15	河南省
643	杭州医学院	80	29.12	浙江省
644	西安财经大学	221	29.11	陕西省
644	沈阳体育学院	103	29.11	辽宁省
646	海南热带海洋学院	180	29.09	海南省
647	湖北医药学院	143	29.07	湖北省
648	甘肃政法大学	72	29.06	甘肃省
649	西安音乐学院	118	29.02	陕西省
650	河北建筑工程学院	74	28.98	河北省
651	陕西学前师范学院	155	28.88	陕西省
652	邯郸学院	60	28.85	河北省
653	惠州学院	218	28.81	广东省
653	大理大学	166	28.81	云南省
655	长沙师范学院	65	28.8	湖南省
656	邢台学院	40	28.79	河北省
656	忻州师范学院	75	28.79	山西省
658	宜宾学院	367	28.78	四川省
659	淮南师范学院	256	28.74	安徽省
659	西京学院	303	28.74	陕西省
659	江苏警官学院	157	28.74	江苏省
662	四川警察学院	172	28.71	四川省
663	北京城市学院	383	28.7	北京市
664	赣南医学院	152	28.66	江西省
665	山西中医药大学	68	28.61	山西省
666	国际关系学院	315	28.57	北京市
667	菏泽学院	276	28.41	山东省
668	琼台师范学院	29	28.4	海南省
669	四川音乐学院	225	28.37	四川省

续表

序号	学校名称	项目数	总分	省份
670	湖南工学院	183	28.3	湖南省
671	宿州学院	500	28.26	安徽省
672	沈阳医学院	95	28.2	辽宁省
673	黄淮学院	74	28.14	河南省
674	南京特殊教育师范学院	58	28.01	江苏省
675	太原工业学院	87	27.99	山西省
675	湖南涉外经济学院	148	27.99	湖南省
677	湖南警察学院	61	27.9	湖南省
677	唐山师范学院	54	27.9	河北省
679	中国劳动关系学院	351	27.8	北京市
680	大庆师范学院	104	27.75	黑龙江省
681	重庆警察学院	43	27.74	重庆市
682	中华女子学院	309	27.73	北京市
683	湘南学院	115	27.7	湖南省
684	长沙医学院	126	27.69	湖南省
685	天水师范学院	66	27.62	甘肃省
685	红河学院	116	27.62	云南省
687	吉林农业科技学院	192	27.6	吉林省
688	中国社会科学院大学	211	27.51	北京市
688	太原学院	35	27.51	山西省
690	凯里学院	77	27.45	贵州省
691	百色学院	274	27.29	广西壮族自治区
691	蚌埠学院	433	27.29	安徽省
693	安康学院	246	27.23	陕西省
694	运城学院	89	27.22	山西省
695	内江师范学院	287	27.16	四川省
696	喀什大学	117	27.14	新疆维吾尔自治区
697	吉林动画学院	416	27.08	吉林省
698	贵州理工学院	254	27.06	贵州省
699	唐山学院	81	27.04	河北省
700	榆林学院	150	27.03	陕西省

续表

序号	学校名称	项目数	总分	省份
700	上海政法学院	196	27.03	上海市
702	云南警官学院	33	27.01	云南省
703	湖北警官学院	29	27	湖北省
704	新疆艺术学院	55	26.96	新疆维吾尔自治区
705	上海建桥学院	112	26.95	上海市
705	北华航天工业学院	84	26.95	河北省
707	广东白云学院	93	26.92	广东省
708	石家庄学院	42	26.91	河北省
709	滨州学院	664	26.79	山东省
709	兰州工业学院	113	26.79	甘肃省
711	铜仁学院	160	26.72	贵州省
712	呼和浩特民族学院	47	26.66	内蒙古自治区
713	三亚学院	228	26.58	海南省
714	浙大宁波理工学院	239	26.54	浙江省
715	湖南人文科技学院	161	26.51	湖南省
716	广东警官学院	115	26.49	广东省
717	宁波财经学院	251	26.48	浙江省
718	丽水学院	273	26.42	浙江省
719	衡水学院	39	26.41	河北省
720	赤峰学院	50	26.33	内蒙古自治区
721	池州学院	450	26.32	安徽省
722	齐鲁师范学院	131	26.24	山东省
723	廊坊师范学院	71	26.23	河北省
724	商洛学院	215	26.2	陕西省
725	河池学院	239	26.16	广西壮族自治区
726	伊犁师范大学	61	26.1	新疆维吾尔自治区
727	郑州工程技术学院	55	26.06	河南省
728	湖南女子学院	79	26.04	湖南省
729	四川旅游学院	314	25.78	四川省
729	北京警察学院	18	25.78	北京市

续表

序号	学校名称	项目数	总分	省份
731	山西传媒学院	45	25.72	山西省
732	呼伦贝尔学院	73	25.63	内蒙古自治区
733	浙大城市学院	310	25.62	浙江省
734	武汉生物工程学院	75	25.58	湖北省
735	湖北理工学院	155	25.52	湖北省
736	华南理工大学广州学院	79	25.43	广东省
737	四川民族学院	105	25.35	四川省
738	陇东学院	144	25.3	甘肃省
739	黔南民族师范学院	158	25.29	贵州省
739	哈尔滨金融学院	135	25.29	黑龙江省
741	江西科技学院	76	25.28	江西省
742	南昌师范学院	89	25.27	江西省
743	潍坊科技学院	257	25.25	山东省
744	白城师范学院	240	25.24	吉林省
745	河北金融学院	110	25.19	河北省
746	西安医学院	142	25.18	陕西省
747	河北水利电力学院	19	25.17	河北省
748	吕梁学院	75	25.04	山西省
749	信阳农林学院	49	25.03	河南省
750	楚雄师范学院	80	25.02	云南省
751	沈阳工学院	120	24.95	辽宁省
752	吉林警察学院	49	24.9	吉林省
752	枣庄学院	448	24.9	山东省
754	安徽新华学院	577	24.84	安徽省
755	广西科技师范学院	60	24.82	广西壮族自治区
756	湖南信息学院	64	24.72	湖南省
757	武汉东湖学院	126	24.66	湖北省
758	黄河科技学院	141	24.65	河南省
759	天津天狮学院	48	24.6	天津市
760	广西民族师范学院	268	24.57	广西壮族自治区
761	湖南财政经济学院	72	24.5	湖南省

续表

序号	学校名称	项目数	总分	省份
762	长春光华学院	141	24.45	吉林省
763	福建商学院	40	24.41	福建省
764	无锡太湖学院	107	24.4	江苏省
765	浙江音乐学院	75	24.34	浙江省
766	长春建筑学院	101	24.33	吉林省
767	武汉商学院	121	24.23	湖北省
768	桂林航天工业学院	183	24.16	广西壮族自治区
769	郑州科技学院	55	24.13	河南省
770	河南警察学院	8	24.04	河南省
771	咸阳师范学院	189	24	陕西省
771	泉州信息工程学院	63	24	福建省
773	莆田学院	195	23.93	福建省
774	长治学院	67	23.89	山西省
775	泰州学院	54	23.86	江苏省
776	三江学院	164	23.83	江苏省
777	燕山大学里仁学院	20	23.82	河北省
778	西安体育学院	126	23.77	陕西省
779	辽宁警察学院	35	23.73	辽宁省
780	中央司法警官学院	77	23.62	河北省
781	成都文理学院	169	23.44	四川省
782	重庆人文科技学院	29	23.42	重庆市
783	河北环境工程学院	25	23.39	河北省
784	山西警察学院	30	23.38	山西省
785	龙岩学院	194	23.34	福建省
786	新乡学院	49	23.29	河南省
787	电子科技大学中山学院	86	23.26	广东省
788	上海科技大学	16	23.21	上海市
789	巢湖学院	324	23.16	安徽省
790	宿迁学院	52	23.14	江苏省
791	西安翻译学院	104	23.03	陕西省
792	黑龙江外国语学院	44	22.99	黑龙江省
793	武汉工商学院	87	22.93	湖北省
794	平顶山学院	76	22.9	河南省

续表

序号	学校名称	项目数	总分	省份
795	湖南医药学院	48	22.89	湖南省
796	贺州学院	325	22.85	广西壮族自治区
797	河北体育学院	20	22.84	河北省
797	黑龙江东方学院	76	22.84	黑龙江省
799	河北民族师范学院	33	22.77	河北省
799	荆楚理工学院	138	22.77	湖北省
801	南昌工学院	29	22.65	江西省
802	昌吉学院	92	22.62	新疆维吾尔自治区
803	山东政法学院	67	22.58	山东省
804	宁夏大学新华学院	61	22.5	宁夏回族自治区
804	南京中医药大学翰林学院	13	22.5	江苏省
806	四川大学锦江学院	140	22.48	四川省
807	山东管理学院	115	22.44	山东省
808	东华理工大学长江学院	25	22.42	江西省
809	西安欧亚学院	75	22.4	陕西省
810	豫章师范学院	5	22.37	江西省
811	普洱学院	45	22.34	云南省
812	六盘水师范学院	115	22.33	贵州省
813	济宁学院	106	22.27	山东省
814	东南大学成贤学院	44	22.26	江苏省
815	浙江越秀外国语学院	176	22.23	浙江省
816	山东警察学院	10	22.22	山东省
817	衢州学院	183	22.16	浙江省
818	中国石油大学胜利学院	142	22.05	山东省
819	武昌理工学院	134	22.04	湖北省
820	四川传媒学院	314	22.02	四川省
821	甘肃民族师范学院	37	22.01	甘肃省
822	吉林大学珠海学院	75	21.94	广东省

续表

序号	学校名称	项目数	总分	省份
822	南昌理工学院	35	21.94	江西省
824	河南财政金融学院	43	21.93	河南省
825	四川文理学院	198	21.9	四川省
826	广东培正学院	62	21.89	广东省
827	铁道警察学院	98	21.88	河南省
828	四川大学锦城学院	704	21.77	四川省
829	贵州警察学院	6	21.72	贵州省
829	长春财经学院	94	21.72	吉林省
831	南方科技大学	69	21.6	广东省
832	汉江师范学院	74	21.44	湖北省
833	烟台南山学院	144	21.38	山东省
833	玉溪师范学院	67	21.38	云南省
835	中国矿业大学徐海学院	15	21.35	江苏省
835	厦门医学院	24	21.35	福建省
837	广东科技学院	77	21.31	广东省
838	湖北商贸学院	40	21.29	湖北省
839	南京邮电大学通达学院	16	21.24	江苏省
840	苏州大学文正学院	10	21.15	江苏省
840	新余学院	128	21.15	江西省
840	福建师范大学协和学院	78	21.15	福建省
843	上海海关学院	257	21.13	上海市
843	山西大学商务学院	36	21.13	山西省
845	安徽信息工程学院	580	21.09	安徽省
845	皖江工学院	61	21.09	安徽省
847	滇西科技师范学院	17	21.07	云南省
848	辽宁对外经贸学院	144	21.01	辽宁省
848	武夷学院	241	21.01	福建省
850	青岛滨海学院	332	20.96	山东省
851	西安外事学院	78	20.93	陕西省
852	西安培华学院	129	20.89	陕西省
853	南宁学院	140	20.85	广西壮族自治区

续表

序号	学校名称	项目数	总分	省份
854	上海杉达学院	121	20.79	上海市
855	上海外国语大学贤达经济人文学院	7	20.74	上海市
856	仰恩大学	38	20.73	福建省
857	甘肃医学院	21	20.69	甘肃省
857	黑河学院	122	20.69	黑龙江省
859	沧州师范学院	10	20.62	河北省
860	广西师范大学漓江学院	91	20.57	广西壮族自治区
861	西安文理学院	186	20.47	陕西省
862	北京师范大学珠海分校	97	20.41	广东省
863	山东女子学院	166	20.36	山东省
864	宁德师范学院	135	20.33	福建省
865	商丘工学院	17	20.3	河南省
866	南昌大学科学技术学院	7	20.29	江西省
867	南京理工大学泰州科技学院	36	20.26	江苏省
868	内蒙古艺术学院	22	20.17	内蒙古自治区
869	东北师范大学人文学院	153	20.11	吉林省
870	吉林建筑科技学院	115	20.07	吉林省
871	云南师范大学商学院	65	20.01	云南省
872	四川工业科技学院	163	20	四川省
873	浙江工业大学之江学院	88	19.94	浙江省
874	晋中学院	64	19.9	山西省
875	山东农业工程学院	161	19.88	山东省
875	福州外语外贸学院	207	19.88	福建省
877	山西工程技术学院	34	19.86	山西省
878	东莞理工学院城市学院	71	19.81	广东省

续表

序号	学校名称	项目数	总分	省份
879	阿坝师范学院	162	19.8	四川省
880	昭通学院	19	19.78	云南省
881	柳州工学院	43	19.67	广西壮族自治区
882	绍兴文理学院元培学院	17	19.61	浙江省
883	兴义民族师范学院	108	19.59	贵州省
884	广东理工学院	34	19.49	广东省
885	广西外国语学院	126	19.44	广西壮族自治区
885	云南大学滇池学院	104	19.44	云南省
887	中国矿业大学银川学院	51	19.43	宁夏回族自治区
888	福建江夏学院	202	19.42	福建省
889	广西大学行健文理学院	98	19.41	广西壮族自治区
890	上海视觉艺术学院	51	19.37	上海市
891	福州大学至诚学院	86	19.33	福建省
892	安徽三联学院	299	19.29	安徽省
893	电子科技大学成都学院	38	19.28	四川省
894	吉利学院	68	19.27	四川省
895	西交利物浦大学	19	19.26	江苏省
896	闽南理工学院	176	19.19	福建省
897	河套学院	28	19.15	内蒙古自治区
898	成都东软学院	188	19.14	四川省
899	安顺学院	106	19.01	贵州省
900	云南工商学院	111	19	云南省
901	集宁师范学院	41	18.96	内蒙古自治区
902	天津理工大学中环信息学院	47	18.95	天津市
903	杭州师范大学钱江学院	16	18.9	浙江省

续表

序号	学校名称	项目数	总分	省份
904	江西应用科技学院	53	18.88	江西省
905	青岛黄海学院	186	18.83	山东省
906	厦门大学嘉庚学院	178	18.8	福建省
907	齐鲁医药学院	112	18.79	山东省
908	山西农业大学信息学院	13	18.73	山西省
909	郑州西亚斯学院	9	18.71	河南省
910	文山学院	82	18.68	云南省
911	营口理工学院	35	18.64	辽宁省
912	浙江师范大学行知学院	47	18.59	浙江省
913	黑龙江工业学院	33	18.58	黑龙江省
914	长春理工大学光电信息学院	34	18.57	吉林省
915	河北工程技术学院	7	18.52	河北省
915	西安思源学院	56	18.52	陕西省
917	哈尔滨华德学院	42	18.49	黑龙江省
918	南京航空航天大学金城学院	22	18.48	江苏省
919	海口经济学院	168	18.47	海南省
920	长春科技学院	98	18.46	吉林省
921	宁夏理工学院	48	18.39	宁夏回族自治区
922	亳州学院	43	18.36	安徽省
923	辽宁何氏医学院	54	18.28	辽宁省
924	文华学院	89	18.23	湖北省
925	山东华宇工学院	74	18.16	山东省
925	河北传媒学院	14	18.16	河北省
927	武汉科技大学城市学院	80	18.12	湖北省
927	山西工商学院	27	18.12	山西省
929	桂林电子科技大学信息科技学院	138	18.09	广西壮族自治区
930	河北工业大学城市学院	4	18.07	河北省

续表

序号	学校名称	项目数	总分	省份
930	新疆警察学院	46	18.07	新疆维吾尔自治区
930	南京大学金陵学院	19	18.07	江苏省
933	哈尔滨石油学院	46	18.06	黑龙江省
933	福建农林大学金山学院	73	18.06	福建省
935	浙江海洋大学东海科学技术学院	15	18.03	浙江省
936	哈尔滨音乐学院	9	18.01	黑龙江省
937	集美大学诚毅学院	78	18	福建省
938	山东青年政治学院	258	17.91	山东省
939	贵州商学院	70	17.89	贵州省
940	宁波诺丁汉大学	12	17.88	浙江省
941	聊城大学东昌学院	57	17.87	山东省
942	青岛恒星科技学院	30	17.86	山东省
942	中山大学新华学院	70	17.86	广东省
944	新乡医学院三全学院	34	17.83	河南省
945	湖南农业大学东方科技学院	14	17.82	湖南省
946	北京邮电大学世纪学院	7	17.62	北京市
946	陕西国际商贸学院	49	17.62	陕西省
948	安阳工学院	67	17.6	河南省
949	扬州大学广陵学院	20	17.56	江苏省
950	大连艺术学院	46	17.49	辽宁省
951	青岛农业大学海都学院	8	17.45	山东省
952	首钢工学院	5	17.38	北京市
953	沈阳城市学院	147	17.17	辽宁省
954	兰州文理学院	34	17.14	甘肃省
955	广西职业师范学院	2	17.11	广西壮族自治区
955	三峡大学科技学院	6	17.11	湖北省

续表

序号	学校名称	项目数	总分	省份
957	大连理工大学城市学院	65	17.01	辽宁省
958	贵州大学科技学院	3	17	贵州省
959	太原理工大学现代科技学院	1	16.98	山西省
960	深圳技术大学	20	16.97	广东省
961	上海财经大学浙江学院	3	16.94	浙江省
962	广州大学松田学院	61	16.91	广东省
963	武昌首义学院	37	16.82	湖北省
964	重庆师范大学涉外商贸学院	16	16.81	重庆市
965	郑州工业应用技术学院	38	16.74	河南省
966	武汉学院	72	16.52	湖北省
967	华北理工大学轻工学院	12	16.49	河北省
968	天津财经大学珠江学院	8	16.48	天津市
969	郑州商学院	47	16.47	河南省
969	首都师范大学科德学院	4	16.47	北京市
971	湖北大学知行学院	45	16.41	湖北省
972	武汉文理学院	9	16.39	湖北省
973	温州大学瓯江学院	55	16.32	浙江省
973	鄂尔多斯应用技术学院	42	16.32	内蒙古自治区
975	萍乡学院	69	16.23	江西省
975	浙江工商大学杭州商学院	48	16.23	浙江省
977	宁波大学科学技术学院	45	16.16	浙江省
978	武汉华夏理工学院	50	16.13	湖北省
979	香港中文大学(深圳)	1	16.06	广东省

续表

序号	学校名称	项目数	总分	省份
980	四川外国语大学成都学院	85	16.04	四川省
981	齐鲁理工学院	64	15.99	山东省
982	南通理工学院	70	15.84	江苏省
983	南京师范大学泰州学院	14	15.83	江苏省
984	郑州经贸学院	20	15.81	河南省
985	银川能源学院	48	15.76	宁夏回族自治区
986	阳光学院	66	15.74	福建省
987	中山大学南方学院	67	15.73	广东省
988	西安明德理工学院	30	15.7	陕西省
989	北京理工大学珠海学院	97	15.69	广东省
990	山西能源学院	28	15.65	山西省
990	广东东软学院	129	15.65	广东省
992	哈尔滨剑桥学院	31	15.61	黑龙江省
993	厦门华厦学院	42	15.6	福建省
994	长春大学旅游学院	56	15.58	吉林省
995	广州工商学院	81	15.51	广东省
996	广州商学院	56	15.43	广东省
997	大连财经学院	34	15.22	辽宁省
998	黑龙江工商学院	32	15.16	黑龙江省
999	四川工商学院	69	15.07	四川省
1000	湖北工业大学工程技术学院	45	15.05	湖北省
1000	江西中医药大学科技学院	10	15.05	江西省
1002	四川电影电视学院	41	15.02	四川省
1003	新疆理工学院	11	15.01	新疆维吾尔自治区
1004	上海师范大学天华学院	7	14.98	上海市
1005	温州商学院	64	14.96	浙江省

续表

序号	学校名称	项目数	总分	省份
1006	长春工业大学人文信息学院	61	14.94	吉林省
1007	西安交通大学城市学院	37	14.82	陕西省
1008	成都理工大学工程技术学院	187	14.8	四川省
1009	成都银杏酒店管理学院	71	14.71	四川省
1010	茅台学院	9	14.62	贵州省
1011	黑龙江财经学院	13	14.57	黑龙江省
1012	大连医科大学中山学院	81	14.55	辽宁省
1013	苏州大学应用技术学院	24	14.54	江苏省
1014	中国计量大学现代科技学院	3	14.45	浙江省
1015	哈尔滨信息工程学院	15	14.42	黑龙江省
1016	河北农业大学现代科技学院	1	14.39	河北省
1017	保山学院	55	14.37	云南省
1018	大连科技学院	132	14.34	辽宁省
1019	云南经济管理学院	89	14.22	云南省
1020	南京理工大学紫金学院	29	14.19	江苏省
1021	青岛理工大学琴岛学院	50	14.14	山东省
1022	吉林师范大学博达学院	77	14.08	吉林省
1023	安徽文达信息工程学院	86	14.03	安徽省
1024	西安建筑科技大学华清学院	5	13.9	陕西省
1025	南京传媒学院	21	13.88	江苏省

续表

序号	学校名称	项目数	总分	省份
1026	辽宁中医药大学杏林学院	13	13.82	辽宁省
1027	南开大学滨海学院	48	13.79	天津市
1028	郑州工商学院	5	13.7	河南省
1029	桂林理工大学博文管理学院	99	13.59	广西壮族自治区
1030	西南财经大学天府学院	65	13.58	四川省
1030	常州大学怀德学院	10	13.58	江苏省
1032	济南大学泉城学院	16	13.56	山东省
1033	安徽师范大学皖江学院	85	13.42	安徽省
1034	西南科技大学城市学院	133	13.39	四川省
1035	广州理工学院	78	13.38	广东省
1036	武昌工学院	83	13.37	湖北省
1037	江西理工大学应用科学学院	30	13.36	江西省
1038	浙江财经大学东方学院	69	13.29	浙江省
1039	天津大学仁爱学院	83	13.28	天津市
1040	重庆工程学院	62	13.25	重庆市
1041	广州大学华软软件学院	70	13.18	广东省
1042	江西师范大学科学技术学院	12	13.05	江西省
1042	南京信息工程大学滨江学院	22	13.05	江苏省
1044	石家庄铁道大学四方学院	10	13.04	河北省
1045	西安交通工程学院	31	12.93	陕西省
1046	南华大学船山学院	7	12.92	湖南省
1047	中国消防救援学院	3	12.89	北京市
1048	北京交通大学海滨学院	29	12.8	河北省

续表

序号	学校名称	项目数	总分	省份
1049	江西工程学院	19	12.75	江西省
1050	江西服装学院	20	12.72	江西省
1051	北京工业大学耿丹学院	6	12.69	北京市
1052	河南师范大学新联学院	22	12.68	河南省
1053	天津外国语大学滨海外事学院	5	12.66	天津市
1054	贵州师范大学求是学院	11	12.63	贵州省
1055	厦门工学院	88	12.53	福建省
1056	广西警察学院	3	12.41	广西壮族自治区
1057	广东工业大学华立学院	71	12.36	广东省
1057	商丘学院	31	12.36	河南省
1059	云南艺术学院文华学院	39	12.35	云南省
1060	山西医科大学晋祠学院	1	12.34	山西省
1061	河北外国语学院	6	12.31	河北省
1062	南通大学杏林学院	7	12.29	江苏省
1063	重庆邮电大学移通学院	24	12.26	重庆市
1064	重庆大学城市科技学院	28	12.15	重庆市
1065	浙江理工大学科技与艺术学院	26	12.12	浙江省
1065	西南交通大学希望学院	88	12.12	四川省
1067	武汉工程大学邮电与信息工程学院	8	12.09	湖北省
1068	浙江农林大学暨阳学院	48	12.07	浙江省
1069	汉口学院	61	12.04	湖北省

续表

序号	学校名称	项目数	总分	省份
1070	广东外语外贸大学南国商学院	73	11.95	广东省
1071	北京第二外国语学院中瑞酒店管理学院	1	11.81	北京市
1072	郑州财经学院	24	11.77	河南省
1073	广西民族大学相思湖学院	67	11.71	广西壮族自治区
1074	燕京理工学院	35	11.68	河北省
1075	湘潭大学兴湘学院	7	11.41	湖南省
1076	中南林业科技大学涉外学院	18	11.37	湖南省
1077	北京科技大学天津学院	33	11.31	天津市
1078	温州医科大学仁济学院	3	11.28	浙江省
1079	广西中医药大学赛恩斯新医药学院	83	11.24	广西壮族自治区
1080	兰州理工大学技术工程学院	39	11.13	甘肃省
1081	赣南师范大学科技学院	3	11.12	江西省
1082	嘉兴学院南湖学院	10	11.1	浙江省
1083	广东海洋大学寸金学院	41	11.05	广东省
1084	景德镇学院	61	11.03	江西省
1085	昆明理工大学津桥学院	58	11.01	云南省
1086	保定理工学院	10	10.84	河北省
1087	阜阳师范大学信息工程学院	17	10.8	安徽省
1088	同济大学浙江学院	18	10.78	浙江省
1089	长江大学文理学院	21	10.71	湖北省
1090	武汉工程科技学院	23	10.7	湖北省
1091	闽南科技学院	53	10.63	福建省

续表

序号	学校名称	项目数	总分	省份
1092	广东财经大学华商学院	28	10.59	广东省
1092	河北美术学院	18	10.59	河北省
1094	郑州升达经贸管理学院	31	10.53	河南省
1095	武汉设计工程学院	49	10.48	湖北省
1096	上海立达学院	5	10.46	上海市
1097	新疆农业大学科学技术学院	10	10.4	新疆维吾尔自治区
1098	北海艺术设计学院	57	10.37	广西壮族自治区
1099	信阳学院	16	10.34	河南省
1100	安阳学院	37	10.33	河南省
1101	沈阳城市建设学院	48	10.32	辽宁省
1102	四川外国语大学重庆南方翻译学院	4	10.28	重庆市
1102	哈尔滨广厦学院	19	10.28	黑龙江省
1104	天津商业大学宝德学院	5	10.08	天津市
1105	武汉晴川学院	34	9.98	湖北省
1106	重庆工商大学融智学院	15	9.97	重庆市
1107	南京师范大学中北学院	11	9.87	江苏省
1108	华南农业大学珠江学院	45	9.73	广东省
1109	安徽农业大学经济技术学院	45	9.71	安徽省
1110	烟台大学文经学院	22	9.69	山东省
1111	西安工商学院	7	9.65	陕西省
1112	四川文化艺术学院	17	9.63	四川省
1112	福州工商学院	37	9.63	福建省
1114	青岛工学院	33	9.5	山东省
1115	武汉传媒学院	38	9.46	湖北省

续表

序号	学校名称	项目数	总分	省份
1116	天津师范大学津沽学院	5	9.42	天津市
1117	山东科技大学泰山科技学院	37	9.33	山东省
1118	云南师范大学文理学院	33	9.31	云南省
1118	滇西应用技术大学	11	9.31	云南省
1120	辽宁传媒学院	35	9.3	辽宁省
1121	张家口学院	18	9.27	河北省
1122	湖北工程学院新技术学院	30	9.26	湖北省
1123	湖北经济学院法商学院	31	9.24	湖北省
1124	湖南应用技术学院	31	9.22	湖南省
1125	河北大学工商学院	5	9.17	河北省
1126	江西财经大学现代经济管理学院	2	9.16	江西省
1127	温州肯恩大学	35	9.15	浙江省
1127	山东财经大学东方学院	24	9.15	山东省
1129	辽宁师范大学海华学院	8	9.14	辽宁省
1130	中北大学信息商务学院	17	9.08	山西省
1131	北京航空航天大学北海学院	8	9.06	广西壮族自治区
1132	昆山杜克大学	7	9.04	江苏省
1133	西安财经大学行知学院	9	9.03	陕西省
1133	长沙理工大学城南学院	7	9.03	湖南省
1135	河北地质大学华信学院	10	8.98	河北省
1136	潍坊理工学院	29	8.95	山东省

续表

序号	学校名称	项目数	总分	省份
1137	南宁师范大学师园学院	31	8.93	广西壮族自治区
1138	湖南交通工程学院	29	8.89	湖南省
1138	江苏大学京江学院	3	8.89	江苏省
1140	杭州电子科技大学信息工程学院	22	8.81	浙江省
1141	湖北师范大学文理学院	29	8.79	湖北省
1141	辽宁财贸学院	3	8.79	辽宁省
1143	哈尔滨远东理工学院	23	8.78	黑龙江省
1144	蚌埠工商学院	10	8.61	安徽省
1145	云南大学旅游文化学院	27	8.59	云南省
1146	陕西服装工程学院	24	8.57	陕西省
1146	沈阳航空航天大学北方科技学院	1	8.57	辽宁省
1148	华东交通大学理工学院	13	8.53	江西省
1149	齐齐哈尔工程学院	11	8.49	黑龙江省
1150	沈阳科技学院	21	8.33	辽宁省
1150	福州理工学院	22	8.33	福建省
1150	大连工业大学艺术与信息工程学院	17	8.33	辽宁省
1153	河南大学民生学院	2	8.15	河南省
1154	湖北民族大学科技学院	18	8.04	湖北省
1155	山东财经大学燕山学院	12	8.02	山东省
1156	黄河交通学院	14	7.92	河南省
1156	河北科技学院	11	7.92	河北省
1158	贵州大学明德学院	10	7.88	贵州省

续表

序号	学校名称	项目数	总分	省份
1159	西北师范大学知行学院	12	7.85	甘肃省
1160	南京工业大学浦江学院	10	7.8	江苏省
1161	昆明医科大学海源学院	17	7.7	云南省
1162	辽宁理工学院	18	7.67	辽宁省
1163	河北师范大学汇华学院	13	7.61	河北省
1164	武汉纺织大学外经贸学院	14	7.49	湖北省
1165	延安大学西安创新学院	5	7.43	陕西省
1166	天津医科大学临床医学院	15	7.4	天津市
1167	锦州医科大学医疗学院	14	7.39	辽宁省
1168	河北东方学院	7	7.35	河北省
1169	天津体育学院运动与文化艺术学院	7	7.32	天津市
1170	湖北医药学院药护学院	14	7.29	湖北省
1171	安徽外国语学院	11	7.09	安徽省
1171	南昌航空大学科技学院	6	7.09	江西省
1173	贵州民族大学人文科技学院	8	7.06	贵州省
1174	淮北师范大学信息学院	12	7.04	安徽省
1175	安徽医科大学临床医学院	12	6.99	安徽省
1176	安徽艺术学院	11	6.97	安徽省
1177	陕西科技大学镐京学院	7	6.86	陕西省

续表

序号	学校名称	项目数	总分	省份
1178	湖州师范学院求真学院	5	6.8	浙江省
1179	江苏师范大学科文学院	6	6.71	江苏省
1180	西北大学现代学院	2	6.58	陕西省
1181	遵义医科大学医学与科技学院	9	6.54	贵州省
1182	贵州财经大学商务学院	6	6.39	贵州省
1182	江苏科技大学苏州理工学院	4	6.39	江苏省
1184	北京工商大学嘉华学院	1	6.38	北京市
1184	山西应用科技学院	1	6.38	山西省
1186	长江大学工程技术学院	4	6.36	湖北省
1187	华北理工大学冀唐学院	1	6.32	河北省
1187	西安科技大学高新学院	4	6.32	陕西省
1189	江西科技师范大学理工学院	4	6.28	江西省
1189	南京审计大学金审学院	4	6.28	江苏省
1191	吉首大学张家界学院	5	6.16	湖南省
1192	兰州财经大学陇桥学院	6	6.07	甘肃省
1193	新疆医科大学厚博学院	6	5.98	新疆维吾尔自治区
1193	衡阳师范学院南岳学院	6	5.98	湖南省
1195	湖南理工学院南湖学院	6	5.96	湖南省

续表

序号	学校名称	项目数	总分	省份
1196	北京电影学院现代创意媒体学院	3	5.94	山东省
1197	南昌大学共青学院	3	5.89	江西省
1197	湖北文理学院理工学院	3	5.89	湖北省
1197	华北电力大学科技学院	3	5.89	河北省
1200	贵州中医药大学时珍学院	5	5.84	贵州省
1200	重庆工商大学派斯学院	5	5.84	重庆市
1200	河北经贸大学经济管理学院	3	5.84	河北省
1200	北京师范大学一香港浸会大学联合国际学院	3	5.84	广东省
1204	湖北汽车工业学院科技学院	5	5.72	湖北省
1204	武汉体育学院体育科技学院	5	5.72	湖北省
1206	湖南工程学院应用技术学院	5	5.69	湖南省
1207	黑龙江工程学院昆仑旅游学院	5	5.67	黑龙江省
1207	河南科技学院新科学院	3	5.67	河南省
1209	新疆科技学院	4	5.41	新疆维吾尔自治区
1209	湖南科技大学潇湘学院	4	5.41	湖南省
1211	湖南文理学院芙蓉学院	4	5.38	湖南省
1212	湘潭理工学院	4	5.34	湖南省
1212	安徽建筑大学城市建设学院	3	5.34	安徽省

续表

序号	学校名称	项目数	总分	省份
1212	马鞍山学院	3	5.34	安徽省
1215	江西农业大学南昌商学院	2	5.28	江西省
1216	湖南工业大学科技学院	3	5.03	湖南省
1217	湖南师范大学树达学院	3	4.99	湖南省
1218	山西师范大学现代文理学院	1	4.55	山西省
1219	浙江中医药大学滨江学院	2	4.44	浙江省
1219	兰州财经大学长青学院	1	4.44	甘肃省
1219	上海纽约大学	1	4.44	上海市
1219	太原科技大学华科学院	1	4.44	山西省
1219	河北科技大学理工学院	1	4.44	河北省
1219	兰州交通大学博文学院	1	4.44	甘肃省
1219	河北工程大学科信学院	1	4.44	河北省
1226	湖南中医药大学湘杏学院	1	3.73	湖南省

7.2 “双一流”建设高校教师教学发展指数(2020 版)

序号	学校名称	项目数	总分	省份
1	清华大学	3313	100	北京市
2	北京大学	3579	99.8	北京市
3	浙江大学	3437	90.81	浙江省
4	武汉大学	2832	87.3	湖北省
5	南京大学	2822	87.22	江苏省
6	上海交通大学	2594	86.97	上海市
7	复旦大学	2617	85.36	上海市
8	西安交通大学	2831	84.96	陕西省
9	华中科技大学	3055	84.05	湖北省
10	吉林大学	3943	83.59	吉林省
11	四川大学	2751	83.21	四川省
12	中国人民大学	2461	83.19	北京市
13	北京师范大学	2828	82.13	北京市
14	东南大学	2412	80.6	江苏省
15	天津大学	2401	79.48	天津市
16	哈尔滨工业大学	2403	79.29	黑龙江省
17	同济大学	2422	78.98	上海市
18	山东大学	2295	77.41	山东省
19	大连理工大学	2610	77.02	辽宁省
20	华东师范大学	2693	76.98	上海市
21	厦门大学	3072	75.66	福建省
22	中山大学	2357	74.99	广东省
23	中南大学	4087	74.66	湖南省
24	南开大学	1974	74.63	天津市
25	北京交通大学	1559	74.08	北京市
26	重庆大学	2198	73.47	重庆市
27	西南交通大学	1558	73.09	四川省
28	华南理工大学	2415	72.79	广东省
29	西北工业大学	2988	72.12	陕西省
30	北京航空航天大学	2179	70.47	北京市
31	湖南大学	1960	70.13	湖南省

续表

序号	学校名称	项目数	总分	省份
32	北京理工大学	1706	69.93	北京市
33	兰州大学	2085	69.65	甘肃省
34	华中师范大学	1542	69.46	湖北省
35	中国科学技术大学	1648	69.11	安徽省
36	东北大学	2019	68.48	辽宁省
37	华中农业大学	1640	67.86	湖北省
38	中国农业大学	1963	67.28	北京市
39	南京师范大学	1459	67.24	江苏省
40	东北师范大学	1460	66.86	吉林省
41	电子科技大学	2242	66.65	四川省
42	西南大学	1518	66.29	重庆市
43	中国矿业大学	1440	65.78	江苏省
44	武汉理工大学	1974	65.42	湖北省
45	郑州大学	1311	65.29	河南省
46	西安电子科技大学	1792	65.17	陕西省
47	西北大学	1053	64.09	陕西省
48	南京航空航天大学	1377	63.96	江苏省
49	南京农业大学	1425	63.9	江苏省
50	华东理工大学	1316	63.87	上海市
51	北京科技大学	1143	63.64	北京市
52	陕西师范大学	1310	63.37	陕西省
53	华南师范大学	1316	62.67	广东省
54	合肥工业大学	1266	62.47	安徽省
55	南京理工大学	1367	61.73	江苏省
56	河海大学	1436	61.52	江苏省
57	江南大学	1322	61.22	江苏省
58	湖南师范大学	739	60.94	湖南省
59	北京化工大学	1130	60.32	北京市
60	云南大学	629	59.82	云南省
61	苏州大学	1060	59.71	江苏省
62	南昌大学	1024	59.59	江西省

续表

序号	学校名称	项目数	总分	省份
63	哈尔滨工程大学	1576	59.31	黑龙江省
64	中国海洋大学	1383	59.17	山东省
65	西南财经大学	1086	59.13	四川省
66	东华大学	1150	58.81	上海市
67	广西大学	1051	58.8	广西壮族自治区
68	河南大学	949	58.7	河南省
69	北京工业大学	1206	58.62	北京市
70	首都师范大学	1173	58.6	北京市
71	西北农林科技大学	1516	58.33	陕西省
72	中国地质大学（武汉）	1544	57.49	湖北省
73	中国药科大学	816	57.48	江苏省
74	暨南大学	1380	57.28	广东省
75	北京林业大学	988	57.21	北京市
76	上海财经大学	987	57.1	上海市
77	长安大学	1436	56.52	陕西省
78	中国石油大学（华东）	1138	56.09	山东省
79	北京邮电大学	1198	55.99	北京市
80	对外经济贸易大学	960	55.6	北京市
81	中国传媒大学	972	55.48	北京市
82	东北林业大学	1407	55.41	黑龙江省
83	华北电力大学	1900	55.1	北京市
84	福州大学	671	54.56	福建省
85	中央财经大学	956	54.54	北京市
86	上海大学	946	54.44	上海市
87	北京外国语大学	846	54.27	北京市
88	中南财经政法大学	1250	54.26	湖北省
89	西南石油大学	700	54.09	四川省
90	新疆大学	681	53.99	新疆维吾尔自治区
91	安徽大学	1572	53.92	安徽省
91	太原理工大学	499	53.92	山西省
93	东北农业大学	580	53.83	黑龙江省

续表

序号	学校名称	项目数	总分	省份
94	大连海事大学	1149	53.71	辽宁省
95	贵州大学	534	53.5	贵州省
96	中国政法大学	860	53.4	北京市
97	上海中医药大学	666	53.38	上海市
98	内蒙古大学	691	52.86	内蒙古自治区
99	天津医科大学	291	51.97	天津市
100	宁夏大学	480	51.88	宁夏回族自治区
101	石河子大学	938	51.87	新疆维吾尔自治区
102	宁波大学	670	51.83	浙江省
103	上海外国语大学	1030	51.72	上海市
104	南京邮电大学	772	51.32	江苏省
105	海南大学	469	50.67	海南省
106	河北工业大学	565	50.47	河北省
107	南京信息工程大学	843	50.41	江苏省
108	北京中医药大学	967	50.39	北京市
109	四川农业大学	567	50.3	四川省
110	天津中医药大学	265	50.28	天津市
111	中央音乐学院	374	50.16	北京市
112	青海大学	179	50.05	青海省
113	南京林业大学	755	49.54	江苏省
114	南京中医药大学	680	49.36	江苏省
114	天津工业大学	682	49.36	天津市
116	辽宁大学	407	49.09	辽宁省
117	中央民族大学	1407	48.84	北京市
118	成都理工大学	669	48.37	四川省
118	中国石油大学（北京）	843	48.37	北京市
120	广州中医药大学	550	47.82	广东省
121	西藏大学	517	47.5	西藏自治区
121	成都中医药大学	378	47.5	四川省

续表

序号	学校名称	项目数	总分	省份
123	中国地质大学(北京)	1139	47.4	北京市
124	延边大学	374	47.16	吉林省
125	北京协和医学院	445	47.1	北京市
126	中国美术学院	267	46.33	浙江省
127	北京体育大学	542	44.65	北京市
128	中央美术学院	383	43.65	北京市
129	上海音乐学院	53	43.21	上海市
130	上海海洋大学	463	42.94	上海市
131	中国音乐学院	136	42.53	北京市
132	中国人民公安大学	385	40.63	北京市
133	中国矿业大学(北京)	817	40.48	北京市
134	上海体育学院	288	39.03	上海市
135	中央戏剧学院	249	32.87	北京市
136	中国科学院大学	58	31.75	北京市
137	外交学院	344	31.68	北京市

7.3 地方本科院校教师教学发展指数(2020 版)

续表

序号	学校名称	项目数	总分	省份
1	南京师范大学	1459	67.24	江苏省
2	郑州大学	1311	65.29	河南省
3	西北大学	1053	64.09	陕西省
4	华南师范大学	1316	62.67	广东省
5	湖南师范大学	739	60.94	湖南省
6	云南大学	629	59.82	云南省
7	苏州大学	1060	59.71	江苏省
8	南昌大学	1024	59.59	江西省
9	首都医科大学	567	59.47	北京市
10	福建师范大学	865	59.24	福建省
11	山东农业大学	1103	59.18	山东省
12	浙江工业大学	971	59.13	浙江省
13	广西大学	1051	58.8	广西壮族自治区
14	河南大学	949	58.7	河南省
15	北京工业大学	1206	58.62	北京市
16	首都师范大学	1173	58.6	北京市
17	昆明理工大学	665	58.02	云南省
18	扬州大学	1072	57.99	江苏省
19	哈尔滨医科大学	547	57.71	黑龙江省
20	华南农业大学	944	57.61	广东省
21	中国医科大学	525	56.98	辽宁省
22	黑龙江大学	705	56.58	黑龙江省
23	江苏大学	975	54.75	江苏省
24	西安建筑科技大学	698	54.68	陕西省
25	福州大学	671	54.56	福建省
26	山东师范大学	1561	54.52	山东省
27	河北师范大学	449	54.47	河北省
28	上海大学	946	54.44	上海市
29	青岛大学	1221	54.24	山东省
30	西南石油大学	700	54.09	四川省
31	湘潭大学	459	54.04	湖南省
32	新疆大学	681	53.99	新疆维吾尔自治区
33	安徽大学	1572	53.92	安徽省
33	太原理工大学	499	53.92	山西省
35	东北农业大学	580	53.83	黑龙江省
36	南方医科大学	687	53.8	广东省
37	贵州大学	534	53.5	贵州省
38	天津师范大学	508	53.39	天津市
39	上海中医药大学	666	53.38	上海市
40	东北财经大学	516	53.27	辽宁省
41	南京医科大学	540	53.25	江苏省
42	河北农业大学	376	53.19	河北省
43	南京工业大学	898	53.08	江苏省
44	上海师范大学	827	52.99	上海市
45	浙江师范大学	880	52.96	浙江省
45	河南理工大学	913	52.96	河南省
47	广西师范大学	769	52.86	广西壮族自治区
47	内蒙古大学	691	52.86	内蒙古自治区
49	西安理工大学	697	52.58	陕西省
50	河南师范大学	777	52.35	河南省
51	哈尔滨师范大学	668	52.32	黑龙江省
52	安徽师范大学	1455	52.18	安徽省
53	天津医科大学	291	51.97	天津市
54	山东科技大学	1308	51.9	山东省
55	宁夏大学	480	51.88	宁夏回族自治区
56	石河子大学	938	51.87	新疆维吾尔自治区

续表

序号	学校名称	项目数	总分	省份
57	宁波大学	670	51.83	浙江省
57	内蒙古农业大学	183	51.83	内蒙古自治区
59	福建农林大学	572	51.76	福建省
60	西北师范大学	332	51.65	甘肃省
61	长沙理工大学	409	51.61	湖南省
62	杭州电子科技大学	669	51.51	浙江省
63	南京邮电大学	772	51.32	江苏省
64	上海理工大学	806	51.25	上海市
65	云南师范大学	373	51.12	云南省
66	燕山大学	644	51.09	河北省
67	河北大学	577	51.02	河北省
68	四川师范大学	771	50.89	四川省
69	北京联合大学	770	50.82	北京市
70	重庆医科大学	245	50.79	重庆市
71	黑龙江中医药大学	290	50.71	黑龙江省
72	河南农业大学	381	50.68	河南省
73	海南大学	469	50.67	海南省
74	广东外语外贸大学	552	50.64	广东省
75	广东工业大学	818	50.62	广东省
76	山西大学	344	50.61	山西省
77	江西师范大学	603	50.55	江西省
78	湖南农业大学	434	50.52	湖南省
79	河北工业大学	565	50.47	河北省
80	南京信息工程大学	843	50.41	江苏省
80	天津中德应用技术大学	117	50.41	天津市
82	广州大学	836	50.37	广东省
83	四川农业大学	567	50.3	四川省
84	天津中医药大学	265	50.28	天津市
85	青海大学	179	50.05	青海省
86	贵州师范大学	394	50.03	贵州省
87	江西财经大学	471	49.96	江西省
88	兰州理工大学	760	49.66	甘肃省
89	浙江理工大学	697	49.64	浙江省

续表

序号	学校名称	项目数	总分	省份
90	南京林业大学	755	49.54	江苏省
91	温州医科大学	516	49.53	浙江省
92	汕头大学	551	49.37	广东省
93	南京中医药大学	680	49.36	江苏省
93	天津工业大学	682	49.36	天津市
95	深圳大学	688	49.24	广东省
96	辽宁大学	407	49.09	辽宁省
96	桂林电子科技大学	814	49.09	广西壮族自治区
98	湖北大学	654	48.9	湖北省
99	西南政法大学	228	48.84	重庆市
100	武汉科技大学	546	48.82	湖北省
101	桂林理工大学	733	48.51	广西壮族自治区
102	南京工程学院	525	48.38	江苏省
103	成都理工大学	669	48.37	四川省
104	天津理工大学	465	48.28	天津市
105	哈尔滨理工大学	478	48.17	黑龙江省
106	长春理工大学	677	47.95	吉林省
107	广州中医药大学	550	47.82	广东省
108	兰州交通大学	467	47.72	甘肃省
109	西南科技大学	533	47.71	四川省
110	陕西科技大学	535	47.63	陕西省
111	西藏大学	517	47.5	西藏自治区
111	成都中医药大学	378	47.5	四川省
113	浙江工商大学	571	47.44	浙江省
114	西安科技大学	657	47.43	陕西省
115	广西医科大学	360	47.37	广西壮族自治区
116	江苏师范大学	796	47.36	江苏省
117	延边大学	374	47.16	吉林省
118	长江大学	423	47.08	湖北省
119	河南科技大学	627	46.83	河南省
120	南通大学	854	46.8	江苏省

续表

序号	学校名称	项目数	总分	省份
121	温州大学	661	46.71	浙江省
122	杭州师范大学	591	46.61	浙江省
123	石家庄铁道大学	292	46.56	河北省
124	沈阳师范大学	596	46.54	辽宁省
125	新疆农业大学	429	46.48	新疆维吾尔自治区
126	济南大学	783	46.45	山东省
127	山东理工大学	739	46.34	山东省
128	中国美术学院	267	46.33	浙江省
129	辽宁工程技术大学	450	46.24	辽宁省
130	中北大学	302	46.22	山西省
131	湖南科技大学	311	46.06	湖南省
132	云南农业大学	283	46.01	云南省
133	山西医科大学	302	45.98	山西省
133	重庆邮电大学	312	45.98	重庆市
135	上海海事大学	610	45.89	上海市
136	青岛科技大学	811	45.86	山东省
137	吉林农业大学	553	45.81	吉林省
138	重庆交通大学	240	45.58	重庆市
139	辽宁师范大学	358	45.5	辽宁省
140	三峡大学	344	45.47	湖北省
141	华北理工大学	420	45.43	河北省
142	江西中医药大学	330	45.39	江西省
143	河南工业大学	532	45.38	河南省
144	南华大学	420	45.36	湖南省
145	沈阳农业大学	415	45.29	辽宁省
146	安徽农业大学	571	45.23	安徽省
147	天津科技大学	538	45.16	天津市
148	曲阜师范大学	628	45.1	山东省
149	河北医科大学	303	45.04	河北省
150	安徽工业大学	1163	45	安徽省
151	重庆师范大学	219	44.98	重庆市
152	山西农业大学	244	44.84	山西省
153	聊城大学	553	44.79	山东省
154	山东建筑大学	365	44.74	山东省

续表

序号	学校名称	项目数	总分	省份
155	安徽医科大学	493	44.66	安徽省
156	吉林师范大学	422	44.61	吉林省
157	华东政法大学	521	44.56	上海市
158	东北电力大学	335	44.49	吉林省
159	江西农业大学	330	44.4	江西省
160	山东中医药大学	525	44.39	山东省
161	昆明医科大学	228	44.36	云南省
162	北京工商大学	486	44.26	北京市
163	东北石油大学	462	44.22	黑龙江省
164	沈阳药科大学	350	44.19	辽宁省
165	安徽理工大学	1158	44.13	安徽省
166	东华理工大学	375	44.07	江西省
167	首都经济贸易大学	590	44.05	北京市
167	中国计量大学	490	44.05	浙江省
169	天津职业技术师范大学	425	44	天津市
170	南昌航空大学	385	43.93	江西省
171	新疆医科大学	322	43.91	新疆维吾尔自治区
172	江西理工大学	466	43.88	江西省
173	长春工业大学	589	43.86	吉林省
173	北华大学	670	43.86	吉林省
175	湖北工业大学	630	43.8	湖北省
176	河北科技大学	347	43.78	河北省
176	上海工程技术大学	563	43.78	上海市
178	北京信息科技大学	517	43.75	北京市
178	宁夏医科大学	252	43.75	宁夏回族自治区
180	广西民族大学	474	43.69	广西壮族自治区
181	长春中医药大学	574	43.45	吉林省
182	北京建筑大学	461	43.43	北京市
183	内蒙古师范大学	124	43.42	内蒙古自治区
184	常州大学	463	43.41	江苏省

续表

序号	学校名称	项目数	总分	省份
185	华北水利水电大学	406	43.37	河南省
186	上海音乐学院	53	43.21	上海市
187	山东财经大学	441	43.2	山东省
188	甘肃农业大学	302	43.17	甘肃省
189	沈阳建筑大学	328	43.08	辽宁省
189	华东交通大学	351	43.08	江西省
191	河南牧业经济学院	136	43	河南省
192	上海海洋大学	463	42.94	上海市
193	大连外国语大学	274	42.93	辽宁省
194	福建中医药大学	307	42.82	福建省
195	合肥学院	1111	42.76	安徽省
196	沈阳工业大学	399	42.71	辽宁省
196	郑州轻工业大学	537	42.71	河南省
198	辽宁中医药大学	220	42.61	辽宁省
199	浙江中医药大学	364	42.56	浙江省
200	中国音乐学院	136	42.53	北京市
201	四川美术学院	121	42.32	重庆市
202	内蒙古科技大学	190	42.24	内蒙古自治区
203	徐州医科大学	365	42.16	江苏省
204	天津财经大学	205	42.14	天津市
204	安徽建筑大学	1084	42.14	安徽省
206	武汉纺织大学	325	42.11	湖北省
207	福建医科大学	355	42.08	福建省
208	新疆师范大学	301	42.05	新疆维吾尔自治区
209	大连工业大学	427	42.03	辽宁省
210	成都信息工程大学	553	42.01	四川省
211	哈尔滨商业大学	419	41.98	黑龙江省
212	大连医科大学	278	41.97	辽宁省
213	成都工业学院	405	41.94	四川省
213	集美大学	444	41.94	福建省
215	河北经贸大学	240	41.9	河北省
216	青岛理工大学	773	41.89	山东省
217	青海民族大学	82	41.86	青海省

续表

序号	学校名称	项目数	总分	省份
218	西安工业大学	561	41.82	陕西省
219	西藏民族大学	399	41.75	西藏自治区
220	福建工程学院	409	41.65	福建省
221	北京第二外国语学院	344	41.63	北京市
222	广州医科大学	275	41.57	广东省
223	山西师范大学	189	41.54	山西省
224	青海师范大学	97	41.53	青海省
225	武汉工程大学	345	41.52	湖北省
226	中南林业科技大学	255	41.46	湖南省
227	临沂大学	774	41.45	山东省
228	重庆科技学院	310	41.41	重庆市
229	内蒙古工业大学	145	41.34	内蒙古自治区
229	信阳师范学院	410	41.34	河南省
231	吉首大学	250	41.27	湖南省
231	安徽财经大学	2743	41.27	安徽省
233	鲁东大学	937	41.15	山东省
234	安徽中医药大学	644	41.14	安徽省
235	内蒙古医科大学	116	41.03	内蒙古自治区
236	浙江农林大学	425	41	浙江省
237	江苏科技大学	473	40.96	江苏省
238	沈阳航空航天大学	373	40.92	辽宁省
239	上海应用技术大学	524	40.88	上海市
240	海南师范大学	260	40.75	海南省
240	重庆文理学院	447	40.75	重庆市
242	南宁师范大学	595	40.64	广西壮族自治区
243	河南中医药大学	347	40.6	河南省
244	上海健康医学院	213	40.57	上海市
245	延安大学	452	40.54	陕西省
246	烟台大学	318	40.49	山东省
247	乐山师范学院	554	40.48	四川省

续表

序号	学校名称	项目数	总分	省份
247	南京财经大学	438	40.48	江苏省
249	遵义医科大学	211	40.43	贵州省
249	大连海洋大学	230	40.43	辽宁省
251	浙江财经大学	408	40.41	浙江省
252	黑龙江科技大学	389	40.18	黑龙江省
253	重庆工商大学	201	40.01	重庆市
253	广东财经大学	382	40.01	广东省
255	大连大学	399	39.97	辽宁省
256	上海对外经贸大学	418	39.92	上海市
256	北方工业大学	507	39.92	北京市
258	西安美术学院	295	39.91	陕西省
259	天津外国语大学	104	39.88	天津市
260	西安工程大学	480	39.83	陕西省
261	辽宁石油化工大学	354	39.75	辽宁省
262	南京艺术学院	165	39.74	江苏省
263	重庆理工大学	166	39.54	重庆市
264	大连交通大学	463	39.37	辽宁省
265	西安外国语大学	406	39.3	陕西省
266	湖南中医药大学	220	39.28	湖南省
267	渤海大学	500	39.27	辽宁省
268	云南民族大学	206	39.25	云南省
269	浙江万里学院	406	39.13	浙江省
270	贵州财经大学	223	39.11	贵州省
271	上海体育学院	288	39.03	上海市
271	河北地质大学	179	39.03	河北省
273	西华大学	545	39	四川省
274	辽宁科技大学	355	38.96	辽宁省
274	河南财经政法大学	212	38.96	河南省
276	内蒙古民族大学	115	38.92	内蒙古自治区
277	蚌埠医学院	334	38.88	安徽省
278	湖南工业大学	280	38.87	湖南省
279	长春工程学院	469	38.85	吉林省
280	上海第二工业大学	367	38.81	上海市
280	四川外国语大学	134	38.81	重庆市

续表

序号	学校名称	项目数	总分	省份
282	淮阴师范学院	392	38.77	江苏省
283	长春师范大学	324	38.64	吉林省
284	盐城工学院	455	38.51	江苏省
285	滨州医学院	268	38.48	山东省
286	海南医学院	274	38.46	海南省
287	佛山科学技术学院	444	38.39	广东省
288	青岛农业大学	701	38.38	山东省
289	大连东软信息学院	465	38.26	辽宁省
290	云南财经大学	175	38.25	云南省
291	盐城师范学院	320	38.2	江苏省
292	佳木斯大学	287	38.16	黑龙江省
293	广西中医药大学	264	38.1	广西壮族自治区
294	北京服装学院	361	38.08	北京市
294	黑龙江工程学院	282	38.08	黑龙江省
296	景德镇陶瓷大学	349	38.07	江西省
297	山西财经大学	204	38.03	山西省
298	北京印刷学院	379	38	北京市
299	厦门理工学院	391	37.98	福建省
300	沈阳工程学院	276	37.95	辽宁省
301	贵州医科大学	244	37.93	贵州省
302	湖州师范学院	383	37.91	浙江省
303	北京石油化工学院	439	37.88	北京市
304	贵州民族大学	234	37.87	贵州省
305	上海戏剧学院	150	37.85	上海市
306	广西艺术学院	342	37.81	广西壮族自治区
307	浙江科技学院	407	37.77	浙江省
308	广东海洋大学	526	37.68	广东省
309	齐鲁工业大学	619	37.62	山东省
309	西安石油大学	466	37.62	陕西省
311	北京舞蹈学院	154	37.59	北京市
312	湖南理工学院	224	37.57	湖南省
313	西安邮电大学	546	37.45	陕西省
314	安庆师范大学	533	37.42	安徽省

续表

序号	学校名称	项目数	总分	省份
315	苏州科技大学	335	37.4	江苏省
316	沈阳化工大学	305	37.33	辽宁省
317	绍兴文理学院	374	37.27	浙江省
318	赣南师范大学	257	37.22	江西省
319	常州工学院	331	37.16	江苏省
320	沈阳大学	278	37.15	辽宁省
321	西南林业大学	249	37.08	云南省
321	新疆财经大学	211	37.08	新疆维吾尔自治区
323	湖北经济学院	208	36.96	湖北省
323	天津商业大学	409	36.96	天津市
325	塔里木大学	576	36.95	新疆维吾尔自治区
326	首都体育学院	247	36.88	北京市
327	黑龙江八一农垦大学	254	36.84	黑龙江省
328	天津体育学院	138	36.8	天津市
329	锦州医科大学	209	36.75	辽宁省
330	湖南文理学院	202	36.71	湖南省
331	常熟理工学院	563	36.66	江苏省
332	金陵科技学院	287	36.63	江苏省
333	山东交通学院	693	36.53	山东省
334	皖南医学院	443	36.5	安徽省
335	太原科技大学	188	36.45	山西省
336	湖南工程学院	276	36.42	湖南省
337	山东第一医科大学	822	36.39	山东省
338	西北政法大学	415	36.36	陕西省
339	齐齐哈尔大学	338	36.35	黑龙江省
339	湖北师范大学	282	36.35	湖北省
341	北京电影学院	54	36.34	北京市
342	江苏海洋大学	468	36.32	江苏省
342	淮北师范大学	429	36.32	安徽省
344	广东药科大学	211	36.23	广东省
345	山东工艺美术学院	57	36.22	山东省
346	武汉轻工大学	231	36.17	湖北省

续表

序号	学校名称	项目数	总分	省份
347	上海电机学院	375	36.14	上海市
348	阜阳师范大学	378	36.13	安徽省
349	淮阴工学院	366	36.11	江苏省
350	潍坊学院	601	36.08	山东省
351	广西科技大学	486	36.07	广西壮族自治区
352	洛阳理工学院	164	35.92	河南省
353	浙江海洋大学	377	35.9	浙江省
354	岭南师范学院	319	35.81	广东省
354	河北北方学院	138	35.81	河北省
356	南昌工程学院	185	35.8	江西省
357	山东艺术学院	73	35.77	山东省
358	吉林建筑大学	312	35.76	吉林省
359	江汉大学	236	35.75	湖北省
360	邵阳学院	220	35.73	湖南省
361	广州美术学院	171	35.68	广东省
362	济宁医学院	251	35.66	山东省
363	安徽工程大学	1119	35.65	安徽省
364	西华师范大学	472	35.64	四川省
364	鲁迅美术学院	63	35.64	辽宁省
366	上海电力大学	424	35.61	上海市
367	湖北中医药大学	212	35.59	湖北省
368	德州学院	656	35.54	山东省
369	贵州中医药大学	196	35.49	贵州省
369	成都大学	454	35.49	四川省
371	上海立信会计金融学院	358	35.47	上海市
372	河南科技学院	375	35.46	河南省
373	河北工程大学	242	35.41	河北省
374	湖南城市学院	222	35.4	湖南省
375	浙江水利水电学院	245	35.39	浙江省
376	中原工学院	439	35.26	河南省
377	湖南第一师范学院	152	35.24	湖南省
378	吉林财经大学	290	35.22	吉林省
379	韶关学院	241	35.19	广东省

续表

序号	学校名称	项目数	总分	省份
380	井冈山大学	267	35.18	江西省
381	南京审计大学	308	34.97	江苏省
382	山东工商学院	469	34.96	山东省
383	四川轻化工大学	405	34.92	四川省
384	黄冈师范学院	232	34.85	湖北省
385	广东医科大学	239	34.84	广东省
386	哈尔滨体育学院	59	34.82	黑龙江省
387	东莞理工学院	359	34.66	广东省
388	吉林化工学院	278	34.59	吉林省
388	安徽科技学院	568	34.59	安徽省
390	内蒙古财经大学	89	34.51	内蒙古自治区
391	北京农学院	323	34.49	北京市
392	星海音乐学院	100	34.45	广东省
393	天津农学院	400	34.43	天津市
394	河南城建学院	143	34.37	河南省
395	齐齐哈尔医学院	197	34.32	黑龙江省
396	湖南工商大学	137	34.29	湖南省
397	泉州师范学院	230	34.27	福建省
398	甘肃中医药大学	78	34.23	甘肃省
399	玉林师范学院	466	34.21	广西壮族自治区
400	广东技术师范大学	405	34.17	广东省
401	天津城建大学	258	34.13	天津市
402	九江学院	219	34.04	江西省
403	商丘师范学院	133	33.91	河南省
404	新乡医学院	338	33.86	河南省
405	徐州工程学院	373	33.85	江苏省
406	肇庆学院	227	33.82	广东省
407	吉林艺术学院	175	33.81	吉林省
408	潍坊医学院	194	33.76	山东省
409	辽宁科技学院	213	33.75	辽宁省
409	洛阳师范学院	418	33.75	河南省
411	台州学院	344	33.73	浙江省
412	上海商学院	189	33.69	上海市

续表

序号	学校名称	项目数	总分	省份
413	长江师范学院	244	33.68	重庆市
414	贵州师范学院	201	33.56	贵州省
415	湖北民族大学	276	33.51	湖北省
416	湖北汽车工业学院	195	33.48	湖北省
416	长春大学	382	33.48	吉林省
418	江苏理工学院	344	33.45	江苏省
419	沈阳理工大学	208	33.43	辽宁省
420	太原师范学院	99	33.36	山西省
421	郑州航空工业管理学院	170	33.3	河南省
422	遵义师范学院	118	33.27	贵州省
422	河北中医学院	142	33.27	河北省
424	桂林医学院	274	33.24	广西壮族自治区
424	西南医科大学	490	33.24	四川省
426	绥化学院	129	33.23	黑龙江省
427	浙江传媒学院	342	33.21	浙江省
428	宜春学院	199	33.2	江西省
429	福建警察学院	190	33.19	福建省
430	宁波工程学院	313	33.14	浙江省
431	重庆第二师范学院	79	33.13	重庆市
432	吉林工程技术师范学院	291	33.11	吉林省
433	牡丹江师范学院	239	33	黑龙江省
434	长治医学院	93	32.87	山西省
435	嘉兴学院	356	32.86	浙江省
436	牡丹江医学院	127	32.84	黑龙江省
437	北部湾大学	295	32.79	广西壮族自治区
438	云南艺术学院	89	32.75	云南省
439	成都体育学院	213	32.67	四川省
439	兰州财经大学	94	32.67	甘肃省
441	江西科技师范大学	347	32.56	江西省
441	广西财经学院	478	32.56	广西壮族自治区

续表

序号	学校名称	项目数	总分	省份
443	哈尔滨学院	158	32.51	黑龙江省
443	西藏藏医药大学	89	32.51	西藏自治区
445	浙江树人学院	330	32.49	浙江省
446	中国戏曲学院	175	32.48	北京市
447	合肥师范学院	442	32.47	安徽省
448	西藏农牧学院	147	32.43	西藏自治区
449	山东协和学院	332	32.39	山东省
450	北京物资学院	385	32.38	北京市
451	绵阳师范学院	389	32.36	四川省
452	南阳师范学院	426	32.35	河南省
453	西昌学院	321	32.34	四川省
454	宁夏师范学院	90	32.29	宁夏回族自治区
455	滁州学院	450	32.19	安徽省
456	陕西中医药大学	257	32.17	陕西省
457	山西大同大学	138	32.16	山西省
458	南京晓庄学院	234	32.04	江苏省
459	桂林旅游学院	89	32.03	广西壮族自治区
460	广东金融学院	282	32.02	广东省
461	昆明学院	109	31.97	云南省
462	承德医学院	62	31.94	河北省
463	辽宁工业大学	234	31.89	辽宁省
464	湖南科技学院	214	31.8	湖南省
465	湖北第二师范学院	187	31.79	湖北省
466	许昌学院	92	31.76	河南省
467	闽江学院	256	31.75	福建省
468	浙江警察学院	129	31.72	浙江省
469	长沙学院	236	31.69	湖南省
470	湖北科技学院	266	31.62	湖北省
471	上海公安学院	21	31.57	上海市
472	仲恺农业工程学院	303	31.54	广东省
473	五邑大学	324	31.51	广东省

续表

序号	学校名称	项目数	总分	省份
474	南阳理工学院	135	31.46	河南省
475	广东石油化工学院	260	31.4	广东省
475	广州体育学院	107	31.4	广东省
477	西安航空学院	219	31.38	陕西省
477	湖北文理学院	218	31.38	湖北省
479	安阳师范学院	307	31.33	河南省
480	重庆三峡学院	121	31.29	重庆市
481	南京体育学院	123	31.28	江苏省
482	河南工学院	80	31.17	河南省
483	湖北美术学院	129	31.12	湖北省
484	湖北工程学院	219	31.09	湖北省
484	嘉应学院	218	31.09	广东省
486	韩山师范学院	250	30.99	广东省
487	川北医学院	357	30.98	四川省
488	吉林外国语大学	246	30.96	吉林省
489	皖西学院	454	30.83	安徽省
490	山东英才学院	275	30.75	山东省
491	渭南师范学院	267	30.73	陕西省
492	天津美术学院	56	30.71	天津市
493	成都师范学院	348	30.66	四川省
494	浙江外国语学院	181	30.62	浙江省
495	陕西理工大学	276	30.6	陕西省
496	云南中医药大学	138	30.55	云南省
497	武汉音乐学院	79	30.52	湖北省
498	上饶师范学院	164	30.51	江西省
499	保定学院	45	30.44	河北省
500	泰山学院	430	30.41	山东省
501	郑州师范学院	69	30.39	河南省
502	衡阳师范学院	123	30.37	湖南省
503	河北科技师范学院	108	30.32	河北省
503	江西警察学院	103	30.32	江西省
505	周口师范学院	88	30.27	河南省
505	宝鸡文理学院	284	30.27	陕西省
507	通化师范学院	219	30.26	吉林省
508	攀枝花学院	367	30.2	四川省

续表

序号	学校名称	项目数	总分	省份
509	右江民族医学院	219	30.14	广西壮族自治区
510	贵阳学院	148	30.1	贵州省
511	辽东学院	209	30.08	辽宁省
512	吉林工商学院	191	30.02	吉林省
513	鞍山师范学院	86	30	辽宁省
514	河西学院	86	29.97	甘肃省
515	贵州工程应用技术学院	238	29.95	贵州省
516	江苏第二师范学院	126	29.92	江苏省
517	广州航海学院	85	29.84	广东省
518	山东体育学院	59	29.78	山东省
519	成都医学院	339	29.73	四川省
519	黄山学院	343	29.73	安徽省
521	武汉体育学院	124	29.7	湖北省
522	曲靖师范学院	145	29.69	云南省
523	南京医科大学康达学院	33	29.66	江苏省
524	广东第二师范学院	129	29.64	广东省
525	怀化学院	260	29.59	湖南省
526	沈阳音乐学院	32	29.57	辽宁省
527	新疆工程学院	110	29.49	新疆维吾尔自治区
528	三明学院	229	29.44	福建省
529	吉林医药学院	174	29.37	吉林省
530	兰州城市学院	63	29.32	甘肃省
531	闽南师范大学	299	29.29	福建省
532	梧州学院	368	29.28	广西壮族自治区
533	铜陵学院	627	29.22	安徽省
534	天津音乐学院	42	29.19	天津市
535	吉林体育学院	96	29.15	吉林省
535	河南工程学院	122	29.15	河南省
537	杭州医学院	80	29.12	浙江省
538	西安财经大学	221	29.11	陕西省

续表

序号	学校名称	项目数	总分	省份
538	沈阳体育学院	103	29.11	辽宁省
540	海南热带海洋学院	180	29.09	海南省
541	湖北医药学院	143	29.07	湖北省
542	甘肃政法大学	72	29.06	甘肃省
543	西安音乐学院	118	29.02	陕西省
544	河北建筑工程学院	74	28.98	河北省
545	陕西学前师范学院	155	28.88	陕西省
546	邯郸学院	60	28.85	河北省
547	惠州学院	218	28.81	广东省
547	大理大学	166	28.81	云南省
549	长沙师范学院	65	28.8	湖南省
550	邢台学院	40	28.79	河北省
550	忻州师范学院	75	28.79	山西省
552	宜宾学院	367	28.78	四川省
553	淮南师范学院	256	28.74	安徽省
553	西京学院	303	28.74	陕西省
553	江苏警官学院	157	28.74	江苏省
556	四川警察学院	172	28.71	四川省
557	北京城市学院	383	28.7	北京市
558	赣南医学院	152	28.66	江西省
559	山西中医药大学	68	28.61	山西省
560	菏泽学院	276	28.41	山东省
561	琼台师范学院	29	28.4	海南省
562	四川音乐学院	225	28.37	四川省
563	湖南工学院	183	28.3	湖南省
564	宿州学院	500	28.26	安徽省
565	沈阳医学院	95	28.2	辽宁省
566	黄淮学院	74	28.14	河南省
567	南京特殊教育师范学院	58	28.01	江苏省
568	太原工业学院	87	27.99	山西省
568	湖南涉外经济学院	148	27.99	湖南省
570	湖南警察学院	61	27.9	湖南省
570	唐山师范学院	54	27.9	河北省
572	大庆师范学院	104	27.75	黑龙江省

续表

序号	学校名称	项目数	总分	省份
573	重庆警察学院	43	27.74	重庆市
574	湘南学院	115	27.7	湖南省
575	长沙医学院	126	27.69	湖南省
576	天水师范学院	66	27.62	甘肃省
576	红河学院	116	27.62	云南省
578	吉林农业科技学院	192	27.6	吉林省
579	太原学院	35	27.51	山西省
580	凯里学院	77	27.45	贵州省
581	百色学院	274	27.29	广西壮族自治区
581	蚌埠学院	433	27.29	安徽省
583	安康学院	246	27.23	陕西省
584	运城学院	89	27.22	山西省
585	内江师范学院	287	27.16	四川省
586	喀什大学	117	27.14	新疆维吾尔自治区
587	吉林动画学院	416	27.08	吉林省
588	贵州理工学院	254	27.06	贵州省
589	唐山学院	81	27.04	河北省
590	榆林学院	150	27.03	陕西省
590	上海政法学院	196	27.03	上海市
592	云南警官学院	33	27.01	云南省
593	湖北警官学院	29	27	湖北省
594	新疆艺术学院	55	26.96	新疆维吾尔自治区
595	上海建桥学院	112	26.95	上海市
595	北华航天工业学院	84	26.95	河北省
597	广东白云学院	93	26.92	广东省
598	石家庄学院	42	26.91	河北省
599	滨州学院	664	26.79	山东省
599	兰州工业学院	113	26.79	甘肃省
601	铜仁学院	160	26.72	贵州省
602	呼和浩特民族学院	47	26.66	内蒙古自治区
603	三亚学院	228	26.58	海南省

续表

序号	学校名称	项目数	总分	省份
604	浙大宁波理工学院	239	26.54	浙江省
605	湖南人文科技学院	161	26.51	湖南省
606	广东警官学院	115	26.49	广东省
607	宁波财经学院	251	26.48	浙江省
608	丽水学院	273	26.42	浙江省
609	衡水学院	39	26.41	河北省
610	赤峰学院	50	26.33	内蒙古自治区
611	池州学院	450	26.32	安徽省
612	齐鲁师范学院	131	26.24	山东省
613	廊坊师范学院	71	26.23	河北省
614	商洛学院	215	26.2	陕西省
615	河池学院	239	26.16	广西壮族自治区
616	伊犁师范大学	61	26.1	新疆维吾尔自治区
617	郑州工程技术学院	55	26.06	河南省
618	湖南女子学院	79	26.04	湖南省
619	四川旅游学院	314	25.78	四川省
619	北京警察学院	18	25.78	北京市
621	山西传媒学院	45	25.72	山西省
622	呼伦贝尔学院	73	25.63	内蒙古自治区
623	浙大城市学院	310	25.62	浙江省
624	武汉生物工程学院	75	25.58	湖北省
625	湖北理工学院	155	25.52	湖北省
626	华南理工大学广州学院	79	25.43	广东省
627	四川民族学院	105	25.35	四川省
628	陇东学院	144	25.3	甘肃省
629	黔南民族师范学院	158	25.29	贵州省
629	哈尔滨金融学院	135	25.29	黑龙江省
631	江西科技学院	76	25.28	江西省
632	南昌师范学院	89	25.27	江西省
633	潍坊科技学院	257	25.25	山东省

续表

序号	学校名称	项目数	总分	省份
634	白城师范学院	240	25.24	吉林省
635	河北金融学院	110	25.19	河北省
636	西安医学院	142	25.18	陕西省
637	河北水利电力学院	19	25.17	河北省
638	吕梁学院	75	25.04	山西省
639	信阳农林学院	49	25.03	河南省
640	楚雄师范学院	80	25.02	云南省
641	沈阳工学院	120	24.95	辽宁省
642	吉林警察学院	49	24.9	吉林省
642	枣庄学院	448	24.9	山东省
644	安徽新华学院	577	24.84	安徽省
645	广西科技师范学院	60	24.82	广西壮族自治区
646	湖南信息学院	64	24.72	湖南省
647	武汉东湖学院	126	24.66	湖北省
648	黄河科技学院	141	24.65	河南省
649	天津天狮学院	48	24.6	天津市
650	广西民族师范学院	268	24.57	广西壮族自治区
651	湖南财政经济学院	72	24.5	湖南省
652	长春光华学院	141	24.45	吉林省
653	福建商学院	40	24.41	福建省
654	无锡太湖学院	107	24.4	江苏省
655	浙江音乐学院	75	24.34	浙江省
656	长春建筑学院	101	24.33	吉林省
657	武汉商学院	121	24.23	湖北省
658	桂林航天工业学院	183	24.16	广西壮族自治区
659	郑州科技学院	55	24.13	河南省
660	河南警察学院	8	24.04	河南省
661	咸阳师范学院	189	24	陕西省
661	泉州信息工程学院	63	24	福建省
663	莆田学院	195	23.93	福建省
664	长治学院	67	23.89	山西省
665	泰州学院	54	23.86	江苏省

续表

序号	学校名称	项目数	总分	省份
666	三江学院	164	23.83	江苏省
667	燕山大学里仁学院	20	23.82	河北省
668	西安体育学院	126	23.77	陕西省
669	辽宁警察学院	35	23.73	辽宁省
670	成都文理学院	169	23.44	四川省
671	重庆人文科技学院	29	23.42	重庆市
672	河北环境工程学院	25	23.39	河北省
673	山西警察学院	30	23.38	山西省
674	龙岩学院	194	23.34	福建省
675	新乡学院	49	23.29	河南省
676	电子科技大学中山学院	86	23.26	广东省
677	上海科技大学	16	23.21	上海市
678	巢湖学院	324	23.16	安徽省
679	宿迁学院	52	23.14	江苏省
680	西安翻译学院	104	23.03	陕西省
681	黑龙江外国语学院	44	22.99	黑龙江省
682	武汉工商学院	87	22.93	湖北省
683	平顶山学院	76	22.9	河南省
684	湖南医药学院	48	22.89	湖南省
685	贺州学院	325	22.85	广西壮族自治区
686	河北体育学院	20	22.84	河北省
686	黑龙江东方学院	76	22.84	黑龙江省
688	河北民族师范学院	33	22.77	河北省
688	荆楚理工学院	138	22.77	湖北省
690	南昌工学院	29	22.65	江西省
691	昌吉学院	92	22.62	新疆维吾尔自治区
692	山东政法学院	67	22.58	山东省
693	宁夏大学新华学院	61	22.5	宁夏回族自治区
693	南京中医药大学翰林学院	13	22.5	江苏省
695	四川大学锦江学院	140	22.48	四川省

续表

序号	学校名称	项目数	总分	省份
696	山东管理学院	115	22.44	山东省
697	东华理工大学长江学院	25	22.42	江西省
698	西安欧亚学院	75	22.4	陕西省
699	豫章师范学院	5	22.37	江西省
700	普洱学院	45	22.34	云南省
701	六盘水师范学院	115	22.33	贵州省
702	济宁学院	106	22.27	山东省
703	东南大学成贤学院	44	22.26	江苏省
704	浙江越秀外国语学院	176	22.23	浙江省
705	山东警察学院	10	22.22	山东省
706	衢州学院	183	22.16	浙江省
707	中国石油大学胜利学院	142	22.05	山东省
708	武昌理工学院	134	22.04	湖北省
709	四川传媒学院	314	22.02	四川省
710	甘肃民族师范学院	37	22.01	甘肃省
711	吉林大学珠海学院	75	21.94	广东省
711	南昌理工学院	35	21.94	江西省
713	河南财政金融学院	43	21.93	河南省
714	四川文理学院	198	21.9	四川省
715	广东培正学院	62	21.89	广东省
716	四川大学锦城学院	704	21.77	四川省
717	贵州警察学院	6	21.72	贵州省
717	长春财经学院	94	21.72	吉林省
719	南方科技大学	69	21.6	广东省
720	汉江师范学院	74	21.44	湖北省
721	烟台南山学院	144	21.38	山东省
721	玉溪师范学院	67	21.38	云南省
723	中国矿业大学徐海学院	15	21.35	江苏省
723	厦门医学院	24	21.35	福建省
725	广东科技学院	77	21.31	广东省
726	湖北商贸学院	40	21.29	湖北省

续表

序号	学校名称	项目数	总分	省份
727	南京邮电大学通达学院	16	21.24	江苏省
728	苏州大学文正学院	10	21.15	江苏省
728	新余学院	128	21.15	江西省
728	福建师范大学协和学院	78	21.15	福建省
731	山西大学商务学院	36	21.13	山西省
732	安徽信息工程学院	580	21.09	安徽省
732	皖江工学院	61	21.09	安徽省
734	滇西科技师范学院	17	21.07	云南省
735	辽宁对外经贸学院	144	21.01	辽宁省
735	武夷学院	241	21.01	福建省
737	青岛滨海学院	332	20.96	山东省
738	西安外事学院	78	20.93	陕西省
739	西安培华学院	129	20.89	陕西省
740	南宁学院	140	20.85	广西壮族自治区
741	上海杉达学院	121	20.79	上海市
742	上海外国语大学贤达经济人文学院	7	20.74	上海市
743	仰恩大学	38	20.73	福建省
744	甘肃医学院	21	20.69	甘肃省
744	黑河学院	122	20.69	黑龙江省
746	沧州师范学院	10	20.62	河北省
747	广西师范大学漓江学院	91	20.57	广西壮族自治区
748	西安文理学院	186	20.47	陕西省
749	北京师范大学珠海分校	97	20.41	广东省
750	山东女子学院	166	20.36	山东省
751	宁德师范学院	135	20.33	福建省
752	商丘工学院	17	20.3	河南省
753	南昌大学科学技术学院	7	20.29	江西省

续表

序号	学校名称	项目数	总分	省份
754	南京理工大学泰州科技学院	36	20.26	江苏省
755	内蒙古艺术学院	22	20.17	内蒙古自治区
756	东北师范大学人文学院	153	20.11	吉林省
757	吉林建筑科技学院	115	20.07	吉林省
758	云南师范大学商学院	65	20.01	云南省
759	四川工业科技学院	163	20	四川省
760	浙江工业大学之江学院	88	19.94	浙江省
761	晋中学院	64	19.9	山西省
762	山东农业工程学院	161	19.88	山东省
762	福州外语外贸学院	207	19.88	福建省
764	山西工程技术学院	34	19.86	山西省
765	东莞理工学院城市学院	71	19.81	广东省
766	阿坝师范学院	162	19.8	四川省
767	昭通学院	19	19.78	云南省
768	柳州工学院	43	19.67	广西壮族自治区
769	绍兴文理学院元培学院	17	19.61	浙江省
770	兴义民族师范学院	108	19.59	贵州省
771	广东理工学院	34	19.49	广东省
772	广西外国语学院	126	19.44	广西壮族自治区
772	云南大学滇池学院	104	19.44	云南省
774	中国矿业大学银川学院	51	19.43	宁夏回族自治区
775	福建江夏学院	202	19.42	福建省
776	广西大学行健文理学院	98	19.41	广西壮族自治区
777	上海视觉艺术学院	51	19.37	上海市

续表

序号	学校名称	项目数	总分	省份
778	福州大学至诚学院	86	19.33	福建省
779	安徽三联学院	299	19.29	安徽省
780	电子科技大学成都学院	38	19.28	四川省
781	吉利学院	68	19.27	四川省
782	西交利物浦大学	19	19.26	江苏省
783	闽南理工学院	176	19.19	福建省
784	河套学院	28	19.15	内蒙古自治区
785	成都东软学院	188	19.14	四川省
786	安顺学院	106	19.01	贵州省
787	云南工商学院	111	19	云南省
788	集宁师范学院	41	18.96	内蒙古自治区
789	天津理工大学中环信息学院	47	18.95	天津市
790	杭州师范大学钱江学院	16	18.9	浙江省
791	江西应用科技学院	53	18.88	江西省
792	青岛黄海学院	186	18.83	山东省
793	厦门大学嘉庚学院	178	18.8	福建省
794	齐鲁医药学院	112	18.79	山东省
795	山西农业大学信息学院	13	18.73	山西省
796	郑州西亚斯学院	9	18.71	河南省
797	文山学院	82	18.68	云南省
798	营口理工学院	35	18.64	辽宁省
799	浙江师范大学行知学院	47	18.59	浙江省
800	黑龙江工业学院	33	18.58	黑龙江省
801	长春理工大学光电信息学院	34	18.57	吉林省
802	河北工程技术学院	7	18.52	河北省
802	西安思源学院	56	18.52	陕西省
804	哈尔滨华德学院	42	18.49	黑龙江省

续表

序号	学校名称	项目数	总分	省份
805	南京航空航天大学金城学院	22	18.48	江苏省
806	海口经济学院	168	18.47	海南省
807	长春科技学院	98	18.46	吉林省
808	宁夏理工学院	48	18.39	宁夏回族自治区
809	亳州学院	43	18.36	安徽省
810	辽宁何氏医学院	54	18.28	辽宁省
811	文华学院	89	18.23	湖北省
812	山东华宇工学院	74	18.16	山东省
812	河北传媒学院	14	18.16	河北省
814	武汉科技大学城市学院	80	18.12	湖北省
814	山西工商学院	27	18.12	山西省
816	桂林电子科技大学信息科技学院	138	18.09	广西壮族自治区
817	河北工业大学城市学院	4	18.07	河北省
817	新疆警察学院	46	18.07	新疆维吾尔自治区
817	南京大学金陵学院	19	18.07	江苏省
820	哈尔滨石油学院	46	18.06	黑龙江省
820	福建农林大学金山学院	73	18.06	福建省
822	浙江海洋大学东海科学技术学院	15	18.03	浙江省
823	哈尔滨音乐学院	9	18.01	黑龙江省
824	集美大学诚毅学院	78	18	福建省
825	山东青年政治学院	258	17.91	山东省
826	贵州商学院	70	17.89	贵州省
827	宁波诺丁汉大学	12	17.88	浙江省
828	聊城大学东昌学院	57	17.87	山东省
829	青岛恒星科技学院	30	17.86	山东省
829	中山大学新华学院	70	17.86	广东省

续表

序号	学校名称	项目数	总分	省份
831	新乡医学院三全学院	34	17.83	河南省
832	湖南农业大学东方科技学院	14	17.82	湖南省
833	北京邮电大学世纪学院	7	17.62	北京市
833	陕西国际商贸学院	49	17.62	陕西省
835	安阳工学院	67	17.6	河南省
836	扬州大学广陵学院	20	17.56	江苏省
837	大连艺术学院	46	17.49	辽宁省
838	青岛农业大学海都学院	8	17.45	山东省
839	首钢工学院	5	17.38	北京市
840	沈阳城市学院	147	17.17	辽宁省
841	兰州文理学院	34	17.14	甘肃省
842	广西职业师范学院	2	17.11	广西壮族自治区
842	三峡大学科技学院	6	17.11	湖北省
844	大连理工大学城市学院	65	17.01	辽宁省
845	贵州大学科技学院	3	17	贵州省
846	太原理工大学现代科技学院	1	16.98	山西省
847	深圳技术大学	20	16.97	广东省
848	上海财经大学浙江学院	3	16.94	浙江省
849	广州大学松田学院	61	16.91	广东省
850	武昌首义学院	37	16.82	湖北省
851	重庆师范大学涉外商贸学院	16	16.81	重庆市
852	郑州工业应用技术学院	38	16.74	河南省
853	武汉学院	72	16.52	湖北省

续表

序号	学校名称	项目数	总分	省份
854	华北理工大学轻工学院	12	16.49	河北省
855	天津财经大学珠江学院	8	16.48	天津市
856	郑州商学院	47	16.47	河南省
856	首都师范大学科德学院	4	16.47	北京市
858	湖北大学知行学院	45	16.41	湖北省
859	武汉文理学院	9	16.39	湖北省
860	温州大学瓯江学院	55	16.32	浙江省
860	鄂尔多斯应用技术学院	42	16.32	内蒙古自治区
862	萍乡学院	69	16.23	江西省
862	浙江工商大学杭州商学院	48	16.23	浙江省
864	宁波大学科学技术学院	45	16.16	浙江省
865	武汉华夏理工学院	50	16.13	湖北省
866	香港中文大学(深圳)	1	16.06	广东省
867	四川外国语大学成都学院	85	16.04	四川省
868	齐鲁理工学院	64	15.99	山东省
869	南通理工学院	70	15.84	江苏省
870	南京师范大学泰州学院	14	15.83	江苏省
871	郑州经贸学院	20	15.81	河南省
872	银川能源学院	48	15.76	宁夏回族自治区
873	阳光学院	66	15.74	福建省
874	中山大学南方学院	67	15.73	广东省
875	西安明德理工学院	30	15.7	陕西省
876	北京理工大学珠海学院	97	15.69	广东省
877	山西能源学院	28	15.65	山西省

续表

序号	学校名称	项目数	总分	省份
877	广东东软学院	129	15.65	广东省
879	哈尔滨剑桥学院	31	15.61	黑龙江省
880	厦门华厦学院	42	15.6	福建省
881	长春大学旅游学院	56	15.58	吉林省
882	广州工商学院	81	15.51	广东省
883	广州商学院	56	15.43	广东省
884	大连财经学院	34	15.22	辽宁省
885	黑龙江工商学院	32	15.16	黑龙江省
886	四川工商学院	69	15.07	四川省
887	湖北工业大学工程技术学院	45	15.05	湖北省
887	江西中医药大学科技学院	10	15.05	江西省
889	四川电影电视学院	41	15.02	四川省
890	新疆理工学院	11	15.01	新疆维吾尔自治区
891	上海师范大学天华学院	7	14.98	上海市
892	温州商学院	64	14.96	浙江省
893	长春工业大学人文信息学院	61	14.94	吉林省
894	西安交通大学城市学院	37	14.82	陕西省
895	成都理工大学工程技术学院	187	14.8	四川省
896	成都银杏酒店管理学院	71	14.71	四川省
897	茅台学院	9	14.62	贵州省
898	黑龙江财经学院	13	14.57	黑龙江省
899	大连医科大学中山学院	81	14.55	辽宁省
900	苏州大学应用技术学院	24	14.54	江苏省
901	中国计量大学现代科技学院	3	14.45	浙江省

续表

序号	学校名称	项目数	总分	省份
902	哈尔滨信息工程学院	15	14.42	黑龙江省
903	河北农业大学现代科技学院	1	14.39	河北省
904	保山学院	55	14.37	云南省
905	大连科技学院	132	14.34	辽宁省
906	云南经济管理学院	89	14.22	云南省
907	南京理工大学紫金学院	29	14.19	江苏省
908	青岛理工大学琴岛学院	50	14.14	山东省
909	吉林师范大学博达学院	77	14.08	吉林省
910	安徽文达信息工程学院	86	14.03	安徽省
911	西安建筑科技大学华清学院	5	13.9	陕西省
912	南京传媒学院	21	13.88	江苏省
913	辽宁中医药大学杏林学院	13	13.82	辽宁省
914	南开大学滨海学院	48	13.79	天津市
915	郑州工商学院	5	13.7	河南省
916	桂林理工大学博文管理学院	99	13.59	广西壮族自治区
917	西南财经大学天府学院	65	13.58	四川省
917	常州大学怀德学院	10	13.58	江苏省
919	济南大学泉城学院	16	13.56	山东省
920	安徽师范大学皖江学院	85	13.42	安徽省
921	西南科技大学城市学院	133	13.39	四川省
922	广州理工学院	78	13.38	广东省
923	武昌工学院	83	13.37	湖北省

续表

序号	学校名称	项目数	总分	省份
924	江西理工大学应用科学学院	30	13.36	江西省
925	浙江财经大学东方学院	69	13.29	浙江省
926	天津大学仁爱学院	83	13.28	天津市
927	重庆工程学院	62	13.25	重庆市
928	广州大学华软软件学院	70	13.18	广东省
929	江西师范大学科学技术学院	12	13.05	江西省
929	南京信息工程大学滨江学院	22	13.05	江苏省
931	石家庄铁道大学四方学院	10	13.04	河北省
932	西安交通工程学院	31	12.93	陕西省
933	南华大学船山学院	7	12.92	湖南省
934	北京交通大学海滨学院	29	12.8	河北省
935	江西工程学院	19	12.75	江西省
936	江西服装学院	20	12.72	江西省
937	北京工业大学耿丹学院	6	12.69	北京市
938	河南师范大学新联学院	22	12.68	河南省
939	天津外国语大学滨海外事学院	5	12.66	天津市
940	贵州师范大学求是学院	11	12.63	贵州省
941	厦门工学院	88	12.53	福建省
942	广西警察学院	3	12.41	广西壮族自治区
943	广东工业大学华立学院	71	12.36	广东省
943	商丘学院	31	12.36	河南省

续表

序号	学校名称	项目数	总分	省份
945	云南艺术学院文华学院	39	12.35	云南省
946	山西医科大学晋祠学院	1	12.34	山西省
947	河北外国语学院	6	12.31	河北省
948	南通大学杏林学院	7	12.29	江苏省
949	重庆邮电大学移通学院	24	12.26	重庆市
950	重庆大学城市科技学院	28	12.15	重庆市
951	浙江理工大学科技与艺术学院	26	12.12	浙江省
951	西南交通大学希望学院	88	12.12	四川省
953	武汉工程大学邮电与信息工程学院	8	12.09	湖北省
954	浙江农林大学暨阳学院	48	12.07	浙江省
955	汉口学院	61	12.04	湖北省
956	广东外语外贸大学南国商学院	73	11.95	广东省
957	北京第二外国语学院中瑞酒店管理学院	1	11.81	北京市
958	郑州财经学院	24	11.77	河南省
959	广西民族大学相思湖学院	67	11.71	广西壮族自治区
960	燕京理工学院	35	11.68	河北省
961	湘潭大学兴湘学院	7	11.41	湖南省
962	中南林业科技大学涉外学院	18	11.37	湖南省
963	北京科技大学天津学院	33	11.31	天津市
964	温州医科大学仁济学院	3	11.28	浙江省

续表

序号	学校名称	项目数	总分	省份
965	广西中医药大学赛恩斯新医药学院	83	11.24	广西壮族自治区
966	兰州理工大学技术工程学院	39	11.13	甘肃省
967	赣南师范大学科技学院	3	11.12	江西省
968	嘉兴学院南湖学院	10	11.1	浙江省
969	广东海洋大学寸金学院	41	11.05	广东省
970	景德镇学院	61	11.03	江西省
971	昆明理工大学津桥学院	58	11.01	云南省
972	保定理工学院	10	10.84	河北省
973	阜阳师范大学信息工程学院	17	10.8	安徽省
974	同济大学浙江学院	18	10.78	浙江省
975	长江大学文理学院	21	10.71	湖北省
976	武汉工程科技学院	23	10.7	湖北省
977	闽南科技学院	53	10.63	福建省
978	广东财经大学华商学院	28	10.59	广东省
978	河北美术学院	18	10.59	河北省
980	郑州升达经贸管理学院	31	10.53	河南省
981	武汉设计工程学院	49	10.48	湖北省
982	上海立达学院	5	10.46	上海市
983	新疆农业大学科学技术学院	10	10.4	新疆维吾尔自治区
984	北海艺术设计学院	57	10.37	广西壮族自治区
985	信阳学院	16	10.34	河南省
986	安阳学院	37	10.33	河南省
987	沈阳城市建设学院	48	10.32	辽宁省

续表

序号	学校名称	项目数	总分	省份
988	四川外国语大学重庆南方翻译学院	4	10.28	重庆市
988	哈尔滨广厦学院	19	10.28	黑龙江省
990	天津商业大学宝德学院	5	10.08	天津市
991	武汉晴川学院	34	9.98	湖北省
992	重庆工商大学融智学院	15	9.97	重庆市
993	南京师范大学中北学院	11	9.87	江苏省
994	华南农业大学珠江学院	45	9.73	广东省
995	安徽农业大学经济技术学院	45	9.71	安徽省
996	烟台大学文经学院	22	9.69	山东省
997	西安工商学院	7	9.65	陕西省
998	四川文化艺术学院	17	9.63	四川省
998	福州工商学院	37	9.63	福建省
1000	青岛工学院	33	9.5	山东省
1001	武汉传媒学院	38	9.46	湖北省
1002	天津师范大学津沽学院	5	9.42	天津市
1003	山东科技大学泰山科技学院	37	9.33	山东省
1004	云南师范大学文理学院	33	9.31	云南省
1004	滇西应用技术大学	11	9.31	云南省
1006	辽宁传媒学院	35	9.3	辽宁省
1007	张家口学院	18	9.27	河北省
1008	湖北工程学院新技术学院	30	9.26	湖北省
1009	湖北经济学院法商学院	31	9.24	湖北省
1010	湖南应用技术学院	31	9.22	湖南省
1011	河北大学工商学院	5	9.17	河北省

续表

序号	学校名称	项目数	总分	省份
1012	江西财经大学现代经济管理学院	2	9.16	江西省
1013	温州肯恩大学	35	9.15	浙江省
1013	山东财经大学东方学院	24	9.15	山东省
1015	辽宁师范大学海华学院	8	9.14	辽宁省
1016	中北大学信息商务学院	17	9.08	山西省
1017	北京航空航天大学北海学院	8	9.06	广西壮族自治区
1018	昆山杜克大学	7	9.04	江苏省
1019	西安财经大学行知学院	9	9.03	陕西省
1019	长沙理工大学城南学院	7	9.03	湖南省
1021	河北地质大学华信学院	10	8.98	河北省
1022	潍坊理工学院	29	8.95	山东省
1023	南宁师范大学师园学院	31	8.93	广西壮族自治区
1024	湖南交通工程学院	29	8.89	湖南省
1024	江苏大学京江学院	3	8.89	江苏省
1026	杭州电子科技大学信息工程学院	22	8.81	浙江省
1027	湖北师范大学文理学院	29	8.79	湖北省
1027	辽宁财贸学院	3	8.79	辽宁省
1029	哈尔滨远东理工学院	23	8.78	黑龙江省
1030	蚌埠工商学院	10	8.61	安徽省
1031	云南大学旅游文化学院	27	8.59	云南省
1032	陕西服装工程学院	24	8.57	陕西省

续表

序号	学校名称	项目数	总分	省份
1032	沈阳航空航天大学北方科技学院	1	8.57	辽宁省
1034	华东交通大学理工学院	13	8.53	江西省
1035	齐齐哈尔工程学院	11	8.49	黑龙江省
1036	沈阳科技学院	21	8.33	辽宁省
1036	福州理工学院	22	8.33	福建省
1036	大连工业大学艺术与信息工程学院	17	8.33	辽宁省
1039	河南大学民生学院	2	8.15	河南省
1040	湖北民族大学科技学院	18	8.04	湖北省
1041	山东财经大学燕山学院	12	8.02	山东省
1042	黄河交通学院	14	7.92	河南省
1042	河北科技学院	11	7.92	河北省
1044	贵州大学明德学院	10	7.88	贵州省
1045	西北师范大学知行学院	12	7.85	甘肃省
1046	南京工业大学浦江学院	10	7.8	江苏省
1047	昆明医科大学海源学院	17	7.7	云南省
1048	辽宁理工学院	18	7.67	辽宁省
1049	河北师范大学汇华学院	13	7.61	河北省
1050	武汉纺织大学外经贸学院	14	7.49	湖北省
1051	延安大学西安创新学院	5	7.43	陕西省
1052	天津医科大学临床医学院	15	7.4	天津市
1053	锦州医科大学医疗学院	14	7.39	辽宁省
1054	河北东方学院	7	7.35	河北省

续表

序号	学校名称	项目数	总分	省份
1055	天津体育学院运动与文化艺术学院	7	7.32	天津市
1056	湖北医药学院药护学院	14	7.29	湖北省
1057	安徽外国语学院	11	7.09	安徽省
1057	南昌航空大学科技学院	6	7.09	江西省
1059	贵州民族大学人文科技学院	8	7.06	贵州省
1060	淮北师范大学信息学院	12	7.04	安徽省
1061	安徽医科大学临床医学院	12	6.99	安徽省
1062	安徽艺术学院	11	6.97	安徽省
1063	陕西科技大学镐京学院	7	6.86	陕西省
1064	湖州师范学院求真学院	5	6.8	浙江省
1065	江苏师范大学科文学院	6	6.71	江苏省
1066	西北大学现代学院	2	6.58	陕西省
1067	遵义医科大学医学与科技学院	9	6.54	贵州省
1068	贵州财经大学商务学院	6	6.39	贵州省
1068	江苏科技大学苏州理工学院	4	6.39	江苏省
1070	北京工商大学嘉华学院	1	6.38	北京市
1070	山西应用科技学院	1	6.38	山西省
1072	长江大学工程技术学院	4	6.36	湖北省
1073	华北理工大学冀唐学院	1	6.32	河北省

续表

序号	学校名称	项目数	总分	省份
1073	西安科技大学高新学院	4	6.32	陕西省
1075	江西科技师范大学理工学院	4	6.28	江西省
1075	南京审计大学金审学院	4	6.28	江苏省
1077	吉首大学张家界学院	5	6.16	湖南省
1078	兰州财经大学陇桥学院	6	6.07	甘肃省
1079	新疆医科大学厚博学院	6	5.98	新疆维吾尔自治区
1079	衡阳师范学院南岳学院	6	5.98	湖南省
1081	湖南理工学院南湖学院	6	5.96	湖南省
1082	北京电影学院现代创意媒体学院	3	5.94	山东省
1083	南昌大学共青学院	3	5.89	江西省
1083	湖北文理学院理工学院	3	5.89	湖北省
1083	华北电力大学科技学院	3	5.89	河北省
1086	贵州中医药大学时珍学院	5	5.84	贵州省
1086	重庆工商大学派斯学院	5	5.84	重庆市
1086	河北经贸大学经济管理学院	3	5.84	河北省
1086	北京师范大学—香港浸会大学联合国际学院	3	5.84	广东省
1090	湖北汽车工业学院科技学院	5	5.72	湖北省

续表

序号	学校名称	项目数	总分	省份
1090	武汉体育学院体育科技学院	5	5.72	湖北省
1092	湖南工程学院应用技术学院	5	5.69	湖南省
1093	黑龙江工程学院昆仑旅游学院	5	5.67	黑龙江省
1093	河南科技学院新科学院	3	5.67	河南省
1095	新疆科技学院	4	5.41	新疆维吾尔自治区
1095	湖南科技大学潇湘学院	4	5.41	湖南省
1097	湖南文理学院芙蓉学院	4	5.38	湖南省
1098	湘潭理工学院	4	5.34	湖南省
1098	安徽建筑大学城市建设学院	3	5.34	安徽省
1098	马鞍山学院	3	5.34	安徽省
1101	江西农业大学南昌商学院	2	5.28	江西省
1102	湖南工业大学科技学院	3	5.03	湖南省
1103	湖南师范大学树达学院	3	4.99	湖南省
1104	山西师范大学现代文理学院	1	4.55	山西省
1105	浙江中医药大学滨江学院	2	4.44	浙江省
1105	兰州财经大学长青学院	1	4.44	甘肃省
1105	上海纽约大学	1	4.44	上海市
1105	太原科技大学华科学院	1	4.44	山西省

续表

序号	学校名称	项目数	总分	省份
1105	河北科技大学理工学院	1	4.44	河北省
1105	兰州交通大学博文学院	1	4.44	甘肃省
1105	河北工程大学科信学院	1	4.44	河北省
1112	湖南中医药大学湘杏学院	1	3.73	湖南省

7.4 综合类本科院校教师教学发展指数(2020 版)

续表

序号	学校名称	项目数	总分	省份
1	北京大学	3579	99.8	北京市
2	浙江大学	3437	90.81	浙江省
3	武汉大学	2832	87.3	湖北省
4	南京大学	2822	87.22	江苏省
5	复旦大学	2617	85.36	上海市
6	吉林大学	3943	83.59	吉林省
7	四川大学	2751	83.21	四川省
8	山东大学	2295	77.41	山东省
9	厦门大学	3072	75.66	福建省
10	中山大学	2357	74.99	广东省
11	南开大学	1974	74.63	天津市
12	兰州大学	2085	69.65	甘肃省
13	郑州大学	1311	65.29	河南省
14	西北大学	1053	64.09	陕西省
15	江南大学	1322	61.22	江苏省
16	云南大学	629	59.82	云南省
17	苏州大学	1060	59.71	江苏省
18	南昌大学	1024	59.59	江西省
19	广西大学	1051	58.8	广西壮族自治区
20	河南大学	949	58.7	河南省
21	扬州大学	1072	57.99	江苏省
22	暨南大学	1380	57.28	广东省
23	黑龙江大学	705	56.58	黑龙江省
24	江苏大学	975	54.75	江苏省
25	福州大学	671	54.56	福建省
26	上海大学	946	54.44	上海市
27	青岛大学	1221	54.24	山东省
28	湘潭大学	459	54.04	湖南省
29	新疆大学	681	53.99	新疆维吾尔自治区
30	安徽大学	1572	53.92	安徽省
31	贵州大学	534	53.5	贵州省
32	内蒙古大学	691	52.86	内蒙古自治区
33	宁夏大学	480	51.88	宁夏回族自治区
34	石河子大学	938	51.87	新疆维吾尔自治区
35	宁波大学	670	51.83	浙江省
36	河北大学	577	51.02	河北省
37	北京联合大学	770	50.82	北京市
38	海南大学	469	50.67	海南省
39	山西大学	344	50.61	山西省
40	广州大学	836	50.37	广东省
41	青海大学	179	50.05	青海省
42	汕头大学	551	49.37	广东省
43	深圳大学	688	49.24	广东省
44	辽宁大学	407	49.09	辽宁省
45	湖北大学	654	48.9	湖北省
46	中央民族大学	1407	48.84	北京市
47	西藏大学	517	47.5	西藏自治区
48	中南民族大学	677	47.21	湖北省
49	延边大学	374	47.16	吉林省
50	长江大学	423	47.08	湖北省
51	南通大学	854	46.8	江苏省
52	温州大学	661	46.71	浙江省
53	济南大学	783	46.45	山东省
54	三峡大学	344	45.47	湖北省
55	华北理工大学	420	45.43	河北省
56	华侨大学	564	44.25	福建省

续表

序号	学校名称	项目数	总分	省份
57	北华大学	670	43.86	吉林省
58	广西民族大学	474	43.69	广西壮族自治区
59	合肥学院	1111	42.76	安徽省
60	集美大学	444	41.94	福建省
61	青海民族大学	82	41.86	青海省
62	西藏民族大学	399	41.75	西藏自治区
63	临沂大学	774	41.45	山东省
64	吉首大学	250	41.27	湖南省
65	延安大学	452	40.54	陕西省
66	烟台大学	318	40.49	山东省
67	大连大学	399	39.97	辽宁省
68	渤海大学	500	39.27	辽宁省
69	云南民族大学	206	39.25	云南省
70	西华大学	545	39	四川省
71	内蒙古民族大学	115	38.92	内蒙古自治区
71	西南民族大学	702	38.92	四川省
73	佳木斯大学	287	38.16	黑龙江省
74	贵州民族大学	234	37.87	贵州省
75	大连民族大学	872	37.77	辽宁省
76	西北民族大学	837	37.59	甘肃省
77	绍兴文理学院	374	37.27	浙江省
78	沈阳大学	278	37.15	辽宁省
79	齐齐哈尔大学	338	36.35	黑龙江省
80	潍坊学院	601	36.08	山东省
81	河北北方学院	138	35.81	河北省
82	江汉大学	236	35.75	湖北省
83	邵阳学院	220	35.73	湖南省
84	德州学院	656	35.54	山东省
85	成都大学	454	35.49	四川省
86	韶关学院	241	35.19	广东省
87	井冈山大学	267	35.18	江西省

续表

序号	学校名称	项目数	总分	省份
88	北方民族大学	546	34.83	宁夏回族自治区
89	九江学院	219	34.04	江西省
90	肇庆学院	227	33.82	广东省
91	台州学院	344	33.73	浙江省
92	湖北民族大学	276	33.51	湖北省
93	长春大学	382	33.48	吉林省
94	绥化学院	129	33.23	黑龙江省
95	宜春学院	199	33.2	江西省
96	嘉兴学院	356	32.86	浙江省
97	哈尔滨学院	158	32.51	黑龙江省
98	西昌学院	321	32.34	四川省
99	滁州学院	450	32.19	安徽省
100	湖南科技学院	214	31.8	湖南省
101	许昌学院	92	31.76	河南省
102	闽江学院	256	31.75	福建省
102	中国科学院大学	58	31.75	北京市
104	长沙学院	236	31.69	湖南省
105	上海公安学院	21	31.57	上海市
106	五邑大学	324	31.51	广东省
107	广东石油化工学院	260	31.4	广东省
108	湖北文理学院	218	31.38	湖北省
109	重庆三峡学院	121	31.29	重庆市
110	嘉应学院	218	31.09	广东省
111	皖西学院	454	30.83	安徽省
112	山东英才学院	275	30.75	山东省
113	泰山学院	430	30.41	山东省
114	贵阳学院	148	30.1	贵州省
115	辽东学院	209	30.08	辽宁省
116	河西学院	86	29.97	甘肃省
117	贵州工程应用技术学院	238	29.95	贵州省
118	黄山学院	343	29.73	安徽省
119	怀化学院	260	29.59	湖南省

续表

序号	学校名称	项目数	总分	省份
120	梧州学院	368	29.28	广西壮族自治区
121	铜陵学院	627	29.22	安徽省
122	海南热带海洋学院	180	29.09	海南省
123	惠州学院	218	28.81	广东省
123	大理大学	166	28.81	云南省
125	邢台学院	40	28.79	河北省
126	宜宾学院	367	28.78	四川省
127	西京学院	303	28.74	陕西省
128	北京城市学院	383	28.7	北京市
129	菏泽学院	276	28.41	山东省
130	宿州学院	500	28.26	安徽省
131	中华女子学院	309	27.73	北京市
132	湘南学院	115	27.7	湖南省
133	红河学院	116	27.62	云南省
134	中国社会科学院大学	211	27.51	北京市
135	运城学院	89	27.22	山西省
136	唐山学院	81	27.04	河北省
137	榆林学院	150	27.03	陕西省
138	上海建桥学院	112	26.95	上海市
139	滨州学院	664	26.79	山东省
140	呼和浩特民族学院	47	26.66	内蒙古自治区
141	三亚学院	228	26.58	海南省
142	浙大宁波理工学院	239	26.54	浙江省
143	丽水学院	273	26.42	浙江省
144	四川旅游学院	314	25.78	四川省
145	呼伦贝尔学院	73	25.63	内蒙古自治区
146	浙大城市学院	310	25.62	浙江省
147	四川民族学院	105	25.35	四川省
148	吕梁学院	75	25.04	山西省
149	枣庄学院	448	24.9	山东省
150	天津天狮学院	48	24.6	天津市

续表

序号	学校名称	项目数	总分	省份
151	长春光华学院	141	24.45	吉林省
152	无锡太湖学院	107	24.4	江苏省
153	莆田学院	195	23.93	福建省
154	三江学院	164	23.83	江苏省
155	成都文理学院	169	23.44	四川省
156	重庆人文科技学院	29	23.42	重庆市
157	龙岩学院	194	23.34	福建省
158	巢湖学院	324	23.16	安徽省
159	宿迁学院	52	23.14	江苏省
160	武汉工商学院	87	22.93	湖北省
161	平顶山学院	76	22.9	河南省
162	黑龙江东方学院	76	22.84	黑龙江省
163	宁夏大学新华学院	61	22.5	宁夏回族自治区
164	四川大学锦江学院	140	22.48	四川省
165	山东管理学院	115	22.44	山东省
166	衢州学院	183	22.16	浙江省
167	吉林大学珠海学院	75	21.94	广东省
168	四川大学锦城学院	704	21.77	四川省
169	南方科技大学	69	21.6	广东省
170	烟台南山学院	144	21.38	山东省
171	苏州大学文正学院	10	21.15	江苏省
171	新余学院	128	21.15	江西省
171	福建师范大学协和学院	78	21.15	福建省
174	青岛滨海学院	332	20.96	山东省
175	仰恩大学	38	20.73	福建省
176	广西师范大学漓江学院	91	20.57	广西壮族自治区
177	北京师范大学珠海分校	97	20.41	广东省
178	南昌大学科学技术学院	7	20.29	江西省
179	东北师范大学人文学院	153	20.11	吉林省

续表

序号	学校名称	项目数	总分	省份
180	四川工业科技学院	163	20	四川省
181	晋中学院	64	19.9	山西省
182	绍兴文理学院元培学院	17	19.61	浙江省
183	兴义民族师范学院	108	19.59	贵州省
184	云南大学滇池学院	104	19.44	云南省
185	广西大学行健文理学院	98	19.41	广西壮族自治区
186	福州大学至诚学院	86	19.33	福建省
187	吉利学院	68	19.27	四川省
188	西交利物浦大学	19	19.26	江苏省
189	河套学院	28	19.15	内蒙古自治区
190	杭州师范大学钱江学院	16	18.9	浙江省
191	江西应用科技学院	53	18.88	江西省
192	青岛黄海学院	186	18.83	山东省
193	厦门大学嘉庚学院	178	18.8	福建省
194	文山学院	82	18.68	云南省
195	浙江师范大学行知学院	47	18.59	浙江省
196	长春科技学院	98	18.46	吉林省
197	亳州学院	43	18.36	安徽省
198	南京大学金陵学院	19	18.07	江苏省
199	浙江海洋大学东海科学技术学院	15	18.03	浙江省
200	集美大学诚毅学院	78	18	福建省
201	宁波诺丁汉大学	12	17.88	浙江省
202	聊城大学东昌学院	57	17.87	山东省
203	青岛恒星科技学院	30	17.86	山东省
203	中山大学新华学院	70	17.86	广东省
205	扬州大学广陵学院	20	17.56	江苏省
206	沈阳城市学院	147	17.17	辽宁省
207	兰州文理学院	34	17.14	甘肃省
208	三峡大学科技学院	6	17.11	湖北省

续表

序号	学校名称	项目数	总分	省份
209	贵州大学科技学院	3	17	贵州省
210	广州大学松田学院	61	16.91	广东省
211	湖北大学知行学院	45	16.41	湖北省
212	武汉文理学院	9	16.39	湖北省
213	温州大学瓯江学院	55	16.32	浙江省
214	萍乡学院	69	16.23	江西省
215	宁波大学科学技术学院	45	16.16	浙江省
216	香港中文大学(深圳)	1	16.06	广东省
217	齐鲁理工学院	64	15.99	山东省
218	中山大学南方学院	67	15.73	广东省
219	哈尔滨剑桥学院	31	15.61	黑龙江省
220	厦门华厦学院	42	15.6	福建省
221	长春大学旅游学院	56	15.58	吉林省
222	广州工商学院	81	15.51	广东省
223	广州商学院	56	15.43	广东省
224	新疆理工学院	11	15.01	新疆维吾尔自治区
225	上海师范大学天华学院	7	14.98	上海市
226	长春工业大学人文信息学院	61	14.94	吉林省
227	苏州大学应用技术学院	24	14.54	江苏省
228	保山学院	55	14.37	云南省
229	吉林师范大学博达学院	77	14.08	吉林省
230	南开大学滨海学院	48	13.79	天津市
231	济南大学泉城学院	16	13.56	山东省
232	安徽师范大学皖江学院	85	13.42	安徽省
233	广州理工学院	78	13.38	广东省
234	江西师范大学科学技术学院	12	13.05	江西省

续表

序号	学校名称	项目数	总分	省份
235	中国消防救援学院	3	12.89	北京市
236	商丘学院	31	12.36	河南省
237	南通大学杏林学院	7	12.29	江苏省
238	广西民族大学相思湖学院	67	11.71	广西壮族自治区
239	燕京理工学院	35	11.68	河北省
240	湘潭大学兴湘学院	7	11.41	湖南省
241	赣南师范大学科技学院	3	11.12	江西省
242	嘉兴学院南湖学院	10	11.1	浙江省
243	景德镇学院	61	11.03	江西省
244	长江大学文理学院	21	10.71	湖北省
245	闽南科技学院	53	10.63	福建省
246	上海立达学院	5	10.46	上海市
247	信阳学院	16	10.34	河南省
248	安阳学院	37	10.33	河南省
249	哈尔滨广厦学院	19	10.28	黑龙江省
250	武汉晴川学院	34	9.98	湖北省
251	南京师范大学中北学院	11	9.87	江苏省
252	烟台大学文经学院	22	9.69	山东省
253	天津师范大学津沽学院	5	9.42	天津市
254	滇西应用技术大学	11	9.31	云南省
255	湖南应用技术学院	31	9.22	湖南省
256	温州肯恩大学	35	9.15	浙江省
257	辽宁师范大学海华学院	8	9.14	辽宁省
258	昆山杜克大学	7	9.04	江苏省
259	潍坊理工学院	29	8.95	山东省
260	南宁师范大学师园学院	31	8.93	广西壮族自治区
261	湖南交通工程学院	29	8.89	湖南省
261	江苏大学京江学院	3	8.89	江苏省

续表

序号	学校名称	项目数	总分	省份
263	云南大学旅游文化学院	27	8.59	云南省
264	河南大学民生学院	2	8.15	河南省
265	湖北民族大学科技学院	18	8.04	湖北省
266	贵州大学明德学院	10	7.88	贵州省
267	西北师范大学知行学院	12	7.85	甘肃省
268	辽宁理工学院	18	7.67	辽宁省
269	河北师范大学汇华学院	13	7.61	河北省
270	延安大学西安创新学院	5	7.43	陕西省
271	河北东方学院	7	7.35	河北省
272	贵州民族大学人文科技学院	8	7.06	贵州省
273	淮北师范大学信息学院	12	7.04	安徽省
274	湖州师范学院求真学院	5	6.8	浙江省
275	江苏师范大学科文学院	6	6.71	江苏省
276	西北大学现代学院	2	6.58	陕西省
277	山西应用科技学院	1	6.38	山西省
278	长江大学工程技术学院	4	6.36	湖北省
279	江西科技师范大学理工学院	4	6.28	江西省
280	吉首大学张家界学院	5	6.16	湖南省
281	衡阳师范学院南岳学院	6	5.98	湖南省
282	南昌大学共青学院	3	5.89	江西省

续表

序号	学校名称	项目数	总分	省份
283	北京师范大学—香港浸会大学联合国际学院	3	5.84	广东省
284	湖南文理学院芙蓉学院	4	5.38	湖南省
285	湖南师范大学树达学院	3	4.99	湖南省
286	上海纽约大学	1	4.44	上海市
286	太原科技大学华科学院	1	4.44	山西省

7.5 理工类本科院校教师教学发展指数(2020 版)

序号	学校名称	项目数	总分	省份
1	清华大学	3313	100	北京市
2	上海交通大学	2594	86.97	上海市
3	西安交通大学	2831	84.96	陕西省
4	华中科技大学	3055	84.05	湖北省
5	东南大学	2412	80.6	江苏省
6	天津大学	2401	79.48	天津市
7	哈尔滨工业大学	2403	79.29	黑龙江省
8	同济大学	2422	78.98	上海市
9	大连理工大学	2610	77.02	辽宁省
10	中南大学	4087	74.66	湖南省
11	北京交通大学	1559	74.08	北京市
12	重庆大学	2198	73.47	重庆市
13	西南交通大学	1558	73.09	四川省
14	华南理工大学	2415	72.79	广东省
15	西北工业大学	2988	72.12	陕西省
16	北京航空航天大学	2179	70.47	北京市
17	湖南大学	1960	70.13	湖南省
18	北京理工大学	1706	69.93	北京市
19	中国科学技术大学	1648	69.11	安徽省
20	东北大学	2019	68.48	辽宁省
21	电子科技大学	2242	66.65	四川省
22	中国矿业大学	1440	65.78	江苏省
23	武汉理工大学	1974	65.42	湖北省
24	西安电子科技大学	1792	65.17	陕西省
25	南京航空航天大学	1377	63.96	江苏省
26	华东理工大学	1316	63.87	上海市
27	北京科技大学	1143	63.64	北京市
28	合肥工业大学	1266	62.47	安徽省
29	南京理工大学	1367	61.73	江苏省
30	河海大学	1436	61.52	江苏省
31	北京化工大学	1130	60.32	北京市

续表

序号	学校名称	项目数	总分	省份
32	哈尔滨工程大学	1576	59.31	黑龙江省
33	中国海洋大学	1383	59.17	山东省
34	浙江工业大学	971	59.13	浙江省
35	东华大学	1150	58.81	上海市
36	北京工业大学	1206	58.62	北京市
37	昆明理工大学	665	58.02	云南省
38	中国地质大学（武汉）	1544	57.49	湖北省
39	长安大学	1436	56.52	陕西省
40	中国石油大学（华东）	1138	56.09	山东省
41	北京邮电大学	1198	55.99	北京市
42	华北电力大学	1900	55.1	北京市
43	西安建筑科技大学	698	54.68	陕西省
44	西南石油大学	700	54.09	四川省
45	太原理工大学	499	53.92	山西省
46	大连海事大学	1149	53.71	辽宁省
47	南京工业大学	898	53.08	江苏省
48	河南理工大学	913	52.96	河南省
49	西安理工大学	697	52.58	陕西省
50	山东科技大学	1308	51.9	山东省
51	长沙理工大学	409	51.61	湖南省
52	杭州电子科技大学	669	51.51	浙江省
53	南京邮电大学	772	51.32	江苏省
54	上海理工大学	806	51.25	上海市
55	燕山大学	644	51.09	河北省
56	广东工业大学	818	50.62	广东省
57	河北工业大学	565	50.47	河北省
58	南京信息工程大学	843	50.41	江苏省
58	天津中德应用技术大学	117	50.41	天津市

续表

序号	学校名称	项目数	总分	省份
60	兰州理工大学	760	49.66	甘肃省
61	浙江理工大学	697	49.64	浙江省
62	天津工业大学	682	49.36	天津市
63	桂林电子科技大学	814	49.09	广西壮族自治区
64	武汉科技大学	546	48.82	湖北省
65	桂林理工大学	733	48.51	广西壮族自治区
66	南京工程学院	525	48.38	江苏省
67	成都理工大学	669	48.37	四川省
67	中国石油大学(北京)	843	48.37	北京市
69	天津理工大学	465	48.28	天津市
70	哈尔滨理工大学	478	48.17	黑龙江省
71	长春理工大学	677	47.95	吉林省
72	兰州交通大学	467	47.72	甘肃省
73	西南科技大学	533	47.71	四川省
74	陕西科技大学	535	47.63	陕西省
75	西安科技大学	657	47.43	陕西省
76	中国地质大学(北京)	1139	47.4	北京市
77	河南科技大学	627	46.83	河南省
78	石家庄铁道大学	292	46.56	河北省
79	山东理工大学	739	46.34	山东省
80	辽宁工程技术大学	450	46.24	辽宁省
81	中北大学	302	46.22	山西省
82	湖南科技大学	311	46.06	湖南省
83	重庆邮电大学	312	45.98	重庆市
84	上海海事大学	610	45.89	上海市
85	青岛科技大学	811	45.86	山东省
86	重庆交通大学	240	45.58	重庆市
87	河南工业大学	532	45.38	河南省
88	南华大学	420	45.36	湖南省
89	天津科技大学	538	45.16	天津市

续表

序号	学校名称	项目数	总分	省份
90	安徽工业大学	1163	45	安徽省
91	山东建筑大学	365	44.74	山东省
92	东北电力大学	335	44.49	吉林省
93	东北石油大学	462	44.22	黑龙江省
94	安徽理工大学	1158	44.13	安徽省
95	东华理工大学	375	44.07	江西省
96	中国计量大学	490	44.05	浙江省
97	南昌航空大学	385	43.93	江西省
98	江西理工大学	466	43.88	江西省
99	长春工业大学	589	43.86	吉林省
100	湖北工业大学	630	43.8	湖北省
101	河北科技大学	347	43.78	河北省
101	上海工程技术大学	563	43.78	上海市
103	北京信息科技大学	517	43.75	北京市
104	北京建筑大学	461	43.43	北京市
105	常州大学	463	43.41	江苏省
106	华北水利水电大学	406	43.37	河南省
107	沈阳建筑大学	328	43.08	辽宁省
107	华东交通大学	351	43.08	江西省
109	沈阳工业大学	399	42.71	辽宁省
109	郑州轻工业大学	537	42.71	河南省
111	内蒙古科技大学	190	42.24	内蒙古自治区
112	安徽建筑大学	1084	42.14	安徽省
113	武汉纺织大学	325	42.11	湖北省
114	大连工业大学	427	42.03	辽宁省
115	成都信息工程大学	553	42.01	四川省
116	成都工业学院	405	41.94	四川省
117	青岛理工大学	773	41.89	山东省
118	西安工业大学	561	41.82	陕西省
119	福建工程学院	409	41.65	福建省
120	武汉工程大学	345	41.52	湖北省
121	重庆科技学院	310	41.41	重庆市
122	内蒙古工业大学	145	41.34	内蒙古自治区

续表

序号	学校名称	项目数	总分	省份
123	江苏科技大学	473	40.96	江苏省
124	沈阳航空航天大学	373	40.92	辽宁省
125	上海应用技术大学	524	40.88	上海市
126	重庆文理学院	447	40.75	重庆市
127	中国矿业大学(北京)	817	40.48	北京市
128	黑龙江科技大学	389	40.18	黑龙江省
129	中国民航大学	454	40.14	天津市
130	北方工业大学	507	39.92	北京市
131	西安工程大学	480	39.83	陕西省
132	辽宁石油化工大学	354	39.75	辽宁省
133	重庆理工大学	166	39.54	重庆市
134	大连交通大学	463	39.37	辽宁省
135	浙江万里学院	406	39.13	浙江省
136	河北地质大学	179	39.03	河北省
137	辽宁科技大学	355	38.96	辽宁省
138	湖南工业大学	280	38.87	湖南省
139	长春工程学院	469	38.85	吉林省
140	上海第二工业大学	367	38.81	上海市
141	盐城工学院	455	38.51	江苏省
142	佛山科学技术学院	444	38.39	广东省
143	大连东软信息学院	465	38.26	辽宁省
144	北京服装学院	361	38.08	北京市
144	黑龙江工程学院	282	38.08	黑龙江省
146	景德镇陶瓷大学	349	38.07	江西省
147	北京印刷学院	379	38	北京市
148	厦门理工学院	391	37.98	福建省
149	沈阳工程学院	276	37.95	辽宁省
150	北京石油化工学院	439	37.88	北京市
151	浙江科技学院	407	37.77	浙江省
152	齐鲁工业大学	619	37.62	山东省
152	西安石油大学	466	37.62	陕西省
154	湖南理工学院	224	37.57	湖南省
155	西安邮电大学	546	37.45	陕西省
156	苏州科技大学	335	37.4	江苏省

续表

序号	学校名称	项目数	总分	省份
157	沈阳化工大学	305	37.33	辽宁省
158	常州工学院	331	37.16	江苏省
159	常熟理工学院	563	36.66	江苏省
160	金陵科技学院	287	36.63	江苏省
161	山东交通学院	693	36.53	山东省
162	太原科技大学	188	36.45	山西省
163	湖南工程学院	276	36.42	湖南省
164	江苏海洋大学	468	36.32	江苏省
165	武汉轻工大学	231	36.17	湖北省
166	上海电机学院	375	36.14	上海市
167	淮阴工学院	366	36.11	江苏省
168	广西科技大学	486	36.07	广西壮族自治区
169	洛阳理工学院	164	35.92	河南省
170	南昌工程学院	185	35.8	江西省
171	吉林建筑大学	312	35.76	吉林省
172	安徽工程大学	1119	35.65	安徽省
173	上海电力大学	424	35.61	上海市
174	河北工程大学	242	35.41	河北省
175	湖南城市学院	222	35.4	湖南省
176	浙江水利水电学院	245	35.39	浙江省
177	中原工学院	439	35.26	河南省
178	四川轻化工大学	405	34.92	四川省
179	东莞理工学院	359	34.66	广东省
180	吉林化工学院	278	34.59	吉林省
180	安徽科技学院	568	34.59	安徽省
182	河南城建学院	143	34.37	河南省
183	华北科技学院	459	34.36	河北省
184	中国民用航空飞行学院	478	34.15	四川省
185	天津城建大学	258	34.13	天津市
186	徐州工程学院	373	33.85	江苏省
187	辽宁科技学院	213	33.75	辽宁省
188	湖北汽车工业学院	195	33.48	湖北省
189	沈阳理工大学	208	33.43	辽宁省

续表

序号	学校名称	项目数	总分	省份
190	郑州航空工业管理学院	170	33.3	河南省
191	宁波工程学院	313	33.14	浙江省
192	浙江树人学院	330	32.49	浙江省
193	辽宁工业大学	234	31.89	辽宁省
194	北京电子科技学院	367	31.76	北京市
195	湖北科技学院	266	31.62	湖北省
196	南阳理工学院	135	31.46	河南省
197	西安航空学院	219	31.38	陕西省
198	河南工学院	80	31.17	河南省
199	湖北工程学院	219	31.09	湖北省
200	陕西理工大学	276	30.6	陕西省
201	攀枝花学院	367	30.2	四川省
202	防灾科技学院	482	29.98	河北省
203	广州航海学院	85	29.84	广东省
204	新疆工程学院	110	29.49	新疆维吾尔自治区
205	河南工程学院	122	29.15	河南省
206	河北建筑工程学院	74	28.98	河北省
207	湖南工学院	183	28.3	湖南省
208	太原工业学院	87	27.99	山西省
209	太原学院	35	27.51	山西省
210	贵州理工学院	254	27.06	贵州省
211	北华航天工业学院	84	26.95	河北省
212	广东白云学院	93	26.92	广东省
213	兰州工业学院	113	26.79	甘肃省
214	郑州工程技术学院	55	26.06	河南省
215	武汉生物工程学院	75	25.58	湖北省
216	湖北理工学院	155	25.52	湖北省
217	华南理工大学广州学院	79	25.43	广东省
218	江西科技学院	76	25.28	江西省
219	潍坊科技学院	257	25.25	山东省
220	河北水利电力学院	19	25.17	河北省
221	沈阳工学院	120	24.95	辽宁省

续表

序号	学校名称	项目数	总分	省份
222	安徽新华学院	577	24.84	安徽省
223	湖南信息学院	64	24.72	湖南省
224	武汉东湖学院	126	24.66	湖北省
225	黄河科技学院	141	24.65	河南省
226	长春建筑学院	101	24.33	吉林省
227	桂林航天工业学院	183	24.16	广西壮族自治区
228	郑州科技学院	55	24.13	河南省
229	泉州信息工程学院	63	24	福建省
230	燕山大学里仁学院	20	23.82	河北省
231	河北环境工程学院	25	23.39	河北省
232	电子科技大学中山学院	86	23.26	广东省
233	上海科技大学	16	23.21	上海市
234	荆楚理工学院	138	22.77	湖北省
235	南昌工学院	29	22.65	江西省
236	东华理工大学长江学院	25	22.42	江西省
237	东南大学成贤学院	44	22.26	江苏省
238	中国石油大学胜利学院	142	22.05	山东省
239	武昌理工学院	134	22.04	湖北省
240	南昌理工学院	35	21.94	江西省
241	中国矿业大学徐海学院	15	21.35	江苏省
242	广东科技学院	77	21.31	广东省
243	南京邮电大学通达学院	16	21.24	江苏省
244	安徽信息工程学院	580	21.09	安徽省
244	皖江工学院	61	21.09	安徽省
246	南宁学院	140	20.85	广西壮族自治区
247	商丘工学院	17	20.3	河南省
248	南京理工大学泰州科技学院	36	20.26	江苏省

续表

序号	学校名称	项目数	总分	省份
249	吉林建筑科技学院	115	20.07	吉林省
250	浙江工业大学之江学院	88	19.94	浙江省
251	山西工程技术学院	34	19.86	山西省
252	东莞理工学院城市学院	71	19.81	广东省
253	柳州工学院	43	19.67	广西壮族自治区
254	广东理工学院	34	19.49	广东省
255	中国矿业大学银川学院	51	19.43	宁夏回族自治区
256	安徽三联学院	299	19.29	安徽省
257	电子科技大学成都学院	38	19.28	四川省
258	闽南理工学院	176	19.19	福建省
259	成都东软学院	188	19.14	四川省
260	天津理工大学中环信息学院	47	18.95	天津市
261	营口理工学院	35	18.64	辽宁省
262	黑龙江工业学院	33	18.58	黑龙江省
263	长春理工大学光电信息学院	34	18.57	吉林省
264	河北工程技术学院	7	18.52	河北省
264	西安思源学院	56	18.52	陕西省
266	哈尔滨华德学院	42	18.49	黑龙江省
267	南京航空航天大学金城学院	22	18.48	江苏省
268	宁夏理工学院	48	18.39	宁夏回族自治区
269	文华学院	89	18.23	湖北省
270	山东华宇工学院	74	18.16	山东省
271	武汉科技大学城市学院	80	18.12	湖北省
272	桂林电子科技大学信息科技学院	138	18.09	广西壮族自治区
273	河北工业大学城市学院	4	18.07	河北省
274	哈尔滨石油学院	46	18.06	黑龙江省
275	北京邮电大学世纪学院	7	17.62	北京市
276	安阳工学院	67	17.6	河南省
277	首钢工学院	5	17.38	北京市
278	大连理工大学城市学院	65	17.01	辽宁省
279	太原理工大学现代科技学院	1	16.98	山西省
280	深圳技术大学	20	16.97	广东省
281	武昌首义学院	37	16.82	湖北省
282	郑州工业应用技术学院	38	16.74	河南省
283	华北理工大学轻工学院	12	16.49	河北省
284	鄂尔多斯应用技术学院	42	16.32	内蒙古自治区
285	武汉华夏理工学院	50	16.13	湖北省
286	南通理工学院	70	15.84	江苏省
287	银川能源学院	48	15.76	宁夏回族自治区
288	阳光学院	66	15.74	福建省
289	西安明德理工学院	30	15.7	陕西省
290	北京理工大学珠海学院	97	15.69	广东省
291	山西能源学院	28	15.65	山西省
291	广东东软学院	129	15.65	广东省
293	湖北工业大学工程技术学院	45	15.05	湖北省
294	西安交通大学城市学院	37	14.82	陕西省
295	成都理工大学工程技术学院	187	14.8	四川省

续表

序号	学校名称	项目数	总分	省份
296	成都银杏酒店管理学院	71	14.71	四川省
297	茅台学院	9	14.62	贵州省
298	中国计量大学现代科技学院	3	14.45	浙江省
299	哈尔滨信息工程学院	15	14.42	黑龙江省
300	大连科技学院	132	14.34	辽宁省
301	南京理工大学紫金学院	29	14.19	江苏省
302	青岛理工大学琴岛学院	50	14.14	山东省
303	安徽文达信息工程学院	86	14.03	安徽省
304	西安建筑科技大学华清学院	5	13.9	陕西省
305	桂林理工大学博文管理学院	99	13.59	广西壮族自治区
306	常州大学怀德学院	10	13.58	江苏省
307	西南科技大学城市学院	133	13.39	四川省
308	武昌工学院	83	13.37	湖北省
309	江西理工大学应用科学学院	30	13.36	江西省
310	天津大学仁爱学院	83	13.28	天津市
311	重庆工程学院	62	13.25	重庆市
312	广州大学华软软件学院	70	13.18	广东省
313	南京信息工程大学滨江学院	22	13.05	江苏省
314	石家庄铁道大学四方学院	10	13.04	河北省
315	西安交通工程学院	31	12.93	陕西省
316	南华大学船山学院	7	12.92	湖南省

续表

序号	学校名称	项目数	总分	省份
317	北京交通大学海滨学院	29	12.8	河北省
318	江西工程学院	19	12.75	江西省
319	江西服装学院	20	12.72	江西省
320	北京工业大学耿丹学院	6	12.69	北京市
321	厦门工学院	88	12.53	福建省
322	广东工业大学华立学院	71	12.36	广东省
323	重庆邮电大学移通学院	24	12.26	重庆市
324	重庆大学城市科技学院	28	12.15	重庆市
325	浙江理工大学科技与艺术学院	26	12.12	浙江省
325	西南交通大学希望学院	88	12.12	四川省
327	武汉工程大学邮电与信息工程学院	8	12.09	湖北省
328	汉口学院	61	12.04	湖北省
329	北京科技大学天津学院	33	11.31	天津市
330	兰州理工大学技术工程学院	39	11.13	甘肃省
331	昆明理工大学津桥学院	58	11.01	云南省
332	保定理工学院	10	10.84	河北省
333	阜阳师范大学信息工程学院	17	10.8	安徽省
334	武汉工程科技学院	23	10.7	湖北省
335	沈阳城市建设学院	48	10.32	辽宁省
336	西安工商学院	7	9.65	陕西省
337	青岛工学院	33	9.5	山东省
338	山东科技大学泰山科技学院	37	9.33	山东省

续表

序号	学校名称	项目数	总分	省份
339	湖北工程学院新技术学院	30	9.26	湖北省
340	中北大学信息商务学院	17	9.08	山西省
341	北京航空航天大学北海学院	8	9.06	广西壮族自治区
342	长沙理工大学城南学院	7	9.03	湖南省
343	杭州电子科技大学信息工程学院	22	8.81	浙江省
344	哈尔滨远东理工学院	23	8.78	黑龙江省
345	陕西服装工程学院	24	8.57	陕西省
345	沈阳航空航天大学北方科技学院	1	8.57	辽宁省
347	华东交通大学理工学院	13	8.53	江西省
348	齐齐哈尔工程学院	11	8.49	黑龙江省
349	沈阳科技学院	21	8.33	辽宁省
349	福州理工学院	22	8.33	福建省
349	大连工业大学艺术与信息工程学院	17	8.33	辽宁省
352	黄河交通学院	14	7.92	河南省
352	河北科技学院	11	7.92	河北省
354	南京工业大学浦江学院	10	7.8	江苏省
355	武汉纺织大学外经贸学院	14	7.49	湖北省
356	南昌航空大学科技学院	6	7.09	江西省
357	陕西科技大学镐京学院	7	6.86	陕西省
358	江苏科技大学苏州理工学院	4	6.39	江苏省

续表

序号	学校名称	项目数	总分	省份
359	西安科技大学高新学院	4	6.32	陕西省
360	湖南理工学院南湖学院	6	5.96	湖南省
361	湖北文理学院理工学院	3	5.89	湖北省
361	华北电力大学科技学院	3	5.89	河北省
363	湖北汽车工业学院科技学院	5	5.72	湖北省
364	湖南工程学院应用技术学院	5	5.69	湖南省
365	黑龙江工程学院昆仑旅游学院	5	5.67	黑龙江省
365	河南科技学院新科学院	3	5.67	河南省
367	湖南科技大学潇湘学院	4	5.41	湖南省
368	安徽建筑大学城市建设学院	3	5.34	安徽省
368	马鞍山学院	3	5.34	安徽省
370	湖南工业大学科技学院	3	5.03	湖南省
371	河北科技大学理工学院	1	4.44	河北省
371	兰州交通大学博文学院	1	4.44	甘肃省
371	河北工程大学科信学院	1	4.44	河北省

7.6 人文社科类本科院校教师教学发展指数(2020版)

续表

序号	学校名称	项目数	总分	省份
1	中国人民大学	2461	83.19	北京市
2	西南财经大学	1086	59.13	四川省
3	上海财经大学	987	57.1	上海市
4	对外经济贸易大学	960	55.6	北京市
5	中国传媒大学	972	55.48	北京市
6	中央财经大学	956	54.54	北京市
7	北京外国语大学	846	54.27	北京市
8	中南财经政法大学	1250	54.26	湖北省
9	中国政法大学	860	53.4	北京市
10	东北财经大学	516	53.27	辽宁省
11	上海外国语大学	1030	51.72	上海市
12	广东外语外贸大学	552	50.64	广东省
13	中央音乐学院	374	50.16	北京市
14	江西财经大学	471	49.96	江西省
15	西南政法大学	228	48.84	重庆市
16	浙江工商大学	571	47.44	浙江省
17	中国美术学院	267	46.33	浙江省
18	北京体育大学	542	44.65	北京市
19	华东政法大学	521	44.56	上海市
20	北京工商大学	486	44.26	北京市
21	首都经济贸易大学	590	44.05	北京市
22	中央美术学院	383	43.65	北京市
23	上海音乐学院	53	43.21	上海市
24	山东财经大学	441	43.2	山东省
25	大连外国语大学	274	42.93	辽宁省
26	北京语言大学	457	42.67	北京市
27	中国音乐学院	136	42.53	北京市
28	四川美术学院	121	42.32	重庆市
29	天津财经大学	205	42.14	天津市
30	哈尔滨商业大学	419	41.98	黑龙江省
31	河北经贸大学	240	41.9	河北省

序号	学校名称	项目数	总分	省份
32	北京第二外国语学院	344	41.63	北京市
33	安徽财经大学	2743	41.27	安徽省
34	中国人民公安大学	385	40.63	北京市
35	南京财经大学	438	40.48	江苏省
36	浙江财经大学	408	40.41	浙江省
37	重庆工商大学	201	40.01	重庆市
37	广东财经大学	382	40.01	广东省
39	上海对外经贸大学	418	39.92	上海市
40	西安美术学院	295	39.91	陕西省
41	天津外国语大学	104	39.88	天津市
42	南京艺术学院	165	39.74	江苏省
43	西安外国语大学	406	39.3	陕西省
44	贵州财经大学	223	39.11	贵州省
45	上海体育学院	288	39.03	上海市
46	河南财经政法大学	212	38.96	河南省
47	四川外国语大学	134	38.81	重庆市
48	云南财经大学	175	38.25	云南省
49	山西财经大学	204	38.03	山西省
50	上海戏剧学院	150	37.85	上海市
51	广西艺术学院	342	37.81	广西壮族自治区
52	北京舞蹈学院	154	37.59	北京市
53	中国人民警察大学	502	37.21	河北省
54	新疆财经大学	211	37.08	新疆维吾尔自治区
55	湖北经济学院	208	36.96	湖北省
55	天津商业大学	409	36.96	天津市
57	首都体育学院	247	36.88	北京市
58	天津体育学院	138	36.8	天津市
59	西北政法大学	415	36.36	陕西省

续表

序号	学校名称	项目数	总分	省份
60	北京电影学院	54	36.34	北京市
61	山东工艺美术学院	57	36.22	山东省
62	中国刑事警察学院	446	36.18	辽宁省
63	山东艺术学院	73	35.77	山东省
64	广州美术学院	171	35.68	广东省
65	鲁迅美术学院	63	35.64	辽宁省
66	上海立信会计金融学院	358	35.47	上海市
67	吉林财经大学	290	35.22	吉林省
68	南京审计大学	308	34.97	江苏省
69	山东工商学院	469	34.96	山东省
70	哈尔滨体育学院	59	34.82	黑龙江省
71	内蒙古财经大学	89	34.51	内蒙古自治区
72	星海音乐学院	100	34.45	广东省
73	湖南工商大学	137	34.29	湖南省
74	吉林艺术学院	175	33.81	吉林省
75	上海商学院	189	33.69	上海市
76	浙江传媒学院	342	33.21	浙江省
77	福建警察学院	190	33.19	福建省
78	中央戏剧学院	249	32.87	北京市
79	云南艺术学院	89	32.75	云南省
80	成都体育学院	213	32.67	四川省
80	兰州财经大学	94	32.67	甘肃省
82	广西财经学院	478	32.56	广西壮族自治区
83	中国戏曲学院	175	32.48	北京市
84	北京物资学院	385	32.38	北京市
85	桂林旅游学院	89	32.03	广西壮族自治区
86	广东金融学院	282	32.02	广东省
87	中国青年政治学院	468	31.73	北京市
88	浙江警察学院	129	31.72	浙江省
89	外交学院	344	31.68	北京市
90	广州体育学院	107	31.4	广东省

续表

序号	学校名称	项目数	总分	省份
91	南京体育学院	123	31.28	江苏省
92	湖北美术学院	129	31.12	湖北省
93	吉林外国语大学	246	30.96	吉林省
94	天津美术学院	56	30.71	天津市
95	浙江外国语学院	181	30.62	浙江省
96	武汉音乐学院	79	30.52	湖北省
97	江西警察学院	103	30.32	江西省
98	吉林工商学院	191	30.02	吉林省
99	山东体育学院	59	29.78	山东省
100	武汉体育学院	124	29.7	湖北省
101	南京森林警察学院	276	29.65	江苏省
102	沈阳音乐学院	32	29.57	辽宁省
103	天津音乐学院	42	29.19	天津市
104	吉林体育学院	96	29.15	吉林省
105	西安财经大学	221	29.11	陕西省
105	沈阳体育学院	103	29.11	辽宁省
107	甘肃政法大学	72	29.06	甘肃省
108	西安音乐学院	118	29.02	陕西省
109	江苏警官学院	157	28.74	江苏省
110	四川警察学院	172	28.71	四川省
111	国际关系学院	315	28.57	北京市
112	四川音乐学院	225	28.37	四川省
113	湖南涉外经济学院	148	27.99	湖南省
114	湖南警察学院	61	27.9	湖南省
115	中国劳动关系学院	351	27.8	北京市
116	重庆警察学院	43	27.74	重庆市
117	吉林动画学院	416	27.08	吉林省
118	上海政法学院	196	27.03	上海市
119	云南警官学院	33	27.01	云南省
120	湖北警官学院	29	27	湖北省
121	新疆艺术学院	55	26.96	新疆维吾尔自治区
122	广东警官学院	115	26.49	广东省
123	宁波财经学院	251	26.48	浙江省

续表

序号	学校名称	项目数	总分	省份
124	河池学院	239	26.16	广西壮族自治区
125	湖南女子学院	79	26.04	湖南省
126	北京警察学院	18	25.78	北京市
127	山西传媒学院	45	25.72	山西省
128	哈尔滨金融学院	135	25.29	黑龙江省
129	河北金融学院	110	25.19	河北省
130	吉林警察学院	49	24.9	吉林省
131	湖南财政经济学院	72	24.5	湖南省
132	福建商学院	40	24.41	福建省
133	浙江音乐学院	75	24.34	浙江省
134	武汉商学院	121	24.23	湖北省
135	河南警察学院	8	24.04	河南省
136	西安体育学院	126	23.77	陕西省
137	辽宁警察学院	35	23.73	辽宁省
138	中央司法警官学院	77	23.62	河北省
139	山西警察学院	30	23.38	山西省
140	西安翻译学院	104	23.03	陕西省
141	河北体育学院	20	22.84	河北省
142	山东政法学院	67	22.58	山东省
143	西安欧亚学院	75	22.4	陕西省
144	浙江越秀外国语学院	176	22.23	浙江省
145	山东警察学院	10	22.22	山东省
146	四川传媒学院	314	22.02	四川省
147	河南财政金融学院	43	21.93	河南省
148	广东培正学院	62	21.89	广东省
149	铁道警察学院	98	21.88	河南省
150	贵州警察学院	6	21.72	贵州省
150	长春财经学院	94	21.72	吉林省
152	湖北商贸学院	40	21.29	湖北省
153	上海海关学院	257	21.13	上海市
153	山西大学商务学院	36	21.13	山西省
155	辽宁对外经贸学院	144	21.01	辽宁省
156	西安外事学院	78	20.93	陕西省

续表

序号	学校名称	项目数	总分	省份
157	西安培华学院	129	20.89	陕西省
158	上海杉达学院	121	20.79	上海市
159	上海外国语大学贤达经济人文学院	7	20.74	上海市
160	黑河学院	122	20.69	黑龙江省
161	山东女子学院	166	20.36	山东省
162	内蒙古艺术学院	22	20.17	内蒙古自治区
163	福州外语外贸学院	207	19.88	福建省
164	广西外国语学院	126	19.44	广西壮族自治区
165	福建江夏学院	202	19.42	福建省
166	上海视觉艺术学院	51	19.37	上海市
167	云南工商学院	111	19	云南省
168	郑州西亚斯学院	9	18.71	河南省
169	海口经济学院	168	18.47	海南省
170	河北传媒学院	14	18.16	河北省
171	山西工商学院	27	18.12	山西省
172	新疆警察学院	46	18.07	新疆维吾尔自治区
173	哈尔滨音乐学院	9	18.01	黑龙江省
174	山东青年政治学院	258	17.91	山东省
175	贵州商学院	70	17.89	贵州省
176	陕西国际商贸学院	49	17.62	陕西省
177	大连艺术学院	46	17.49	辽宁省
178	上海财经大学浙江学院	3	16.94	浙江省
179	重庆师范大学涉外商贸学院	16	16.81	重庆市
180	武汉学院	72	16.52	湖北省
181	天津财经大学珠江学院	8	16.48	天津市
182	郑州商学院	47	16.47	河南省
182	首都师范大学科德学院	4	16.47	北京市

续表

序号	学校名称	项目数	总分	省份
184	浙江工商大学杭州商学院	48	16.23	浙江省
185	四川外国语大学成都学院	85	16.04	四川省
186	郑州经贸学院	20	15.81	河南省
187	大连财经学院	34	15.22	辽宁省
188	黑龙江工商学院	32	15.16	黑龙江省
189	四川工商学院	69	15.07	四川省
190	四川电影电视学院	41	15.02	四川省
191	温州商学院	64	14.96	浙江省
192	黑龙江财经学院	13	14.57	黑龙江省
193	云南经济管理学院	89	14.22	云南省
194	南京传媒学院	21	13.88	江苏省
195	郑州工商学院	5	13.7	河南省
196	西南财经大学天府学院	65	13.58	四川省
197	浙江财经大学东方学院	69	13.29	浙江省
198	天津外国语大学滨海外事学院	5	12.66	天津市
199	广西警察学院	3	12.41	广西壮族自治区
200	云南艺术学院文华学院	39	12.35	云南省
201	河北外国语学院	6	12.31	河北省
202	广东外语外贸大学南国商学院	73	11.95	广东省
203	北京第二外国语学院中瑞酒店管理学院	1	11.81	北京市
204	郑州财经学院	24	11.77	河南省
205	同济大学浙江学院	18	10.78	浙江省
206	广东财经大学华商学院	28	10.59	广东省
206	河北美术学院	18	10.59	河北省

续表

序号	学校名称	项目数	总分	省份
208	郑州升达经贸管理学院	31	10.53	河南省
209	武汉设计工程学院	49	10.48	湖北省
210	北海艺术设计学院	57	10.37	广西壮族自治区
211	四川外国语大学重庆南方翻译学院	4	10.28	重庆市
212	天津商业大学宝德学院	5	10.08	天津市
213	重庆工商大学融智学院	15	9.97	重庆市
214	四川文化艺术学院	17	9.63	四川省
215	武汉传媒学院	38	9.46	湖北省
216	辽宁传媒学院	35	9.3	辽宁省
217	湖北经济学院法商学院	31	9.24	湖北省
218	河北大学工商学院	5	9.17	河北省
219	江西财经大学现代经济管理学院	2	9.16	江西省
220	山东财经大学东方学院	24	9.15	山东省
221	西安财经大学行知学院	9	9.03	陕西省
222	河北地质大学华信学院	10	8.98	河北省
223	辽宁财贸学院	3	8.79	辽宁省
224	蚌埠工商学院	10	8.61	安徽省
225	山东财经大学燕山学院	12	8.02	山东省
226	天津体育学院运动与文化艺术学院	7	7.32	天津市
227	安徽外国语学院	11	7.09	安徽省
228	安徽艺术学院	11	6.97	安徽省
229	贵州财经大学商务学院	6	6.39	贵州省

续表

序号	学校名称	项目数	总分	省份
230	北京工商大学嘉华学院	1	6.38	北京市
231	南京审计大学金审学院	4	6.28	江苏省
232	兰州财经大学陇桥学院	6	6.07	甘肃省
233	北京电影学院现代创意媒体学院	3	5.94	山东省
234	重庆工商大学派斯学院	5	5.84	重庆市
234	河北经贸大学经济管理学院	3	5.84	河北省
236	武汉体育学院体育科技学院	5	5.72	湖北省
237	新疆科技学院	4	5.41	新疆维吾尔自治区
238	湘潭理工学院	4	5.34	湖南省
239	兰州财经大学长青学院	1	4.44	甘肃省

7.7 农林类本科院校教师教学发展指数(2020 版)

序号	学校名称	项目数	总分	省份
1	华中农业大学	1640	67.86	湖北省
2	中国农业大学	1963	67.28	北京市
3	南京农业大学	1425	63.9	江苏省
4	山东农业大学	1103	59.18	山东省
5	西北农林科技大学	1516	58.33	陕西省
6	华南农业大学	944	57.61	广东省
7	北京林业大学	988	57.21	北京市
8	东北林业大学	1407	55.41	黑龙江省
9	东北农业大学	580	53.83	黑龙江省
10	河北农业大学	376	53.19	河北省
11	内蒙古农业大学	183	51.83	内蒙古自治区
12	福建农林大学	572	51.76	福建省
13	河南农业大学	381	50.68	河南省
14	湖南农业大学	434	50.52	湖南省
15	四川农业大学	567	50.3	四川省
16	南京林业大学	755	49.54	江苏省
17	新疆农业大学	429	46.48	新疆维吾尔自治区
18	云南农业大学	283	46.01	云南省
19	吉林农业大学	553	45.81	吉林省
20	沈阳农业大学	415	45.29	辽宁省
21	安徽农业大学	571	45.23	安徽省
22	山西农业大学	244	44.84	山西省
23	江西农业大学	330	44.4	江西省
24	甘肃农业大学	302	43.17	甘肃省
25	河南牧业经济学院	136	43	河南省
26	上海海洋大学	463	42.94	上海市
27	中南林业科技大学	255	41.46	湖南省
28	浙江农林大学	425	41	浙江省
29	大连海洋大学	230	40.43	辽宁省

续表

序号	学校名称	项目数	总分	省份
30	青岛农业大学	701	38.38	山东省
31	广东海洋大学	526	37.68	广东省
32	西南林业大学	249	37.08	云南省
33	塔里木大学	576	36.95	新疆维吾尔自治区
34	黑龙江八一农垦大学	254	36.84	黑龙江省
35	浙江海洋大学	377	35.9	浙江省
36	北京农学院	323	34.49	北京市
37	天津农学院	400	34.43	天津市
38	西藏农牧学院	147	32.43	西藏自治区
39	仲恺农业工程学院	303	31.54	广东省
40	吉林农业科技学院	192	27.6	吉林省
41	信阳农林学院	49	25.03	河南省
42	山东农业工程学院	161	19.88	山东省
43	山西农业大学信息学院	13	18.73	山西省
44	福建农林大学金山学院	73	18.06	福建省
45	湖南农业大学东方科技学院	14	17.82	湖南省
46	青岛农业大学海都学院	8	17.45	山东省
47	河北农业大学现代科技学院	1	14.39	河北省
48	浙江农林大学暨阳学院	48	12.07	浙江省
49	中南林业科技大学涉外学院	18	11.37	湖南省

续表

序号	学校名称	项目数	总分	省份
50	广东海洋大学寸金学院	41	11.05	广东省
51	新疆农业大学科学技术学院	10	10.4	新疆维吾尔自治区
52	华南农业大学珠江学院	45	9.73	广东省
53	安徽农业大学经济技术学院	45	9.71	安徽省
54	福州工商学院	37	9.63	福建省
55	江西农业大学南昌商学院	2	5.28	江西省

7.8 医药类本科院校教师教学发展指数(2020 版)

序号	学校名称	项目数	总分	省份
1	首都医科大学	567	59.47	北京市
2	哈尔滨医科大学	547	57.71	黑龙江省
3	中国药科大学	816	57.48	江苏省
4	中国医科大学	525	56.98	辽宁省
5	南方医科大学	687	53.8	广东省
6	上海中医药大学	666	53.38	上海市
7	南京医科大学	540	53.25	江苏省
8	天津医科大学	291	51.97	天津市
9	重庆医科大学	245	50.79	重庆市
10	黑龙江中医药大学	290	50.71	黑龙江省
11	北京中医药大学	967	50.39	北京市
12	天津中医药大学	265	50.28	天津市
13	温州医科大学	516	49.53	浙江省
14	南京中医药大学	680	49.36	江苏省
15	广州中医药大学	550	47.82	广东省
16	成都中医药大学	378	47.5	四川省
17	广西医科大学	360	47.37	广西壮族自治区
18	北京协和医学院	445	47.1	北京市
19	山西医科大学	302	45.98	山西省
20	江西中医药大学	330	45.39	江西省
21	河北医科大学	303	45.04	河北省
22	安徽医科大学	493	44.66	安徽省
23	山东中医药大学	525	44.39	山东省
24	昆明医科大学	228	44.36	云南省
25	沈阳药科大学	350	44.19	辽宁省
26	新疆医科大学	322	43.91	新疆维吾尔自治区
27	宁夏医科大学	252	43.75	宁夏回族自治区
28	长春中医药大学	574	43.45	吉林省

续表

序号	学校名称	项目数	总分	省份
29	福建中医药大学	307	42.82	福建省
30	辽宁中医药大学	220	42.61	辽宁省
31	浙江中医药大学	364	42.56	浙江省
32	徐州医科大学	365	42.16	江苏省
33	福建医科大学	355	42.08	福建省
34	大连医科大学	278	41.97	辽宁省
35	广州医科大学	275	41.57	广东省
36	安徽中医药大学	644	41.14	安徽省
37	内蒙古医科大学	116	41.03	内蒙古自治区
38	河南中医药大学	347	40.6	河南省
39	上海健康医学院	213	40.57	上海市
40	遵义医科大学	211	40.43	贵州省
41	湖南中医药大学	220	39.28	湖南省
42	蚌埠医学院	334	38.88	安徽省
43	滨州医学院	268	38.48	山东省
44	海南医学院	274	38.46	海南省
45	广西中医药大学	264	38.1	广西壮族自治区
46	贵州医科大学	244	37.93	贵州省
47	锦州医科大学	209	36.75	辽宁省
48	皖南医学院	443	36.5	安徽省
49	山东第一医科大学	822	36.39	山东省
50	广东药科大学	211	36.23	广东省
51	济宁医学院	251	35.66	山东省
52	湖北中医药大学	212	35.59	湖北省
53	贵州中医药大学	196	35.49	贵州省
54	广东医科大学	239	34.84	广东省
55	齐齐哈尔医学院	197	34.32	黑龙江省
56	甘肃中医药大学	78	34.23	甘肃省
57	新乡医学院	338	33.86	河南省

续表

序号	学校名称	项目数	总分	省份
58	潍坊医学院	194	33.76	山东省
59	河北中医学院	142	33.27	河北省
60	桂林医学院	274	33.24	广西壮族自治区
60	西南医科大学	490	33.24	四川省
62	长治医学院	93	32.87	山西省
63	牡丹江医学院	127	32.84	黑龙江省
64	西藏藏医药大学	89	32.51	西藏自治区
65	山东协和学院	332	32.39	山东省
66	陕西中医药大学	257	32.17	陕西省
67	承德医学院	62	31.94	河北省
68	川北医学院	357	30.98	四川省
69	云南中医药大学	138	30.55	云南省
70	右江民族医学院	219	30.14	广西壮族自治区
71	成都医学院	339	29.73	四川省
72	南京医科大学康达学院	33	29.66	江苏省
73	吉林医药学院	174	29.37	吉林省
74	杭州医学院	80	29.12	浙江省
75	湖北医药学院	143	29.07	湖北省
76	赣南医学院	152	28.66	江西省
77	山西中医药大学	68	28.61	山西省
78	沈阳医学院	95	28.2	辽宁省
79	长沙医学院	126	27.69	湖南省
80	西安医学院	142	25.18	陕西省
81	湖南医药学院	48	22.89	湖南省
82	南京中医药大学翰林学院	13	22.5	江苏省
83	厦门医学院	24	21.35	福建省
84	甘肃医学院	21	20.69	甘肃省
85	齐鲁医药学院	112	18.79	山东省
86	辽宁何氏医学院	54	18.28	辽宁省
87	新乡医学院三全学院	34	17.83	河南省

续表

序号	学校名称	项目数	总分	省份
88	江西中医药大学科技学院	10	15.05	江西省
89	大连医科大学中山学院	81	14.55	辽宁省
90	辽宁中医药大学杏林学院	13	13.82	辽宁省
91	山西医科大学晋祠学院	1	12.34	山西省
92	温州医科大学仁济学院	3	11.28	浙江省
93	广西中医药大学赛恩斯新医药学院	83	11.24	广西壮族自治区
94	昆明医科大学海源学院	17	7.7	云南省
95	天津医科大学临床医学院	15	7.4	天津市
96	锦州医科大学医疗学院	14	7.39	辽宁省
97	湖北医药学院药护学院	14	7.29	湖北省
98	安徽医科大学临床医学院	12	6.99	安徽省
99	遵义医科大学医学与科技学院	9	6.54	贵州省
100	华北理工大学冀唐学院	1	6.32	河北省
101	新疆医科大学厚博学院	6	5.98	新疆维吾尔自治区
102	贵州中医药大学时珍学院	5	5.84	贵州省
103	浙江中医药大学滨江学院	2	4.44	浙江省
104	湖南中医药大学湘杏学院	1	3.73	湖南省

7.9 师范类本科院校教师教学发展指数(2020 版)

序号	学校名称	项目数	总分	省份
1	北京师范大学	2828	82.13	北京市
2	华东师范大学	2693	76.98	上海市
3	华中师范大学	1542	69.46	湖北省
4	南京师范大学	1459	67.24	江苏省
5	东北师范大学	1460	66.86	吉林省
6	西南大学	1518	66.29	重庆市
7	陕西师范大学	1310	63.37	陕西省
8	华南师范大学	1316	62.67	广东省
9	湖南师范大学	739	60.94	湖南省
10	福建师范大学	865	59.24	福建省
11	首都师范大学	1173	58.6	北京市
12	山东师范大学	1561	54.52	山东省
13	河北师范大学	449	54.47	河北省
14	天津师范大学	508	53.39	天津市
15	上海师范大学	827	52.99	上海市
16	浙江师范大学	880	52.96	浙江省
17	广西师范大学	769	52.86	广西壮族自治区
18	河南师范大学	777	52.35	河南省
19	哈尔滨师范大学	668	52.32	黑龙江省
20	安徽师范大学	1455	52.18	安徽省
21	西北师范大学	332	51.65	甘肃省
22	云南师范大学	373	51.12	云南省
23	四川师范大学	771	50.89	四川省
24	江西师范大学	603	50.55	江西省
25	贵州师范大学	394	50.03	贵州省
26	江苏师范大学	796	47.36	江苏省
27	杭州师范大学	591	46.61	浙江省
28	沈阳师范大学	596	46.54	辽宁省
29	辽宁师范大学	358	45.5	辽宁省
30	曲阜师范大学	628	45.1	山东省

续表

序号	学校名称	项目数	总分	省份
31	重庆师范大学	219	44.98	重庆市
32	聊城大学	553	44.79	山东省
33	吉林师范大学	422	44.61	吉林省
34	天津职业技术师范大学	425	44	天津市
35	内蒙古师范大学	124	43.42	内蒙古自治区
36	新疆师范大学	301	42.05	新疆维吾尔自治区
37	山西师范大学	189	41.54	山西省
38	青海师范大学	97	41.53	青海省
39	信阳师范学院	410	41.34	河南省
40	鲁东大学	937	41.15	山东省
41	海南师范大学	260	40.75	海南省
42	南宁师范大学	595	40.64	广西壮族自治区
43	乐山师范学院	554	40.48	四川省
44	淮阴师范学院	392	38.77	江苏省
45	长春师范大学	324	38.64	吉林省
46	盐城师范学院	320	38.2	江苏省
47	湖州师范学院	383	37.91	浙江省
48	安庆师范大学	533	37.42	安徽省
49	赣南师范大学	257	37.22	江西省
50	湖南文理学院	202	36.71	湖南省
51	湖北师范大学	282	36.35	湖北省
52	淮北师范大学	429	36.32	安徽省
53	阜阳师范大学	378	36.13	安徽省
54	岭南师范学院	319	35.81	广东省
55	西华师范大学	472	35.64	四川省
56	河南科技学院	375	35.46	河南省
57	湖南第一师范学院	152	35.24	湖南省

续表

序号	学校名称	项目数	总分	省份
58	黄冈师范学院	232	34.85	湖北省
59	泉州师范学院	230	34.27	福建省
60	玉林师范学院	466	34.21	广西壮族自治区
61	广东技术师范大学	405	34.17	广东省
62	商丘师范学院	133	33.91	河南省
63	洛阳师范学院	418	33.75	河南省
64	长江师范学院	244	33.68	重庆市
65	贵州师范学院	201	33.56	贵州省
66	江苏理工学院	344	33.45	江苏省
67	太原师范学院	99	33.36	山西省
68	遵义师范学院	118	33.27	贵州省
69	重庆第二师范学院	79	33.13	重庆市
70	吉林工程技术师范学院	291	33.11	吉林省
71	牡丹江师范学院	239	33	黑龙江省
72	北部湾大学	295	32.79	广西壮族自治区
73	江西科技师范大学	347	32.56	江西省
74	合肥师范学院	442	32.47	安徽省
75	绵阳师范学院	389	32.36	四川省
76	南阳师范学院	426	32.35	河南省
77	宁夏师范学院	90	32.29	宁夏回族自治区
78	山西大同大学	138	32.16	山西省
79	南京晓庄学院	234	32.04	江苏省
80	昆明学院	109	31.97	云南省
81	湖北第二师范学院	187	31.79	湖北省
82	安阳师范学院	307	31.33	河南省
83	韩山师范学院	250	30.99	广东省
84	渭南师范学院	267	30.73	陕西省
85	成都师范学院	348	30.66	四川省
86	上饶师范学院	164	30.51	江西省
87	保定学院	45	30.44	河北省
88	郑州师范学院	69	30.39	河南省

续表

序号	学校名称	项目数	总分	省份
89	衡阳师范学院	123	30.37	湖南省
90	河北科技师范学院	108	30.32	河北省
91	周口师范学院	88	30.27	河南省
91	宝鸡文理学院	284	30.27	陕西省
93	通化师范学院	219	30.26	吉林省
94	鞍山师范学院	86	30	辽宁省
95	江苏第二师范学院	126	29.92	江苏省
96	曲靖师范学院	145	29.69	云南省
97	广东第二师范学院	129	29.64	广东省
98	三明学院	229	29.44	福建省
99	兰州城市学院	63	29.32	甘肃省
100	闽南师范大学	299	29.29	福建省
101	陕西学前师范学院	155	28.88	陕西省
102	邯郸学院	60	28.85	河北省
103	长沙师范学院	65	28.8	湖南省
104	忻州师范学院	75	28.79	山西省
105	淮南师范学院	256	28.74	安徽省
106	琼台师范学院	29	28.4	海南省
107	黄淮学院	74	28.14	河南省
108	南京特殊教育师范学院	58	28.01	江苏省
109	唐山师范学院	54	27.9	河北省
110	大庆师范学院	104	27.75	黑龙江省
111	天水师范学院	66	27.62	甘肃省
112	凯里学院	77	27.45	贵州省
113	百色学院	274	27.29	广西壮族自治区
113	蚌埠学院	433	27.29	安徽省
115	安康学院	246	27.23	陕西省
116	内江师范学院	287	27.16	四川省
117	喀什大学	117	27.14	新疆维吾尔自治区
118	石家庄学院	42	26.91	河北省
119	铜仁学院	160	26.72	贵州省
120	湖南人文科技学院	161	26.51	湖南省

续表

序号	学校名称	项目数	总分	省份
121	衡水学院	39	26.41	河北省
122	赤峰学院	50	26.33	内蒙古自治区
123	池州学院	450	26.32	安徽省
124	齐鲁师范学院	131	26.24	山东省
125	廊坊师范学院	71	26.23	河北省
126	商洛学院	215	26.2	陕西省
127	伊犁师范大学	61	26.1	新疆维吾尔自治区
128	陇东学院	144	25.3	甘肃省
129	黔南民族师范学院	158	25.29	贵州省
130	南昌师范学院	89	25.27	江西省
131	白城师范学院	240	25.24	吉林省
132	楚雄师范学院	80	25.02	云南省
133	广西科技师范学院	60	24.82	广西壮族自治区
134	广西民族师范学院	268	24.57	广西壮族自治区
135	咸阳师范学院	189	24	陕西省
136	长治学院	67	23.89	山西省
137	泰州学院	54	23.86	江苏省
138	新乡学院	49	23.29	河南省
139	黑龙江外国语学院	44	22.99	黑龙江省
140	贺州学院	325	22.85	广西壮族自治区
141	河北民族师范学院	33	22.77	河北省
142	昌吉学院	92	22.62	新疆维吾尔自治区
143	豫章师范学院	5	22.37	江西省
144	普洱学院	45	22.34	云南省
145	六盘水师范学院	115	22.33	贵州省
146	济宁学院	106	22.27	山东省
147	甘肃民族师范学院	37	22.01	甘肃省
148	四川文理学院	198	21.9	四川省
149	汉江师范学院	74	21.44	湖北省
150	玉溪师范学院	67	21.38	云南省
151	滇西科技师范学院	17	21.07	云南省
152	武夷学院	241	21.01	福建省
153	沧州师范学院	10	20.62	河北省
154	西安文理学院	186	20.47	陕西省
155	宁德师范学院	135	20.33	福建省
156	云南师范大学商学院	65	20.01	云南省
157	阿坝师范学院	162	19.8	四川省
158	昭通学院	19	19.78	云南省
159	安顺学院	106	19.01	贵州省
160	集宁师范学院	41	18.96	内蒙古自治区
161	广西职业师范学院	2	17.11	广西壮族自治区
162	南京师范大学泰州学院	14	15.83	江苏省
163	河南师范大学新联学院	22	12.68	河南省
164	贵州师范大学求是学院	11	12.63	贵州省
165	云南师范大学文理学院	33	9.31	云南省
166	张家口学院	18	9.27	河北省
167	湖北师范大学文理学院	29	8.79	湖北省
168	山西师范大学现代文理学院	1	4.55	山西省

7.10 “民办及独立学院”教师教学发展指数(2020 版)

续表

序号	学校名称	项目数	总分	省份
1	大连东软信息学院	465	38.26	辽宁省
2	浙江树人学院	330	32.49	浙江省
3	山东协和学院	332	32.39	山东省
4	吉林外国语大学	246	30.96	吉林省
5	山东英才学院	275	30.75	山东省
6	南京医科大学康达学院	33	29.66	江苏省
7	西京学院	303	28.74	陕西省
8	北京城市学院	383	28.7	北京市
9	湖南涉外经济学院	148	27.99	湖南省
10	长沙医学院	126	27.69	湖南省
11	吉林动画学院	416	27.08	吉林省
12	上海建桥学院	112	26.95	上海市
13	广东白云学院	93	26.92	广东省
14	三亚学院	228	26.58	海南省
15	宁波财经学院	251	26.48	浙江省
16	武汉生物工程学院	75	25.58	湖北省
17	华南理工大学广州学院	79	25.43	广东省
18	江西科技学院	76	25.28	江西省
19	潍坊科技学院	257	25.25	山东省
20	沈阳工学院	120	24.95	辽宁省
21	安徽新华学院	577	24.84	安徽省
22	湖南信息学院	64	24.72	湖南省
23	武汉东湖学院	126	24.66	湖北省
24	黄河科技学院	141	24.65	河南省
25	天津天狮学院	48	24.6	天津市
26	长春光华学院	141	24.45	吉林省
27	无锡太湖学院	107	24.4	江苏省
28	长春建筑学院	101	24.33	吉林省
29	郑州科技学院	55	24.13	河南省
30	泉州信息工程学院	63	24	福建省
31	三江学院	164	23.83	江苏省
32	燕山大学里仁学院	20	23.82	河北省
33	成都文理学院	169	23.44	四川省
34	重庆人文科技学院	29	23.42	重庆市
35	电子科技大学中山学院	86	23.26	广东省
36	西安翻译学院	104	23.03	陕西省
37	黑龙江外国语学院	44	22.99	黑龙江省
38	武汉工商学院	87	22.93	湖北省
39	黑龙江东方学院	76	22.84	黑龙江省
40	南昌工学院	29	22.65	江西省
41	宁夏大学新华学院	61	22.5	宁夏回族自治区
41	南京中医药大学翰林学院	13	22.5	江苏省
43	四川大学锦江学院	140	22.48	四川省
44	东华理工大学长江学院	25	22.42	江西省
45	西安欧亚学院	75	22.4	陕西省
46	东南大学成贤学院	44	22.26	江苏省
47	浙江越秀外国语学院	176	22.23	浙江省
48	中国石油大学胜利学院	142	22.05	山东省
49	武昌理工学院	134	22.04	湖北省
50	四川传媒学院	314	22.02	四川省
51	吉林大学珠海学院	75	21.94	广东省
51	南昌理工学院	35	21.94	江西省
53	广东培正学院	62	21.89	广东省
54	四川大学锦城学院	704	21.77	四川省

续表

序号	学校名称	项目数	总分	省份
55	长春财经学院	94	21.72	吉林省
56	烟台南山学院	144	21.38	山东省
57	中国矿业大学徐海学院	15	21.35	江苏省
58	广东科技学院	77	21.31	广东省
59	湖北商贸学院	40	21.29	湖北省
60	南京邮电大学通达学院	16	21.24	江苏省
61	苏州大学文正学院	10	21.15	江苏省
61	福建师范大学协和学院	78	21.15	福建省
63	山西大学商务学院	36	21.13	山西省
64	安徽信息工程学院	580	21.09	安徽省
64	皖江工学院	61	21.09	安徽省
66	辽宁对外经贸学院	144	21.01	辽宁省
67	青岛滨海学院	332	20.96	山东省
68	西安外事学院	78	20.93	陕西省
69	西安培华学院	129	20.89	陕西省
70	南宁学院	140	20.85	广西壮族自治区
71	上海杉达学院	121	20.79	上海市
72	上海外国语大学贤达经济人文学院	7	20.74	上海市
73	仰恩大学	38	20.73	福建省
74	广西师范大学漓江学院	91	20.57	广西壮族自治区
75	北京师范大学珠海分校	97	20.41	广东省
76	商丘工学院	17	20.3	河南省
77	南昌大学科学技术学院	7	20.29	江西省
78	南京理工大学泰州科技学院	36	20.26	江苏省
79	东北师范大学人文学院	153	20.11	吉林省

续表

序号	学校名称	项目数	总分	省份
80	吉林建筑科技学院	115	20.07	吉林省
81	云南师范大学商学院	65	20.01	云南省
82	四川工业科技学院	163	20	四川省
83	浙江工业大学之江学院	88	19.94	浙江省
84	福州外语外贸学院	207	19.88	福建省
85	东莞理工学院城市学院	71	19.81	广东省
86	柳州工学院	43	19.67	广西壮族自治区
87	绍兴文理学院元培学院	17	19.61	浙江省
88	广东理工学院	34	19.49	广东省
89	广西外国语学院	126	19.44	广西壮族自治区
89	云南大学滇池学院	104	19.44	云南省
91	中国矿业大学银川学院	51	19.43	宁夏回族自治区
92	广西大学行健文理学院	98	19.41	广西壮族自治区
93	上海视觉艺术学院	51	19.37	上海市
94	福州大学至诚学院	86	19.33	福建省
95	安徽三联学院	299	19.29	安徽省
96	电子科技大学成都学院	38	19.28	四川省
97	吉利学院	68	19.27	四川省
98	闽南理工学院	176	19.19	福建省
99	成都东软学院	188	19.14	四川省
100	云南工商学院	111	19	云南省
101	天津理工大学中环信息学院	47	18.95	天津市
102	杭州师范大学钱江学院	16	18.9	浙江省
103	江西应用科技学院	53	18.88	江西省

续表

序号	学校名称	项目数	总分	省份
104	青岛黄海学院	186	18.83	山东省
105	厦门大学嘉庚学院	178	18.8	福建省
106	齐鲁医药学院	112	18.79	山东省
107	山西农业大学信息学院	13	18.73	山西省
108	郑州西亚斯学院	9	18.71	河南省
109	浙江师范大学行知学院	47	18.59	浙江省
110	长春理工大学光电信息学院	34	18.57	吉林省
111	河北工程技术学院	7	18.52	河北省
111	西安思源学院	56	18.52	陕西省
113	哈尔滨华德学院	42	18.49	黑龙江省
114	南京航空航天大学金城学院	22	18.48	江苏省
115	海口经济学院	168	18.47	海南省
116	长春科技学院	98	18.46	吉林省
117	宁夏理工学院	48	18.39	宁夏回族自治区
118	辽宁何氏医学院	54	18.28	辽宁省
119	文华学院	89	18.23	湖北省
120	山东华宇工学院	74	18.16	山东省
120	河北传媒学院	14	18.16	河北省
122	武汉科技大学城市学院	80	18.12	湖北省
122	山西工商学院	27	18.12	山西省
124	桂林电子科技大学信息科技学院	138	18.09	广西壮族自治区
125	河北工业大学城市学院	4	18.07	河北省
125	南京大学金陵学院	19	18.07	江苏省
127	哈尔滨石油学院	46	18.06	黑龙江省
127	福建农林大学金山学院	73	18.06	福建省

续表

序号	学校名称	项目数	总分	省份
129	浙江海洋大学东海科学技术学院	15	18.03	浙江省
130	集美大学诚毅学院	78	18	福建省
131	聊城大学东昌学院	57	17.87	山东省
132	青岛恒星科技学院	30	17.86	山东省
132	中山大学新华学院	70	17.86	广东省
134	新乡医学院三全学院	34	17.83	河南省
135	湖南农业大学东方科技学院	14	17.82	湖南省
136	北京邮电大学世纪学院	7	17.62	北京市
136	陕西国际商贸学院	49	17.62	陕西省
138	扬州大学广陵学院	20	17.56	江苏省
139	大连艺术学院	46	17.49	辽宁省
140	青岛农业大学海都学院	8	17.45	山东省
141	沈阳城市学院	147	17.17	辽宁省
142	三峡大学科技学院	6	17.11	湖北省
143	大连理工大学城市学院	65	17.01	辽宁省
144	贵州大学科技学院	3	17	贵州省
145	太原理工大学现代科技学院	1	16.98	山西省
146	上海财经大学浙江学院	3	16.94	浙江省
147	广州大学松田学院	61	16.91	广东省
148	武昌首义学院	37	16.82	湖北省
149	重庆师范大学涉外商贸学院	16	16.81	重庆市
150	郑州工业应用技术学院	38	16.74	河南省
151	武汉学院	72	16.52	湖北省

续表

序号	学校名称	项目数	总分	省份
152	华北理工大学轻工学院	12	16.49	河北省
153	天津财经大学珠江学院	8	16.48	天津市
154	郑州商学院	47	16.47	河南省
154	首都师范大学科德学院	4	16.47	北京市
156	湖北大学知行学院	45	16.41	湖北省
157	武汉文理学院	9	16.39	湖北省
158	温州大学瓯江学院	55	16.32	浙江省
159	浙江工商大学杭州商学院	48	16.23	浙江省
160	宁波大学科学技术学院	45	16.16	浙江省
161	武汉华夏理工学院	50	16.13	湖北省
162	四川外国语大学成都学院	85	16.04	四川省
163	齐鲁理工学院	64	15.99	山东省
164	南通理工学院	70	15.84	江苏省
165	南京师范大学泰州学院	14	15.83	江苏省
166	郑州经贸学院	20	15.81	河南省
167	银川能源学院	48	15.76	宁夏回族自治区
168	阳光学院	66	15.74	福建省
169	中山大学南方学院	67	15.73	广东省
170	西安明德理工学院	30	15.7	陕西省
171	北京理工大学珠海学院	97	15.69	广东省
172	广东东软学院	129	15.65	广东省
173	哈尔滨剑桥学院	31	15.61	黑龙江省
174	厦门华厦学院	42	15.6	福建省
175	长春大学旅游学院	56	15.58	吉林省
176	广州工商学院	81	15.51	广东省
177	广州商学院	56	15.43	广东省

续表

序号	学校名称	项目数	总分	省份
178	大连财经学院	34	15.22	辽宁省
179	黑龙江工商学院	32	15.16	黑龙江省
180	四川工商学院	69	15.07	四川省
181	湖北工业大学工程技术学院	45	15.05	湖北省
181	江西中医药大学科技学院	10	15.05	江西省
183	四川电影电视学院	41	15.02	四川省
184	上海师范大学天华学院	7	14.98	上海市
185	温州商学院	64	14.96	浙江省
186	长春工业大学人文信息学院	61	14.94	吉林省
187	西安交通大学城市学院	37	14.82	陕西省
188	成都理工大学工程技术学院	187	14.8	四川省
189	成都银杏酒店管理学院	71	14.71	四川省
190	茅台学院	9	14.62	贵州省
191	黑龙江财经学院	13	14.57	黑龙江省
192	大连医科大学中山学院	81	14.55	辽宁省
193	苏州大学应用技术学院	24	14.54	江苏省
194	中国计量大学现代科技学院	3	14.45	浙江省
195	哈尔滨信息工程学院	15	14.42	黑龙江省
196	河北农业大学现代科技学院	1	14.39	河北省
197	大连科技学院	132	14.34	辽宁省
198	云南经济管理学院	89	14.22	云南省
199	南京理工大学紫金学院	29	14.19	江苏省

续表

序号	学校名称	项目数	总分	省份
200	青岛理工大学琴岛学院	50	14.14	山东省
201	吉林师范大学博达学院	77	14.08	吉林省
202	安徽文达信息工程学院	86	14.03	安徽省
203	西安建筑科技大学华清学院	5	13.9	陕西省
204	南京传媒学院	21	13.88	江苏省
205	辽宁中医药大学杏林学院	13	13.82	辽宁省
206	南开大学滨海学院	48	13.79	天津市
207	郑州工商学院	5	13.7	河南省
208	桂林理工大学博文管理学院	99	13.59	广西壮族自治区
209	西南财经大学天府学院	65	13.58	四川省
209	常州大学怀德学院	10	13.58	江苏省
211	济南大学泉城学院	16	13.56	山东省
212	安徽师范大学皖江学院	85	13.42	安徽省
213	西南科技大学城市学院	133	13.39	四川省
214	广州理工学院	78	13.38	广东省
215	武昌工学院	83	13.37	湖北省
216	江西理工大学应用科学学院	30	13.36	江西省
217	浙江财经大学东方学院	69	13.29	浙江省
218	天津大学仁爱学院	83	13.28	天津市
219	重庆工程学院	62	13.25	重庆市
220	广州大学华软软件学院	70	13.18	广东省

续表

序号	学校名称	项目数	总分	省份
221	江西师范大学科学技术学院	12	13.05	江西省
221	南京信息工程大学滨江学院	22	13.05	江苏省
223	石家庄铁道大学四方学院	10	13.04	河北省
224	西安交通工程学院	31	12.93	陕西省
225	南华大学船山学院	7	12.92	湖南省
226	北京交通大学海滨学院	29	12.8	河北省
227	江西工程学院	19	12.75	江西省
228	江西服装学院	20	12.72	江西省
229	北京工业大学耿丹学院	6	12.69	北京市
230	河南师范大学新联学院	22	12.68	河南省
231	天津外国语大学滨海外事学院	5	12.66	天津市
232	贵州师范大学求是学院	11	12.63	贵州省
233	厦门工学院	88	12.53	福建省
234	广东工业大学华立学院	71	12.36	广东省
234	商丘学院	31	12.36	河南省
236	云南艺术学院文华学院	39	12.35	云南省
237	山西医科大学晋祠学院	1	12.34	山西省
238	河北外国语学院	6	12.31	河北省
239	南通大学杏林学院	7	12.29	江苏省
240	重庆邮电大学移通学院	24	12.26	重庆市
241	重庆大学城市科技学院	28	12.15	重庆市

续表

序号	学校名称	项目数	总分	省份
242	浙江理工大学科技与艺术学院	26	12.12	浙江省
242	西南交通大学希望学院	88	12.12	四川省
244	武汉工程大学邮电与信息工程学院	8	12.09	湖北省
245	浙江农林大学暨阳学院	48	12.07	浙江省
246	汉口学院	61	12.04	湖北省
247	广东外语外贸大学南国商学院	73	11.95	广东省
248	北京第二外国语学院中瑞酒店管理学院	1	11.81	北京市
249	郑州财经学院	24	11.77	河南省
250	广西民族大学相思湖学院	67	11.71	广西壮族自治区
251	燕京理工学院	35	11.68	河北省
252	湘潭大学兴湘学院	7	11.41	湖南省
253	中南林业科技大学涉外学院	18	11.37	湖南省
254	北京科技大学天津学院	33	11.31	天津市
255	温州医科大学仁济学院	3	11.28	浙江省
256	广西中医药大学赛恩斯新医药学院	83	11.24	广西壮族自治区
257	兰州理工大学技术工程学院	39	11.13	甘肃省
258	赣南师范大学科技学院	3	11.12	江西省
259	嘉兴学院南湖学院	10	11.1	浙江省
260	广东海洋大学寸金学院	41	11.05	广东省

续表

序号	学校名称	项目数	总分	省份
261	昆明理工大学津桥学院	58	11.01	云南省
262	保定理工学院	10	10.84	河北省
263	阜阳师范大学信息工程学院	17	10.8	安徽省
264	同济大学浙江学院	18	10.78	浙江省
265	长江大学文理学院	21	10.71	湖北省
266	武汉工程科技学院	23	10.7	湖北省
267	闽南科技学院	53	10.63	福建省
268	广东财经大学华商学院	28	10.59	广东省
268	河北美术学院	18	10.59	河北省
270	郑州升达经贸管理学院	31	10.53	河南省
271	武汉设计工程学院	49	10.48	湖北省
272	上海立达学院	5	10.46	上海市
273	新疆农业大学科学技术学院	10	10.4	新疆维吾尔自治区
274	北海艺术设计学院	57	10.37	广西壮族自治区
275	信阳学院	16	10.34	河南省
276	安阳学院	37	10.33	河南省
277	沈阳城市建设学院	48	10.32	辽宁省
278	四川外国语大学重庆南方翻译学院	4	10.28	重庆市
278	哈尔滨广厦学院	19	10.28	黑龙江省
280	天津商业大学宝德学院	5	10.08	天津市
281	武汉晴川学院	34	9.98	湖北省
282	重庆工商大学融智学院	15	9.97	重庆市
283	南京师范大学中北学院	11	9.87	江苏省

续表

序号	学校名称	项目数	总分	省份
284	华南农业大学珠江学院	45	9.73	广东省
285	安徽农业大学经济技术学院	45	9.71	安徽省
286	烟台大学文经学院	22	9.69	山东省
287	西安工商学院	7	9.65	陕西省
288	四川文化艺术学院	17	9.63	四川省
288	福州工商学院	37	9.63	福建省
290	青岛工学院	33	9.5	山东省
291	武汉传媒学院	38	9.46	湖北省
292	天津师范大学津沽学院	5	9.42	天津市
293	山东科技大学泰山科技学院	37	9.33	山东省
294	云南师范大学文理学院	33	9.31	云南省
295	辽宁传媒学院	35	9.3	辽宁省
296	湖北工程学院新技术学院	30	9.26	湖北省
297	湖北经济学院法商学院	31	9.24	湖北省
298	湖南应用技术学院	31	9.22	湖南省
299	河北大学工商学院	5	9.17	河北省
300	江西财经大学现代经济管理学院	2	9.16	江西省
301	山东财经大学东方学院	24	9.15	山东省
302	辽宁师范大学海华学院	8	9.14	辽宁省
303	中北大学信息商务学院	17	9.08	山西省
304	北京航空航天大学北海学院	8	9.06	广西壮族自治区
305	西安财经大学行知学院	9	9.03	陕西省

续表

序号	学校名称	项目数	总分	省份
305	长沙理工大学城南学院	7	9.03	湖南省
307	河北地质大学华信学院	10	8.98	河北省
308	潍坊理工学院	29	8.95	山东省
309	南宁师范大学师园学院	31	8.93	广西壮族自治区
310	湖南交通工程学院	29	8.89	湖南省
310	江苏大学京江学院	3	8.89	江苏省
312	杭州电子科技大学信息工程学院	22	8.81	浙江省
313	湖北师范大学文理学院	29	8.79	湖北省
313	辽宁财贸学院	3	8.79	辽宁省
315	哈尔滨远东理工学院	23	8.78	黑龙江省
316	蚌埠工商学院	10	8.61	安徽省
317	云南大学旅游文化学院	27	8.59	云南省
318	陕西服装工程学院	24	8.57	陕西省
318	沈阳航空航天大学北方科技学院	1	8.57	辽宁省
320	华东交通大学理工学院	13	8.53	江西省
321	齐齐哈尔工程学院	11	8.49	黑龙江省
322	沈阳科技学院	21	8.33	辽宁省
322	福州理工学院	22	8.33	福建省
322	大连工业大学艺术与信息工程学院	17	8.33	辽宁省
325	河南大学民生学院	2	8.15	河南省
326	湖北民族大学科技学院	18	8.04	湖北省
327	山东财经大学燕山学院	12	8.02	山东省
328	黄河交通学院	14	7.92	河南省

续表

序号	学校名称	项目数	总分	省份
328	河北科技学院	11	7.92	河北省
330	贵州大学明德学院	10	7.88	贵州省
331	西北师范大学知行学院	12	7.85	甘肃省
332	南京工业大学浦江学院	10	7.8	江苏省
333	昆明医科大学海源学院	17	7.7	云南省
334	辽宁理工学院	18	7.67	辽宁省
335	河北师范大学汇华学院	13	7.61	河北省
336	武汉纺织大学外经贸学院	14	7.49	湖北省
337	延安大学西安创新学院	5	7.43	陕西省
338	天津医科大学临床医学院	15	7.4	天津市
339	锦州医科大学医疗学院	14	7.39	辽宁省
340	河北东方学院	7	7.35	河北省
341	天津体育学院运动与文化艺术学院	7	7.32	天津市
342	湖北医药学院药护学院	14	7.29	湖北省
343	安徽外国语学院	11	7.09	安徽省
343	南昌航空大学科技学院	6	7.09	江西省
345	贵州民族大学人文科技学院	8	7.06	贵州省
346	淮北师范大学信息学院	12	7.04	安徽省
347	安徽医科大学临床医学院	12	6.99	安徽省
348	陕西科技大学镐京学院	7	6.86	陕西省

续表

序号	学校名称	项目数	总分	省份
349	湖州师范学院求真学院	5	6.8	浙江省
350	江苏师范大学科文学院	6	6.71	江苏省
351	西北大学现代学院	2	6.58	陕西省
352	遵义医科大学医学与科技学院	9	6.54	贵州省
353	贵州财经大学商务学院	6	6.39	贵州省
353	江苏科技大学苏州理工学院	4	6.39	江苏省
355	北京工商大学嘉华学院	1	6.38	北京市
355	山西应用科技学院	1	6.38	山西省
357	长江大学工程技术学院	4	6.36	湖北省
358	华北理工大学冀唐学院	1	6.32	河北省
358	西安科技大学高新学院	4	6.32	陕西省
360	江西科技师范大学理工学院	4	6.28	江西省
360	南京审计大学金审学院	4	6.28	江苏省
362	吉首大学张家界学院	5	6.16	湖南省
363	兰州财经大学陇桥学院	6	6.07	甘肃省
364	新疆医科大学厚博学院	6	5.98	新疆维吾尔自治区
364	衡阳师范学院南岳学院	6	5.98	湖南省
366	湖南理工学院南湖学院	6	5.96	湖南省

续表

序号	学校名称	项目数	总分	省份
367	北京电影学院现代创意媒体学院	3	5.94	山东省
368	南昌大学共青学院	3	5.89	江西省
368	湖北文理学院理工学院	3	5.89	湖北省
368	华北电力大学科技学院	3	5.89	河北省
371	贵州中医药大学时珍学院	5	5.84	贵州省
371	重庆工商大学派斯学院	5	5.84	重庆市
371	河北经贸大学经济管理学院	3	5.84	河北省
374	湖北汽车工业学院科技学院	5	5.72	湖北省
374	武汉体育学院体育科技学院	5	5.72	湖北省
376	湖南工程学院应用技术学院	5	5.69	湖南省
377	黑龙江工程学院昆仑旅游学院	5	5.67	黑龙江省
377	河南科技学院新科学院	3	5.67	河南省
379	湖南科技大学潇湘学院	4	5.41	湖南省
380	湖南文理学院芙蓉学院	4	5.38	湖南省
381	湘潭理工学院	4	5.34	湖南省
381	安徽建筑大学城市建设学院	3	5.34	安徽省
381	马鞍山学院	3	5.34	安徽省
384	江西农业大学南昌商学院	2	5.28	江西省
385	湖南工业大学科技学院	3	5.03	湖南省

续表

序号	学校名称	项目数	总分	省份
386	湖南师范大学树达学院	3	4.99	湖南省
387	山西师范大学现代文理学院	1	4.55	山西省
388	浙江中医药大学滨江学院	2	4.44	浙江省
388	兰州财经大学长青学院	1	4.44	甘肃省
388	太原科技大学华科学院	1	4.44	山西省
388	河北科技大学理工学院	1	4.44	河北省
388	兰州交通大学博文学院	1	4.44	甘肃省
388	河北工程大学科信学院	1	4.44	河北省
394	湖南中医药大学湘杏学院	1	3.73	湖南省

7.11 新建本科院校教师教学发展指数(2020 版)

续表

序号	学校名称	项目数	总分	省份
1	天津中德应用技术大学	117	50.41	天津市
2	南京工程学院	525	48.38	江苏省
3	河南牧业经济学院	136	43	河南省
4	合肥学院	1111	42.76	安徽省
5	成都工业学院	405	41.94	四川省
6	福建工程学院	409	41.65	福建省
7	重庆科技学院	310	41.41	重庆市
8	上海应用技术大学	524	40.88	上海市
9	重庆文理学院	447	40.75	重庆市
10	上海健康医学院	213	40.57	上海市
11	乐山师范学院	554	40.48	四川省
12	浙江万里学院	406	39.13	浙江省
13	长春工程学院	469	38.85	吉林省
14	上海第二工业大学	367	38.81	上海市
15	大连东软信息学院	465	38.26	辽宁省
16	黑龙江工程学院	282	38.08	黑龙江省
17	厦门理工学院	391	37.98	福建省
18	沈阳工程学院	276	37.95	辽宁省
19	常州工学院	331	37.16	江苏省
20	湖北经济学院	208	36.96	湖北省
21	常熟理工学院	563	36.66	江苏省
22	金陵科技学院	287	36.63	江苏省
23	山东交通学院	693	36.53	山东省
24	湖南工程学院	276	36.42	湖南省
25	上海电机学院	375	36.14	上海市
26	淮阴工学院	366	36.11	江苏省
27	潍坊学院	601	36.08	山东省
28	洛阳理工学院	164	35.92	河南省
29	南昌工程学院	185	35.8	江西省
30	江汉大学	236	35.75	湖北省
31	德州学院	656	35.54	山东省
32	上海立信会计金融学院	358	35.47	上海市
33	湖南城市学院	222	35.4	湖南省
34	浙江水利水电学院	245	35.39	浙江省
35	湖南第一师范学院	152	35.24	湖南省
36	韶关学院	241	35.19	广东省
37	井冈山大学	267	35.18	江西省
38	东莞理工学院	359	34.66	广东省
39	河南城建学院	143	34.37	河南省
40	华北科技学院	459	34.36	河北省
41	泉州师范学院	230	34.27	福建省
42	玉林师范学院	466	34.21	广西壮族自治区
43	九江学院	219	34.04	江西省
44	商丘师范学院	133	33.91	河南省
45	徐州工程学院	373	33.85	江苏省
46	肇庆学院	227	33.82	广东省
47	辽宁科技学院	213	33.75	辽宁省
47	洛阳师范学院	418	33.75	河南省
49	台州学院	344	33.73	浙江省
50	上海商学院	189	33.69	上海市
51	长江师范学院	244	33.68	重庆市
52	贵州师范学院	201	33.56	贵州省
53	遵义师范学院	118	33.27	贵州省
53	河北中医学院	142	33.27	河北省
55	绥化学院	129	33.23	黑龙江省
56	浙江传媒学院	342	33.21	浙江省
57	宜春学院	199	33.2	江西省
58	福建警察学院	190	33.19	福建省
59	宁波工程学院	313	33.14	浙江省

续表

序号	学校名称	项目数	总分	省份
60	重庆第二师范学院	79	33.13	重庆市
61	嘉兴学院	356	32.86	浙江省
62	北部湾大学	295	32.79	广西壮族自治区
63	广西财经学院	478	32.56	广西壮族自治区
64	哈尔滨学院	158	32.51	黑龙江省
65	浙江树人学院	330	32.49	浙江省
66	合肥师范学院	442	32.47	安徽省
67	山东协和学院	332	32.39	山东省
68	绵阳师范学院	389	32.36	四川省
69	南阳师范学院	426	32.35	河南省
70	西昌学院	321	32.34	四川省
71	宁夏师范学院	90	32.29	宁夏回族自治区
72	滁州学院	450	32.19	安徽省
73	南京晓庄学院	234	32.04	江苏省
74	桂林旅游学院	89	32.03	广西壮族自治区
75	广东金融学院	282	32.02	广东省
76	昆明学院	109	31.97	云南省
77	湖南科技学院	214	31.8	湖南省
78	湖北第二师范学院	187	31.79	湖北省
79	许昌学院	92	31.76	河南省
80	闽江学院	256	31.75	福建省
80	中国科学院大学	58	31.75	北京市
82	浙江警察学院	129	31.72	浙江省
83	长沙学院	236	31.69	湖南省
84	上海公安学院	21	31.57	上海市
85	南阳理工学院	135	31.46	河南省
86	广东石油化工学院	260	31.4	广东省
87	西安航空学院	219	31.38	陕西省
88	安阳师范学院	307	31.33	河南省
89	河南工学院	80	31.17	河南省
90	湖北工程学院	219	31.09	湖北省

续表

序号	学校名称	项目数	总分	省份
90	嘉应学院	218	31.09	广东省
92	吉林外国语大学	246	30.96	吉林省
93	皖西学院	454	30.83	安徽省
94	山东英才学院	275	30.75	山东省
95	渭南师范学院	267	30.73	陕西省
96	成都师范学院	348	30.66	四川省
97	浙江外国语学院	181	30.62	浙江省
98	上饶师范学院	164	30.51	江西省
99	保定学院	45	30.44	河北省
100	泰山学院	430	30.41	山东省
101	郑州师范学院	69	30.39	河南省
102	江西警察学院	103	30.32	江西省
103	周口师范学院	88	30.27	河南省
104	攀枝花学院	367	30.2	四川省
105	贵阳学院	148	30.1	贵州省
106	辽东学院	209	30.08	辽宁省
107	吉林工商学院	191	30.02	吉林省
108	防灾科技学院	482	29.98	河北省
109	河西学院	86	29.97	甘肃省
110	贵州工程应用技术学院	238	29.95	贵州省
111	广州航海学院	85	29.84	广东省
112	黄山学院	343	29.73	安徽省
113	曲靖师范学院	145	29.69	云南省
114	南京森林警察学院	276	29.65	江苏省
115	广东第二师范学院	129	29.64	广东省
116	怀化学院	260	29.59	湖南省
117	新疆工程学院	110	29.49	新疆维吾尔自治区
118	三明学院	229	29.44	福建省
119	兰州城市学院	63	29.32	甘肃省
120	梧州学院	368	29.28	广西壮族自治区
121	铜陵学院	627	29.22	安徽省
122	河南工程学院	122	29.15	河南省

续表

序号	学校名称	项目数	总分	省份
123	杭州医学院	80	29.12	浙江省
124	海南热带海洋学院	180	29.09	海南省
125	陕西学前师范学院	155	28.88	陕西省
126	邯郸学院	60	28.85	河北省
127	惠州学院	218	28.81	广东省
128	长沙师范学院	65	28.8	湖南省
129	邢台学院	40	28.79	河北省
129	忻州师范学院	75	28.79	山西省
131	宜宾学院	367	28.78	四川省
132	淮南师范学院	256	28.74	安徽省
132	西京学院	303	28.74	陕西省
132	江苏警官学院	157	28.74	江苏省
135	四川警察学院	172	28.71	四川省
136	北京城市学院	383	28.7	北京市
137	菏泽学院	276	28.41	山东省
138	琼台师范学院	29	28.4	海南省
139	湖南工学院	183	28.3	湖南省
140	宿州学院	500	28.26	安徽省
141	黄淮学院	74	28.14	河南省
142	南京特殊教育师范学院	58	28.01	江苏省
143	湖南涉外经济学院	148	27.99	湖南省
144	湖南警察学院	61	27.9	湖南省
145	中国劳动关系学院	351	27.8	北京市
146	大庆师范学院	104	27.75	黑龙江省
147	重庆警察学院	43	27.74	重庆市
148	湘南学院	115	27.7	湖南省
149	长沙医学院	126	27.69	湖南省
150	天水师范学院	66	27.62	甘肃省
150	红河学院	116	27.62	云南省
152	吉林农业科技学院	192	27.6	吉林省
153	中国社会科学院大学	211	27.51	北京市
153	太原学院	35	27.51	山西省
155	凯里学院	77	27.45	贵州省

续表

序号	学校名称	项目数	总分	省份
156	百色学院	274	27.29	广西壮族自治区
156	蚌埠学院	433	27.29	安徽省
158	安康学院	246	27.23	陕西省
159	运城学院	89	27.22	山西省
160	内江师范学院	287	27.16	四川省
161	吉林动画学院	416	27.08	吉林省
162	贵州理工学院	254	27.06	贵州省
163	唐山学院	81	27.04	河北省
164	榆林学院	150	27.03	陕西省
164	上海政法学院	196	27.03	上海市
166	云南警官学院	33	27.01	云南省
167	湖北警官学院	29	27	湖北省
168	上海建桥学院	112	26.95	上海市
168	北华航天工业学院	84	26.95	河北省
170	广东白云学院	93	26.92	广东省
171	石家庄学院	42	26.91	河北省
172	滨州学院	664	26.79	山东省
172	兰州工业学院	113	26.79	甘肃省
174	铜仁学院	160	26.72	贵州省
175	呼和浩特民族学院	47	26.66	内蒙古自治区
176	三亚学院	228	26.58	海南省
177	浙大宁波理工学院	239	26.54	浙江省
178	湖南人文科技学院	161	26.51	湖南省
179	广东警官学院	115	26.49	广东省
180	宁波财经学院	251	26.48	浙江省
181	丽水学院	273	26.42	浙江省
182	衡水学院	39	26.41	河北省
183	赤峰学院	50	26.33	内蒙古自治区
184	池州学院	450	26.32	安徽省
185	齐鲁师范学院	131	26.24	山东省
186	廊坊师范学院	71	26.23	河北省
187	商洛学院	215	26.2	陕西省

续表

序号	学校名称	项目数	总分	省份
188	河池学院	239	26.16	广西壮族自治区
189	郑州工程技术学院	55	26.06	河南省
190	湖南女子学院	79	26.04	湖南省
191	四川旅游学院	314	25.78	四川省
191	北京警察学院	18	25.78	北京市
193	山西传媒学院	45	25.72	山西省
194	呼伦贝尔学院	73	25.63	内蒙古自治区
195	武汉生物工程学院	75	25.58	湖北省
196	湖北理工学院	155	25.52	湖北省
197	华南理工大学广州学院	79	25.43	广东省
198	四川民族学院	105	25.35	四川省
199	陇东学院	144	25.3	甘肃省
200	黔南民族师范学院	158	25.29	贵州省
200	哈尔滨金融学院	135	25.29	黑龙江省
202	江西科技学院	76	25.28	江西省
203	南昌师范学院	89	25.27	江西省
204	潍坊科技学院	257	25.25	山东省
205	白城师范学院	240	25.24	吉林省
206	河北金融学院	110	25.19	河北省
207	西安医学院	142	25.18	陕西省
208	河北水利电力学院	19	25.17	河北省
209	吕梁学院	75	25.04	山西省
210	信阳农林学院	49	25.03	河南省
211	楚雄师范学院	80	25.02	云南省
212	沈阳工学院	120	24.95	辽宁省
213	吉林警察学院	49	24.9	吉林省
213	枣庄学院	448	24.9	山东省
215	安徽新华学院	577	24.84	安徽省
216	广西科技师范学院	60	24.82	广西壮族自治区
217	湖南信息学院	64	24.72	湖南省
218	武汉东湖学院	126	24.66	湖北省

续表

序号	学校名称	项目数	总分	省份
219	黄河科技学院	141	24.65	河南省
220	天津天狮学院	48	24.6	天津市
221	广西民族师范学院	268	24.57	广西壮族自治区
222	湖南财政经济学院	72	24.5	湖南省
223	长春光华学院	141	24.45	吉林省
224	福建商学院	40	24.41	福建省
225	无锡太湖学院	107	24.4	江苏省
226	浙江音乐学院	75	24.34	浙江省
227	长春建筑学院	101	24.33	吉林省
228	武汉商学院	121	24.23	湖北省
229	桂林航天工业学院	183	24.16	广西壮族自治区
230	郑州科技学院	55	24.13	河南省
231	河南警察学院	8	24.04	河南省
232	咸阳师范学院	189	24	陕西省
232	泉州信息工程学院	63	24	福建省
234	莆田学院	195	23.93	福建省
235	长治学院	67	23.89	山西省
236	泰州学院	54	23.86	江苏省
237	三江学院	164	23.83	江苏省
238	燕山大学里仁学院	20	23.82	河北省
239	中央司法警官学院	77	23.62	河北省
240	成都文理学院	169	23.44	四川省
241	重庆人文科技学院	29	23.42	重庆市
242	河北环境工程学院	25	23.39	河北省
243	山西警察学院	30	23.38	山西省
244	龙岩学院	194	23.34	福建省
245	新乡学院	49	23.29	河南省
246	电子科技大学中山学院	86	23.26	广东省
247	上海科技大学	16	23.21	上海市
248	巢湖学院	324	23.16	安徽省
249	宿迁学院	52	23.14	江苏省
250	西安翻译学院	104	23.03	陕西省

续表

序号	学校名称	项目数	总分	省份
251	黑龙江外国语学院	44	22.99	黑龙江省
252	武汉工商学院	87	22.93	湖北省
253	平顶山学院	76	22.9	河南省
254	湖南医药学院	48	22.89	湖南省
255	贺州学院	325	22.85	广西壮族自治区
256	黑龙江东方学院	76	22.84	黑龙江省
257	河北民族师范学院	33	22.77	河北省
257	荆楚理工学院	138	22.77	湖北省
259	南昌工学院	29	22.65	江西省
260	昌吉学院	92	22.62	新疆维吾尔自治区
261	山东政法学院	67	22.58	山东省
262	宁夏大学新华学院	61	22.5	宁夏回族自治区
262	南京中医药大学翰林学院	13	22.5	江苏省
264	四川大学锦江学院	140	22.48	四川省
265	山东管理学院	115	22.44	山东省
266	东华理工大学长江学院	25	22.42	江西省
267	西安欧亚学院	75	22.4	陕西省
268	豫章师范学院	5	22.37	江西省
269	普洱学院	45	22.34	云南省
270	六盘水师范学院	115	22.33	贵州省
271	济宁学院	106	22.27	山东省
272	东南大学成贤学院	44	22.26	江苏省
273	浙江越秀外国语学院	176	22.23	浙江省
274	山东警察学院	10	22.22	山东省
275	衢州学院	183	22.16	浙江省
276	中国石油大学胜利学院	142	22.05	山东省
277	武昌理工学院	134	22.04	湖北省
278	四川传媒学院	314	22.02	四川省

续表

序号	学校名称	项目数	总分	省份
279	甘肃民族师范学院	37	22.01	甘肃省
280	吉林大学珠海学院	75	21.94	广东省
280	南昌理工学院	35	21.94	江西省
282	河南财政金融学院	43	21.93	河南省
283	四川文理学院	198	21.9	四川省
284	广东培正学院	62	21.89	广东省
285	铁道警察学院	98	21.88	河南省
286	四川大学锦城学院	704	21.77	四川省
287	贵州警察学院	6	21.72	贵州省
287	长春财经学院	94	21.72	吉林省
289	南方科技大学	69	21.6	广东省
290	汉江师范学院	74	21.44	湖北省
291	烟台南山学院	144	21.38	山东省
291	玉溪师范学院	67	21.38	云南省
293	中国矿业大学徐海学院	15	21.35	江苏省
293	厦门医学院	24	21.35	福建省
295	广东科技学院	77	21.31	广东省
296	湖北商贸学院	40	21.29	湖北省
297	新余学院	128	21.15	江西省
297	福建师范大学协和学院	78	21.15	福建省
299	上海海关学院	257	21.13	上海市
299	山西大学商务学院	36	21.13	山西省
301	安徽信息工程学院	580	21.09	安徽省
301	皖江工学院	61	21.09	安徽省
303	滇西科技师范学院	17	21.07	云南省
304	辽宁对外经贸学院	144	21.01	辽宁省
304	武夷学院	241	21.01	福建省
306	青岛滨海学院	332	20.96	山东省
307	西安外事学院	78	20.93	陕西省
308	西安培华学院	129	20.89	陕西省
309	南宁学院	140	20.85	广西壮族自治区
310	上海杉达学院	121	20.79	上海市

续表

序号	学校名称	项目数	总分	省份
311	上海外国语大学贤达经济人文学院	7	20.74	上海市
312	甘肃医学院	21	20.69	甘肃省
312	黑河学院	122	20.69	黑龙江省
314	沧州师范学院	10	20.62	河北省
315	广西师范大学漓江学院	91	20.57	广西壮族自治区
316	西安文理学院	186	20.47	陕西省
317	北京师范大学珠海分校	97	20.41	广东省
318	山东女子学院	166	20.36	山东省
319	宁德师范学院	135	20.33	福建省
320	商丘工学院	17	20.3	河南省
321	南昌大学科学技术学院	7	20.29	江西省
322	南京理工大学泰州科技学院	36	20.26	江苏省
323	东北师范大学人文学院	153	20.11	吉林省
324	吉林建筑科技学院	115	20.07	吉林省
325	云南师范大学商学院	65	20.01	云南省
326	四川工业科技学院	163	20	四川省
327	晋中学院	64	19.9	山西省
328	山东农业工程学院	161	19.88	山东省
328	福州外语外贸学院	207	19.88	福建省
330	山西工程技术学院	34	19.86	山西省
331	东莞理工学院城市学院	71	19.81	广东省
332	阿坝师范学院	162	19.8	四川省
333	昭通学院	19	19.78	云南省
334	柳州工学院	43	19.67	广西壮族自治区
335	绍兴文理学院元培学院	17	19.61	浙江省

续表

序号	学校名称	项目数	总分	省份
336	兴义民族师范学院	108	19.59	贵州省
337	广东理工学院	34	19.49	广东省
338	广西外国语学院	126	19.44	广西壮族自治区
338	云南大学滇池学院	104	19.44	云南省
340	中国矿业大学银川学院	51	19.43	宁夏回族自治区
341	福建江夏学院	202	19.42	福建省
342	广西大学行健文理学院	98	19.41	广西壮族自治区
343	上海视觉艺术学院	51	19.37	上海市
344	福州大学至诚学院	86	19.33	福建省
345	安徽三联学院	299	19.29	安徽省
346	电子科技大学成都学院	38	19.28	四川省
347	吉利学院	68	19.27	四川省
348	西交利物浦大学	19	19.26	江苏省
349	闽南理工学院	176	19.19	福建省
350	河套学院	28	19.15	内蒙古自治区
351	成都东软学院	188	19.14	四川省
352	安顺学院	106	19.01	贵州省
353	云南工商学院	111	19	云南省
354	集宁师范学院	41	18.96	内蒙古自治区
355	天津理工大学中环信息学院	47	18.95	天津市
356	江西应用科技学院	53	18.88	江西省
357	青岛黄海学院	186	18.83	山东省
358	厦门大学嘉庚学院	178	18.8	福建省
359	齐鲁医药学院	112	18.79	山东省
360	山西农业大学信息学院	13	18.73	山西省
361	郑州西亚斯学院	9	18.71	河南省
362	文山学院	82	18.68	云南省

续表

序号	学校名称	项目数	总分	省份
363	营口理工学院	35	18.64	辽宁省
364	黑龙江工业学院	33	18.58	黑龙江省
365	长春理工大学光电信息学院	34	18.57	吉林省
366	河北工程技术学院	7	18.52	河北省
366	西安思源学院	56	18.52	陕西省
368	海口经济学院	168	18.47	海南省
369	长春科技学院	98	18.46	吉林省
370	宁夏理工学院	48	18.39	宁夏回族自治区
371	亳州学院	43	18.36	安徽省
372	辽宁何氏医学院	54	18.28	辽宁省
373	文华学院	89	18.23	湖北省
374	山东华宇工学院	74	18.16	山东省
374	河北传媒学院	14	18.16	河北省
376	武汉科技大学城市学院	80	18.12	湖北省
376	山西工商学院	27	18.12	山西省
378	桂林电子科技大学信息科技学院	138	18.09	广西壮族自治区
379	河北工业大学城市学院	4	18.07	河北省
379	新疆警察学院	46	18.07	新疆维吾尔自治区
379	南京大学金陵学院	19	18.07	江苏省
382	哈尔滨石油学院	46	18.06	黑龙江省
382	福建农林大学金山学院	73	18.06	福建省
384	浙江海洋大学东海科学技术学院	15	18.03	浙江省
385	哈尔滨音乐学院	9	18.01	黑龙江省
386	集美大学诚毅学院	78	18	福建省
387	山东青年政治学院	258	17.91	山东省
388	贵州商学院	70	17.89	贵州省
389	宁波诺丁汉大学	12	17.88	浙江省

续表

序号	学校名称	项目数	总分	省份
390	聊城大学东昌学院	57	17.87	山东省
391	青岛恒星科技学院	30	17.86	山东省
391	中山大学新华学院	70	17.86	广东省
393	新乡医学院三全学院	34	17.83	河南省
394	湖南农业大学东方科技学院	14	17.82	湖南省
395	北京邮电大学世纪学院	7	17.62	北京市
395	陕西国际商贸学院	49	17.62	陕西省
397	安阳工学院	67	17.6	河南省
398	大连艺术学院	46	17.49	辽宁省
399	青岛农业大学海都学院	8	17.45	山东省
400	沈阳城市学院	147	17.17	辽宁省
401	兰州文理学院	34	17.14	甘肃省
402	广西职业师范学院	2	17.11	广西壮族自治区
402	三峡大学科技学院	6	17.11	湖北省
404	大连理工大学城市学院	65	17.01	辽宁省
405	贵州大学科技学院	3	17	贵州省
406	太原理工大学现代科技学院	1	16.98	山西省
407	深圳技术大学	20	16.97	广东省
408	上海财经大学浙江学院	3	16.94	浙江省
409	广州大学松田学院	61	16.91	广东省
410	武昌首义学院	37	16.82	湖北省
411	重庆师范大学涉外商贸学院	16	16.81	重庆市
412	郑州工业应用技术学院	38	16.74	河南省
413	武汉学院	72	16.52	湖北省

续表

序号	学校名称	项目数	总分	省份
414	华北理工大学轻工学院	12	16.49	河北省
415	天津财经大学珠江学院	8	16.48	天津市
416	郑州商学院	47	16.47	河南省
416	首都师范大学科德学院	4	16.47	北京市
418	湖北大学知行学院	45	16.41	湖北省
419	武汉文理学院	9	16.39	湖北省
420	温州大学瓯江学院	55	16.32	浙江省
420	鄂尔多斯应用技术学院	42	16.32	内蒙古自治区
422	萍乡学院	69	16.23	江西省
423	武汉华夏理工学院	50	16.13	湖北省
424	香港中文大学(深圳)	1	16.06	广东省
425	四川外国语大学成都学院	85	16.04	四川省
426	齐鲁理工学院	64	15.99	山东省
427	南通理工学院	70	15.84	江苏省
428	南京师范大学泰州学院	14	15.83	江苏省
429	郑州经贸学院	20	15.81	河南省
430	银川能源学院	48	15.76	宁夏回族自治区
431	阳光学院	66	15.74	福建省
432	中山大学南方学院	67	15.73	广东省
433	西安明德理工学院	30	15.7	陕西省
434	北京理工大学珠海学院	97	15.69	广东省
435	山西能源学院	28	15.65	山西省
435	广东东软学院	129	15.65	广东省
437	哈尔滨剑桥学院	31	15.61	黑龙江省
438	厦门华厦学院	42	15.6	福建省
439	长春大学旅游学院	56	15.58	吉林省

续表

序号	学校名称	项目数	总分	省份
440	广州工商学院	81	15.51	广东省
441	广州商学院	56	15.43	广东省
442	大连财经学院	34	15.22	辽宁省
443	黑龙江工商学院	32	15.16	黑龙江省
444	四川工商学院	69	15.07	四川省
445	湖北工业大学工程技术学院	45	15.05	湖北省
445	江西中医药大学科技学院	10	15.05	江西省
447	四川电影电视学院	41	15.02	四川省
448	新疆理工学院	11	15.01	新疆维吾尔自治区
449	上海师范大学天华学院	7	14.98	上海市
450	温州商学院	64	14.96	浙江省
451	西安交通大学城市学院	37	14.82	陕西省
452	成都理工大学工程技术学院	187	14.8	四川省
453	成都银杏酒店管理学院	71	14.71	四川省
454	茅台学院	9	14.62	贵州省
455	黑龙江财经学院	13	14.57	黑龙江省
456	哈尔滨信息工程学院	15	14.42	黑龙江省
457	河北农业大学现代科技学院	1	14.39	河北省
458	保山学院	55	14.37	云南省
459	大连科技学院	132	14.34	辽宁省
460	云南经济管理学院	89	14.22	云南省
461	青岛理工大学琴岛学院	50	14.14	山东省
462	吉林师范大学博达学院	77	14.08	吉林省

续表

序号	学校名称	项目数	总分	省份
463	安徽文达信息工程学院	86	14.03	安徽省
464	西安建筑科技大学华清学院	5	13.9	陕西省
465	南京传媒学院	21	13.88	江苏省
466	辽宁中医药大学杏林学院	13	13.82	辽宁省
467	南开大学滨海学院	48	13.79	天津市
468	郑州工商学院	5	13.7	河南省
469	桂林理工大学博文管理学院	99	13.59	广西壮族自治区
470	西南财经大学天府学院	65	13.58	四川省
470	常州大学怀德学院	10	13.58	江苏省
472	济南大学泉城学院	16	13.56	山东省
473	安徽师范大学皖江学院	85	13.42	安徽省
474	西南科技大学城市学院	133	13.39	四川省
475	广州理工学院	78	13.38	广东省
476	武昌工学院	83	13.37	湖北省
477	江西理工大学应用科学学院	30	13.36	江西省
478	天津大学仁爱学院	83	13.28	天津市
479	重庆工程学院	62	13.25	重庆市
480	广州大学华软软件学院	70	13.18	广东省
481	江西师范大学科学技术学院	12	13.05	江西省
481	南京信息工程大学滨江学院	22	13.05	江苏省
483	石家庄铁道大学四方学院	10	13.04	河北省
484	西安交通工程学院	31	12.93	陕西省
485	南华大学船山学院	7	12.92	湖南省
486	中国消防救援学院	3	12.89	北京市
487	北京交通大学海滨学院	29	12.8	河北省
488	江西工程学院	19	12.75	江西省
489	江西服装学院	20	12.72	江西省
490	北京工业大学耿丹学院	6	12.69	北京市
491	河南师范大学新联学院	22	12.68	河南省
492	天津外国语大学滨海外事学院	5	12.66	天津市
493	贵州师范大学求是学院	11	12.63	贵州省
494	厦门工学院	88	12.53	福建省
495	广西警察学院	3	12.41	广西壮族自治区
496	广东工业大学华立学院	71	12.36	广东省
496	商丘学院	31	12.36	河南省
498	云南艺术学院文华学院	39	12.35	云南省
499	山西医科大学晋祠学院	1	12.34	山西省
500	河北外国语学院	6	12.31	河北省
501	重庆邮电大学移通学院	24	12.26	重庆市
502	重庆大学城市科技学院	28	12.15	重庆市
503	西南交通大学希望学院	88	12.12	四川省
504	武汉工程大学邮电与信息工程学院	8	12.09	湖北省
505	浙江农林大学暨阳学院	48	12.07	浙江省
506	汉口学院	61	12.04	湖北省

续表

序号	学校名称	项目数	总分	省份
507	广东外语外贸大学南国商学院	73	11.95	广东省
508	北京第二外国语学院中瑞酒店管理学院	1	11.81	北京市
509	郑州财经学院	24	11.77	河南省
510	广西民族大学相思湖学院	67	11.71	广西壮族自治区
511	燕京理工学院	35	11.68	河北省
512	湘潭大学兴湘学院	7	11.41	湖南省
513	中南林业科技大学涉外学院	18	11.37	湖南省
514	北京科技大学天津学院	33	11.31	天津市
515	温州医科大学仁济学院	3	11.28	浙江省
516	广西中医药大学赛恩斯新医药学院	83	11.24	广西壮族自治区
517	兰州理工大学技术工程学院	39	11.13	甘肃省
518	赣南师范大学科技学院	3	11.12	江西省
519	嘉兴学院南湖学院	10	11.1	浙江省
520	广东海洋大学寸金学院	41	11.05	广东省
521	景德镇学院	61	11.03	江西省
522	昆明理工大学津桥学院	58	11.01	云南省
523	保定理工学院	10	10.84	河北省
524	阜阳师范大学信息工程学院	17	10.8	安徽省
525	同济大学浙江学院	18	10.78	浙江省
526	长江大学文理学院	21	10.71	湖北省
527	武汉工程科技学院	23	10.7	湖北省

续表

序号	学校名称	项目数	总分	省份
528	闽南科技学院	53	10.63	福建省
529	广东财经大学华商学院	28	10.59	广东省
529	河北美术学院	18	10.59	河北省
531	武汉设计工程学院	49	10.48	湖北省
532	上海立达学院	5	10.46	上海市
533	新疆农业大学科学技术学院	10	10.4	新疆维吾尔自治区
534	北海艺术设计学院	57	10.37	广西壮族自治区
535	信阳学院	16	10.34	河南省
536	安阳学院	37	10.33	河南省
537	沈阳城市建设学院	48	10.32	辽宁省
538	四川外国语大学重庆南方翻译学院	4	10.28	重庆市
538	哈尔滨广厦学院	19	10.28	黑龙江省
540	天津商业大学宝德学院	5	10.08	天津市
541	武汉晴川学院	34	9.98	湖北省
542	重庆工商大学融智学院	15	9.97	重庆市
543	华南农业大学珠江学院	45	9.73	广东省
544	安徽农业大学经济技术学院	45	9.71	安徽省
545	烟台大学文经学院	22	9.69	山东省
546	西安工商学院	7	9.65	陕西省
547	四川文化艺术学院	17	9.63	四川省
547	福州工商学院	37	9.63	福建省
549	青岛工学院	33	9.5	山东省
550	武汉传媒学院	38	9.46	湖北省
551	天津师范大学津沽学院	5	9.42	天津市
552	山东科技大学泰山科技学院	37	9.33	山东省

续表

序号	学校名称	项目数	总分	省份
553	云南师范大学文理学院	33	9.31	云南省
553	滇西应用技术大学	11	9.31	云南省
555	辽宁传媒学院	35	9.3	辽宁省
556	张家口学院	18	9.27	河北省
557	湖北工程学院新技术学院	30	9.26	湖北省
558	湖北经济学院法商学院	31	9.24	湖北省
559	湖南应用技术学院	31	9.22	湖南省
560	河北大学工商学院	5	9.17	河北省
561	江西财经大学现代经济管理学院	2	9.16	江西省
562	温州肯恩大学	35	9.15	浙江省
562	山东财经大学东方学院	24	9.15	山东省
564	辽宁师范大学海华学院	8	9.14	辽宁省
565	中北大学信息商务学院	17	9.08	山西省
566	北京航空航天大学北海学院	8	9.06	广西壮族自治区
567	昆山杜克大学	7	9.04	江苏省
568	西安财经大学行知学院	9	9.03	陕西省
568	长沙理工大学城南学院	7	9.03	湖南省
570	河北地质大学华信学院	10	8.98	河北省
571	潍坊理工学院	29	8.95	山东省
572	南宁师范大学师园学院	31	8.93	广西壮族自治区
573	湖南交通工程学院	29	8.89	湖南省
573	江苏大学京江学院	3	8.89	江苏省

续表

序号	学校名称	项目数	总分	省份
575	湖北师范大学文理学院	29	8.79	湖北省
575	辽宁财贸学院	3	8.79	辽宁省
577	哈尔滨远东理工学院	23	8.78	黑龙江省
578	蚌埠工商学院	10	8.61	安徽省
579	云南大学旅游文化学院	27	8.59	云南省
580	陕西服装工程学院	24	8.57	陕西省
581	华东交通大学理工学院	13	8.53	江西省
582	齐齐哈尔工程学院	11	8.49	黑龙江省
583	福州理工学院	22	8.33	福建省
583	大连工业大学艺术与信息工程学院	17	8.33	辽宁省
585	河南大学民生学院	2	8.15	河南省
586	湖北民族大学科技学院	18	8.04	湖北省
587	山东财经大学燕山学院	12	8.02	山东省
588	黄河交通学院	14	7.92	河南省
588	河北科技学院	11	7.92	河北省
590	贵州大学明德学院	10	7.88	贵州省
591	昆明医科大学海源学院	17	7.7	云南省
592	辽宁理工学院	18	7.67	辽宁省
593	河北师范大学汇华学院	13	7.61	河北省
594	武汉纺织大学外经贸学院	14	7.49	湖北省
595	延安大学西安创新学院	5	7.43	陕西省
596	天津医科大学临床医学院	15	7.4	天津市

续表

序号	学校名称	项目数	总分	省份
597	锦州医科大学医疗学院	14	7.39	辽宁省
598	河北东方学院	7	7.35	河北省
599	天津体育学院运动与文化艺术学院	7	7.32	天津市
600	湖北医药学院药护学院	14	7.29	湖北省
601	安徽外国语学院	11	7.09	安徽省
601	南昌航空大学科技学院	6	7.09	江西省
603	贵州民族大学人文科技学院	8	7.06	贵州省
604	淮北师范大学信息学院	12	7.04	安徽省
605	安徽医科大学临床医学院	12	6.99	安徽省
606	安徽艺术学院	11	6.97	安徽省
607	陕西科技大学镐京学院	7	6.86	陕西省
608	江苏师范大学科文学院	6	6.71	江苏省
609	西北大学现代学院	2	6.58	陕西省
610	遵义医科大学医学与科技学院	9	6.54	贵州省
611	贵州财经大学商务学院	6	6.39	贵州省
611	江苏科技大学苏州理工学院	4	6.39	江苏省
613	北京工商大学嘉华学院	1	6.38	北京市
613	山西应用科技学院	1	6.38	山西省
615	长江大学工程技术学院	4	6.36	湖北省
616	华北理工大学冀唐学院	1	6.32	河北省

续表

序号	学校名称	项目数	总分	省份
616	西安科技大学高新学院	4	6.32	陕西省
618	江西科技师范大学理工学院	4	6.28	江西省
618	南京审计大学金审学院	4	6.28	江苏省
620	吉首大学张家界学院	5	6.16	湖南省
621	兰州财经大学陇桥学院	6	6.07	甘肃省
622	新疆医科大学厚博学院	6	5.98	新疆维吾尔自治区
622	衡阳师范学院南岳学院	6	5.98	湖南省
624	湖南理工学院南湖学院	6	5.96	湖南省
625	北京电影学院现代创意媒体学院	3	5.94	山东省
626	南昌大学共青学院	3	5.89	江西省
626	湖北文理学院理工学院	3	5.89	湖北省
626	华北电力大学科技学院	3	5.89	河北省
629	贵州中医药大学时珍学院	5	5.84	贵州省
629	河北经贸大学经济管理学院	3	5.84	河北省
629	北京师范大学一香港浸会大学联合国际学院	3	5.84	广东省
632	湖北汽车工业学院科技学院	5	5.72	湖北省
632	武汉体育学院体育科技学院	5	5.72	湖北省

续表

序号	学校名称	项目数	总分	省份
634	湖南工程学院应用技术学院	5	5.69	湖南省
635	黑龙江工程学院昆仑旅游学院	5	5.67	黑龙江省
635	河南科技学院新科学院	3	5.67	河南省
637	新疆科技学院	4	5.41	新疆维吾尔自治区
637	湖南科技大学潇湘学院	4	5.41	湖南省
639	湖南文理学院芙蓉学院	4	5.38	湖南省
640	湘潭理工学院	4	5.34	湖南省
640	安徽建筑大学城市建设学院	3	5.34	安徽省
640	马鞍山学院	3	5.34	安徽省
643	江西农业大学南昌商学院	2	5.28	江西省
644	湖南工业大学科技学院	3	5.03	湖南省
645	湖南师范大学树达学院	3	4.99	湖南省
646	山西师范大学现代文理学院	1	4.55	山西省
647	兰州财经大学长青学院	1	4.44	甘肃省
647	上海纽约大学	1	4.44	上海市
647	太原科技大学华科学院	1	4.44	山西省
647	河北科技大学理工学院	1	4.44	河北省
647	兰州交通大学博文学院	1	4.44	甘肃省
647	河北工程大学科信学院	1	4.44	河北省

续表

序号	学校名称	项目数	总分	省份
653	湖南中医药大学湘杏学院	1	3.73	湖南省

7.12　全国普通本科院校教师教学发展师均指数(2020版,TOP100)

排名	学校名称	奖项总数	专任教师数	总分	省份
1	北京大学	3579	3118	100	北京市
2	清华大学	3313	3200	99.54	北京市
3	南京大学	2822	2110	96.35	江苏省
4	中国人民大学	2461	1835	95.16	北京市
5	北京师范大学	2828	1960	92.42	北京市
6	复旦大学	2617	2793	87.91	上海市
7	首都医科大学	567	664	87.71	北京市
8	哈尔滨医科大学	547	600	87.31	黑龙江省
9	西安交通大学	2831	2838	87.15	陕西省
10	浙江大学	3437	3738	86.96	浙江省
11	上海交通大学	2594	3172	86.77	上海市
12	北京交通大学	1559	1696	86.43	北京市
13	华东师范大学	2693	2141	84.73	上海市
14	华中科技大学	3055	3098	84.35	湖北省
15	中央音乐学院	374	395	84.24	北京市
16	中国音乐学院	136	208	83.85	北京市
17	南开大学	1974	1995	83.6	天津市
18	中国政法大学	860	530	83.33	北京市
19	天津大学	2401	2660	82.86	天津市
20	东南大学	2412	2836	82.69	江苏省
21	中国科学技术大学	1648	1598	81.84	安徽省
22	天津中德应用技术大学	117	453	81.81	天津市
23	武汉大学	2832	4112	81.63	湖北省
24	哈尔滨工业大学	2403	2802	81.59	黑龙江省
25	西北工业大学	2988	1928	81.49	陕西省
26	中国医科大学	525	773	80.91	辽宁省
27	大连理工大学	2610	2623	80.58	辽宁省
28	华中师范大学	1542	1751	80.39	湖北省

续表

排名	学校名称	奖项总数	专任教师数	总分	省份
29	华中农业大学	1640	1598	80.36	湖北省
30	同济大学	2422	2963	80.15	上海市
31	厦门大学	3072	2506	80.07	福建省
32	北京理工大学	1706	1919	79.1	北京市
33	东北师范大学	1460	1610	79.02	吉林省
34	上海音乐学院	53	282	78.96	上海市
35	兰州大学	2085	1924	78.74	甘肃省
36	中国药科大学	816	909	78.38	江苏省
37	湖南大学	1960	2020	78.32	湖南省
38	北京外国语大学	846	726	78.28	北京市
39	中山大学	2357	2698	77.9	广东省
40	南京师范大学	1459	1753	77.81	江苏省
41	吉林大学	3943	4192	77.78	吉林省
42	西南交通大学	1558	2458	77.72	四川省
43	上海财经大学	987	926	77.5	上海市
44	北京航空航天大学	2179	2176	77.25	北京市
45	中国农业大学	1963	1832	76.99	北京市
46	中国矿业大学	1440	1703	76.67	江苏省
47	天津医科大学	291	666	76.59	天津市
48	中南大学	4087	2843	76.55	湖南省
49	南京农业大学	1425	1536	76.42	江苏省
50	东华大学	1150	1118	76.15	上海市
51	对外经济贸易大学	960	899	76.03	北京市
52	重庆大学	2198	2759	75.9	重庆市
53	西南财经大学	1086	1166	75.76	四川省
54	东北大学	2019	2174	75.09	辽宁省
55	华东理工大学	1316	1647	75.07	上海市
56	上海外国语大学	1030	709	75.04	上海市
57	北京林业大学	988	1063	75.02	北京市
58	电子科技大学	2242	1975	74.86	四川省
59	北京科技大学	1143	1658	74.67	北京市

续表

排名	学校名称	奖项总数	专任教师数	总分	省份
60	西北大学	1053	1709	74.63	陕西省
61	东北财经大学	516	818	74.59	辽宁省
62	西藏藏医药大学	89	114	74.49	西藏自治区
63	北京化工大学	1130	1364	74.32	北京市
64	南京航空航天大学	1377	1726	74.3	江苏省
65	华南理工大学	2415	2917	74.15	广东省
66	四川大学	2751	5055	73.88	四川省
67	辽宁中医药大学	220	349	73.82	辽宁省
68	山东农业大学	1103	1321	73.5	山东省
69	山东大学	2295	3878	73.44	山东省
70	北京舞蹈学院	154	219	73.16	北京市
71	西安电子科技大学	1792	1987	73.08	陕西省
72	陕西师范大学	1310	1779	73.06	陕西省
73	南京医科大学	540	908	72.63	江苏省
74	中央财经大学	956	1016	72.33	北京市
75	中国传媒大学	972	1127	71.69	北京市
76	首都师范大学	1173	1415	71.54	北京市
77	中国美术学院	267	557	71.41	浙江省
78	中央美术学院	383	451	70.92	北京市
79	北京工业大学	1206	1492	70.62	北京市
80	汕头大学	551	753	70.56	广东省
81	东北林业大学	1407	1198	70.51	黑龙江省
82	北京邮电大学	1198	1254	70.45	北京市
83	江南大学	1322	1797	70.4	江苏省
84	河海大学	1436	1846	70.27	江苏省
85	南京理工大学	1367	1877	70.22	江苏省
86	上海中医药大学	666	1058	70.07	上海市
86	西藏大学	517	664	70.07	西藏自治区
88	中国海洋大学	1383	1598	70.06	山东省
89	哈尔滨工程大学	1576	1635	69.83	黑龙江省
90	华南师范大学	1316	2054	69.7	广东省

续表

排名	学校名称	奖项总数	专任教师数	总分	省份
91	北京电子科技学院	367	138	69.39	北京市
92	湖南师范大学	739	1878	69.31	湖南省
93	上海戏剧学院	150	280	69.28	上海市
94	四川美术学院	121	439	69.22	重庆市
95	合肥工业大学	1266	2119	68.93	安徽省
96	云南大学	629	1808	68.69	云南省
97	南京中医药大学	680	840	68.65	江苏省
98	武汉理工大学	1974	2627	68.42	湖北省
99	福建师范大学	865	1801	68.09	福建省
100	南京医科大学康达学院	33	115	67.83	江苏省

8 全国高职院校教师教学发展指数（2020版）

8.1 全国高职院校教师教学发展指数(2020 版总清单)

序号	学校名称	项目数	总分	省份
1	深圳职业技术学院	778	100	广东省
2	天津市职业大学	603	84.77	天津市
3	金华职业技术学院	700	80.91	浙江省
4	无锡职业技术学院	371	79.39	江苏省
5	黄河水利职业技术学院	382	79.05	河南省
6	长沙民政职业技术学院	360	78.94	湖南省
7	陕西工业职业技术学院	413	78.85	陕西省
8	山东商业职业技术学院	379	78.31	山东省
9	浙江金融职业学院	541	77.95	浙江省
10	北京工业职业技术学院	503	77.88	北京市
11	广东轻工职业技术学院	337	77.63	广东省
12	顺德职业技术学院	472	77.4	广东省
13	浙江机电职业技术学院	328	77	浙江省
14	淄博职业学院	382	75.82	山东省
15	宁波职业技术学院	340	75.66	浙江省
16	成都航空职业技术学院	237	75.39	四川省
17	广州番禺职业技术学院	345	75.38	广东省
18	昆明冶金高等专科学校	283	75.32	云南省
19	湖南铁道职业技术学院	254	75.09	湖南省

续表

序号	学校名称	项目数	总分	省份
20	南京工业职业技术大学	430	74.92	江苏省
21	承德石油高等专科学校	191	74.59	河北省
22	武汉职业技术学院	294	74.48	湖北省
23	北京电子科技职业学院	453	73.73	北京市
24	重庆电子工程职业学院	368	73.71	重庆市
25	河北工业职业技术学院	215	73.13	河北省
26	长春职业技术学院	512	72.83	吉林省
27	邢台职业技术学院	271	72.71	河北省
28	杨凌职业技术学院	273	72.38	陕西省
29	常州信息职业技术学院	291	72.35	江苏省
30	新疆农业职业技术学院	226	72.14	新疆维吾尔自治区
31	重庆工业职业技术学院	377	71.62	重庆市
32	辽宁省交通高等专科学校	264	71.29	辽宁省
33	深圳信息职业技术学院	282	70.99	广东省
34	九江职业技术学院	262	70.38	江西省
34	江苏建筑职业技术学院	262	70.38	江苏省
36	浙江交通职业技术学院	213	70.17	浙江省

续表

序号	学校名称	项目数	总分	省份
37	四川工程职业技术学院	138	70.01	四川省
38	南宁职业技术学院	311	69.91	广西壮族自治区
39	浙江经济职业技术学院	265	69.9	浙江省
40	武汉船舶职业技术学院	185	69.79	湖北省
41	江苏农林职业技术学院	215	69.5	江苏省
42	贵州交通职业技术学院	209	69.47	贵州省
43	山西工程职业学院	199	69.3	山西省
44	威海职业学院	259	69.24	山东省
45	日照职业技术学院	230	68.74	山东省
46	温州职业技术学院	212	68.54	浙江省
46	北京财贸职业学院	248	68.54	北京市
48	常州机电职业技术学院	256	68.24	江苏省
49	天津医学高等专科学校	148	68.16	天津市
50	兰州石化职业技术学院	203	68.15	甘肃省
51	辽宁农业职业技术学院	210	67.92	辽宁省
51	北京信息职业技术学院	323	67.92	北京市
53	黑龙江建筑职业技术学院	150	67.58	黑龙江省
54	常州工程职业技术学院	220	67.38	江苏省
55	广东交通职业技术学院	204	67.31	广东省
56	江苏农牧科技职业学院	177	67.26	江苏省

续表

序号	学校名称	项目数	总分	省份
57	襄阳职业技术学院	164	67.17	湖北省
58	江苏工程职业技术学院	186	67.02	江苏省
59	江苏经贸职业技术学院	216	66.97	江苏省
60	天津电子信息职业技术学院	260	66.85	天津市
61	长春汽车工业高等专科学校	225	66.71	吉林省
62	南京信息职业技术学院	206	66.57	江苏省
62	福建船政交通职业学院	385	66.57	福建省
62	滨州职业学院	179	66.57	山东省
65	浙江经贸职业技术学院	254	65.99	浙江省
66	浙江商业职业技术学院	283	65.68	浙江省
67	青岛职业技术学院	180	65.52	山东省
68	杭州职业技术学院	197	65.23	浙江省
69	天津轻工职业技术学院	238	65.14	天津市
70	广州民航职业技术学院	124	65.02	广东省
71	广东科学技术职业学院	195	64.97	广东省
72	无锡商业职业技术学院	286	64.94	江苏省
73	四川交通职业技术学院	190	64.86	四川省
74	四川建筑职业技术学院	177	64.81	四川省
75	柳州职业技术学院	208	64.78	广西壮族自治区

续表

序号	学校名称	项目数	总分	省份
76	湖南工业职业技术学院	229	64.68	湖南省
77	北京农业职业学院	207	64.47	北京市
78	芜湖职业技术学院	248	64.34	安徽省
79	郑州铁路职业技术学院	167	64.21	河南省
80	西安航空职业技术学院	204	64.02	陕西省
81	哈尔滨职业技术学院	215	63.9	黑龙江省
82	潍坊职业学院	222	63.76	山东省
83	黄冈职业技术学院	182	63.75	湖北省
84	山西省财政税务专科学校	185	63.69	山西省
85	河南工业职业技术学院	265	63.68	河南省
86	江苏航运职业技术学院	150	63.38	江苏省
87	黑龙江农业工程职业学院	228	63.33	黑龙江省
88	江苏食品药品职业技术学院	126	63.23	江苏省
89	湖北职业技术学院	145	63.13	湖北省
90	黑龙江农业经济职业学院	179	63.12	黑龙江省
91	平顶山工业职业技术学院	112	63	河南省
92	石家庄铁路职业技术学院	78	62.93	河北省
93	安徽职业技术学院	271	62.88	安徽省
94	黑龙江职业学院	230	62.69	黑龙江省
95	浙江旅游职业学院	170	62.55	浙江省
96	河北化工医药职业技术学院	134	62.48	河北省

续表

序号	学校名称	项目数	总分	省份
97	石家庄邮电职业技术学院	96	62.16	河北省
98	广西职业技术学院	167	62.11	广西壮族自治区
99	湖南交通职业技术学院	191	61.98	湖南省
100	南京交通职业技术学院	229	61.97	江苏省
101	陕西铁路工程职业技术学院	162	61.84	陕西省
102	南京科技职业学院	175	61.71	江苏省
103	安徽机电职业技术学院	234	61.69	安徽省
104	兰州资源环境职业技术学院	125	61.62	甘肃省
105	浙江建设职业技术学院	182	61.5	浙江省
106	山东科技职业学院	164	61.32	山东省
107	海南职业技术学院	119	61.26	海南省
108	天津交通职业学院	195	61.22	天津市
109	重庆工程职业技术学院	286	61.16	重庆市
110	重庆城市管理职业学院	236	61.07	重庆市
111	天津现代职业技术学院	159	60.95	天津市
112	河南职业技术学院	281	60.85	河南省
113	江西交通职业技术学院	136	60.84	江西省
114	广东食品药品职业学院	115	60.83	广东省
115	南京铁道职业技术学院	145	60.48	江苏省

续表

序号	学校名称	项目数	总分	省份
116	安徽水利水电职业技术学院	170	60.46	安徽省
117	湖南化工职业技术学院	145	60.39	湖南省
118	云南交通职业技术学院	97	60.33	云南省
119	广东机电职业技术学院	210	60.32	广东省
120	武汉铁路职业技术学院	98	60.28	湖北省
121	湖南汽车工程职业学院	161	60.17	湖南省
121	唐山工业职业技术学院	185	60.17	河北省
123	江西应用技术职业学院	249	60.01	江西省
123	安徽商贸职业技术学院	241	60.01	安徽省
125	永州职业技术学院	102	60	湖南省
126	大连职业技术学院	197	59.93	辽宁省
127	浙江工商职业技术学院	181	59.89	浙江省
128	广东水利电力职业技术学院	139	59.82	广东省
129	内蒙古建筑职业技术学院	104	59.8	内蒙古自治区
130	苏州工艺美术职业技术学院	111	59.78	江苏省
130	湖南工艺美术职业学院	76	59.78	湖南省
132	常州工业职业技术学院	239	59.77	江苏省
133	徐州工业职业技术学院	149	59.46	江苏省
134	河南农业职业学院	99	59.43	河南省

续表

序号	学校名称	项目数	总分	省份
135	浙江工贸职业技术学院	127	59.25	浙江省
136	武汉软件工程职业学院	158	59.23	湖北省
137	宁夏职业技术学院	126	59	宁夏回族自治区
138	江苏海事职业技术学院	150	58.89	江苏省
139	浙江纺织服装职业技术学院	158	58.76	浙江省
140	福建信息职业技术学院	317	58.74	福建省
141	济南职业学院	147	58.45	山东省
142	山东畜牧兽医职业学院	96	58.44	山东省
143	沈阳职业技术学院	162	58.42	辽宁省
143	苏州农业职业技术学院	145	58.42	江苏省
145	辽宁机电职业技术学院	166	58.35	辽宁省
146	江苏电子信息职业学院	207	57.96	江苏省
147	上海城建职业学院	140	57.77	上海市
148	上海工艺美术职业学院	63	57.71	上海市
149	山东职业学院	156	57.62	山东省
150	成都纺织高等专科学校	140	57.47	四川省
151	北京交通运输职业学院	131	57.44	北京市
152	陕西国防工业职业技术学院	139	57.39	陕西省
153	江苏联合职业技术学院	339	57.3	江苏省
154	烟台职业学院	202	57.26	山东省

续表

序号	学校名称	项目数	总分	省份
155	长沙航空职业技术学院	112	57.2	湖南省
156	石家庄职业技术学院	103	57.07	河北省
157	广州铁路职业技术学院	132	57.05	广东省
158	广东农工商职业技术学院	178	56.7	广东省
159	包头职业技术学院	71	56.65	内蒙古自治区
160	漳州职业技术学院	259	56.49	福建省
161	黎明职业大学	197	56.47	福建省
162	南通职业大学	139	56.46	江苏省
163	吉林工业职业技术学院	116	56.4	吉林省
164	重庆医药高等专科学校	74	56.33	重庆市
165	湖北交通职业技术学院	93	56.16	湖北省
166	重庆工商职业学院	237	56.12	重庆市
167	天津商务职业学院	136	56.11	天津市
167	内蒙古机电职业技术学院	90	56.11	内蒙古自治区
169	宁夏工商职业技术学院	131	55.99	宁夏回族自治区
170	新疆轻工职业技术学院	75	55.96	新疆维吾尔自治区
170	浙江医药高等专科学校	90	55.96	浙江省
172	秦皇岛职业技术学院	114	55.89	河北省
173	苏州工业园区职业技术学院	59	55.8	江苏省
174	福建林业职业技术学院	89	55.79	福建省

续表

序号	学校名称	项目数	总分	省份
175	山东外贸职业学院	94	55.73	山东省
176	东营职业学院	155	55.71	山东省
177	青岛酒店管理职业技术学院	121	55.69	山东省
178	苏州工业职业技术学院	129	55.64	江苏省
179	安徽工商职业学院	282	55.61	安徽省
180	河南经贸职业学院	200	55.37	河南省
181	武汉交通职业学院	118	55.31	湖北省
182	成都职业技术学院	160	55.23	四川省
183	海南经贸职业技术学院	157	55.21	海南省
184	商丘职业技术学院	70	55.19	河南省
185	吉林交通职业技术学院	126	55.17	吉林省
185	福州职业技术学院	194	55.17	福建省
187	河北交通职业技术学院	83	55.11	河北省
188	天津渤海职业技术学院	131	55.1	天津市
189	山西职业技术学院	221	55.05	山西省
190	山东交通职业学院	196	55.01	山东省
191	江西旅游商贸职业学院	149	54.97	江西省
192	北京劳动保障职业学院	129	54.93	北京市
193	上海出版印刷高等专科学校	55	54.8	上海市
194	武汉电力职业技术学院	95	54.79	湖北省
195	辽宁石化职业技术学院	104	54.72	辽宁省
195	湖州职业技术学院	141	54.72	浙江省
197	宁波城市职业技术学院	181	54.57	浙江省

续表

序号	学校名称	项目数	总分	省份
198	北京社会管理职业学院	43	54.51	北京市
199	江西财经职业学院	168	54.49	江西省
200	中山职业技术学院	167	54.44	广东省
201	上海电子信息职业技术学院	227	54.4	上海市
202	许昌职业技术学院	169	54.19	河南省
203	湖北三峡职业技术学院	118	54.11	湖北省
204	铜仁职业技术学院	62	54.1	贵州省
205	重庆电力高等专科学校	81	54.06	重庆市
205	江苏财经职业技术学院	148	54.06	江苏省
207	常州纺织服装职业技术学院	124	54.04	江苏省
208	苏州经贸职业技术学院	123	54.02	江苏省
209	山西建筑职业技术学院	72	53.94	山西省
210	绵阳职业技术学院	75	53.91	四川省
211	合肥职业技术学院	88	53.71	安徽省
212	浙江警官职业学院	62	53.66	浙江省
213	辽宁生态工程职业学院	158	53.62	辽宁省
214	天津机电职业技术学院	131	53.41	天津市
215	山西药科职业学院	58	53.29	山西省
216	丽水职业技术学院	144	53.16	浙江省
216	安徽医学高等专科学校	64	53.16	安徽省
218	广西农业职业技术学院	112	53.14	广西壮族自治区
219	岳阳职业技术学院	88	53.09	湖南省

续表

序号	学校名称	项目数	总分	省份
220	扬州工业职业技术学院	160	52.98	江苏省
221	江苏信息职业技术学院	110	52.95	江苏省
222	克拉玛依职业技术学院	63	52.94	新疆维吾尔自治区
223	云南机电职业技术学院	43	52.88	云南省
224	广西机电职业技术学院	139	52.82	广西壮族自治区
225	湖南科技职业学院	83	52.78	湖南省
226	酒泉职业技术学院	103	52.77	甘肃省
227	中山火炬职业技术学院	77	52.67	广东省
228	佛山职业技术学院	114	52.65	广东省
229	唐山职业技术学院	81	52.63	河北省
230	广西交通职业技术学院	147	52.58	广西壮族自治区
231	内蒙古化工职业学院	65	52.5	内蒙古自治区
232	湖南大众传媒职业技术学院	92	52.46	湖南省
233	广东工贸职业技术学院	143	52.38	广东省
234	江西现代职业技术学院	210	52.35	江西省
235	南京旅游职业学院	149	52.28	江苏省
236	湖北工业职业技术学院	64	52.25	湖北省
237	重庆三峡医药高等专科学校	81	52.23	重庆市
238	江西环境工程职业学院	195	52.14	江西省
239	渤海船舶职业学院	84	52.08	辽宁省

续表

序号	学校名称	项目数	总分	省份
240	苏州卫生职业技术学院	65	52.07	江苏省
241	济宁职业技术学院	71	52.05	山东省
242	长沙商贸旅游职业技术学院	125	51.98	湖南省
243	辽宁经济职业技术学院	127	51.95	辽宁省
244	湖北城市建设职业技术学院	86	51.93	湖北省
245	湖南环境生物职业技术学院	56	51.84	湖南省
246	陕西职业技术学院	117	51.75	陕西省
247	上海旅游高等专科学校	77	51.71	上海市
248	新疆交通职业技术学院	53	51.66	新疆维吾尔自治区
249	浙江工业职业技术学院	140	51.64	浙江省
250	义乌工商职业技术学院	114	51.63	浙江省
251	湖南生物机电职业技术学院	94	51.56	湖南省
251	福建水利电力职业技术学院	70	51.56	福建省
253	扬州市职业大学	92	51.47	江苏省
254	包头轻工职业技术学院	61	51.36	内蒙古自治区
255	江西外语外贸职业学院	123	50.97	江西省
256	盐城工业职业技术学院	77	50.9	江苏省
257	贵州轻工职业技术学院	99	50.86	贵州省
258	江西陶瓷工艺美术职业技术学院	37	50.82	江西省

续表

序号	学校名称	项目数	总分	省份
259	保定职业技术学院	84	50.8	河北省
260	西安铁路职业技术学院	109	50.77	陕西省
261	上海思博职业技术学院	98	50.3	上海市
262	山东中医药高等专科学校	60	50.28	山东省
263	河南交通职业技术学院	99	50.26	河南省
264	邯郸职业技术学院	51	50.23	河北省
265	锡林郭勒职业学院	118	50.09	内蒙古自治区
266	湖南铁路科技职业技术学院	72	50.07	湖南省
267	厦门城市职业学院	123	50.06	福建省
268	吉林铁道职业技术学院	68	50.04	吉林省
269	济源职业技术学院	105	50.03	河南省
270	浙江艺术职业学院	65	50.02	浙江省
271	山东旅游职业学院	69	50	山东省
272	山东工业职业学院	85	49.99	山东省
273	聊城职业技术学院	128	49.85	山东省
274	安徽交通职业技术学院	51	49.73	安徽省
275	湖北水利水电职业技术学院	102	49.72	湖北省
276	柳州铁道职业技术学院	329	49.69	广西壮族自治区
277	武汉城市职业学院	153	49.65	湖北省
277	山东水利职业学院	118	49.65	山东省
279	河北旅游职业学院	60	49.6	河北省
280	河北软件职业技术学院	80	49.55	河北省
281	青岛港湾职业技术学院	50	49.53	山东省

续表

序号	学校名称	项目数	总分	省份
282	邢台医学高等专科学校	44	49.52	河北省
283	上海交通职业技术学院	99	49.51	上海市
284	陕西交通职业技术学院	108	49.48	陕西省
285	青海交通职业技术学院	77	49.47	青海省
286	江西卫生职业学院	56	49.42	江西省
287	湖南机电职业技术学院	103	49.31	湖南省
288	河北机电职业技术学院	73	49.3	河北省
289	宁夏财经职业技术学院	67	49.29	宁夏回族自治区
290	苏州职业大学	109	49.27	江苏省
291	广东省外语艺术职业学院	73	49.24	广东省
292	天津城市职业学院	55	49.17	天津市
293	广西建设职业技术学院	116	49.11	广西壮族自治区
294	杭州科技职业技术学院	102	49.1	浙江省
295	云南国土资源职业学院	81	49.09	云南省
296	江西工业贸易职业技术学院	67	48.94	江西省
297	甘肃林业职业技术学院	65	48.9	甘肃省
298	四川工商职业技术学院	75	48.86	四川省
299	温州科技职业学院	77	48.81	浙江省
300	河北对外经贸职业学院	47	48.8	河北省

续表

序号	学校名称	项目数	总分	省份
301	山东城市建设职业学院	49	48.79	山东省
302	哈尔滨铁道职业技术学院	37	48.78	黑龙江省
303	湖南商务职业技术学院	130	48.71	湖南省
304	北京戏曲艺术职业学院	47	48.61	北京市
305	长春医学高等专科学校	58	48.6	吉林省
306	鄂州职业大学	68	48.48	湖北省
307	山东医学高等专科学校	53	48.43	山东省
308	四川邮电职业技术学院	83	48.38	四川省
309	湖南现代物流职业技术学院	83	48.34	湖南省
310	湖北生物科技职业学院	99	48.33	湖北省
311	乐山职业技术学院	71	48.32	四川省
312	厦门海洋职业技术学院	55	48.28	福建省
313	广西电力职业技术学院	92	48.23	广西壮族自治区
314	江西工业工程职业技术学院	49	48.16	江西省
315	黑龙江交通职业技术学院	110	48.12	黑龙江省
316	山西机电职业技术学院	162	48.08	山西省
317	广西国际商务职业技术学院	87	48.05	广西壮族自治区
318	郑州旅游职业学院	81	47.94	河南省

续表

序号	学校名称	项目数	总分	省份
319	吉林电子信息职业技术学院	169	47.9	吉林省
319	云南林业职业技术学院	59	47.9	云南省
319	青海畜牧兽医职业技术学院	33	47.9	青海省
322	安庆职业技术学院	80	47.85	安徽省
323	陕西能源职业技术学院	69	47.75	陕西省
324	重庆航天职业技术学院	80	47.7	重庆市
325	广东建设职业技术学院	53	47.59	广东省
326	宜宾职业技术学院	66	47.58	四川省
327	成都农业科技职业学院	100	47.57	四川省
328	黔东南民族职业技术学院	54	47.38	贵州省
329	荆州职业技术学院	84	47.33	湖北省
329	安徽财贸职业学院	123	47.33	安徽省
331	天津海运职业学院	83	47.31	天津市
332	甘肃工业职业技术学院	71	47.28	甘肃省
333	漯河医学高等专科学校	30	47.26	河南省
334	北京青年政治学院	125	47.23	北京市
334	黑龙江林业职业技术学院	60	47.23	黑龙江省
336	贵州电子信息职业技术学院	106	47.1	贵州省
337	嘉兴职业技术学院	105	47.07	浙江省
337	莱芜职业技术学院	72	47.07	山东省
339	昆明工业职业技术学院	40	47.03	云南省

续表

序号	学校名称	项目数	总分	省份
340	湖北生态工程职业技术学院	86	47	湖北省
341	江苏医药职业学院	73	46.96	江苏省
342	山东理工职业学院	74	46.91	山东省
343	西藏职业技术学院	56	46.9	西藏自治区
344	浙江国际海运职业技术学院	63	46.87	浙江省
345	宁波卫生职业技术学院	54	46.86	浙江省
346	云南农业职业技术学院	46	46.85	云南省
347	沧州医学高等专科学校	62	46.83	河北省
348	天津铁道职业技术学院	50	46.82	天津市
349	开封大学	62	46.79	河南省
350	新疆职业大学	65	46.73	新疆维吾尔自治区
351	江苏城乡建设职业学院	66	46.72	江苏省
351	济南工程职业技术学院	55	46.72	山东省
353	包头铁道职业技术学院	58	46.69	内蒙古自治区
354	泉州医学高等专科学校	49	46.67	福建省
354	广西工业职业技术学院	93	46.67	广西壮族自治区
356	山西交通职业技术学院	72	46.54	山西省
357	甘肃交通职业技术学院	64	46.52	甘肃省
358	闽西职业技术学院	82	46.5	福建省

续表

序号	学校名称	项目数	总分	省份
359	台州职业技术学院	86	46.46	浙江省
360	广西金融职业技术学院	44	46.39	广西壮族自治区
360	鹤壁职业技术学院	111	46.39	河南省
362	广西水利电力职业技术学院	79	46.36	广西壮族自治区
363	广州城市职业学院	97	46.32	广东省
364	辽宁职业学院	79	46.31	辽宁省
365	郑州电力高等专科学校	52	46.29	河南省
366	广东工程职业技术学院	57	46.2	广东省
367	上海东海职业技术学院	59	46.19	上海市
368	广东职业技术学院	72	46.16	广东省
369	福建幼儿师范高等专科学校	29	46.11	福建省
370	四川电力职业技术学院	25	46.1	四川省
371	江西机电职业技术学院	47	46.08	江西省
371	广西经贸职业技术学院	67	46.08	广西壮族自治区
373	北京经济管理职业学院	58	46.02	北京市
374	无锡工艺职业技术学院	60	45.9	江苏省
375	四川信息职业技术学院	97	45.89	四川省
376	四川职业技术学院	61	45.88	四川省
377	上海济光职业技术学院	38	45.86	上海市
378	上海农林职业技术学院	108	45.85	上海市

续表

序号	学校名称	项目数	总分	省份
379	新疆石河子职业技术学院	72	45.84	新疆维吾尔自治区
380	泸州职业技术学院	51	45.83	四川省
381	大庆职业学院	42	45.81	黑龙江省
382	福建卫生职业技术学院	53	45.76	福建省
383	山东经贸职业学院	53	45.62	山东省
384	湖南中医药高等专科学校	49	45.54	湖南省
384	乌鲁木齐职业大学	53	45.54	新疆维吾尔自治区
386	安徽电气工程职业技术学院	49	45.42	安徽省
387	徐州幼儿师范高等专科学校	34	45.33	江苏省
388	湖南财经工业职业技术学院	58	45.29	湖南省
389	安徽国防科技职业学院	109	45.28	安徽省
390	青岛远洋船员职业学院	36	45.2	山东省
391	黑龙江旅游职业技术学院	37	45.19	黑龙江省
392	黑龙江农业职业技术学院	51	45.13	黑龙江省
393	四川化工职业技术学院	57	45.07	四川省
394	天津工业职业学院	56	45.04	天津市
395	山东电子职业技术学院	103	45.02	山东省
396	阜阳职业技术学院	35	45	安徽省
397	仙桃职业学院	103	44.95	湖北省
398	湖南邮电职业技术学院	39	44.94	湖南省

续表

序号	学校名称	项目数	总分	省份
399	辽源职业技术学院	49	44.92	吉林省
400	南阳医学高等专科学校	28	44.84	河南省
401	黑龙江农垦职业学院	51	44.8	黑龙江省
402	长沙环境保护职业技术学院	76	44.71	湖南省
403	湖北轻工职业技术学院	47	44.63	湖北省
404	沙洲职业工学院	61	44.54	江苏省
405	曲靖医学高等专科学校	30	44.39	云南省
406	辽宁建筑职业学院	63	44.38	辽宁省
407	内蒙古商贸职业学院	86	44.32	内蒙古自治区
408	黑龙江生物科技职业学院	73	44.31	黑龙江省
409	辽宁铁道职业技术学院	45	44.26	辽宁省
410	东莞职业技术学院	125	44.24	广东省
411	安徽国际商务职业学院	109	44.23	安徽省
412	昌吉职业技术学院	36	44.2	新疆维吾尔自治区
413	河北政法职业学院	48	44.17	河北省
414	湖北中医药高等专科学校	31	44.16	湖北省
415	晋中职业技术学院	97	44.12	山西省
415	广东女子职业技术学院	51	44.12	广东省
417	无锡科技职业学院	67	44.08	江苏省
418	河北建材职业技术学院	33	44.07	河北省
419	珠海城市职业技术学院	85	44.04	广东省

续表

序号	学校名称	项目数	总分	省份
420	咸阳职业技术学院	103	43.93	陕西省
420	咸宁职业技术学院	95	43.93	湖北省
422	陕西财经职业技术学院	114	43.92	陕西省
423	常德职业技术学院	56	43.87	湖南省
424	长江职业学院	68	43.86	湖北省
425	辽宁装备制造职业技术学院	57	43.81	辽宁省
426	兰州职业技术学院	59	43.73	甘肃省
427	辽宁轨道交通职业学院	73	43.69	辽宁省
428	天津滨海职业学院	47	43.67	天津市
429	湖南外贸职业学院	38	43.6	湖南省
430	绍兴职业技术学院	78	43.57	浙江省
430	沧州职业技术学院	69	43.57	河北省
432	河源职业技术学院	145	43.53	广东省
433	湖南信息职业技术学院	53	43.52	湖南省
434	湖北科技职业学院	117	43.51	湖北省
435	呼和浩特职业学院	57	43.49	内蒙古自治区
436	湖南城建职业技术学院	50	43.45	湖南省
437	广州城建职业学院	60	43.43	广东省
437	河南应用技术职业学院	77	43.43	河南省
439	黑龙江护理高等专科学校	37	43.4	黑龙江省
439	湘西民族职业技术学院	24	43.4	湖南省
441	北京政法职业学院	81	43.37	北京市
442	安徽中医药高等专科学校	40	43.33	安徽省
443	山东劳动职业技术学院	70	43.32	山东省

续表

序号	学校名称	项目数	总分	省份
444	太原旅游职业学院	72	43.27	山西省
445	青海建筑职业技术学院	34	43.17	青海省
446	湖北艺术职业学院	22	43.15	湖北省
446	三亚航空旅游职业学院	47	43.15	海南省
448	湖南高速铁路职业技术学院	38	43.12	湖南省
449	三门峡职业技术学院	32	42.97	河南省
450	内蒙古电子信息职业技术学院	90	42.88	内蒙古自治区
451	安徽城市管理职业学院	60	42.87	安徽省
452	延安职业技术学院	36	42.8	陕西省
453	湖南网络工程职业学院	58	42.77	湖南省
454	渭南职业技术学院	39	42.75	陕西省
455	德州职业技术学院	87	42.63	山东省
456	辽宁金融职业学院	52	42.61	辽宁省
457	四川国际标榜职业学院	29	42.6	四川省
458	山东电力高等专科学校	25	42.56	山东省
459	云南能源职业技术学院	34	42.52	云南省
460	海南科技职业大学	80	42.5	海南省
461	泉州幼儿师范高等专科学校	32	42.48	福建省
461	宁夏民族职业技术学院	33	42.48	宁夏回族自治区
463	潍坊工程职业学院	54	42.46	山东省
464	重庆三峡职业学院	180	42.44	重庆市
465	长春金融高等专科学校	61	42.42	吉林省

续表

序号	学校名称	项目数	总分	省份
466	六安职业技术学院	36	42.37	安徽省
467	枣庄职业学院	53	42.32	山东省
468	江西信息应用职业技术学院	55	42.27	江西省
469	清远职业技术学院	48	42.25	广东省
470	天津城市建设管理职业技术学院	27	42.19	天津市
471	锦州师范高等专科学校	34	42.18	辽宁省
472	河南建筑职业技术学院	50	42.15	河南省
473	南通科技职业学院	76	42.11	江苏省
474	马鞍山师范高等专科学校	43	42.08	安徽省
475	无锡城市职业技术学院	48	42.07	江苏省
476	山西林业职业技术学院	29	42.04	山西省
477	广安职业技术学院	51	42.03	四川省
478	江汉艺术职业学院	27	41.98	湖北省
479	湖南电气职业技术学院	90	41.97	湖南省
480	湖南艺术职业学院	29	41.96	湖南省
481	河北女子职业技术学院	48	41.93	河北省
482	合肥幼儿师范高等专科学校	28	41.89	安徽省
483	上海科学技术职业学院	43	41.82	上海市
484	泰州职业技术学院	79	41.76	江苏省
485	惠州城市职业学院	65	41.69	广东省
486	海南软件职业技术学院	87	41.67	海南省
487	湖南工程职业技术学院	98	41.64	湖南省

续表

序号	学校名称	项目数	总分	省份
488	九江职业大学	41	41.63	江西省
489	上海民航职业技术学院	33	41.61	上海市
490	四川财经职业学院	68	41.56	四川省
491	通辽职业学院	45	41.55	内蒙古自治区
492	上海工商职业技术学院	61	41.5	上海市
493	苏州工业园区服务外包职业学院	92	41.41	江苏省
494	广东理工职业学院	64	41.36	广东省
494	广州工程技术职业学院	111	41.36	广东省
496	广东邮电职业技术学院	25	41.33	广东省
497	内蒙古交通职业技术学院	27	41.3	内蒙古自治区
498	辽宁城市建设职业技术学院	63	41.29	辽宁省
499	濮阳职业技术学院	46	41.26	河南省
500	广东科贸职业学院	80	41.16	广东省
501	甘肃建筑职业技术学院	54	41.11	甘肃省
502	山东商务职业学院	92	41.1	山东省
503	辽宁轻工职业学院	65	41.09	辽宁省
504	湄洲湾职业技术学院	44	41.08	福建省
505	河南机电职业学院	48	41.03	河南省
505	四川商务职业学院	61	41.03	四川省
507	营口职业技术学院	34	41	辽宁省
508	漯河职业技术学院	44	40.94	河南省
509	江西工业职业技术学院	82	40.87	江西省
510	浙江邮电职业技术学院	36	40.79	浙江省

续表

序号	学校名称	项目数	总分	省份
511	上海工商外国语职业学院	25	40.77	上海市
512	云南旅游职业学院	23	40.74	云南省
513	荆州理工职业学院	31	40.68	湖北省
514	安徽工业经济职业技术学院	153	40.65	安徽省
515	江西制造职业技术学院	58	40.6	江西省
516	江苏城市职业学院	44	40.58	江苏省
517	镇江市高等专科学校	47	40.52	江苏省
518	重庆水利电力职业技术学院	42	40.49	重庆市
518	连云港职业技术学院	47	40.49	江苏省
520	重庆财经职业学院	96	40.46	重庆市
521	山西艺术职业学院	28	40.44	山西省
521	大庆医学高等专科学校	29	40.44	黑龙江省
523	安徽电子信息职业技术学院	102	40.43	安徽省
524	上海行健职业学院	45	40.41	上海市
525	四川航天职业技术学院	47	40.4	四川省
526	滁州职业技术学院	69	40.31	安徽省
527	河北艺术职业学院	41	40.3	河北省
528	广西工商职业技术学院	43	40.29	广西壮族自治区
529	抚顺职业技术学院	26	40.17	辽宁省
530	泰山职业技术学院	35	40.1	山东省
530	黔南民族职业技术学院	33	40.1	贵州省
532	山东药品食品职业学院	22	40.06	山东省
532	山东轻工职业学院	59	40.06	山东省

续表

序号	学校名称	项目数	总分	省份
534	雅安职业技术学院	29	40.02	四川省
535	漳州卫生职业学院	41	39.95	福建省
536	黑龙江民族职业学院	20	39.91	黑龙江省
536	辽宁医药职业学院	28	39.91	辽宁省
538	福建农业职业技术学院	58	39.87	福建省
539	福建艺术职业学院	35	39.81	福建省
540	浙江同济科技职业学院	45	39.72	浙江省
540	浙江广厦建设职业技术大学	28	39.72	浙江省
542	河南测绘职业学院	35	39.7	河南省
543	南充职业技术学院	36	39.69	四川省
543	贵阳职业技术学院	38	39.69	贵州省
545	桂林师范高等专科学校	44	39.68	广西壮族自治区
545	山西戏剧职业学院	29	39.68	山西省
547	济南幼儿师范高等专科学校	14	39.64	山东省
548	烟台汽车工程职业学院	87	39.57	山东省
549	天津工程职业技术学院	29	39.56	天津市
550	广西生态工程职业技术学院	38	39.53	广西壮族自治区
551	肇庆医学高等专科学校	21	39.43	广东省
551	湖北幼儿师范高等专科学校	13	39.43	湖北省
553	浙江农业商贸职业学院	42	39.41	浙江省
554	福建对外经济贸易职业技术学院	29	39.34	福建省

续表

序号	学校名称	项目数	总分	省份
555	四川机电职业技术学院	25	39.3	四川省
556	闽江师范高等专科学校	54	39.29	福建省
557	三明医学科技职业学院	42	39.27	福建省
558	重庆建筑工程职业学院	59	39.25	重庆市
559	陕西邮电职业技术学院	28	39.21	陕西省
560	天津艺术职业学院	27	39.13	天津市
561	山东铝业职业学院	18	39.08	山东省
562	重庆商务职业学院	43	39.02	重庆市
563	湖南安全技术职业学院	37	38.98	湖南省
564	山西经贸职业学院	29	38.97	山西省
565	青海警官职业学院	13	38.92	青海省
566	武汉铁路桥梁职业学院	30	38.91	湖北省
566	南通师范高等专科学校	26	38.91	江苏省
568	武威职业学院	17	38.9	甘肃省
569	天津国土资源和房屋职业学院	114	38.88	天津市
570	信阳职业技术学院	36	38.87	河南省
571	北京卫生职业学院	37	38.86	北京市
572	四川水利职业技术学院	52	38.85	四川省
573	乌兰察布职业学院	20	38.78	内蒙古自治区
574	江苏卫生健康职业学院	34	38.73	江苏省
575	四川城市职业学院	50	38.72	四川省

续表

序号	学校名称	项目数	总分	省份
576	四川幼儿师范高等专科学校	23	38.69	四川省
577	云南文化艺术职业学院	21	38.67	云南省
578	苏州健雄职业技术学院	49	38.63	江苏省
579	张家口职业技术学院	18	38.6	河北省
579	湖南民族职业学院	24	38.6	湖南省
581	江苏旅游职业学院	23	38.58	江苏省
581	江西生物科技职业学院	31	38.58	江西省
583	晋中师范高等专科学校	28	38.57	山西省
584	辽宁现代服务职业技术学院	58	38.54	辽宁省
584	广东环境保护工程职业学院	50	38.54	广东省
586	山西金融职业学院	66	38.52	山西省
587	甘肃农业职业技术学院	30	38.47	甘肃省
588	山西铁道职业技术学院	19	38.45	山西省
589	宁夏建设职业技术学院	19	38.4	宁夏回族自治区
590	广州科技贸易职业学院	40	38.39	广东省
591	廊坊职业技术学院	63	38.37	河北省
591	长沙职业技术学院	40	38.37	湖南省
593	河北轨道运输职业技术学院	22	38.34	河北省
594	阿克苏职业技术学院	33	38.32	新疆维吾尔自治区
595	广西幼儿师范高等专科学校	28	38.28	广西壮族自治区

续表

序号	学校名称	项目数	总分	省份
596	陕西工商职业学院	54	38.27	陕西省
597	贵阳护理职业学院	21	38.26	贵州省
598	重庆化工职业学院	61	38.23	重庆市
599	泉州轻工职业学院	29	38.22	福建省
600	江西建设职业技术学院	30	38.2	江西省
601	江门职业技术学院	65	38.15	广东省
602	重庆科创职业学院	31	38.14	重庆市
603	上海海事职业技术学院	20	38.1	上海市
604	娄底职业技术学院	44	38.08	湖南省
605	青海卫生职业技术学院	24	38.07	青海省
606	山西财贸职业技术学院	25	38.04	山西省
607	商丘医学高等专科学校	24	38.01	河南省
608	黑龙江生态工程职业学院	23	38	黑龙江省
609	安徽新闻出版职业技术学院	23	37.97	安徽省
610	辽阳职业技术学院	35	37.95	辽宁省
611	湘潭医卫职业技术学院	12	37.91	湖南省
612	盘锦职业技术学院	28	37.79	辽宁省
612	重庆工贸职业技术学院	94	37.79	重庆市
614	安徽警官职业学院	47	37.77	安徽省
615	乌海职业技术学院	71	37.7	内蒙古自治区
615	郴州职业技术学院	34	37.7	湖南省
617	枣庄科技职业学院	58	37.69	山东省
617	北京交通职业技术学院	25	37.69	北京市

续表

序号	学校名称	项目数	总分	省份
619	开封文化艺术职业学院	19	37.63	河南省
620	天津石油职业技术学院	70	37.62	天津市
621	淮南联合大学	39	37.55	安徽省
622	黑龙江幼儿师范高等专科学校	29	37.54	黑龙江省
623	恩施职业技术学院	28	37.46	湖北省
623	池州职业技术学院	42	37.46	安徽省
625	江苏商贸职业学院	56	37.45	江苏省
626	衢州职业技术学院	58	37.39	浙江省
627	石家庄幼儿师范高等专科学校	19	37.28	河北省
628	上海中侨职业技术大学	44	37.21	上海市
629	朝阳师范高等专科学校	24	37.17	辽宁省
630	江西航空职业技术学院	14	37.16	江西省
630	宝鸡职业技术学院	29	37.16	陕西省
632	江西工程职业学院	23	37.15	江西省
633	宜春职业技术学院	31	37.1	江西省
634	眉山职业技术学院	27	37.09	四川省
635	西安职业技术学院	64	37.07	陕西省
636	周口职业技术学院	48	37.04	河南省
637	淮南职业技术学院	23	37.03	安徽省
638	河北能源职业技术学院	37	37.02	河北省
639	焦作师范高等专科学校	24	37.01	河南省
640	新疆师范高等专科学校	16	36.97	新疆维吾尔自治区
641	铜陵职业技术学院	45	36.93	安徽省
642	海南政法职业学院	37	36.81	海南省

续表

序号	学校名称	项目数	总分	省份
643	江西农业工程职业学院	39	36.8	江西省
644	广西体育高等专科学校	17	36.78	广西壮族自治区
644	黑龙江艺术职业学院	16	36.78	黑龙江省
646	伊犁职业技术学院	24	36.75	新疆维吾尔自治区
647	牡丹江大学	23	36.74	黑龙江省
647	云南国防工业职业技术学院	24	36.74	云南省
649	长江工程职业技术学院	34	36.7	湖北省
650	重庆电讯职业学院	9	36.68	重庆市
651	商洛职业技术学院	14	36.64	陕西省
652	泉州华光职业学院	10	36.55	福建省
653	运城师范高等专科学校	10	36.54	山西省
654	包头钢铁职业技术学院	10	36.52	内蒙古自治区
655	福建生物工程职业技术学院	24	36.5	福建省
656	湖南司法警官职业学院	14	36.47	湖南省
657	江西中医药高等专科学校	30	36.43	江西省
658	宁夏艺术职业学院	19	36.42	宁夏回族自治区
659	松原职业技术学院	30	36.36	吉林省
660	张家界航空工业职业技术学院	26	36.3	湖南省
661	湖南理工职业技术学院	54	36.23	湖南省

续表

序号	学校名称	项目数	总分	省份
662	河南水利与环境职业学院	45	36.22	河南省
663	辽宁地质工程职业学院	31	36.21	辽宁省
664	甘肃畜牧工程职业技术学院	25	36.19	甘肃省
664	兴安职业技术学院	30	36.19	内蒙古自治区
666	新疆建设职业技术学院	23	36.18	新疆维吾尔自治区
666	湖南国防工业职业技术学院	11	36.18	湖南省
668	成都工业职业技术学院	47	36.16	四川省
668	遵义职业技术学院	43	36.16	贵州省
668	漳州理工职业学院	13	36.16	福建省
671	淮北职业技术学院	48	36.15	安徽省
672	河南工业贸易职业学院	39	36.12	河南省
672	抚顺师范高等专科学校	11	36.12	辽宁省
674	上海震旦职业学院	38	36.1	上海市
675	河南工业和信息化职业学院	25	36.07	河南省
676	宁德职业技术学院	22	36.05	福建省
677	晋城职业技术学院	53	36.04	山西省
677	海南外国语职业学院	57	36.04	海南省
679	菏泽医学专科学校	24	36.01	山东省
680	山西水利职业技术学院	81	36	山西省
681	四川长江职业学院	37	35.97	四川省
681	江苏护理职业学院	19	35.97	江苏省
683	广东松山职业技术学院	25	35.92	广东省

续表

序号	学校名称	项目数	总分	省份
684	铁岭师范高等专科学校	23	35.9	辽宁省
685	山东胜利职业学院	14	35.88	山东省
686	贵州建设职业技术学院	14	35.85	贵州省
687	和田师范专科学校	13	35.84	新疆维吾尔自治区
688	广西卫生职业技术学院	31	35.81	广西壮族自治区
689	重庆建筑科技职业学院	11	35.8	重庆市
690	赤峰工业职业技术学院	9	35.79	内蒙古自治区
691	陕西艺术职业学院	30	35.78	陕西省
692	漳州科技职业学院	33	35.77	福建省
693	甘肃机电职业技术学院	23	35.7	甘肃省
693	广东岭南职业技术学院	27	35.7	广东省
695	安徽工贸职业技术学院	11	35.62	安徽省
696	湖北国土资源职业学院	25	35.61	湖北省
697	长沙电力职业技术学院	14	35.6	湖南省
698	临汾职业技术学院	25	35.55	山西省
699	上海邦德职业技术学院	19	35.53	上海市
700	鄂尔多斯职业学院	25	35.51	内蒙古自治区
700	湖南冶金职业技术学院	11	35.51	湖南省
702	丽江师范高等专科学校	8	35.48	云南省

续表

序号	学校名称	项目数	总分	省份
702	四川文化产业职业学院	17	35.48	四川省
704	新疆生产建设兵团兴新职业技术学院	28	35.42	新疆维吾尔自治区
705	临沂职业学院	35	35.33	山东省
706	四川中医药高等专科学校	22	35.25	四川省
707	徽商职业学院	51	35.24	安徽省
707	上海电影艺术职业学院	26	35.24	上海市
709	渤海理工职业学院	24	35.22	河北省
709	楚雄医药高等专科学校	8	35.22	云南省
711	江西电力职业技术学院	14	35.21	江西省
712	西安医学高等专科学校	10	35.2	陕西省
713	福州软件职业技术学院	11	35.19	福建省
714	连云港师范高等专科学校	30	35.17	江苏省
715	重庆文化艺术职业学院	7	35.15	重庆市
716	阳江职业技术学院	14	35.08	广东省
717	保险职业学院	16	35.01	湖南省
718	太原城市职业技术学院	34	34.99	山西省
718	湖北青年职业学院	10	34.99	湖北省
720	德宏职业学院	18	34.9	云南省
721	河南信息统计职业学院	17	34.84	河南省
721	保定电力职业技术学院	16	34.84	河北省
723	茂名职业技术学院	12	34.81	广东省

续表

序号	学校名称	项目数	总分	省份
724	贵州工业职业技术学院	39	34.74	贵州省
725	贵州盛华职业学院	9	34.72	贵州省
726	淄博师范高等专科学校	8	34.68	山东省
727	泉州工艺美术职业学院	9	34.67	福建省
728	白城医学高等专科学校	19	34.66	吉林省
729	内江职业技术学院	33	34.58	四川省
730	郑州职业技术学院	38	34.53	河南省
731	河南林业职业学院	34	34.5	河南省
732	佳木斯职业学院	42	34.49	黑龙江省
733	江西艺术职业学院	18	34.43	江西省
734	潍坊护理职业学院	12	34.42	山东省
735	台州科技职业学院	39	34.41	浙江省
736	柳州城市职业学院	40	34.4	广西壮族自治区
737	拉萨师范高等专科学校	8	34.36	西藏自治区
738	江西水利职业学院	23	34.33	江西省
739	郑州幼儿师范高等专科学校	13	34.31	河南省
740	江阴职业技术学院	35	34.25	江苏省
741	三峡电力职业学院	10	34.19	湖北省
742	黑龙江司法警官职业学院	4	34.17	黑龙江省
743	安顺职业技术学院	35	34.15	贵州省
744	白银矿冶职业技术学院	38	34.11	甘肃省
745	重庆幼儿师范高等专科学校	7	34.08	重庆市
746	新乡职业技术学院	44	34.04	河南省
747	菏泽家政职业学院	13	34.02	山东省

续表

序号	学校名称	项目数	总分	省份
748	烟台工程职业技术学院	46	34.01	山东省
749	武汉外语外事职业学院	76	33.93	湖北省
750	陕西航空职业技术学院	11	33.87	陕西省
751	宁夏警官职业学院	17	33.77	宁夏回族自治区
752	甘肃钢铁职业技术学院	14	33.75	甘肃省
752	浙江长征职业技术学院	22	33.75	浙江省
754	云南体育运动职业技术学院	11	33.72	云南省
755	西宁城市职业技术学院	29	33.7	青海省
756	陇南师范高等专科学校	11	33.63	甘肃省
757	焦作大学	24	33.6	河南省
758	江西冶金职业技术学院	10	33.58	江西省
759	运城幼儿师范高等专科学校	14	33.56	山西省
760	石家庄信息工程职业学院	42	33.55	河北省
760	湖南水利水电职业技术学院	46	33.55	湖南省
762	黑龙江农垦科技职业学院	21	33.54	黑龙江省
763	福建电力职业技术学院	40	33.52	福建省
764	上海工会管理职业学院	16	33.48	上海市
765	云南财经职业学院	9	33.45	云南省
765	邵阳职业技术学院	22	33.45	湖南省

续表

序号	学校名称	项目数	总分	省份
767	保山中医药高等专科学校	11	33.41	云南省
768	安康职业技术学院	14	33.4	陕西省
769	西安电力高等专科学校	18	33.39	陕西省
770	云南锡业职业技术学院	20	33.33	云南省
771	洛阳职业技术学院	24	33.31	河南省
772	四平职业大学	26	33.3	吉林省
773	正德职业技术学院	14	33.12	江苏省
774	昆明卫生职业学院	9	33.07	云南省
774	湖北工程职业学院	24	33.07	湖北省
774	达州职业技术学院	20	33.07	四川省
777	江西青年职业学院	20	32.93	江西省
778	厦门软件职业技术学院	38	32.91	福建省
779	齐齐哈尔高等师范专科学校	12	32.9	黑龙江省
780	赣州师范高等专科学校	10	32.84	江西省
780	承德护理职业学院	11	32.84	河北省
782	新疆铁道职业技术学院	11	32.79	新疆维吾尔自治区
783	威海海洋职业学院	24	32.78	山东省
784	宣化科技职业学院	32	32.76	河北省
785	河南医学高等专科学校	12	32.74	河南省
785	江西司法警官职业学院	24	32.74	江西省
787	浙江育英职业技术学院	19	32.69	浙江省
787	滁州城市职业学院	14	32.69	安徽省
787	云南交通运输职业学院	5	32.69	云南省

续表

序号	学校名称	项目数	总分	省份
790	重庆机电职业技术大学	29	32.68	重庆市
791	安徽邮电职业技术学院	40	32.59	安徽省
792	北京京北职业技术学院	32	32.58	北京市
793	云南经贸外事职业学院	11	32.53	云南省
794	重庆交通职业学院	61	32.51	重庆市
795	怀化职业技术学院	10	32.46	湖南省
796	吉林工程职业学院	21	32.42	吉林省
797	南昌职业大学	15	32.39	江西省
798	安徽广播影视职业技术学院	14	32.33	安徽省
799	抚州职业技术学院	21	32.3	江西省
799	内蒙古民族幼儿师范高等专科学校	5	32.3	内蒙古自治区
801	天津工艺美术职业学院	7	32.29	天津市
802	安徽工业职业技术学院	37	32.28	安徽省
802	江西医学高等专科学校	11	32.28	江西省
804	山西旅游职业学院	47	32.26	山西省
804	武汉信息传播职业技术学院	44	32.26	湖北省
806	长沙卫生职业学院	24	32.25	湖南省
807	合肥通用职业技术学院	13	32.23	安徽省
808	三亚城市职业学院	16	32.17	海南省
808	马鞍山职业技术学院	44	32.17	安徽省
810	成都工贸职业技术学院	41	32.16	四川省

续表

序号	学校名称	项目数	总分	省份
811	黑龙江冰雪体育职业学院	2	32.09	黑龙江省
812	巴音郭楞职业技术学院	29	32.08	新疆维吾尔自治区
813	昆山登云科技职业学院	18	32.04	江苏省
814	苏州信息职业技术学院	31	31.99	江苏省
815	江西传媒职业学院	8	31.96	江西省
815	运城职业技术大学	20	31.96	山西省
817	杭州万向职业技术学院	28	31.95	浙江省
818	福建华南女子职业学院	9	31.94	福建省
818	广东文艺职业学院	15	31.94	广东省
820	安徽审计职业学院	20	31.92	安徽省
821	重庆旅游职业学院	44	31.9	重庆市
822	襄阳汽车职业技术学院	16	31.88	湖北省
823	宁夏工业职业学院	7	31.87	宁夏回族自治区
824	四川体育职业学院	3	31.85	四川省
825	哈尔滨科学技术职业学院	12	31.84	黑龙江省
826	湖南三一工业职业技术学院	14	31.79	湖南省
827	四川卫生康复职业学院	12	31.77	四川省
828	山西电力职业技术学院	13	31.76	山西省
829	广东南华工商职业学院	29	31.7	广东省
830	郑州信息科技职业学院	45	31.69	河南省

续表

序号	学校名称	项目数	总分	省份
831	安徽冶金科技职业学院	13	31.66	安徽省
832	吉安职业技术学院	22	31.65	江西省
833	衡水职业技术学院	34	31.63	河北省
834	钟山职业技术学院	10	31.49	江苏省
835	三亚理工职业学院	9	31.44	海南省
836	辽宁商贸职业学院	7	31.41	辽宁省
836	随州职业技术学院	14	31.41	湖北省
838	汉中职业技术学院	27	31.4	陕西省
839	新疆工业职业技术学院	7	31.39	新疆维吾尔自治区
840	四川华新现代职业学院	25	31.28	四川省
841	宿州职业技术学院	20	31.23	安徽省
842	呼伦贝尔职业技术学院	17	31.21	内蒙古自治区
843	安徽中澳科技职业学院	30	31.18	安徽省
844	天津生物工程职业技术学院	28	31.17	天津市
845	四川科技职业学院	23	31.11	四川省
846	天津公安警官职业学院	7	31.09	天津市
847	宣城职业技术学院	22	31.07	安徽省
848	厦门华天涉外职业技术学院	20	31.06	福建省
849	四川现代职业学院	23	31.02	四川省
850	黑龙江公安警官职业学院	4	30.94	黑龙江省
851	海南工商职业学院	20	30.92	海南省
852	青海柴达木职业技术学院	12	30.87	青海省
853	遵义医药高等专科学校	9	30.86	贵州省
854	南京城市职业学院	43	30.81	江苏省

续表

序号	学校名称	项目数	总分	省份
855	南阳农业职业学院	11	30.75	河南省
856	北京汇佳职业学院	14	30.74	北京市
857	湖南体育职业学院	8	30.72	湖南省
858	潍坊工商职业学院	23	30.68	山东省
858	漯河食品职业学院	14	30.68	河南省
860	汕头职业技术学院	12	30.66	广东省
860	河南质量工程职业学院	23	30.66	河南省
862	武汉民政职业学院	9	30.65	湖北省
863	厦门南洋职业学院	25	30.64	福建省
864	石家庄财经职业学院	18	30.63	河北省
865	陕西机电职业技术学院	21	30.62	陕西省
865	石家庄科技工程职业学院	12	30.62	河北省
867	贵州职业技术学院	25	30.6	贵州省
868	黄山职业技术学院	14	30.59	安徽省
869	上饶职业技术学院	24	30.58	江西省
870	广西现代职业技术学院	23	30.54	广西壮族自治区
871	山东司法警官职业学院	13	30.53	山东省
872	黑龙江商业职业学院	36	30.52	黑龙江省
873	河南司法警官职业学院	7	30.46	河南省
874	武汉警官职业学院	36	30.44	湖北省
875	浙江体育职业技术学院	5	30.43	浙江省
876	重庆公共运输职业学院	11	30.33	重庆市
877	皖西卫生职业学院	25	30.29	安徽省
878	亳州职业技术学院	37	30.28	安徽省

续表

序号	学校名称	项目数	总分	省份
879	四川托普信息技术职业学院	39	30.27	四川省
880	武汉工程职业技术学院	19	30.24	湖北省
881	西藏警官高等专科学校	7	30.17	西藏自治区
882	江苏安全技术职业学院	25	30.16	江苏省
883	甘肃卫生职业学院	12	30.15	甘肃省
883	益阳医学高等专科学校	9	30.15	湖南省
885	闽北职业技术学院	12	30.13	福建省
886	广州南洋理工职业学院	20	30.12	广东省
887	河北工艺美术职业学院	10	30.11	河北省
888	重庆能源职业学院	19	30.1	重庆市
888	山东服装职业学院	18	30.1	山东省
890	徐州生物工程职业技术学院	31	30.07	江苏省
891	黑龙江能源职业学院	14	30.03	黑龙江省
892	六盘水职业技术学院	14	30.01	贵州省
892	安庆医药高等专科学校	11	30.01	安徽省
892	河北公安警察职业学院	7	30.01	河北省
895	河南推拿职业学院	3	29.91	河南省
895	鹤岗师范高等专科学校	3	29.91	黑龙江省
897	河南艺术职业学院	12	29.87	河南省
897	辽河石油职业技术学院	5	29.87	辽宁省

续表

序号	学校名称	项目数	总分	省份
899	广州体育职业技术学院	9	29.85	广东省
899	天津开发区职业技术学院	10	29.85	天津市
899	山西体育职业学院	8	29.85	山西省
902	四川艺术职业学院	20	29.75	四川省
903	永城职业学院	10	29.74	河南省
903	铜仁幼儿师范高等专科学校	11	29.74	贵州省
905	北京经济技术职业学院	46	29.73	北京市
906	湖南幼儿师范高等专科学校	7	29.72	湖南省
907	广东司法警官职业学院	15	29.69	广东省
908	山西华澳商贸职业学院	9	29.67	山西省
909	山东信息职业技术学院	15	29.6	山东省
910	玉溪农业职业技术学院	35	29.59	云南省
911	湖南食品药品职业学院	43	29.57	湖南省
912	泰山护理职业学院	14	29.51	山东省
913	怀化师范高等专科学校	2	29.49	湖南省
914	菏泽职业学院	23	29.43	山东省
915	河南检察职业学院	9	29.42	河南省
916	广东体育职业技术学院	8	29.41	广东省
916	重庆安全技术职业学院	16	29.41	重庆市
918	陕西青年职业学院	21	29.4	陕西省
918	安阳职业技术学院	16	29.4	河南省

续表

序号	学校名称	项目数	总分	省份
920	四川司法警官职业学院	5	29.36	四川省
920	安徽公安职业学院	6	29.36	安徽省
922	厦门兴才职业技术学院	18	29.35	福建省
922	山西信息职业技术学院	5	29.35	山西省
922	红河卫生职业学院	5	29.35	云南省
925	伊春职业学院	10	29.29	黑龙江省
926	大同煤炭职业技术学院	17	29.27	山西省
927	石河子工程职业技术学院	11	29.25	新疆维吾尔自治区
928	武汉商贸职业学院	11	29.24	湖北省
929	江苏财会职业学院	12	29.23	江苏省
930	哈尔滨幼儿师范高等专科学校	7	29.18	黑龙江省
931	荆门职业学院	10	29.16	湖北省
932	川北幼儿师范高等专科学校	12	29.11	四川省
933	广西城市职业大学	25	29.1	广西壮族自治区
934	山东海事职业学院	8	29.09	山东省
935	北京科技职业学院	14	29.06	北京市
936	鄂东职业技术学院	8	29.01	湖北省
937	广州现代信息工程职业技术学院	13	28.97	广东省
937	泉州经贸职业技术学院	14	28.97	福建省
939	河南科技职业大学	4	28.96	河南省
940	扬州环境资源职业技术学院	14	28.92	江苏省
941	新疆天山职业技术大学	17	28.87	新疆维吾尔自治区
941	江西应用工程职业学院	13	28.87	江西省
943	山东外国语职业技术大学	22	28.86	山东省
944	白城职业技术学院	9	28.84	吉林省
945	黔南民族医学高等专科学校	5	28.83	贵州省
945	江西师范高等专科学校	8	28.83	江西省
947	宜春幼儿师范高等专科学校	3	28.78	江西省
948	罗定职业技术学院	15	28.72	广东省
949	江西软件职业技术大学	9	28.71	江西省
950	平顶山职业技术学院	22	28.67	河南省
950	山西管理职业学院	11	28.67	山西省
952	广东舞蹈戏剧职业学院	6	28.61	广东省
953	陕西警官职业学院	12	28.47	陕西省
954	湖北财税职业学院	18	28.44	湖北省
955	安徽矿业职业技术学院	20	28.43	安徽省
956	安徽粮食工程职业学院	9	28.42	安徽省
957	宁夏葡萄酒与防沙治沙职业技术学院	9	28.4	宁夏回族自治区
958	唐山科技职业技术学院	6	28.33	河北省
959	济南护理职业学院	18	28.3	山东省
960	重庆青年职业技术学院	25	28.29	重庆市
961	辽宁冶金职业技术学院	9	28.24	辽宁省

续表

序号	学校名称	项目数	总分	省份
962	安徽黄梅戏艺术职业学院	3	28.23	安徽省
963	吉林科技职业技术学院	11	28.21	吉林省
963	浙江横店影视职业学院	17	28.21	浙江省
965	安徽卫生健康职业学院	7	28.2	安徽省
966	重庆城市职业学院	8	28.19	重庆市
967	四川铁道职业学院	4	28.17	四川省
968	延边职业技术学院	19	28.14	吉林省
969	新疆应用职业技术学院	8	28.12	新疆维吾尔自治区
970	西安海棠职业学院	8	28.1	陕西省
970	湖南石油化工职业技术学院	8	28.1	湖南省
972	成都艺术职业大学	40	28.09	四川省
973	嵩山少林武术职业学院	3	28.05	河南省
974	益阳职业技术学院	9	28.01	湖南省
975	武昌职业学院	28	28	湖北省
975	四川文化传媒职业学院	23	28	四川省
975	科尔沁艺术职业学院	12	28	内蒙古自治区
978	郑州澍青医学高等专科学校	8	27.96	河南省
979	朔州职业技术学院	13	27.9	山西省
980	北海职业学院	23	27.88	广西壮族自治区
980	四川希望汽车职业学院	22	27.88	四川省
982	三峡旅游职业技术学院	34	27.85	湖北省
983	四川三河职业学院	15	27.84	四川省

续表

序号	学校名称	项目数	总分	省份
984	湖南都市职业学院	6	27.78	湖南省
985	泉州职业技术大学	26	27.71	福建省
986	云南工程职业学院	14	27.67	云南省
987	河南护理职业学院	7	27.66	河南省
988	潞安职业技术学院	9	27.65	山西省
989	南阳职业学院	21	27.56	河南省
990	黔西南民族职业技术学院	13	27.45	贵州省
991	浙江东方职业技术学院	17	27.4	浙江省
992	河北劳动关系职业学院	12	27.36	河北省
993	阳泉职业技术学院	9	27.32	山西省
994	广东工商职业技术大学	10	27.3	广东省
995	长治职业技术学院	8	27.17	山西省
996	贵阳幼儿师范高等专科学校	9	27.14	贵州省
997	广东青年职业学院	13	27.13	广东省
998	江西工商职业技术学院	8	27.11	江西省
999	长垣烹饪职业技术学院	22	27.06	河南省
1000	广东碧桂园职业学院	7	26.99	广东省
1000	榆林职业技术学院	21	26.99	陕西省
1002	山西青年职业学院	9	26.94	山西省
1003	泊头职业学院	6	26.89	河北省
1004	大兴安岭职业学院	4	26.86	黑龙江省
1005	江西泰豪动漫职业学院	11	26.85	江西省
1006	天津广播影视职业学院	5	26.84	天津市
1007	株洲师范高等专科学校	3	26.81	湖南省

续表

序号	学校名称	项目数	总分	省份
1008	陕西经济管理职业技术学院	2	26.79	陕西省
1008	定西师范高等专科学校	2	26.79	甘肃省
1010	甘肃警察职业学院	3	26.78	甘肃省
1011	驻马店职业技术学院	18	26.77	河南省
1012	湖南软件职业学院(本科)	10	26.75	湖南省
1013	大理农林职业技术学院	6	26.72	云南省
1014	郑州财税金融职业学院	27	26.71	河南省
1014	鄂尔多斯生态环境职业学院	5	26.71	内蒙古自治区
1016	德宏师范高等专科学校	5	26.68	云南省
1017	安徽涉外经济职业学院	42	26.61	安徽省
1018	汕尾职业技术学院	12	26.54	广东省
1019	苏州百年职业学院	17	26.48	江苏省
1020	长春信息技术职业学院	9	26.45	吉林省
1021	山西警官职业学院	17	26.41	山西省
1022	安徽艺术职业学院	34	26.3	安徽省
1023	青海高等职业技术学院	9	26.29	青海省
1024	湖南劳动人事职业学院	12	26.21	湖南省
1025	金肯职业技术学院	8	26.18	江苏省
1026	云南司法警官职业学院	5	26.16	云南省
1027	安徽林业职业技术学院	8	26.13	安徽省

续表

序号	学校名称	项目数	总分	省份
1028	哈尔滨电力职业技术学院	6	26.07	黑龙江省
1029	江海职业技术学院	13	26.06	江苏省
1030	江西经济管理职业学院	4	26.03	江西省
1031	鹰潭职业技术学院	2	26.01	江西省
1032	河北司法警官职业学院	14	26	河北省
1033	许昌电气职业学院	11	25.96	河南省
1034	民办合肥财经职业学院	8	25.91	安徽省
1035	郑州电子信息职业技术学院	10	25.9	河南省
1036	北京科技经营管理学院	3	25.87	北京市
1037	焦作工贸职业学院	13	25.81	河南省
1038	辽宁理工职业大学	16	25.76	辽宁省
1038	苏州高博软件技术职业学院	10	25.76	江苏省
1040	保定幼儿师范高等专科学校	4	25.67	河北省
1041	广州卫生职业技术学院	3	25.6	广东省
1042	贵州电力职业技术学院	2	25.55	贵州省
1042	广东生态工程职业学院	14	25.55	广东省
1044	山西运城农业职业技术学院	19	25.51	山西省
1045	福州墨尔本理工职业学院	7	25.5	福建省
1046	广西安全工程职业技术学院	12	25.47	广西壮族自治区

续表

序号	学校名称	项目数	总分	省份
1047	四川西南航空职业学院	10	25.46	四川省
1048	鹤壁汽车工程职业学院	11	25.44	河南省
1049	辽宁政法职业学院	21	25.35	辽宁省
1049	长白山职业技术学院	8	25.35	吉林省
1051	泉州海洋职业学院	15	25.33	福建省
1051	东营科技职业学院	15	25.33	山东省
1051	陕西旅游烹饪职业学院	29	25.33	陕西省
1051	江西新能源科技职业学院	21	25.33	江西省
1055	海南健康管理职业技术学院	8	25.28	海南省
1056	河南轻工职业学院	12	25.21	河南省
1056	南京视觉艺术职业学院	12	25.21	江苏省
1058	九州职业技术学院	10	25.17	江苏省
1059	甘肃有色冶金职业技术学院	15	25.16	甘肃省
1060	阜新高等专科学校	7	25.11	辽宁省
1061	昆明铁道职业技术学院	10	25.1	云南省
1062	广州华夏职业学院	7	25.05	广东省
1063	广西理工职业技术学院	85	25.03	广西壮族自治区
1064	湖南有色金属职业技术学院	11	24.99	湖南省
1064	漳州城市职业学院	13	24.99	福建省
1066	西昌民族幼儿师范高等专科学校	2	24.97	四川省
1067	山西国际商务职业学院	9	24.78	山西省
1068	七台河职业学院	7	24.75	黑龙江省

续表

序号	学校名称	项目数	总分	省份
1069	合肥信息技术职业学院	5	24.63	安徽省
1070	合肥科技职业学院	7	24.62	安徽省
1071	西安汽车职业大学	4	24.47	陕西省
1072	嘉兴南洋职业技术学院	15	24.45	浙江省
1073	贵州航天职业技术学院	19	24.41	贵州省
1074	毕节医学高等专科学校	5	24.39	贵州省
1075	四川护理职业学院	8	24.37	四川省
1076	宿迁泽达职业技术学院	3	24.36	江苏省
1077	冀中职业学院	5	24.34	河北省
1078	盐城幼儿师范高等专科学校	9	24.26	江苏省
1079	乌兰察布医学高等专科学校	3	24.23	内蒙古自治区
1080	应天职业技术学院	6	24.2	江苏省
1081	硅湖职业技术学院	11	24.19	江苏省
1082	黔南民族幼儿师范高等专科学校	5	24.18	贵州省
1083	广州华立科技职业学院	14	24.15	广东省
1083	沈阳北软信息职业技术学院	6	24.15	辽宁省
1085	甘肃能源化工职业学院	13	24.14	甘肃省
1086	铁岭卫生职业学院	13	24.13	辽宁省
1087	渤海石油职业学院	7	24.11	河北省
1088	惠州经济职业技术学院	10	24.1	广东省
1089	大连枫叶职业技术学院	18	24.04	辽宁省
1090	毕节职业技术学院	13	24.02	贵州省

续表

序号	学校名称	项目数	总分	省份
1091	北京北大方正软件职业技术学院	50	23.97	北京市
1092	北京体育职业学院	4	23.95	北京市
1093	贵州水利水电职业技术学院	7	23.94	贵州省
1094	廊坊卫生职业学院	6	23.91	河北省
1095	北京培黎职业学院	5	23.85	北京市
1096	巴中职业技术学院	5	23.83	四川省
1097	阿拉善职业技术学院	5	23.69	内蒙古自治区
1097	洛阳科技职业学院	6	23.69	河南省
1099	广州珠江职业技术学院	6	23.67	广东省
1100	太原幼儿师范高等专科学校	3	23.66	山西省
1100	长春师范高等专科学校	8	23.66	吉林省
1102	民办万博科技职业学院	5	23.64	安徽省
1103	北京经贸职业学院	6	23.63	北京市
1104	山东传媒职业学院	5	23.62	山东省
1105	珠海艺术职业学院	4	23.58	广东省
1105	泉州纺织服装职业学院	5	23.58	福建省
1107	百色职业学院	6	23.57	广西壮族自治区
1108	铜川职业技术学院	5	23.56	陕西省
1109	石家庄人民医学高等专科学校	5	23.55	河北省
1110	南京机电职业技术学院	8	23.54	江苏省
1111	辽宁特殊教育师范高等专科学校	3	23.52	辽宁省
1112	贵州护理职业技术学院	3	23.49	贵州省

续表

序号	学校名称	项目数	总分	省份
1113	武汉光谷职业学院	9	23.46	湖北省
1114	皖北卫生职业学院	3	23.41	安徽省
1115	广州华商职业学院	12	23.34	广东省
1116	西双版纳职业技术学院	2	23.12	云南省
1116	重庆艺术工程职业学院	2	23.12	重庆市
1118	山西同文职业技术学院	3	23.08	山西省
1119	新疆维吾尔医学专科学校	3	23.02	新疆维吾尔自治区
1120	庆阳职业技术学院	8	22.91	甘肃省
1120	德州科技职业学院	8	22.91	山东省
1122	山西卫生健康职业学院	3	22.82	山西省
1123	吉林司法警官职业学院	5	22.79	吉林省
1124	民办四川天一学院	8	22.7	四川省
1125	大连装备制造职业技术学院	2	22.6	辽宁省
1126	湘南幼儿师范高等专科学校	4	22.57	湖南省
1127	厦门安防科技职业学院	3	22.53	福建省
1128	重庆海联职业技术学院	3	22.52	重庆市
1128	广西工程职业学院	6	22.52	广西壮族自治区
1130	贵州食品工程职业学院	6	22.5	贵州省
1130	吐鲁番职业技术学院	2	22.5	新疆维吾尔自治区
1130	湖北体育职业学院	3	22.5	湖北省
1130	安徽体育运动职业技术学院	3	22.5	安徽省

续表

序号	学校名称	项目数	总分	省份
1130	内蒙古体育职业学院	3	22.5	内蒙古自治区
1135	揭阳职业技术学院	3	22.49	广东省
1136	宁夏幼儿师范高等专科学校	3	22.47	宁夏回族自治区
1137	新疆机电职业技术学院	3	22.35	新疆维吾尔自治区
1137	云南城市建设职业学院	1	22.35	云南省
1137	天津滨海汽车工程职业学院	1	22.35	天津市
1140	安阳幼儿师范高等专科学校	6	22.33	河南省
1141	四川电子机械职业技术学院	9	22.3	四川省
1141	山东圣翰财贸职业学院	9	22.3	山东省
1141	郑州电力职业技术学院	9	22.3	河南省
1141	石家庄理工职业学院	9	22.3	河北省
1145	安徽汽车职业技术学院	12	22.19	安徽省
1146	湖南高尔夫旅游职业学院	4	22.18	湖南省
1146	惠州卫生职业技术学院	10	22.18	广东省
1148	运城护理职业学院	5	22.16	山西省
1149	重庆电信职业学院	14	22.15	重庆市
1150	广东创新科技职业学院	4	22.14	广东省
1151	上海民远职业技术学院	6	22.07	上海市
1152	满洲里俄语职业学院	3	22	内蒙古自治区

续表

序号	学校名称	项目数	总分	省份
1153	私立华联学院	7	21.98	广东省
1154	内蒙古警察职业学院	5	21.95	内蒙古自治区
1155	郑州城市职业学院	2	21.9	河南省
1155	安徽绿海商务职业学院	2	21.9	安徽省
1157	福建体育职业技术学院	2	21.87	福建省
1157	新疆体育职业技术学院	2	21.87	新疆维吾尔自治区
1157	新疆兵团警官高等专科学校	2	21.87	新疆维吾尔自治区
1160	吉林职业技术学院	3	21.79	吉林省
1161	石家庄医学高等专科学校	5	21.78	河北省
1162	江西枫林涉外经贸职业学院	6	21.67	江西省
1163	山东工程职业技术大学	3	21.65	山东省
1163	天府新区信息职业学院	8	21.65	四川省
1163	兰州现代职业学院	8	21.65	甘肃省
1163	江西洪州职业学院	8	21.65	江西省
1167	郑州理工职业学院	2	21.5	河南省
1168	广东江门中医药职业学院	4	21.33	广东省
1169	厦门演艺职业学院	3	21.27	福建省
1170	广西科技职业学院	2	21.26	广西壮族自治区
1171	江南影视艺术职业学院	6	21.18	江苏省
1172	驻马店幼儿师范高等专科学校	2	21.12	河南省
1173	湖南外国语职业学院	4	21.09	湖南省

续表

序号	学校名称	项目数	总分	省份
1174	河北石油职业技术学院	2	21.08	河北省
1174	广东行政职业学院	15	21.08	广东省
1176	贵州农业职业学院	11	21	贵州省
1176	忻州职业技术学院	10	21	山西省
1178	神木职业技术学院	4	20.99	陕西省
1179	桐城师范高等专科学校	8	20.97	安徽省
1180	湖南电子科技职业学院	5	20.96	湖南省
1180	廊坊燕京职业技术学院	5	20.96	河北省
1182	承德应用技术职业学院	7	20.94	河北省
1182	西安高新科技职业学院	7	20.94	陕西省
1182	金山职业技术学院	7	20.94	江苏省
1182	南充科技职业学院	7	20.94	四川省
1182	吉林水利电力职业学院	7	20.94	吉林省
1182	梧州职业学院	7	20.94	广西壮族自治区
1182	郑州信息工程职业学院	7	20.94	河南省
1182	共青科技职业学院	7	20.94	江西省
1182	甘肃财贸职业学院	7	20.94	甘肃省
1191	沈阳航空职业技术学院	3	20.78	辽宁省
1192	潮汕职业技术学院	4	20.72	广东省
1193	大连汽车职业技术学院	47	20.67	辽宁省
1194	贵州城市职业学院	16	20.58	贵州省
1195	无锡南洋职业技术学院	9	20.29	江苏省
1196	河南地矿职业学院	6	20.24	河南省

续表

序号	学校名称	项目数	总分	省份
1197	江西科技职业学院	4	20.17	江西省
1198	信阳涉外职业技术学院	6	20.15	河南省
1198	安徽扬子职业技术学院	6	20.15	安徽省
1198	江阳城建职业学院	6	20.15	四川省
1198	苏州托普信息职业技术学院	6	20.15	江苏省
1202	浙江特殊教育职业学院	6	20.12	浙江省
1203	重庆传媒职业学院	3	19.91	重庆市
1204	山东外事职业大学	3	19.86	山东省
1205	川南幼儿师范高等专科学校	2	19.75	四川省
1206	博尔塔拉职业技术学院	4	19.62	新疆维吾尔自治区
1207	石家庄工程职业学院	3	19.53	河北省
1208	长沙南方职业学院	5	19.37	湖南省
1209	云南外事外语职业学院	6	19.29	云南省
1210	潇湘职业学院	3	19.28	湖南省
1210	厦门东海职业技术学院	3	19.28	福建省
1210	哈尔滨应用职业技术学院	3	19.28	黑龙江省
1210	浙江汽车职业技术学院	3	19.28	浙江省
1210	贵州航空职业技术学院	3	19.28	贵州省
1215	吕梁职业技术学院	5	19.25	山西省
1215	德阳城市轨道交通职业学院	5	19.25	四川省
1215	广州涉外经济职业技术学院	5	19.25	广东省

续表

序号	学校名称	项目数	总分	省份
1215	广西自然资源职业技术学院	5	19.25	广西壮族自治区
1215	天府新区航空旅游职业学院	5	19.25	四川省
1215	重庆科技职业学院	5	19.25	重庆市
1215	广东茂名农林科技职业学院	5	19.25	广东省
1215	天府新区通用航空职业学院	5	19.25	四川省
1223	西安城市建设职业学院	3	19.17	陕西省
1224	浙江舟山群岛新区旅游与健康职业学院	8	19.13	浙江省
1225	四川汽车职业技术学院	1	18.8	四川省
1226	苏州幼儿师范高等专科学校	2	18.79	江苏省
1227	广州松田职业学院	5	18.61	广东省
1228	辽宁工程职业学院	9	18.55	辽宁省
1229	浙江安防职业技术学院	7	18.48	浙江省
1230	北京艺术传媒职业学院	1	18.39	北京市
1231	山东特殊教育职业学院	2	18.3	山东省
1232	云南新兴职业学院	3	18.29	云南省
1233	武汉航海职业技术学院	2	18.24	湖北省
1233	新疆能源职业技术学院	2	18.24	新疆维吾尔自治区
1235	南昌影视传播职业学院	4	18.2	江西省
1235	贵州装备制造职业学院	4	18.2	贵州省

续表

序号	学校名称	项目数	总分	省份
1235	赣州职业技术学院	4	18.2	江西省
1235	兰州外语职业学院	4	18.2	甘肃省
1235	云南水利水电职业学院	4	18.2	云南省
1235	广州东华职业学院	4	18.2	广东省
1235	湖南工商职业学院	4	18.2	湖南省
1235	惠州工程职业学院	4	18.2	广东省
1235	广西蓝天航空职业学院	4	18.2	广西壮族自治区
1235	广东茂名幼儿师范专科学校	4	18.2	广东省
1235	哈尔滨北方航空职业技术学院	4	18.2	黑龙江省
1246	贵州工商职业学院	12	17.91	贵州省
1247	辽宁民族师范高等专科学校	4	17.9	辽宁省
1248	大连软件职业学院	1	17.87	辽宁省
1248	山东杏林科技职业学院	1	17.87	山东省
1248	上海中华职业技术学院	1	17.87	上海市
1251	贵州健康职业学院	2	17.81	贵州省
1252	福州黎明职业技术学院	21	17.6	福建省
1253	西安信息职业大学	10	17.49	陕西省
1254	广州科技职业技术大学	12	17.45	广东省
1255	山东化工职业学院	4	17	山东省
1256	新疆现代职业技术学院	1	16.98	新疆维吾尔自治区
1256	黄冈科技职业学院	1	16.98	湖北省
1256	内蒙古北方职业技术学院	1	16.98	内蒙古自治区
1256	内蒙古经贸外语职业学院	1	16.98	内蒙古自治区

续表

序号	学校名称	项目数	总分	省份
1256	昆明艺术职业学院	1	16.98	云南省
1256	唐山幼儿师范高等专科学校	1	16.98	河北省
1262	广东茂名健康职业学院	3	16.94	广东省
1262	明达职业技术学院	3	16.94	江苏省
1262	贵州电子商务职业技术学院	3	16.94	贵州省
1262	贵州应用技术职业学院	3	16.94	贵州省
1262	贵州电子科技职业学院	3	16.94	贵州省
1262	喀什职业技术学院	3	16.94	新疆维吾尔自治区
1262	山东艺术设计职业学院	3	16.94	山东省
1262	日照航海工程职业学院	3	16.94	山东省
1262	长江艺术工程职业学院	3	16.94	湖北省
1262	烟台黄金职业学院	3	16.94	山东省
1262	河南物流职业学院	3	16.94	河南省
1262	广东酒店管理职业技术学院	3	16.94	广东省
1262	三亚中瑞酒店管理职业学院	3	16.94	海南省
1262	景德镇陶瓷职业技术学院	3	16.94	江西省
1262	赣西科技职业学院	3	16.94	江西省
1262	湘中幼儿师范高等专科学校	3	16.94	湖南省
1262	广西英华国际职业学院	3	16.94	广西壮族自治区
1279	青岛工程职业学院	1	16.45	山东省
1280	武夷山职业学院	7	15.76	福建省

续表

序号	学校名称	项目数	总分	省份
1281	毕节工业职业技术学院	2	15.31	贵州省
1281	湛江幼儿师范专科学校	2	15.31	广东省
1281	重庆轻工职业学院	2	15.31	重庆市
1281	贵州经贸职业技术学院	2	15.31	贵州省
1281	齐齐哈尔理工职业学院	2	15.31	黑龙江省
1281	云南特殊教育职业学院	2	15.31	云南省
1281	广西培贤国际职业学院	2	15.31	广西壮族自治区
1281	哈尔滨传媒职业学院	2	15.31	黑龙江省
1281	广东南方职业学院	2	15.31	广东省
1281	云南商务职业学院	2	15.31	云南省
1281	哈密职业技术学院	2	15.31	新疆维吾尔自治区
1281	湖北铁道运输职业学院	2	15.31	湖北省
1281	广东新安职业技术学院	2	15.31	广东省
1281	临夏现代职业学院	2	15.31	甘肃省
1281	福州英华职业学院	2	15.31	福建省
1281	海南卫生健康职业学院	2	15.31	海南省
1281	哈尔滨城市职业学院	2	15.31	黑龙江省
1281	崇左幼儿师范高等专科学校	2	15.31	广西壮族自治区
1281	平凉职业技术学院	2	15.31	甘肃省
1281	广西经济职业学院	2	15.31	广西壮族自治区

续表

序号	学校名称	项目数	总分	省份
1281	云南工贸职业技术学院	2	15.31	云南省
1281	江苏航空职业技术学院	2	15.31	江苏省
1303	广东亚视演艺职业学院	3	15.16	广东省
1304	重庆护理职业学院	2	15.08	重庆市
1305	辽宁广告职业学院	9	14.24	辽宁省
1306	广州康大职业技术学院	4	14.21	广东省
1307	建东职业技术学院	2	13.93	江苏省
1308	大连航运职业技术学院	1	13.87	辽宁省
1309	广东文理职业学院	2	13.38	广东省
1310	大理护理职业学院	3	13.13	云南省
1311	海南体育职业技术学院	1	12.87	海南省
1311	毕节幼儿师范高等专科学校	1	12.87	贵州省
1311	宁波幼儿师范高等专科学校	1	12.87	浙江省
1311	广东信息工程职业学院	1	12.87	广东省
1311	昭通卫生职业学院	1	12.87	云南省
1311	天津体育职业学院	1	12.87	天津市
1311	四川应用技术职业学院	1	12.87	四川省
1311	重庆资源与环境保护职业学院	1	12.87	重庆市
1311	资阳环境科技职业学院	1	12.87	四川省
1311	永州师范高等专科学校	1	12.87	湖南省
1311	山东力明科技职业学院	1	12.87	山东省

续表

序号	学校名称	项目数	总分	省份
1311	上饶幼儿师范高等专科学校	1	12.87	江西省
1311	濮阳医学高等专科学校	1	12.87	河南省
1311	石家庄经济职业学院	1	12.87	河北省
1311	郑州黄河护理职业学院	1	12.87	河南省
1311	郑州商贸旅游职业学院	1	12.87	河南省
1311	德阳科贸职业学院	1	12.87	四川省
1311	扎兰屯职业学院	1	12.87	内蒙古自治区
1311	重庆应用技术职业学院	1	12.87	重庆市
1311	赣南卫生健康职业学院	1	12.87	江西省
1311	蚌埠经济技术职业学院	1	12.87	安徽省
1311	民办合肥经济技术职业学院	1	12.87	安徽省
1311	和田职业技术学院	1	12.87	新疆维吾尔自治区
1311	民办合肥滨湖职业技术学院	1	12.87	安徽省
1311	衡阳幼儿师范高等专科学校	1	12.87	湖南省
1311	广州华南商贸职业学院	1	12.87	广东省
1311	四川文轩职业学院	1	12.87	四川省
1311	三门峡社会管理职业学院	1	12.87	河南省
1339	武汉海事职业学院	1	10.44	湖北省
1340	抚州幼儿师范高等专科学校	1	10.29	江西省

续表

序号	学校名称	项目数	总分	省份
1341	重庆信息技术职业学院	4	8.69	重庆市
1342	石家庄工商职业学院	1	7.84	河北省
1343	山西老区职业技术学院	2	7.65	山西省
1344	阜阳幼儿师范高等专科学校	2	6.91	安徽省

8.2 “双高”高职院校教师教学发展指数(2020 版)

序号	学校名称	项目数	总分	省份
1	深圳职业技术学院	778	100	广东省
2	天津市职业大学	603	84.77	天津市
3	金华职业技术学院	700	80.91	浙江省
4	无锡职业技术学院	371	79.39	江苏省
5	黄河水利职业技术学院	382	79.05	河南省
6	长沙民政职业技术学院	360	78.94	湖南省
7	陕西工业职业技术学院	413	78.85	陕西省
8	山东商业职业技术学院	379	78.31	山东省
9	浙江金融职业学院	541	77.95	浙江省
10	北京工业职业技术学院	503	77.88	北京市
11	广东轻工职业技术学院	337	77.63	广东省
12	顺德职业技术学院	472	77.4	广东省
13	浙江机电职业技术学院	328	77	浙江省
14	淄博职业学院	382	75.82	山东省
15	宁波职业技术学院	340	75.66	浙江省
16	成都航空职业技术学院	237	75.39	四川省
17	广州番禺职业技术学院	345	75.38	广东省
18	昆明冶金高等专科学校	283	75.32	云南省
19	湖南铁道职业技术学院	254	75.09	湖南省

续表

序号	学校名称	项目数	总分	省份
20	承德石油高等专科学校	191	74.59	河北省
21	武汉职业技术学院	294	74.48	湖北省
22	北京电子科技职业学院	453	73.73	北京市
23	重庆电子工程职业学院	368	73.71	重庆市
24	河北工业职业技术学院	215	73.13	河北省
25	长春职业技术学院	512	72.83	吉林省
26	邢台职业技术学院	271	72.71	河北省
27	杨凌职业技术学院	273	72.38	陕西省
28	常州信息职业技术学院	291	72.35	江苏省
29	新疆农业职业技术学院	226	72.14	新疆维吾尔自治区
30	重庆工业职业技术学院	377	71.62	重庆市
31	辽宁省交通高等专科学校	264	71.29	辽宁省
32	深圳信息职业技术学院	282	70.99	广东省
33	九江职业技术学院	262	70.38	江西省
33	江苏建筑职业技术学院	262	70.38	江苏省
35	浙江交通职业技术学院	213	70.17	浙江省
36	四川工程职业技术学院	138	70.01	四川省

续表

序号	学校名称	项目数	总分	省份
37	南宁职业技术学院	311	69.91	广西壮族自治区
38	浙江经济职业技术学院	265	69.9	浙江省
39	武汉船舶职业技术学院	185	69.79	湖北省
40	江苏农林职业技术学院	215	69.5	江苏省
41	贵州交通职业技术学院	209	69.47	贵州省
42	山西工程职业学院	199	69.3	山西省
43	威海职业学院	259	69.24	山东省
44	日照职业技术学院	230	68.74	山东省
45	温州职业技术学院	212	68.54	浙江省
45	北京财贸职业学院	248	68.54	北京市
47	常州机电职业技术学院	256	68.24	江苏省
48	天津医学高等专科学校	148	68.16	天津市
49	兰州石化职业技术学院	203	68.15	甘肃省
50	辽宁农业职业技术学院	210	67.92	辽宁省
50	北京信息职业技术学院	323	67.92	北京市
52	黑龙江建筑职业技术学院	150	67.58	黑龙江省
53	常州工程职业技术学院	220	67.38	江苏省
54	江苏农牧科技职业学院	177	67.26	江苏省
55	襄阳职业技术学院	164	67.17	湖北省
56	江苏工程职业技术学院	186	67.02	江苏省

续表

序号	学校名称	项目数	总分	省份
57	江苏经贸职业技术学院	216	66.97	江苏省
58	天津电子信息职业技术学院	260	66.85	天津市
59	长春汽车工业高等专科学校	225	66.71	吉林省
60	南京信息职业技术学院	206	66.57	江苏省
60	福建船政交通职业学院	385	66.57	福建省
60	滨州职业学院	179	66.57	山东省
63	浙江经贸职业技术学院	254	65.99	浙江省
64	浙江商业职业技术学院	283	65.68	浙江省
65	青岛职业技术学院	180	65.52	山东省
66	杭州职业技术学院	197	65.23	浙江省
67	天津轻工职业技术学院	238	65.14	天津市
68	广州民航职业技术学院	124	65.02	广东省
69	广东科学技术职业学院	195	64.97	广东省
70	无锡商业职业技术学院	286	64.94	江苏省
71	四川交通职业技术学院	190	64.86	四川省
72	四川建筑职业技术学院	177	64.81	四川省
73	柳州职业技术学院	208	64.78	广西壮族自治区
74	湖南工业职业技术学院	229	64.68	湖南省
75	北京农业职业学院	207	64.47	北京市

续表

序号	学校名称	项目数	总分	省份
76	芜湖职业技术学院	248	64.34	安徽省
77	郑州铁路职业技术学院	167	64.21	河南省
78	西安航空职业技术学院	204	64.02	陕西省
79	哈尔滨职业技术学院	215	63.9	黑龙江省
80	潍坊职业学院	222	63.76	山东省
81	黄冈职业技术学院	182	63.75	湖北省
82	山西省财政税务专科学校	185	63.69	山西省
83	河南工业职业技术学院	265	63.68	河南省
84	江苏航运职业技术学院	150	63.38	江苏省
85	黑龙江农业工程职业学院	228	63.33	黑龙江省
86	江苏食品药品职业技术学院	126	63.23	江苏省
87	湖北职业技术学院	145	63.13	湖北省
88	黑龙江农业经济职业学院	179	63.12	黑龙江省
89	石家庄铁路职业技术学院	78	62.93	河北省
90	黑龙江职业学院	230	62.69	黑龙江省
91	浙江旅游职业学院	170	62.55	浙江省
92	河北化工医药职业技术学院	134	62.48	河北省
93	石家庄邮电职业技术学院	96	62.16	河北省
94	广西职业技术学院	167	62.11	广西壮族自治区
95	湖南交通职业技术学院	191	61.98	湖南省

续表

序号	学校名称	项目数	总分	省份
96	陕西铁路工程职业技术学院	162	61.84	陕西省
97	安徽机电职业技术学院	234	61.69	安徽省
98	兰州资源环境职业技术学院	125	61.62	甘肃省
99	浙江建设职业技术学院	182	61.5	浙江省
100	山东科技职业学院	164	61.32	山东省
101	天津交通职业学院	195	61.22	天津市
102	重庆工程职业技术学院	286	61.16	重庆市
103	重庆城市管理职业学院	236	61.07	重庆市
104	天津现代职业技术学院	159	60.95	天津市
105	河南职业技术学院	281	60.85	河南省
106	江西交通职业技术学院	136	60.84	江西省
107	广东食品药品职业学院	115	60.83	广东省
108	南京铁道职业技术学院	145	60.48	江苏省
109	安徽水利水电职业技术学院	170	60.46	安徽省
110	湖南化工职业技术学院	145	60.39	湖南省
111	广东机电职业技术学院	210	60.32	广东省
112	武汉铁路职业技术学院	98	60.28	湖北省
113	湖南汽车工程职业学院	161	60.17	湖南省

续表

序号	学校名称	项目数	总分	省份
113	唐山工业职业技术学院	185	60.17	河北省
115	江西应用技术职业学院	249	60.01	江西省
115	安徽商贸职业技术学院	241	60.01	安徽省
117	广东水利电力职业技术学院	139	59.82	广东省
118	内蒙古建筑职业技术学院	104	59.8	内蒙古自治区
119	苏州工艺美术职业技术学院	111	59.78	江苏省
119	湖南工艺美术职业学院	76	59.78	湖南省
121	徐州工业职业技术学院	149	59.46	江苏省
122	河南农业职业学院	99	59.43	河南省
123	浙江工贸职业技术学院	127	59.25	浙江省
124	宁夏职业技术学院	126	59	宁夏回族自治区
125	江苏海事职业技术学院	150	58.89	江苏省
126	福建信息职业技术学院	317	58.74	福建省
127	济南职业学院	147	58.45	山东省
128	山东畜牧兽医职业学院	96	58.44	山东省
129	沈阳职业技术学院	162	58.42	辽宁省
129	苏州农业职业技术学院	145	58.42	江苏省
131	辽宁机电职业技术学院	166	58.35	辽宁省
132	上海工艺美术职业学院	63	57.71	上海市

续表

序号	学校名称	项目数	总分	省份
133	山东职业学院	156	57.62	山东省
134	成都纺织高等专科学校	140	57.47	四川省
135	北京交通运输职业学院	131	57.44	北京市
136	陕西国防工业职业技术学院	139	57.39	陕西省
137	烟台职业学院	202	57.26	山东省
138	长沙航空职业技术学院	112	57.2	湖南省
139	石家庄职业技术学院	103	57.07	河北省
140	广州铁路职业技术学院	132	57.05	广东省
141	漳州职业技术学院	259	56.49	福建省
142	黎明职业大学	197	56.47	福建省
143	南通职业大学	139	56.46	江苏省
144	重庆医药高等专科学校	74	56.33	重庆市
145	湖北交通职业技术学院	93	56.16	湖北省
146	重庆工商职业学院	237	56.12	重庆市
147	内蒙古机电职业技术学院	90	56.11	内蒙古自治区
148	宁夏工商职业技术学院	131	55.99	宁夏回族自治区
149	新疆轻工职业技术学院	75	55.96	新疆维吾尔自治区
150	秦皇岛职业技术学院	114	55.89	河北省
151	东营职业学院	155	55.71	山东省
152	青岛酒店管理职业技术学院	121	55.69	山东省
153	苏州工业职业技术学院	129	55.64	江苏省

续表

序号	学校名称	项目数	总分	省份
154	成都职业技术学院	160	55.23	四川省
155	海南经贸职业技术学院	157	55.21	海南省
156	吉林交通职业技术学院	126	55.17	吉林省
156	福州职业技术学院	194	55.17	福建省
158	天津渤海职业技术学院	131	55.1	天津市
159	山西职业技术学院	221	55.05	山西省
160	山东交通职业学院	196	55.01	山东省
161	北京劳动保障职业学院	129	54.93	北京市
162	武汉电力职业技术学院	95	54.79	湖北省
163	江西财经职业学院	168	54.49	江西省
164	许昌职业技术学院	169	54.19	河南省
165	铜仁职业技术学院	62	54.1	贵州省
166	重庆电力高等专科学校	81	54.06	重庆市
167	浙江警官职业学院	62	53.66	浙江省
168	安徽医学高等专科学校	64	53.16	安徽省
169	岳阳职业技术学院	88	53.09	湖南省
170	云南机电职业技术学院	43	52.88	云南省
171	酒泉职业技术学院	103	52.77	甘肃省
172	中山火炬职业技术学院	77	52.67	广东省
173	内蒙古化工职业学院	65	52.5	内蒙古自治区
174	广东工贸职业技术学院	143	52.38	广东省
175	重庆三峡医药高等专科学校	81	52.23	重庆市
176	江西环境工程职业学院	195	52.14	江西省

续表

序号	学校名称	项目数	总分	省份
177	渤海船舶职业学院	84	52.08	辽宁省
178	长沙商贸旅游职业技术学院	125	51.98	湖南省
179	辽宁经济职业技术学院	127	51.95	辽宁省
180	陕西职业技术学院	117	51.75	陕西省
181	湖南生物机电职业技术学院	94	51.56	湖南省
182	江西外语外贸职业学院	123	50.97	江西省
183	贵州轻工职业技术学院	99	50.86	贵州省
184	吉林铁道职业技术学院	68	50.04	吉林省
185	浙江艺术职业学院	65	50.02	浙江省
186	广西建设职业技术学院	116	49.11	广西壮族自治区
187	哈尔滨铁道职业技术学院	37	48.78	黑龙江省
188	四川邮电职业技术学院	83	48.38	四川省
189	山西机电职业技术学院	162	48.08	山西省
190	陕西能源职业技术学院	69	47.75	陕西省
191	重庆航天职业技术学院	80	47.7	重庆市
192	成都农业科技职业学院	100	47.57	四川省
193	昆明工业职业技术学院	40	47.03	云南省
194	沧州医学高等专科学校	62	46.83	河北省
195	东莞职业技术学院	125	44.24	广东省
196	咸阳职业技术学院	103	43.93	陕西省
197	重庆三峡职业学院	180	42.44	重庆市

8.3 一般高职院校教师教学发展指数(2020 版)

续表

序号	学校名称	项目数	总分	省份
1	南京工业职业技术大学	430	74.92	江苏省
2	广东交通职业技术学院	204	67.31	广东省
3	平顶山工业职业技术学院	112	63	河南省
4	安徽职业技术学院	271	62.88	安徽省
5	南京交通职业技术学院	229	61.97	江苏省
6	南京科技职业学院	175	61.71	江苏省
7	海南职业技术学院	119	61.26	海南省
8	云南交通职业技术学院	97	60.33	云南省
9	永州职业技术学院	102	60	湖南省
10	大连职业技术学院	197	59.93	辽宁省
11	浙江工商职业技术学院	181	59.89	浙江省
12	常州工业职业技术学院	239	59.77	江苏省
13	武汉软件工程职业学院	158	59.23	湖北省
14	浙江纺织服装职业技术学院	158	58.76	浙江省
15	江苏电子信息职业学院	207	57.96	江苏省
16	上海城建职业学院	140	57.77	上海市
17	江苏联合职业技术学院	339	57.3	江苏省
18	广东农工商职业技术学院	178	56.7	广东省
19	包头职业技术学院	71	56.65	内蒙古自治区
20	吉林工业职业技术学院	116	56.4	吉林省
21	天津商务职业学院	136	56.11	天津市
22	浙江医药高等专科学校	90	55.96	浙江省
23	苏州工业园区职业技术学院	59	55.8	江苏省
24	福建林业职业技术学院	89	55.79	福建省
25	山东外贸职业学院	94	55.73	山东省
26	安徽工商职业学院	282	55.61	安徽省
27	河南经贸职业学院	200	55.37	河南省
28	武汉交通职业学院	118	55.31	湖北省
29	商丘职业技术学院	70	55.19	河南省
30	河北交通职业技术学院	83	55.11	河北省
31	江西旅游商贸职业学院	149	54.97	江西省
32	上海出版印刷高等专科学校	55	54.8	上海市
33	辽宁石化职业技术学院	104	54.72	辽宁省
33	湖州职业技术学院	141	54.72	浙江省
35	宁波城市职业技术学院	181	54.57	浙江省
36	北京社会管理职业学院	43	54.51	北京市
37	中山职业技术学院	167	54.44	广东省

续表

序号	学校名称	项目数	总分	省份
38	上海电子信息职业技术学院	227	54.4	上海市
39	湖北三峡职业技术学院	118	54.11	湖北省
40	江苏财经职业技术学院	148	54.06	江苏省
41	常州纺织服装职业技术学院	124	54.04	江苏省
42	苏州经贸职业技术学院	123	54.02	江苏省
43	山西建筑职业技术学院	72	53.94	山西省
44	绵阳职业技术学院	75	53.91	四川省
45	合肥职业技术学院	88	53.71	安徽省
46	辽宁生态工程职业学院	158	53.62	辽宁省
47	天津机电职业技术学院	131	53.41	天津市
48	山西药科职业学院	58	53.29	山西省
49	丽水职业技术学院	144	53.16	浙江省
50	广西农业职业技术学院	112	53.14	广西壮族自治区
51	扬州工业职业技术学院	160	52.98	江苏省
52	江苏信息职业技术学院	110	52.95	江苏省
53	克拉玛依职业技术学院	63	52.94	新疆维吾尔自治区
54	广西机电职业技术学院	139	52.82	广西壮族自治区
55	湖南科技职业学院	83	52.78	湖南省
56	佛山职业技术学院	114	52.65	广东省
57	唐山职业技术学院	81	52.63	河北省
58	广西交通职业技术学院	147	52.58	广西壮族自治区

续表

序号	学校名称	项目数	总分	省份
59	湖南大众传媒职业技术学院	92	52.46	湖南省
60	江西现代职业技术学院	210	52.35	江西省
61	南京旅游职业学院	149	52.28	江苏省
62	湖北工业职业技术学院	64	52.25	湖北省
63	苏州卫生职业技术学院	65	52.07	江苏省
64	济宁职业技术学院	71	52.05	山东省
65	湖北城市建设职业技术学院	86	51.93	湖北省
66	湖南环境生物职业技术学院	56	51.84	湖南省
67	上海旅游高等专科学校	77	51.71	上海市
68	新疆交通职业技术学院	53	51.66	新疆维吾尔自治区
69	浙江工业职业技术学院	140	51.64	浙江省
70	义乌工商职业技术学院	114	51.63	浙江省
71	福建水利电力职业技术学院	70	51.56	福建省
72	扬州市职业大学	92	51.47	江苏省
73	包头轻工职业技术学院	61	51.36	内蒙古自治区
74	盐城工业职业技术学院	77	50.9	江苏省
75	江西陶瓷工艺美术职业技术学院	37	50.82	江西省
76	保定职业技术学院	84	50.8	河北省
77	西安铁路职业技术学院	109	50.77	陕西省

续表

序号	学校名称	项目数	总分	省份
78	上海思博职业技术学院	98	50.3	上海市
79	山东中医药高等专科学校	60	50.28	山东省
80	河南交通职业技术学院	99	50.26	河南省
81	邯郸职业技术学院	51	50.23	河北省
82	锡林郭勒职业学院	118	50.09	内蒙古自治区
83	湖南铁路科技职业技术学院	72	50.07	湖南省
84	厦门城市职业学院	123	50.06	福建省
85	济源职业技术学院	105	50.03	河南省
86	山东旅游职业学院	69	50	山东省
87	山东工业职业学院	85	49.99	山东省
88	聊城职业技术学院	128	49.85	山东省
89	安徽交通职业技术学院	51	49.73	安徽省
90	湖北水利水电职业技术学院	102	49.72	湖北省
91	柳州铁道职业技术学院	329	49.69	广西壮族自治区
92	武汉城市职业学院	153	49.65	湖北省
92	山东水利职业学院	118	49.65	山东省
94	河北旅游职业学院	60	49.6	河北省
95	河北软件职业技术学院	80	49.55	河北省
96	青岛港湾职业技术学院	50	49.53	山东省
97	邢台医学高等专科学校	44	49.52	河北省
98	上海交通职业技术学院	99	49.51	上海市
99	陕西交通职业技术学院	108	49.48	陕西省

续表

序号	学校名称	项目数	总分	省份
100	青海交通职业技术学院	77	49.47	青海省
101	江西卫生职业学院	56	49.42	江西省
102	湖南机电职业技术学院	103	49.31	湖南省
103	河北机电职业技术学院	73	49.3	河北省
104	宁夏财经职业技术学院	67	49.29	宁夏回族自治区
105	苏州职业大学	109	49.27	江苏省
106	广东省外语艺术职业学院	73	49.24	广东省
107	天津城市职业学院	55	49.17	天津市
108	杭州科技职业技术学院	102	49.1	浙江省
109	云南国土资源职业学院	81	49.09	云南省
110	江西工业贸易职业技术学院	67	48.94	江西省
111	甘肃林业职业技术学院	65	48.9	甘肃省
112	四川工商职业技术学院	75	48.86	四川省
113	温州科技职业学院	77	48.81	浙江省
114	河北对外经贸职业学院	47	48.8	河北省
115	山东城市建设职业学院	49	48.79	山东省
116	湖南商务职业技术学院	130	48.71	湖南省
117	北京戏曲艺术职业学院	47	48.61	北京市
118	长春医学高等专科学校	58	48.6	吉林省
119	鄂州职业大学	68	48.48	湖北省

续表

序号	学校名称	项目数	总分	省份
120	山东医学高等专科学校	53	48.43	山东省
121	湖南现代物流职业技术学院	83	48.34	湖南省
122	湖北生物科技职业学院	99	48.33	湖北省
123	乐山职业技术学院	71	48.32	四川省
124	厦门海洋职业技术学院	55	48.28	福建省
125	广西电力职业技术学院	92	48.23	广西壮族自治区
126	江西工业工程职业技术学院	49	48.16	江西省
127	黑龙江交通职业技术学院	110	48.12	黑龙江省
128	广西国际商务职业技术学院	87	48.05	广西壮族自治区
129	郑州旅游职业学院	81	47.94	河南省
130	吉林电子信息职业技术学院	169	47.9	吉林省
130	云南林业职业技术学院	59	47.9	云南省
130	青海畜牧兽医职业技术学院	33	47.9	青海省
133	安庆职业技术学院	80	47.85	安徽省
134	广东建设职业技术学院	53	47.59	广东省
135	宜宾职业技术学院	66	47.58	四川省
136	黔东南民族职业技术学院	54	47.38	贵州省
137	荆州职业技术学院	84	47.33	湖北省
137	安徽财贸职业学院	123	47.33	安徽省
139	天津海运职业学院	83	47.31	天津市
140	甘肃工业职业技术学院	71	47.28	甘肃省

续表

序号	学校名称	项目数	总分	省份
141	漯河医学高等专科学校	30	47.26	河南省
142	北京青年政治学院	125	47.23	北京市
142	黑龙江林业职业技术学院	60	47.23	黑龙江省
144	贵州电子信息职业技术学院	106	47.1	贵州省
145	嘉兴职业技术学院	105	47.07	浙江省
145	莱芜职业技术学院	72	47.07	山东省
147	湖北生态工程职业技术学院	86	47	湖北省
148	江苏医药职业学院	73	46.96	江苏省
149	山东理工职业学院	74	46.91	山东省
150	西藏职业技术学院	56	46.9	西藏自治区
151	浙江国际海运职业技术学院	63	46.87	浙江省
152	宁波卫生职业技术学院	54	46.86	浙江省
153	云南农业职业技术学院	46	46.85	云南省
154	天津铁道职业技术学院	50	46.82	天津市
155	开封大学	62	46.79	河南省
156	新疆职业大学	65	46.73	新疆维吾尔自治区
157	江苏城乡建设职业学院	66	46.72	江苏省
157	济南工程职业技术学院	55	46.72	山东省
159	包头铁道职业技术学院	58	46.69	内蒙古自治区
160	泉州医学高等专科学校	49	46.67	福建省

续表

序号	学校名称	项目数	总分	省份
160	广西工业职业技术学院	93	46.67	广西壮族自治区
162	山西交通职业技术学院	72	46.54	山西省
163	甘肃交通职业技术学院	64	46.52	甘肃省
164	闽西职业技术学院	82	46.5	福建省
165	台州职业技术学院	86	46.46	浙江省
166	广西金融职业技术学院	44	46.39	广西壮族自治区
166	鹤壁职业技术学院	111	46.39	河南省
168	广西水利电力职业技术学院	79	46.36	广西壮族自治区
169	广州城市职业学院	97	46.32	广东省
170	辽宁职业学院	79	46.31	辽宁省
171	郑州电力高等专科学校	52	46.29	河南省
172	广东工程职业技术学院	57	46.2	广东省
173	上海东海职业技术学院	59	46.19	上海市
174	广东职业技术学院	72	46.16	广东省
175	福建幼儿师范高等专科学校	29	46.11	福建省
176	四川电力职业技术学院	25	46.1	四川省
177	江西机电职业技术学院	47	46.08	江西省
177	广西经贸职业技术学院	67	46.08	广西壮族自治区
179	北京经济管理职业学院	58	46.02	北京市
180	无锡工艺职业技术学院	60	45.9	江苏省

续表

序号	学校名称	项目数	总分	省份
181	四川信息职业技术学院	97	45.89	四川省
182	四川职业技术学院	61	45.88	四川省
183	上海济光职业技术学院	38	45.86	上海市
184	上海农林职业技术学院	108	45.85	上海市
185	新疆石河子职业技术学院	72	45.84	新疆维吾尔自治区
186	泸州职业技术学院	51	45.83	四川省
187	大庆职业学院	42	45.81	黑龙江省
188	福建卫生职业技术学院	53	45.76	福建省
189	山东经贸职业学院	53	45.62	山东省
190	湖南中医药高等专科学校	49	45.54	湖南省
190	乌鲁木齐职业大学	53	45.54	新疆维吾尔自治区
192	安徽电气工程职业技术学院	49	45.42	安徽省
193	徐州幼儿师范高等专科学校	34	45.33	江苏省
194	湖南财经工业职业技术学院	58	45.29	湖南省
195	安徽国防科技职业学院	109	45.28	安徽省
196	青岛远洋船员职业学院	36	45.2	山东省
197	黑龙江旅游职业技术学院	37	45.19	黑龙江省
198	黑龙江农业职业技术学院	51	45.13	黑龙江省
199	四川化工职业技术学院	57	45.07	四川省

续表

序号	学校名称	项目数	总分	省份
200	天津工业职业学院	56	45.04	天津市
201	山东电子职业技术学院	103	45.02	山东省
202	阜阳职业技术学院	35	45	安徽省
203	仙桃职业学院	103	44.95	湖北省
204	湖南邮电职业技术学院	39	44.94	湖南省
205	辽源职业技术学院	49	44.92	吉林省
206	南阳医学高等专科学校	28	44.84	河南省
207	黑龙江农垦职业学院	51	44.8	黑龙江省
208	长沙环境保护职业技术学院	76	44.71	湖南省
209	湖北轻工职业技术学院	47	44.63	湖北省
210	沙洲职业工学院	61	44.54	江苏省
211	曲靖医学高等专科学校	30	44.39	云南省
212	辽宁建筑职业学院	63	44.38	辽宁省
213	内蒙古商贸职业学院	86	44.32	内蒙古自治区
214	黑龙江生物科技职业学院	73	44.31	黑龙江省
215	辽宁铁道职业技术学院	45	44.26	辽宁省
216	安徽国际商务职业学院	109	44.23	安徽省
217	昌吉职业技术学院	36	44.2	新疆维吾尔自治区
218	河北政法职业学院	48	44.17	河北省
219	湖北中医药高等专科学校	31	44.16	湖北省
220	晋中职业技术学院	97	44.12	山西省

续表

序号	学校名称	项目数	总分	省份
220	广东女子职业技术学院	51	44.12	广东省
222	无锡科技职业学院	67	44.08	江苏省
223	河北建材职业技术学院	33	44.07	河北省
224	珠海城市职业技术学院	85	44.04	广东省
225	咸宁职业技术学院	95	43.93	湖北省
226	陕西财经职业技术学院	114	43.92	陕西省
227	常德职业技术学院	56	43.87	湖南省
228	长江职业学院	68	43.86	湖北省
229	辽宁装备制造职业技术学院	57	43.81	辽宁省
230	兰州职业技术学院	59	43.73	甘肃省
231	辽宁轨道交通职业学院	73	43.69	辽宁省
232	天津滨海职业学院	47	43.67	天津市
233	湖南外贸职业学院	38	43.6	湖南省
234	绍兴职业技术学院	78	43.57	浙江省
234	沧州职业技术学院	69	43.57	河北省
236	河源职业技术学院	145	43.53	广东省
237	湖南信息职业技术学院	53	43.52	湖南省
238	湖北科技职业学院	117	43.51	湖北省
239	呼和浩特职业学院	57	43.49	内蒙古自治区
240	湖南城建职业技术学院	50	43.45	湖南省
241	广州城建职业学院	60	43.43	广东省
241	河南应用技术职业学院	77	43.43	河南省
243	黑龙江护理高等专科学校	37	43.4	黑龙江省

续表

序号	学校名称	项目数	总分	省份
243	湘西民族职业技术学院	24	43.4	湖南省
245	北京政法职业学院	81	43.37	北京市
246	安徽中医药高等专科学校	40	43.33	安徽省
247	山东劳动职业技术学院	70	43.32	山东省
248	太原旅游职业学院	72	43.27	山西省
249	青海建筑职业技术学院	34	43.17	青海省
250	湖北艺术职业学院	22	43.15	湖北省
250	三亚航空旅游职业学院	47	43.15	海南省
252	湖南高速铁路职业技术学院	38	43.12	湖南省
253	三门峡职业技术学院	32	42.97	河南省
254	内蒙古电子信息职业技术学院	90	42.88	内蒙古自治区
255	安徽城市管理职业学院	60	42.87	安徽省
256	延安职业技术学院	36	42.8	陕西省
257	湖南网络工程职业学院	58	42.77	湖南省
258	渭南职业技术学院	39	42.75	陕西省
259	德州职业技术学院	87	42.63	山东省
260	辽宁金融职业学院	52	42.61	辽宁省
261	四川国际标榜职业学院	29	42.6	四川省
262	山东电力高等专科学校	25	42.56	山东省
263	云南能源职业技术学院	34	42.52	云南省
264	海南科技职业大学	80	42.5	海南省

续表

序号	学校名称	项目数	总分	省份
265	泉州幼儿师范高等专科学校	32	42.48	福建省
265	宁夏民族职业技术学院	33	42.48	宁夏回族自治区
267	潍坊工程职业学院	54	42.46	山东省
268	长春金融高等专科学校	61	42.42	吉林省
269	六安职业技术学院	36	42.37	安徽省
270	枣庄职业学院	53	42.32	山东省
271	江西信息应用职业技术学院	55	42.27	江西省
272	清远职业技术学院	48	42.25	广东省
273	天津城市建设管理职业技术学院	27	42.19	天津市
274	锦州师范高等专科学校	34	42.18	辽宁省
275	河南建筑职业技术学院	50	42.15	河南省
276	南通科技职业学院	76	42.11	江苏省
277	马鞍山师范高等专科学校	43	42.08	安徽省
278	无锡城市职业技术学院	48	42.07	江苏省
279	山西林业职业技术学院	29	42.04	山西省
280	广安职业技术学院	51	42.03	四川省
281	江汉艺术职业学院	27	41.98	湖北省
282	湖南电气职业技术学院	90	41.97	湖南省
283	湖南艺术职业学院	29	41.96	湖南省
284	河北女子职业技术学院	48	41.93	河北省
285	合肥幼儿师范高等专科学校	28	41.89	安徽省

续表

序号	学校名称	项目数	总分	省份
286	上海科学技术职业学院	43	41.82	上海市
287	泰州职业技术学院	79	41.76	江苏省
288	惠州城市职业学院	65	41.69	广东省
289	海南软件职业技术学院	87	41.67	海南省
290	湖南工程职业技术学院	98	41.64	湖南省
291	九江职业大学	41	41.63	江西省
292	上海民航职业技术学院	33	41.61	上海市
293	四川财经职业学院	68	41.56	四川省
294	通辽职业学院	45	41.55	内蒙古自治区
295	上海工商职业技术学院	61	41.5	上海市
296	苏州工业园区服务外包职业学院	92	41.41	江苏省
297	广东理工职业学院	64	41.36	广东省
297	广州工程技术职业学院	111	41.36	广东省
299	广东邮电职业技术学院	25	41.33	广东省
300	内蒙古交通职业技术学院	27	41.3	内蒙古自治区
301	辽宁城市建设职业技术学院	63	41.29	辽宁省
302	濮阳职业技术学院	46	41.26	河南省
303	广东科贸职业学院	80	41.16	广东省
304	甘肃建筑职业技术学院	54	41.11	甘肃省
305	山东商务职业学院	92	41.1	山东省
306	辽宁轻工职业学院	65	41.09	辽宁省
307	湄洲湾职业技术学院	44	41.08	福建省

续表

序号	学校名称	项目数	总分	省份
308	河南机电职业学院	48	41.03	河南省
308	四川商务职业学院	61	41.03	四川省
310	营口职业技术学院	34	41	辽宁省
311	漯河职业技术学院	44	40.94	河南省
312	江西工业职业技术学院	82	40.87	江西省
313	浙江邮电职业技术学院	36	40.79	浙江省
314	上海工商外国语职业学院	25	40.77	上海市
315	云南旅游职业学院	23	40.74	云南省
316	荆州理工职业学院	31	40.68	湖北省
317	安徽工业经济职业技术学院	153	40.65	安徽省
318	江西制造职业技术学院	58	40.6	江西省
319	江苏城市职业学院	44	40.58	江苏省
320	镇江市高等专科学校	47	40.52	江苏省
321	重庆水利电力职业技术学院	42	40.49	重庆市
321	连云港职业技术学院	47	40.49	江苏省
323	重庆财经职业学院	96	40.46	重庆市
324	山西艺术职业学院	28	40.44	山西省
324	大庆医学高等专科学校	29	40.44	黑龙江省
326	安徽电子信息职业技术学院	102	40.43	安徽省
327	上海行健职业学院	45	40.41	上海市
328	四川航天职业技术学院	47	40.4	四川省
329	滁州职业技术学院	69	40.31	安徽省
330	河北艺术职业学院	41	40.3	河北省

续表

序号	学校名称	项目数	总分	省份
331	广西工商职业技术学院	43	40.29	广西壮族自治区
332	抚顺职业技术学院	26	40.17	辽宁省
333	泰山职业技术学院	35	40.1	山东省
333	黔南民族职业技术学院	33	40.1	贵州省
335	山东药品食品职业学院	22	40.06	山东省
335	山东轻工职业学院	59	40.06	山东省
337	雅安职业技术学院	29	40.02	四川省
338	漳州卫生职业学院	41	39.95	福建省
339	黑龙江民族职业学院	20	39.91	黑龙江省
339	辽宁医药职业学院	28	39.91	辽宁省
341	福建农业职业技术学院	58	39.87	福建省
342	福建艺术职业学院	35	39.81	福建省
343	浙江同济科技职业学院	45	39.72	浙江省
343	浙江广厦建设职业技术大学	28	39.72	浙江省
345	河南测绘职业学院	35	39.7	河南省
346	南充职业技术学院	36	39.69	四川省
346	贵阳职业技术学院	38	39.69	贵州省
348	桂林师范高等专科学校	44	39.68	广西壮族自治区
348	山西戏剧职业学院	29	39.68	山西省
350	济南幼儿师范高等专科学校	14	39.64	山东省
351	烟台汽车工程职业学院	87	39.57	山东省
352	天津工程职业技术学院	29	39.56	天津市
353	广西生态工程职业技术学院	38	39.53	广西壮族自治区
354	肇庆医学高等专科学校	21	39.43	广东省
354	湖北幼儿师范高等专科学校	13	39.43	湖北省
356	浙江农业商贸职业学院	42	39.41	浙江省
357	福建对外经济贸易职业技术学院	29	39.34	福建省
358	四川机电职业技术学院	25	39.3	四川省
359	闽江师范高等专科学校	54	39.29	福建省
360	三明医学科技职业学院	42	39.27	福建省
361	重庆建筑工程职业学院	59	39.25	重庆市
362	陕西邮电职业技术学院	28	39.21	陕西省
363	天津艺术职业学院	27	39.13	天津市
364	山东铝业职业学院	18	39.08	山东省
365	重庆商务职业学院	43	39.02	重庆市
366	湖南安全技术职业学院	37	38.98	湖南省
367	山西经贸职业学院	29	38.97	山西省
368	青海警官职业学院	13	38.92	青海省
369	武汉铁路桥梁职业学院	30	38.91	湖北省
369	南通师范高等专科学校	26	38.91	江苏省
371	武威职业学院	17	38.9	甘肃省
372	天津国土资源和房屋职业学院	114	38.88	天津市
373	信阳职业技术学院	36	38.87	河南省
374	北京卫生职业学院	37	38.86	北京市

续表

序号	学校名称	项目数	总分	省份
375	四川水利职业技术学院	52	38.85	四川省
376	乌兰察布职业学院	20	38.78	内蒙古自治区
377	江苏卫生健康职业学院	34	38.73	江苏省
378	四川城市职业学院	50	38.72	四川省
379	四川幼儿师范高等专科学校	23	38.69	四川省
380	云南文化艺术职业学院	21	38.67	云南省
381	苏州健雄职业技术学院	49	38.63	江苏省
382	张家口职业技术学院	18	38.6	河北省
382	湖南民族职业学院	24	38.6	湖南省
384	江苏旅游职业学院	23	38.58	江苏省
384	江西生物科技职业学院	31	38.58	江西省
386	晋中师范高等专科学校	28	38.57	山西省
387	辽宁现代服务职业技术学院	58	38.54	辽宁省
387	广东环境保护工程职业学院	50	38.54	广东省
389	山西金融职业学院	66	38.52	山西省
390	甘肃农业职业技术学院	30	38.47	甘肃省
391	山西铁道职业技术学院	19	38.45	山西省
392	宁夏建设职业技术学院	19	38.4	宁夏回族自治区
393	广州科技贸易职业学院	40	38.39	广东省

续表

序号	学校名称	项目数	总分	省份
394	廊坊职业技术学院	63	38.37	河北省
394	长沙职业技术学院	40	38.37	湖南省
396	河北轨道运输职业技术学院	22	38.34	河北省
397	阿克苏职业技术学院	33	38.32	新疆维吾尔自治区
398	广西幼儿师范高等专科学校	28	38.28	广西壮族自治区
399	陕西工商职业学院	54	38.27	陕西省
400	贵阳护理职业学院	21	38.26	贵州省
401	重庆化工职业学院	61	38.23	重庆市
402	泉州轻工职业学院	29	38.22	福建省
403	江西建设职业技术学院	30	38.2	江西省
404	江门职业技术学院	65	38.15	广东省
405	重庆科创职业学院	31	38.14	重庆市
406	上海海事职业技术学院	20	38.1	上海市
407	娄底职业技术学院	44	38.08	湖南省
408	青海卫生职业技术学院	24	38.07	青海省
409	山西财贸职业技术学院	25	38.04	山西省
410	商丘医学高等专科学校	24	38.01	河南省
411	黑龙江生态工程职业学院	23	38	黑龙江省
412	安徽新闻出版职业技术学院	23	37.97	安徽省
413	辽阳职业技术学院	35	37.95	辽宁省
414	湘潭医卫职业技术学院	12	37.91	湖南省
415	盘锦职业技术学院	28	37.79	辽宁省

续表

序号	学校名称	项目数	总分	省份
415	重庆工贸职业技术学院	94	37.79	重庆市
417	安徽警官职业学院	47	37.77	安徽省
418	乌海职业技术学院	71	37.7	内蒙古自治区
418	郴州职业技术学院	34	37.7	湖南省
420	枣庄科技职业学院	58	37.69	山东省
420	北京交通职业技术学院	25	37.69	北京市
422	开封文化艺术职业学院	19	37.63	河南省
423	天津石油职业技术学院	70	37.62	天津市
424	淮南联合大学	39	37.55	安徽省
425	黑龙江幼儿师范高等专科学校	29	37.54	黑龙江省
426	恩施职业技术学院	28	37.46	湖北省
426	池州职业技术学院	42	37.46	安徽省
428	江苏商贸职业学院	56	37.45	江苏省
429	衢州职业技术学院	58	37.39	浙江省
430	石家庄幼儿师范高等专科学校	19	37.28	河北省
431	上海中侨职业技术大学	44	37.21	上海市
432	朝阳师范高等专科学校	24	37.17	辽宁省
433	江西航空职业技术学院	14	37.16	江西省
433	宝鸡职业技术学院	29	37.16	陕西省
435	江西工程职业学院	23	37.15	江西省
436	宜春职业技术学院	31	37.1	江西省
437	眉山职业技术学院	27	37.09	四川省
438	西安职业技术学院	64	37.07	陕西省
439	周口职业技术学院	48	37.04	河南省
440	淮南职业技术学院	23	37.03	安徽省
441	河北能源职业技术学院	37	37.02	河北省
442	焦作师范高等专科学校	24	37.01	河南省
443	新疆师范高等专科学校	16	36.97	新疆维吾尔自治区
444	铜陵职业技术学院	45	36.93	安徽省
445	海南政法职业学院	37	36.81	海南省
446	江西农业工程职业学院	39	36.8	江西省
447	广西体育高等专科学校	17	36.78	广西壮族自治区
447	黑龙江艺术职业学院	16	36.78	黑龙江省
449	伊犁职业技术学院	24	36.75	新疆维吾尔自治区
450	牡丹江大学	23	36.74	黑龙江省
450	云南国防工业职业技术学院	24	36.74	云南省
452	长江工程职业技术学院	34	36.7	湖北省
453	重庆电讯职业学院	9	36.68	重庆市
454	商洛职业技术学院	14	36.64	陕西省
455	泉州华光职业学院	10	36.55	福建省
456	运城师范高等专科学校	10	36.54	山西省
457	包头钢铁职业技术学院	10	36.52	内蒙古自治区
458	福建生物工程职业技术学院	24	36.5	福建省
459	湖南司法警官职业学院	14	36.47	湖南省
460	江西中医药高等专科学校	30	36.43	江西省

续表

序号	学校名称	项目数	总分	省份
461	宁夏艺术职业学院	19	36.42	宁夏回族自治区
462	松原职业技术学院	30	36.36	吉林省
463	张家界航空工业职业技术学院	26	36.3	湖南省
464	湖南理工职业技术学院	54	36.23	湖南省
465	河南水利与环境职业学院	45	36.22	河南省
466	辽宁地质工程职业学院	31	36.21	辽宁省
467	甘肃畜牧工程职业技术学院	25	36.19	甘肃省
467	兴安职业技术学院	30	36.19	内蒙古自治区
469	新疆建设职业技术学院	23	36.18	新疆维吾尔自治区
469	湖南国防工业职业技术学院	11	36.18	湖南省
471	成都工业职业技术学院	47	36.16	四川省
471	遵义职业技术学院	43	36.16	贵州省
471	漳州理工职业学院	13	36.16	福建省
474	淮北职业技术学院	48	36.15	安徽省
475	河南工业贸易职业学院	39	36.12	河南省
475	抚顺师范高等专科学校	11	36.12	辽宁省
477	上海震旦职业学院	38	36.1	上海市
478	河南工业和信息化职业学院	25	36.07	河南省
479	宁德职业技术学院	22	36.05	福建省
480	晋城职业技术学院	53	36.04	山西省
480	海南外国语职业学院	57	36.04	海南省

续表

序号	学校名称	项目数	总分	省份
482	菏泽医学专科学校	24	36.01	山东省
483	山西水利职业技术学院	81	36	山西省
484	四川长江职业学院	37	35.97	四川省
484	江苏护理职业学院	19	35.97	江苏省
486	广东松山职业技术学院	25	35.92	广东省
487	铁岭师范高等专科学校	23	35.9	辽宁省
488	山东胜利职业学院	14	35.88	山东省
489	贵州建设职业技术学院	14	35.85	贵州省
490	和田师范专科学校	13	35.84	新疆维吾尔自治区
491	广西卫生职业技术学院	31	35.81	广西壮族自治区
492	重庆建筑科技职业学院	11	35.8	重庆市
493	赤峰工业职业技术学院	9	35.79	内蒙古自治区
494	陕西艺术职业学院	30	35.78	陕西省
495	漳州科技职业学院	33	35.77	福建省
496	甘肃机电职业技术学院	23	35.7	甘肃省
496	广东岭南职业技术学院	27	35.7	广东省
498	安徽工贸职业技术学院	11	35.62	安徽省
499	湖北国土资源职业学院	25	35.61	湖北省
500	长沙电力职业技术学院	14	35.6	湖南省
501	临汾职业技术学院	25	35.55	山西省
502	上海邦德职业技术学院	19	35.53	上海市

续表

序号	学校名称	项目数	总分	省份
503	鄂尔多斯职业学院	25	35.51	内蒙古自治区
503	湖南冶金职业技术学院	11	35.51	湖南省
505	丽江师范高等专科学校	8	35.48	云南省
505	四川文化产业职业学院	17	35.48	四川省
507	新疆生产建设兵团兴新职业技术学院	28	35.42	新疆维吾尔自治区
508	临沂职业学院	35	35.33	山东省
509	四川中医药高等专科学校	22	35.25	四川省
510	徽商职业学院	51	35.24	安徽省
510	上海电影艺术职业学院	26	35.24	上海市
512	渤海理工职业学院	24	35.22	河北省
512	楚雄医药高等专科学校	8	35.22	云南省
514	江西电力职业技术学院	14	35.21	江西省
515	西安医学高等专科学校	10	35.2	陕西省
516	福州软件职业技术学院	11	35.19	福建省
517	连云港师范高等专科学校	30	35.17	江苏省
518	重庆文化艺术职业学院	7	35.15	重庆市
519	阳江职业技术学院	14	35.08	广东省
520	保险职业学院	16	35.01	湖南省
521	太原城市职业技术学院	34	34.99	山西省

续表

序号	学校名称	项目数	总分	省份
521	湖北青年职业学院	10	34.99	湖北省
523	德宏职业学院	18	34.9	云南省
524	河南信息统计职业学院	17	34.84	河南省
524	保定电力职业技术学院	16	34.84	河北省
526	茂名职业技术学院	12	34.81	广东省
527	贵州工业职业技术学院	39	34.74	贵州省
528	贵州盛华职业学院	9	34.72	贵州省
529	淄博师范高等专科学校	8	34.68	山东省
530	泉州工艺美术职业学院	9	34.67	福建省
531	白城医学高等专科学校	19	34.66	吉林省
532	内江职业技术学院	33	34.58	四川省
533	郑州职业技术学院	38	34.53	河南省
534	河南林业职业学院	34	34.5	河南省
535	佳木斯职业学院	42	34.49	黑龙江省
536	江西艺术职业学院	18	34.43	江西省
537	潍坊护理职业学院	12	34.42	山东省
538	台州科技职业学院	39	34.41	浙江省
539	柳州城市职业学院	40	34.4	广西壮族自治区
540	拉萨师范高等专科学校	8	34.36	西藏自治区
541	江西水利职业学院	23	34.33	江西省
542	郑州幼儿师范高等专科学校	13	34.31	河南省
543	江阴职业技术学院	35	34.25	江苏省
544	三峡电力职业学院	10	34.19	湖北省
545	黑龙江司法警官职业学院	4	34.17	黑龙江省
546	安顺职业技术学院	35	34.15	贵州省

续表

序号	学校名称	项目数	总分	省份
547	白银矿冶职业技术学院	38	34.11	甘肃省
548	重庆幼儿师范高等专科学校	7	34.08	重庆市
549	新乡职业技术学院	44	34.04	河南省
550	菏泽家政职业学院	13	34.02	山东省
551	烟台工程职业技术学院	46	34.01	山东省
552	武汉外语外事职业学院	76	33.93	湖北省
553	陕西航空职业技术学院	11	33.87	陕西省
554	宁夏警官职业学院	17	33.77	宁夏回族自治区
555	甘肃钢铁职业技术学院	14	33.75	甘肃省
555	浙江长征职业技术学院	22	33.75	浙江省
557	云南体育运动职业技术学院	11	33.72	云南省
558	西宁城市职业技术学院	29	33.7	青海省
559	陇南师范高等专科学校	11	33.63	甘肃省
560	焦作大学	24	33.6	河南省
561	江西冶金职业技术学院	10	33.58	江西省
562	运城幼儿师范高等专科学校	14	33.56	山西省
563	石家庄信息工程职业学院	42	33.55	河北省
563	湖南水利水电职业技术学院	46	33.55	湖南省
565	黑龙江农垦科技职业学院	21	33.54	黑龙江省

续表

序号	学校名称	项目数	总分	省份
566	福建电力职业技术学院	40	33.52	福建省
567	上海工会管理职业学院	16	33.48	上海市
568	云南财经职业学院	9	33.45	云南省
568	邵阳职业技术学院	22	33.45	湖南省
570	保山中医药高等专科学校	11	33.41	云南省
571	安康职业技术学院	14	33.4	陕西省
572	西安电力高等专科学校	18	33.39	陕西省
573	云南锡业职业技术学院	20	33.33	云南省
574	洛阳职业技术学院	24	33.31	河南省
575	四平职业大学	26	33.3	吉林省
576	正德职业技术学院	14	33.12	江苏省
577	昆明卫生职业学院	9	33.07	云南省
577	湖北工程职业学院	24	33.07	湖北省
577	达州职业技术学院	20	33.07	四川省
580	江西青年职业学院	20	32.93	江西省
581	厦门软件职业技术学院	38	32.91	福建省
582	齐齐哈尔高等师范专科学校	12	32.9	黑龙江省
583	赣州师范高等专科学校	10	32.84	江西省
583	承德护理职业学院	11	32.84	河北省
585	新疆铁道职业技术学院	11	32.79	新疆维吾尔自治区
586	威海海洋职业学院	24	32.78	山东省
587	宣化科技职业学院	32	32.76	河北省
588	河南医学高等专科学校	12	32.74	河南省
588	江西司法警官职业学院	24	32.74	江西省

续表

序号	学校名称	项目数	总分	省份
590	浙江育英职业技术学院	19	32.69	浙江省
590	滁州城市职业学院	14	32.69	安徽省
590	云南交通运输职业学院	5	32.69	云南省
593	重庆机电职业技术大学	29	32.68	重庆市
594	安徽邮电职业技术学院	40	32.59	安徽省
595	北京京北职业技术学院	32	32.58	北京市
596	云南经贸外事职业学院	11	32.53	云南省
597	重庆交通职业学院	61	32.51	重庆市
598	怀化职业技术学院	10	32.46	湖南省
599	吉林工程职业学院	21	32.42	吉林省
600	南昌职业大学	15	32.39	江西省
601	安徽广播影视职业技术学院	14	32.33	安徽省
602	抚州职业技术学院	21	32.3	江西省
602	内蒙古民族幼儿师范高等专科学校	5	32.3	内蒙古自治区
604	天津工艺美术职业学院	7	32.29	天津市
605	安徽工业职业技术学院	37	32.28	安徽省
605	江西医学高等专科学校	11	32.28	江西省
607	山西旅游职业学院	47	32.26	山西省
607	武汉信息传播职业技术学院	44	32.26	湖北省
609	长沙卫生职业学院	24	32.25	湖南省
610	合肥通用职业技术学院	13	32.23	安徽省
611	三亚城市职业学院	16	32.17	海南省

续表

序号	学校名称	项目数	总分	省份
611	马鞍山职业技术学院	44	32.17	安徽省
613	成都工贸职业技术学院	41	32.16	四川省
614	黑龙江冰雪体育职业学院	2	32.09	黑龙江省
615	巴音郭楞职业技术学院	29	32.08	新疆维吾尔自治区
616	昆山登云科技职业学院	18	32.04	江苏省
617	苏州信息职业技术学院	31	31.99	江苏省
618	江西传媒职业学院	8	31.96	江西省
618	运城职业技术大学	20	31.96	山西省
620	杭州万向职业技术学院	28	31.95	浙江省
621	福建华南女子职业学院	9	31.94	福建省
621	广东文艺职业学院	15	31.94	广东省
623	安徽审计职业学院	20	31.92	安徽省
624	重庆旅游职业学院	44	31.9	重庆市
625	襄阳汽车职业技术学院	16	31.88	湖北省
626	宁夏工业职业学院	7	31.87	宁夏回族自治区
627	四川体育职业学院	3	31.85	四川省
628	哈尔滨科学技术职业学院	12	31.84	黑龙江省
629	湖南三一工业职业技术学院	14	31.79	湖南省
630	四川卫生康复职业学院	12	31.77	四川省
631	山西电力职业技术学院	13	31.76	山西省

续表

序号	学校名称	项目数	总分	省份
632	广东南华工商职业学院	29	31.7	广东省
633	郑州信息科技职业学院	45	31.69	河南省
634	安徽冶金科技职业学院	13	31.66	安徽省
635	吉安职业技术学院	22	31.65	江西省
636	衡水职业技术学院	34	31.63	河北省
637	钟山职业技术学院	10	31.49	江苏省
638	三亚理工职业学院	9	31.44	海南省
639	辽宁商贸职业学院	7	31.41	辽宁省
639	随州职业技术学院	14	31.41	湖北省
641	汉中职业技术学院	27	31.4	陕西省
642	新疆工业职业技术学院	7	31.39	新疆维吾尔自治区
643	四川华新现代职业学院	25	31.28	四川省
644	宿州职业技术学院	20	31.23	安徽省
645	呼伦贝尔职业技术学院	17	31.21	内蒙古自治区
646	安徽中澳科技职业学院	30	31.18	安徽省
647	天津生物工程职业技术学院	28	31.17	天津市
648	四川科技职业学院	23	31.11	四川省
649	天津公安警官职业学院	7	31.09	天津市
650	宣城职业技术学院	22	31.07	安徽省
651	厦门华天涉外职业技术学院	20	31.06	福建省
652	四川现代职业学院	23	31.02	四川省
653	黑龙江公安警官职业学院	4	30.94	黑龙江省
654	海南工商职业学院	20	30.92	海南省

续表

序号	学校名称	项目数	总分	省份
655	青海柴达木职业技术学院	12	30.87	青海省
656	遵义医药高等专科学校	9	30.86	贵州省
657	南京城市职业学院	43	30.81	江苏省
658	南阳农业职业学院	11	30.75	河南省
659	北京汇佳职业学院	14	30.74	北京市
660	湖南体育职业学院	8	30.72	湖南省
661	潍坊工商职业学院	23	30.68	山东省
661	漯河食品职业学院	14	30.68	河南省
663	汕头职业技术学院	12	30.66	广东省
663	河南质量工程职业学院	23	30.66	河南省
665	武汉民政职业学院	9	30.65	湖北省
666	厦门南洋职业学院	25	30.64	福建省
667	石家庄财经职业学院	18	30.63	河北省
668	陕西机电职业技术学院	21	30.62	陕西省
668	石家庄科技工程职业学院	12	30.62	河北省
670	贵州职业技术学院	25	30.6	贵州省
671	黄山职业技术学院	14	30.59	安徽省
672	上饶职业技术学院	24	30.58	江西省
673	广西现代职业技术学院	23	30.54	广西壮族自治区
674	山东司法警官职业学院	13	30.53	山东省
675	黑龙江商业职业学院	36	30.52	黑龙江省
676	河南司法警官职业学院	7	30.46	河南省
677	武汉警官职业学院	36	30.44	湖北省
678	浙江体育职业技术学院	5	30.43	浙江省

续表

序号	学校名称	项目数	总分	省份
679	重庆公共运输职业学院	11	30.33	重庆市
680	皖西卫生职业学院	25	30.29	安徽省
681	亳州职业技术学院	37	30.28	安徽省
682	四川托普信息技术职业学院	39	30.27	四川省
683	武汉工程职业技术学院	19	30.24	湖北省
684	西藏警官高等专科学校	7	30.17	西藏自治区
685	江苏安全技术职业学院	25	30.16	江苏省
686	甘肃卫生职业学院	12	30.15	甘肃省
686	益阳医学高等专科学校	9	30.15	湖南省
688	闽北职业技术学院	12	30.13	福建省
689	广州南洋理工职业学院	20	30.12	广东省
690	河北工艺美术职业学院	10	30.11	河北省
691	重庆能源职业学院	19	30.1	重庆市
691	山东服装职业学院	18	30.1	山东省
693	徐州生物工程职业技术学院	31	30.07	江苏省
694	黑龙江能源职业学院	14	30.03	黑龙江省
695	六盘水职业技术学院	14	30.01	贵州省
695	安庆医药高等专科学校	11	30.01	安徽省
695	河北公安警察职业学院	7	30.01	河北省
698	河南推拿职业学院	3	29.91	河南省
698	鹤岗师范高等专科学校	3	29.91	黑龙江省

续表

序号	学校名称	项目数	总分	省份
700	河南艺术职业学院	12	29.87	河南省
700	辽河石油职业技术学院	5	29.87	辽宁省
702	广州体育职业技术学院	9	29.85	广东省
702	天津开发区职业技术学院	10	29.85	天津市
702	山西体育职业学院	8	29.85	山西省
705	四川艺术职业学院	20	29.75	四川省
706	永城职业学院	10	29.74	河南省
706	铜仁幼儿师范高等专科学校	11	29.74	贵州省
708	北京经济技术职业学院	46	29.73	北京市
709	湖南幼儿师范高等专科学校	7	29.72	湖南省
710	广东司法警官职业学院	15	29.69	广东省
711	山西华澳商贸职业学院	9	29.67	山西省
712	山东信息职业技术学院	15	29.6	山东省
713	玉溪农业职业技术学院	35	29.59	云南省
714	湖南食品药品职业学院	43	29.57	湖南省
715	泰山护理职业学院	14	29.51	山东省
716	怀化师范高等专科学校	2	29.49	湖南省
717	菏泽职业学院	23	29.43	山东省
718	河南检察职业学院	9	29.42	河南省
719	广东体育职业技术学院	8	29.41	广东省
719	重庆安全技术职业学院	16	29.41	重庆市

续表

序号	学校名称	项目数	总分	省份
721	陕西青年职业学院	21	29.4	陕西省
721	安阳职业技术学院	16	29.4	河南省
723	四川司法警官职业学院	5	29.36	四川省
723	安徽公安职业学院	6	29.36	安徽省
725	厦门兴才职业技术学院	18	29.35	福建省
725	山西信息职业技术学院	5	29.35	山西省
725	红河卫生职业学院	5	29.35	云南省
728	伊春职业学院	10	29.29	黑龙江省
729	大同煤炭职业技术学院	17	29.27	山西省
730	石河子工程职业技术学院	11	29.25	新疆维吾尔自治区
731	武汉商贸职业学院	11	29.24	湖北省
732	江苏财会职业学院	12	29.23	江苏省
733	哈尔滨幼儿师范高等专科学校	7	29.18	黑龙江省
734	荆门职业学院	10	29.16	湖北省
735	川北幼儿师范高等专科学校	12	29.11	四川省
736	广西城市职业大学	25	29.1	广西壮族自治区
737	山东海事职业学院	8	29.09	山东省
738	北京科技职业学院	14	29.06	北京市
739	鄂东职业技术学院	8	29.01	湖北省
740	广州现代信息工程职业技术学院	13	28.97	广东省
740	泉州经贸职业技术学院	14	28.97	福建省
742	河南科技职业大学	4	28.96	河南省
743	扬州环境资源职业技术学院	14	28.92	江苏省
744	新疆天山职业技术大学	17	28.87	新疆维吾尔自治区
744	江西应用工程职业学院	13	28.87	江西省
746	山东外国语职业技术大学	22	28.86	山东省
747	白城职业技术学院	9	28.84	吉林省
748	黔南民族医学高等专科学校	5	28.83	贵州省
748	江西师范高等专科学校	8	28.83	江西省
750	宜春幼儿师范高等专科学校	3	28.78	江西省
751	罗定职业技术学院	15	28.72	广东省
752	江西软件职业技术大学	9	28.71	江西省
753	平顶山职业技术学院	22	28.67	河南省
753	山西管理职业学院	11	28.67	山西省
755	广东舞蹈戏剧职业学院	6	28.61	广东省
756	陕西警官职业学院	12	28.47	陕西省
757	湖北财税职业学院	18	28.44	湖北省
758	安徽矿业职业技术学院	20	28.43	安徽省
759	安徽粮食工程职业学院	9	28.42	安徽省
760	宁夏葡萄酒与防沙治沙职业技术学院	9	28.4	宁夏回族自治区
761	唐山科技职业技术学院	6	28.33	河北省
762	济南护理职业学院	18	28.3	山东省
763	重庆青年职业技术学院	25	28.29	重庆市

续表

序号	学校名称	项目数	总分	省份
764	辽宁冶金职业技术学院	9	28.24	辽宁省
765	安徽黄梅戏艺术职业学院	3	28.23	安徽省
766	吉林科技职业技术学院	11	28.21	吉林省
766	浙江横店影视职业学院	17	28.21	浙江省
768	安徽卫生健康职业学院	7	28.2	安徽省
769	重庆城市职业学院	8	28.19	重庆市
770	四川铁道职业学院	4	28.17	四川省
771	延边职业技术学院	19	28.14	吉林省
772	新疆应用职业技术学院	8	28.12	新疆维吾尔自治区
773	西安海棠职业学院	8	28.1	陕西省
773	湖南石油化工职业技术学院	8	28.1	湖南省
775	成都艺术职业大学	40	28.09	四川省
776	嵩山少林武术职业学院	3	28.05	河南省
777	益阳职业技术学院	9	28.01	湖南省
778	武昌职业学院	28	28	湖北省
778	四川文化传媒职业学院	23	28	四川省
778	科尔沁艺术职业学院	12	28	内蒙古自治区
781	郑州澍青医学高等专科学校	8	27.96	河南省
782	朔州职业技术学院	13	27.9	山西省
783	北海职业学院	23	27.88	广西壮族自治区
783	四川希望汽车职业学院	22	27.88	四川省

续表

序号	学校名称	项目数	总分	省份
785	三峡旅游职业技术学院	34	27.85	湖北省
786	四川三河职业学院	15	27.84	四川省
787	湖南都市职业学院	6	27.78	湖南省
788	泉州职业技术大学	26	27.71	福建省
789	云南工程职业学院	14	27.67	云南省
790	河南护理职业学院	7	27.66	河南省
791	潞安职业技术学院	9	27.65	山西省
792	南阳职业学院	21	27.56	河南省
793	黔西南民族职业技术学院	13	27.45	贵州省
794	浙江东方职业技术学院	17	27.4	浙江省
795	河北劳动关系职业学院	12	27.36	河北省
796	阳泉职业技术学院	9	27.32	山西省
797	广东工商职业技术大学	10	27.3	广东省
798	长治职业技术学院	8	27.17	山西省
799	贵阳幼儿师范高等专科学校	9	27.14	贵州省
800	广东青年职业学院	13	27.13	广东省
801	江西工商职业技术学院	8	27.11	江西省
802	长垣烹饪职业技术学院	22	27.06	河南省
803	广东碧桂园职业学院	7	26.99	广东省
803	榆林职业技术学院	21	26.99	陕西省
805	山西青年职业学院	9	26.94	山西省
806	泊头职业学院	6	26.89	河北省
807	大兴安岭职业学院	4	26.86	黑龙江省
808	江西泰豪动漫职业学院	11	26.85	江西省

续表

序号	学校名称	项目数	总分	省份
809	天津广播影视职业学院	5	26.84	天津市
810	株洲师范高等专科学校	3	26.81	湖南省
811	陕西经济管理职业技术学院	2	26.79	陕西省
811	定西师范高等专科学校	2	26.79	甘肃省
813	甘肃警察职业学院	3	26.78	甘肃省
814	驻马店职业技术学院	18	26.77	河南省
815	湖南软件职业学院(本科)	10	26.75	湖南省
816	大理农林职业技术学院	6	26.72	云南省
817	郑州财税金融职业学院	27	26.71	河南省
817	鄂尔多斯生态环境职业学院	5	26.71	内蒙古自治区
819	德宏师范高等专科学校	5	26.68	云南省
820	安徽涉外经济职业学院	42	26.61	安徽省
821	汕尾职业技术学院	12	26.54	广东省
822	苏州百年职业学院	17	26.48	江苏省
823	长春信息技术职业学院	9	26.45	吉林省
824	山西警官职业学院	17	26.41	山西省
825	安徽艺术职业学院	34	26.3	安徽省
826	青海高等职业技术学院	9	26.29	青海省
827	湖南劳动人事职业学院	12	26.21	湖南省
828	金肯职业技术学院	8	26.18	江苏省

续表

序号	学校名称	项目数	总分	省份
829	云南司法警官职业学院	5	26.16	云南省
830	安徽林业职业技术学院	8	26.13	安徽省
831	哈尔滨电力职业技术学院	6	26.07	黑龙江省
832	江海职业技术学院	13	26.06	江苏省
833	江西经济管理职业学院	4	26.03	江西省
834	鹰潭职业技术学院	2	26.01	江西省
835	河北司法警官职业学院	14	26	河北省
836	许昌电气职业学院	11	25.96	河南省
837	民办合肥财经职业学院	8	25.91	安徽省
838	郑州电子信息职业技术学院	10	25.9	河南省
839	北京科技经营管理学院	3	25.87	北京市
840	焦作工贸职业学院	13	25.81	河南省
841	辽宁理工职业大学	16	25.76	辽宁省
841	苏州高博软件技术职业学院	10	25.76	江苏省
843	保定幼儿师范高等专科学校	4	25.67	河北省
844	广州卫生职业技术学院	3	25.6	广东省
845	贵州电力职业技术学院	2	25.55	贵州省
845	广东生态工程职业学院	14	25.55	广东省
847	山西运城农业职业技术学院	19	25.51	山西省

续表

序号	学校名称	项目数	总分	省份
848	福州墨尔本理工职业学院	7	25.5	福建省
849	广西安全工程职业技术学院	12	25.47	广西壮族自治区
850	四川西南航空职业学院	10	25.46	四川省
851	鹤壁汽车工程职业学院	11	25.44	河南省
852	辽宁政法职业学院	21	25.35	辽宁省
852	长白山职业技术学院	8	25.35	吉林省
854	泉州海洋职业学院	15	25.33	福建省
854	东营科技职业学院	15	25.33	山东省
854	陕西旅游烹饪职业学院	29	25.33	陕西省
854	江西新能源科技职业学院	21	25.33	江西省
858	海南健康管理职业技术学院	8	25.28	海南省
859	河南轻工职业学院	12	25.21	河南省
859	南京视觉艺术职业学院	12	25.21	江苏省
861	九州职业技术学院	10	25.17	江苏省
862	甘肃有色冶金职业技术学院	15	25.16	甘肃省
863	阜新高等专科学校	7	25.11	辽宁省
864	昆明铁道职业技术学院	10	25.1	云南省
865	广州华夏职业学院	7	25.05	广东省
866	广西理工职业技术学院	85	25.03	广西壮族自治区
867	湖南有色金属职业技术学院	11	24.99	湖南省
867	漳州城市职业学院	13	24.99	福建省

续表

序号	学校名称	项目数	总分	省份
869	西昌民族幼儿师范高等专科学校	2	24.97	四川省
870	山西国际商务职业学院	9	24.78	山西省
871	七台河职业学院	7	24.75	黑龙江省
872	合肥信息技术职业学院	5	24.63	安徽省
873	合肥科技职业学院	7	24.62	安徽省
874	西安汽车职业大学	4	24.47	陕西省
875	嘉兴南洋职业技术学院	15	24.45	浙江省
876	贵州航天职业技术学院	19	24.41	贵州省
877	毕节医学高等专科学校	5	24.39	贵州省
878	四川护理职业学院	8	24.37	四川省
879	宿迁泽达职业技术学院	3	24.36	江苏省
880	冀中职业学院	5	24.34	河北省
881	盐城幼儿师范高等专科学校	9	24.26	江苏省
882	乌兰察布医学高等专科学校	3	24.23	内蒙古自治区
883	应天职业技术学院	6	24.2	江苏省
884	硅湖职业技术学院	11	24.19	江苏省
885	黔南民族幼儿师范高等专科学校	5	24.18	贵州省
886	广州华立科技职业学院	14	24.15	广东省
886	沈阳北软信息职业技术学院	6	24.15	辽宁省
888	甘肃能源化工职业学院	13	24.14	甘肃省
889	铁岭卫生职业学院	13	24.13	辽宁省

续表

序号	学校名称	项目数	总分	省份
890	渤海石油职业学院	7	24.11	河北省
891	惠州经济职业技术学院	10	24.1	广东省
892	大连枫叶职业技术学院	18	24.04	辽宁省
893	毕节职业技术学院	13	24.02	贵州省
894	北京北大方正软件职业技术学院	50	23.97	北京市
895	北京体育职业学院	4	23.95	北京市
896	贵州水利水电职业技术学院	7	23.94	贵州省
897	廊坊卫生职业学院	6	23.91	河北省
898	北京培黎职业学院	5	23.85	北京市
899	巴中职业技术学院	5	23.83	四川省
900	阿拉善职业技术学院	5	23.69	内蒙古自治区
900	洛阳科技职业学院	6	23.69	河南省
902	广州珠江职业技术学院	6	23.67	广东省
903	太原幼儿师范高等专科学校	3	23.66	山西省
903	长春师范高等专科学校	8	23.66	吉林省
905	民办万博科技职业学院	5	23.64	安徽省
906	北京经贸职业学院	6	23.63	北京市
907	山东传媒职业学院	5	23.62	山东省
908	珠海艺术职业学院	4	23.58	广东省
908	泉州纺织服装职业学院	5	23.58	福建省
910	百色职业学院	6	23.57	广西壮族自治区
911	铜川职业技术学院	5	23.56	陕西省
912	石家庄人民医学高等专科学校	5	23.55	河北省

续表

序号	学校名称	项目数	总分	省份
913	南京机电职业技术学院	8	23.54	江苏省
914	辽宁特殊教育师范高等专科学校	3	23.52	辽宁省
915	贵州护理职业技术学院	3	23.49	贵州省
916	武汉光谷职业学院	9	23.46	湖北省
917	皖北卫生职业学院	3	23.41	安徽省
918	广州华商职业学院	12	23.34	广东省
919	西双版纳职业技术学院	2	23.12	云南省
919	重庆艺术工程职业学院	2	23.12	重庆市
921	山西同文职业技术学院	3	23.08	山西省
922	新疆维吾尔医学专科学校	3	23.02	新疆维吾尔自治区
923	庆阳职业技术学院	8	22.91	甘肃省
923	德州科技职业学院	8	22.91	山东省
925	山西卫生健康职业学院	3	22.82	山西省
926	吉林司法警官职业学院	5	22.79	吉林省
927	民办四川天一学院	8	22.7	四川省
928	大连装备制造职业技术学院	2	22.6	辽宁省
929	湘南幼儿师范高等专科学校	4	22.57	湖南省
930	厦门安防科技职业学院	3	22.53	福建省
931	重庆海联职业技术学院	3	22.52	重庆市
931	广西工程职业学院	6	22.52	广西壮族自治区

续表

序号	学校名称	项目数	总分	省份
933	贵州食品工程职业学院	6	22.5	贵州省
933	吐鲁番职业技术学院	2	22.5	新疆维吾尔自治区
933	湖北体育职业学院	3	22.5	湖北省
933	安徽体育运动职业技术学院	3	22.5	安徽省
933	内蒙古体育职业学院	3	22.5	内蒙古自治区
938	揭阳职业技术学院	3	22.49	广东省
939	宁夏幼儿师范高等专科学校	3	22.47	宁夏回族自治区
940	新疆机电职业技术学院	3	22.35	新疆维吾尔自治区
940	云南城市建设职业学院	1	22.35	云南省
940	天津滨海汽车工程职业学院	1	22.35	天津市
943	安阳幼儿师范高等专科学校	6	22.33	河南省
944	四川电子机械职业技术学院	9	22.3	四川省
944	山东圣翰财贸职业学院	9	22.3	山东省
944	郑州电力职业技术学院	9	22.3	河南省
944	石家庄理工职业学院	9	22.3	河北省
948	安徽汽车职业技术学院	12	22.19	安徽省
949	湖南高尔夫旅游职业学院	4	22.18	湖南省
949	惠州卫生职业技术学院	10	22.18	广东省
951	运城护理职业学院	5	22.16	山西省

续表

序号	学校名称	项目数	总分	省份
952	重庆电信职业学院	14	22.15	重庆市
953	广东创新科技职业学院	4	22.14	广东省
954	上海民远职业技术学院	6	22.07	上海市
955	满洲里俄语职业学院	3	22	内蒙古自治区
956	私立华联学院	7	21.98	广东省
957	内蒙古警察职业学院	5	21.95	内蒙古自治区
958	郑州城市职业学院	2	21.9	河南省
958	安徽绿海商务职业学院	2	21.9	安徽省
960	福建体育职业技术学院	2	21.87	福建省
960	新疆体育职业技术学院	2	21.87	新疆维吾尔自治区
960	新疆兵团警官高等专科学校	2	21.87	新疆维吾尔自治区
963	吉林职业技术学院	3	21.79	吉林省
964	石家庄医学高等专科学校	5	21.78	河北省
965	江西枫林涉外经贸职业学院	6	21.67	江西省
966	山东工程职业技术大学	3	21.65	山东省
966	天府新区信息职业学院	8	21.65	四川省
966	兰州现代职业学院	8	21.65	甘肃省
966	江西洪州职业学院	8	21.65	江西省
970	郑州理工职业学院	2	21.5	河南省
971	广东江门中医药职业学院	4	21.33	广东省
972	厦门演艺职业学院	3	21.27	福建省

续表

序号	学校名称	项目数	总分	省份
973	广西科技职业学院	2	21.26	广西壮族自治区
974	江南影视艺术职业学院	6	21.18	江苏省
975	驻马店幼儿师范高等专科学校	2	21.12	河南省
976	湖南外国语职业学院	4	21.09	湖南省
977	河北石油职业技术学院	2	21.08	河北省
977	广东行政职业学院	15	21.08	广东省
979	贵州农业职业学院	11	21	贵州省
979	忻州职业技术学院	10	21	山西省
981	神木职业技术学院	4	20.99	陕西省
982	桐城师范高等专科学校	8	20.97	安徽省
983	湖南电子科技职业学院	5	20.96	湖南省
983	廊坊燕京职业技术学院	5	20.96	河北省
985	承德应用技术职业学院	7	20.94	河北省
985	西安高新科技职业学院	7	20.94	陕西省
985	金山职业技术学院	7	20.94	江苏省
985	南充科技职业学院	7	20.94	四川省
985	吉林水利电力职业学院	7	20.94	吉林省
985	梧州职业学院	7	20.94	广西壮族自治区
985	郑州信息工程职业学院	7	20.94	河南省
985	共青科技职业学院	7	20.94	江西省
985	甘肃财贸职业学院	7	20.94	甘肃省

续表

序号	学校名称	项目数	总分	省份
994	沈阳航空职业技术学院	3	20.78	辽宁省
995	潮汕职业技术学院	4	20.72	广东省
996	大连汽车职业技术学院	47	20.67	辽宁省
997	贵州城市职业学院	16	20.58	贵州省
998	无锡南洋职业技术学院	9	20.29	江苏省
999	河南地矿职业学院	6	20.24	河南省
1000	江西科技职业学院	4	20.17	江西省
1001	信阳涉外职业技术学院	6	20.15	河南省
1001	安徽扬子职业技术学院	6	20.15	安徽省
1001	江阳城建职业学院	6	20.15	四川省
1001	苏州托普信息职业技术学院	6	20.15	江苏省
1005	浙江特殊教育职业学院	6	20.12	浙江省
1006	重庆传媒职业学院	3	19.91	重庆市
1007	山东外事职业大学	3	19.86	山东省
1008	川南幼儿师范高等专科学校	2	19.75	四川省
1009	博尔塔拉职业技术学院	4	19.62	新疆维吾尔自治区
1010	石家庄工程职业学院	3	19.53	河北省
1011	长沙南方职业学院	5	19.37	湖南省
1012	云南外事外语职业学院	6	19.29	云南省
1013	潇湘职业学院	3	19.28	湖南省
1013	厦门东海职业技术学院	3	19.28	福建省

续表

序号	学校名称	项目数	总分	省份
1013	哈尔滨应用职业技术学院	3	19.28	黑龙江省
1013	浙江汽车职业技术学院	3	19.28	浙江省
1013	贵州航空职业技术学院	3	19.28	贵州省
1018	吕梁职业技术学院	5	19.25	山西省
1018	德阳城市轨道交通职业学院	5	19.25	四川省
1018	广州涉外经济职业技术学院	5	19.25	广东省
1018	广西自然资源职业技术学院	5	19.25	广西壮族自治区
1018	天府新区航空旅游职业学院	5	19.25	四川省
1018	重庆科技职业学院	5	19.25	重庆市
1018	广东茂名农林科技职业学院	5	19.25	广东省
1018	天府新区通用航空职业学院	5	19.25	四川省
1026	西安城市建设职业学院	3	19.17	陕西省
1027	浙江舟山群岛新区旅游与健康职业学院	8	19.13	浙江省
1028	四川汽车职业技术学院	1	18.8	四川省
1029	苏州幼儿师范高等专科学校	2	18.79	江苏省
1030	广州松田职业学院	5	18.61	广东省
1031	辽宁工程职业学院	9	18.55	辽宁省
1032	浙江安防职业技术学院	7	18.48	浙江省
1033	北京艺术传媒职业学院	1	18.39	北京市

续表

序号	学校名称	项目数	总分	省份
1034	山东特殊教育职业学院	2	18.3	山东省
1035	云南新兴职业学院	3	18.29	云南省
1036	武汉航海职业技术学院	2	18.24	湖北省
1036	新疆能源职业技术学院	2	18.24	新疆维吾尔自治区
1038	南昌影视传播职业学院	4	18.2	江西省
1038	贵州装备制造职业学院	4	18.2	贵州省
1038	赣州职业技术学院	4	18.2	江西省
1038	兰州外语职业学院	4	18.2	甘肃省
1038	云南水利水电职业学院	4	18.2	云南省
1038	广州东华职业学院	4	18.2	广东省
1038	湖南工商职业学院	4	18.2	湖南省
1038	惠州工程职业学院	4	18.2	广东省
1038	广西蓝天航空职业学院	4	18.2	广西壮族自治区
1038	广东茂名幼儿师范专科学校	4	18.2	广东省
1038	哈尔滨北方航空职业技术学院	4	18.2	黑龙江省
1049	贵州工商职业学院	12	17.91	贵州省
1050	辽宁民族师范高等专科学校	4	17.9	辽宁省
1051	大连软件职业学院	1	17.87	辽宁省
1051	山东杏林科技职业学院	1	17.87	山东省
1051	上海中华职业技术学院	1	17.87	上海市
1054	贵州健康职业学院	2	17.81	贵州省
1055	福州黎明职业技术学院	21	17.6	福建省

续表

序号	学校名称	项目数	总分	省份
1056	西安信息职业大学	10	17.49	陕西省
1057	广州科技职业技术大学	12	17.45	广东省
1058	山东化工职业学院	4	17	山东省
1059	新疆现代职业技术学院	1	16.98	新疆维吾尔自治区
1059	黄冈科技职业学院	1	16.98	湖北省
1059	内蒙古北方职业技术学院	1	16.98	内蒙古自治区
1059	内蒙古经贸外语职业学院	1	16.98	内蒙古自治区
1059	昆明艺术职业学院	1	16.98	云南省
1059	唐山幼儿师范高等专科学校	1	16.98	河北省
1065	广东茂名健康职业学院	3	16.94	广东省
1065	明达职业技术学院	3	16.94	江苏省
1065	贵州电子商务职业技术学院	3	16.94	贵州省
1065	贵州应用技术职业学院	3	16.94	贵州省
1065	贵州电子科技职业学院	3	16.94	贵州省
1065	喀什职业技术学院	3	16.94	新疆维吾尔自治区
1065	山东艺术设计职业学院	3	16.94	山东省
1065	日照航海工程职业学院	3	16.94	山东省
1065	长江艺术工程职业学院	3	16.94	湖北省
1065	烟台黄金职业学院	3	16.94	山东省
1065	河南物流职业学院	3	16.94	河南省
1065	广东酒店管理职业技术学院	3	16.94	广东省

续表

序号	学校名称	项目数	总分	省份
1065	三亚中瑞酒店管理职业学院	3	16.94	海南省
1065	景德镇陶瓷职业技术学院	3	16.94	江西省
1065	赣西科技职业学院	3	16.94	江西省
1065	湘中幼儿师范高等专科学校	3	16.94	湖南省
1065	广西英华国际职业学院	3	16.94	广西壮族自治区
1082	青岛工程职业学院	1	16.45	山东省
1083	武夷山职业学院	7	15.76	福建省
1084	毕节工业职业技术学院	2	15.31	贵州省
1084	湛江幼儿师范专科学校	2	15.31	广东省
1084	重庆轻工职业学院	2	15.31	重庆市
1084	贵州经贸职业技术学院	2	15.31	贵州省
1084	齐齐哈尔理工职业学院	2	15.31	黑龙江省
1084	云南特殊教育职业学院	2	15.31	云南省
1084	广西培贤国际职业学院	2	15.31	广西壮族自治区
1084	哈尔滨传媒职业学院	2	15.31	黑龙江省
1084	广东南方职业学院	2	15.31	广东省
1084	云南商务职业学院	2	15.31	云南省
1084	哈密职业技术学院	2	15.31	新疆维吾尔自治区
1084	湖北铁道运输职业学院	2	15.31	湖北省
1084	广东新安职业技术学院	2	15.31	广东省
1084	临夏现代职业学院	2	15.31	甘肃省

续表

序号	学校名称	项目数	总分	省份
1084	福州英华职业学院	2	15.31	福建省
1084	海南卫生健康职业学院	2	15.31	海南省
1084	哈尔滨城市职业学院	2	15.31	黑龙江省
1084	崇左幼儿师范高等专科学校	2	15.31	广西壮族自治区
1084	平凉职业技术学院	2	15.31	甘肃省
1084	广西经济职业学院	2	15.31	广西壮族自治区
1084	云南工贸职业技术学院	2	15.31	云南省
1084	江苏航空职业技术学院	2	15.31	江苏省
1106	广东亚视演艺职业学院	3	15.16	广东省
1107	重庆护理职业学院	2	15.08	重庆市
1108	辽宁广告职业学院	9	14.24	辽宁省
1109	广州康大职业技术学院	4	14.21	广东省
1110	建东职业技术学院	2	13.93	江苏省
1111	大连航运职业技术学院	1	13.87	辽宁省
1112	广东文理职业学院	2	13.38	广东省
1113	大理护理职业学院	3	13.13	云南省
1114	海南体育职业技术学院	1	12.87	海南省
1114	毕节幼儿师范高等专科学校	1	12.87	贵州省
1114	宁波幼儿师范高等专科学校	1	12.87	浙江省
1114	广东信息工程职业学院	1	12.87	广东省
1114	昭通卫生职业学院	1	12.87	云南省
1114	天津体育职业学院	1	12.87	天津市

续表

序号	学校名称	项目数	总分	省份
1114	四川应用技术职业学院	1	12.87	四川省
1114	重庆资源与环境保护职业学院	1	12.87	重庆市
1114	资阳环境科技职业学院	1	12.87	四川省
1114	永州师范高等专科学校	1	12.87	湖南省
1114	山东力明科技职业学院	1	12.87	山东省
1114	上饶幼儿师范高等专科学校	1	12.87	江西省
1114	濮阳医学高等专科学校	1	12.87	河南省
1114	石家庄经济职业学院	1	12.87	河北省
1114	郑州黄河护理职业学院	1	12.87	河南省
1114	郑州商贸旅游职业学院	1	12.87	河南省
1114	德阳科贸职业学院	1	12.87	四川省
1114	扎兰屯职业学院	1	12.87	内蒙古自治区
1114	重庆应用技术职业学院	1	12.87	重庆市
1114	赣南卫生健康职业学院	1	12.87	江西省
1114	蚌埠经济技术职业学院	1	12.87	安徽省
1114	民办合肥经济技术职业学院	1	12.87	安徽省
1114	和田职业技术学院	1	12.87	新疆维吾尔自治区
1114	民办合肥滨湖职业技术学院	1	12.87	安徽省

续表

序号	学校名称	项目数	总分	省份
1114	衡阳幼儿师范高等专科学校	1	12.87	湖南省
1114	广州华南商贸职业学院	1	12.87	广东省
1114	四川文轩职业学院	1	12.87	四川省
1114	三门峡社会管理职业学院	1	12.87	河南省
1142	武汉海事职业学院	1	10.44	湖北省
1143	抚州幼儿师范高等专科学校	1	10.29	江西省
1144	重庆信息技术职业学院	4	8.69	重庆市
1145	石家庄工商职业学院	1	7.84	河北省
1146	山西老区职业技术学院	2	7.65	山西省
1147	阜阳幼儿师范高等专科学校	2	6.91	安徽省

8.4 东部地区高职院校教师教学发展指数(2020 版)

续表

序号	学校名称	项目数	总分	省份
1	深圳职业技术学院	778	100	广东省
2	天津市职业大学	603	84.77	天津市
3	金华职业技术学院	700	80.91	浙江省
4	无锡职业技术学院	371	79.39	江苏省
5	山东商业职业技术学院	379	78.31	山东省
6	浙江金融职业学院	541	77.95	浙江省
7	北京工业职业技术学院	503	77.88	北京市
8	广东轻工职业技术学院	337	77.63	广东省
9	顺德职业技术学院	472	77.4	广东省
10	浙江机电职业技术学院	328	77	浙江省
11	淄博职业学院	382	75.82	山东省
12	宁波职业技术学院	340	75.66	浙江省
13	广州番禺职业技术学院	345	75.38	广东省
14	南京工业职业技术大学	430	74.92	江苏省
15	承德石油高等专科学校	191	74.59	河北省
16	北京电子科技职业学院	453	73.73	北京市
17	河北工业职业技术学院	215	73.13	河北省
18	邢台职业技术学院	271	72.71	河北省
19	常州信息职业技术学院	291	72.35	江苏省
20	深圳信息职业技术学院	282	70.99	广东省
21	江苏建筑职业技术学院	262	70.38	江苏省
22	浙江交通职业技术学院	213	70.17	浙江省
23	浙江经济职业技术学院	265	69.9	浙江省
24	江苏农林职业技术学院	215	69.5	江苏省
25	威海职业学院	259	69.24	山东省
26	日照职业技术学院	230	68.74	山东省
27	温州职业技术学院	212	68.54	浙江省
27	北京财贸职业学院	248	68.54	北京市
29	常州机电职业技术学院	256	68.24	江苏省
30	天津医学高等专科学校	148	68.16	天津市
31	北京信息职业技术学院	323	67.92	北京市
32	常州工程职业技术学院	220	67.38	江苏省
33	广东交通职业技术学院	204	67.31	广东省
34	江苏农牧科技职业学院	177	67.26	江苏省
35	江苏工程职业技术学院	186	67.02	江苏省
36	江苏经贸职业技术学院	216	66.97	江苏省
37	天津电子信息职业技术学院	260	66.85	天津市

续表

序号	学校名称	项目数	总分	省份
38	南京信息职业技术学院	206	66.57	江苏省
38	福建船政交通职业学院	385	66.57	福建省
38	滨州职业学院	179	66.57	山东省
41	浙江经贸职业技术学院	254	65.99	浙江省
42	浙江商业职业技术学院	283	65.68	浙江省
43	青岛职业技术学院	180	65.52	山东省
44	杭州职业技术学院	197	65.23	浙江省
45	天津轻工职业技术学院	238	65.14	天津市
46	广州民航职业技术学院	124	65.02	广东省
47	广东科学技术职业学院	195	64.97	广东省
48	无锡商业职业技术学院	286	64.94	江苏省
49	北京农业职业学院	207	64.47	北京市
50	潍坊职业学院	222	63.76	山东省
51	江苏航运职业技术学院	150	63.38	江苏省
52	江苏食品药品职业技术学院	126	63.23	江苏省
53	石家庄铁路职业技术学院	78	62.93	河北省
54	浙江旅游职业学院	170	62.55	浙江省
55	河北化工医药职业技术学院	134	62.48	河北省
56	石家庄邮电职业技术学院	96	62.16	河北省
57	南京交通职业技术学院	229	61.97	江苏省
58	南京科技职业学院	175	61.71	江苏省

续表

序号	学校名称	项目数	总分	省份
59	浙江建设职业技术学院	182	61.5	浙江省
60	山东科技职业学院	164	61.32	山东省
61	海南职业技术学院	119	61.26	海南省
62	天津交通职业学院	195	61.22	天津市
63	天津现代职业技术学院	159	60.95	天津市
64	广东食品药品职业学院	115	60.83	广东省
65	南京铁道职业技术学院	145	60.48	江苏省
66	广东机电职业技术学院	210	60.32	广东省
67	唐山工业职业技术学院	185	60.17	河北省
68	浙江工商职业技术学院	181	59.89	浙江省
69	广东水利电力职业技术学院	139	59.82	广东省
70	苏州工艺美术职业技术学院	111	59.78	江苏省
71	常州工业职业技术学院	239	59.77	江苏省
72	徐州工业职业技术学院	149	59.46	江苏省
73	浙江工贸职业技术学院	127	59.25	浙江省
74	江苏海事职业技术学院	150	58.89	江苏省
75	浙江纺织服装职业技术学院	158	58.76	浙江省
76	福建信息职业技术学院	317	58.74	福建省
77	济南职业学院	147	58.45	山东省

续表

序号	学校名称	项目数	总分	省份
78	山东畜牧兽医职业学院	96	58.44	山东省
79	苏州农业职业技术学院	145	58.42	江苏省
80	江苏电子信息职业学院	207	57.96	江苏省
81	上海城建职业学院	140	57.77	上海市
82	上海工艺美术职业学院	63	57.71	上海市
83	山东职业学院	156	57.62	山东省
84	北京交通运输职业学院	131	57.44	北京市
85	江苏联合职业技术学院	339	57.3	江苏省
86	烟台职业学院	202	57.26	山东省
87	石家庄职业技术学院	103	57.07	河北省
88	广州铁路职业技术学院	132	57.05	广东省
89	广东农工商职业技术学院	178	56.7	广东省
90	漳州职业技术学院	259	56.49	福建省
91	黎明职业大学	197	56.47	福建省
92	南通职业大学	139	56.46	江苏省
93	天津商务职业学院	136	56.11	天津市
94	浙江医药高等专科学校	90	55.96	浙江省
95	秦皇岛职业技术学院	114	55.89	河北省
96	苏州工业园区职业技术学院	59	55.8	江苏省
97	福建林业职业技术学院	89	55.79	福建省
98	山东外贸职业学院	94	55.73	山东省
99	东营职业学院	155	55.71	山东省

续表

序号	学校名称	项目数	总分	省份
100	青岛酒店管理职业技术学院	121	55.69	山东省
101	苏州工业职业技术学院	129	55.64	江苏省
102	海南经贸职业技术学院	157	55.21	海南省
103	福州职业技术学院	194	55.17	福建省
104	河北交通职业技术学院	83	55.11	河北省
105	天津渤海职业技术学院	131	55.1	天津市
106	山东交通职业学院	196	55.01	山东省
107	北京劳动保障职业学院	129	54.93	北京市
108	上海出版印刷高等专科学校	55	54.8	上海市
109	湖州职业技术学院	141	54.72	浙江省
110	宁波城市职业技术学院	181	54.57	浙江省
111	北京社会管理职业学院	43	54.51	北京市
112	中山职业技术学院	167	54.44	广东省
113	上海电子信息职业技术学院	227	54.4	上海市
114	江苏财经职业技术学院	148	54.06	江苏省
115	常州纺织服装职业技术学院	124	54.04	江苏省
116	苏州经贸职业技术学院	123	54.02	江苏省
117	浙江警官职业学院	62	53.66	浙江省
118	天津机电职业技术学院	131	53.41	天津市
119	丽水职业技术学院	144	53.16	浙江省

续表

序号	学校名称	项目数	总分	省份
120	扬州工业职业技术学院	160	52.98	江苏省
121	江苏信息职业技术学院	110	52.95	江苏省
122	中山火炬职业技术学院	77	52.67	广东省
123	佛山职业技术学院	114	52.65	广东省
124	唐山职业技术学院	81	52.63	河北省
125	广东工贸职业技术学院	143	52.38	广东省
126	南京旅游职业学院	149	52.28	江苏省
127	苏州卫生职业技术学院	65	52.07	江苏省
128	济宁职业技术学院	71	52.05	山东省
129	上海旅游高等专科学校	77	51.71	上海市
130	浙江工业职业技术学院	140	51.64	浙江省
131	义乌工商职业技术学院	114	51.63	浙江省
132	福建水利电力职业技术学院	70	51.56	福建省
133	扬州市职业大学	92	51.47	江苏省
134	盐城工业职业技术学院	77	50.9	江苏省
135	保定职业技术学院	84	50.8	河北省
136	上海思博职业技术学院	98	50.3	上海市
137	山东中医药高等专科学校	60	50.28	山东省
138	邯郸职业技术学院	51	50.23	河北省
139	厦门城市职业学院	123	50.06	福建省
140	浙江艺术职业学院	65	50.02	浙江省
141	山东旅游职业学院	69	50	山东省
142	山东工业职业学院	85	49.99	山东省

续表

序号	学校名称	项目数	总分	省份
143	聊城职业技术学院	128	49.85	山东省
144	山东水利职业学院	118	49.65	山东省
145	河北旅游职业学院	60	49.6	河北省
146	河北软件职业技术学院	80	49.55	河北省
147	青岛港湾职业技术学院	50	49.53	山东省
148	邢台医学高等专科学校	44	49.52	河北省
149	上海交通职业技术学院	99	49.51	上海市
150	河北机电职业技术学院	73	49.3	河北省
151	苏州职业大学	109	49.27	江苏省
152	广东省外语艺术职业学院	73	49.24	广东省
153	天津城市职业学院	55	49.17	天津市
154	杭州科技职业技术学院	102	49.1	浙江省
155	温州科技职业学院	77	48.81	浙江省
156	河北对外经贸职业学院	47	48.8	河北省
157	山东城市建设职业学院	49	48.79	山东省
158	北京戏曲艺术职业学院	47	48.61	北京市
159	山东医学高等专科学校	53	48.43	山东省
160	厦门海洋职业技术学院	55	48.28	福建省
161	广东建设职业技术学院	53	47.59	广东省
162	天津海运职业学院	83	47.31	天津市
163	北京青年政治学院	125	47.23	北京市
164	嘉兴职业技术学院	105	47.07	浙江省

续表

序号	学校名称	项目数	总分	省份
164	莱芜职业技术学院	72	47.07	山东省
166	江苏医药职业学院	73	46.96	江苏省
167	山东理工职业学院	74	46.91	山东省
168	浙江国际海运职业技术学院	63	46.87	浙江省
169	宁波卫生职业技术学院	54	46.86	浙江省
170	沧州医学高等专科学校	62	46.83	河北省
171	天津铁道职业技术学院	50	46.82	天津市
172	江苏城乡建设职业学院	66	46.72	江苏省
172	济南工程职业技术学院	55	46.72	山东省
174	泉州医学高等专科学校	49	46.67	福建省
175	闽西职业技术学院	82	46.5	福建省
176	台州职业技术学院	86	46.46	浙江省
177	广州城市职业学院	97	46.32	广东省
178	广东工程职业技术学院	57	46.2	广东省
179	上海东海职业技术学院	59	46.19	上海市
180	广东职业技术学院	72	46.16	广东省
181	福建幼儿师范高等专科学校	29	46.11	福建省
182	北京经济管理职业学院	58	46.02	北京市
183	无锡工艺职业技术学院	60	45.9	江苏省
184	上海济光职业技术学院	38	45.86	上海市
185	上海农林职业技术学院	108	45.85	上海市

续表

序号	学校名称	项目数	总分	省份
186	福建卫生职业技术学院	53	45.76	福建省
187	山东经贸职业学院	53	45.62	山东省
188	徐州幼儿师范高等专科学校	34	45.33	江苏省
189	青岛远洋船员职业学院	36	45.2	山东省
190	天津工业职业学院	56	45.04	天津市
191	山东电子职业技术学院	103	45.02	山东省
192	沙洲职业工学院	61	44.54	江苏省
193	东莞职业技术学院	125	44.24	广东省
194	河北政法职业学院	48	44.17	河北省
195	广东女子职业技术学院	51	44.12	广东省
196	无锡科技职业学院	67	44.08	江苏省
197	河北建材职业技术学院	33	44.07	河北省
198	珠海城市职业技术学院	85	44.04	广东省
199	天津滨海职业学院	47	43.67	天津市
200	绍兴职业技术学院	78	43.57	浙江省
200	沧州职业技术学院	69	43.57	河北省
202	河源职业技术学院	145	43.53	广东省
203	广州城建职业学院	60	43.43	广东省
204	北京政法职业学院	81	43.37	北京市
205	山东劳动职业技术学院	70	43.32	山东省
206	三亚航空旅游职业学院	47	43.15	海南省
207	德州职业技术学院	87	42.63	山东省
208	山东电力高等专科学校	25	42.56	山东省
209	海南科技职业大学	80	42.5	海南省

续表

序号	学校名称	项目数	总分	省份
210	泉州幼儿师范高等专科学校	32	42.48	福建省
211	潍坊工程职业学院	54	42.46	山东省
212	枣庄职业学院	53	42.32	山东省
213	清远职业技术学院	48	42.25	广东省
214	天津城市建设管理职业技术学院	27	42.19	天津市
215	南通科技职业学院	76	42.11	江苏省
216	无锡城市职业技术学院	48	42.07	江苏省
217	河北女子职业技术学院	48	41.93	河北省
218	上海科学技术职业学院	43	41.82	上海市
219	泰州职业技术学院	79	41.76	江苏省
220	惠州城市职业学院	65	41.69	广东省
221	海南软件职业技术学院	87	41.67	海南省
222	上海民航职业技术学院	33	41.61	上海市
223	上海工商职业技术学院	61	41.5	上海市
224	苏州工业园区服务外包职业学院	92	41.41	江苏省
225	广东理工职业学院	64	41.36	广东省
225	广州工程技术职业学院	111	41.36	广东省
227	广东邮电职业技术学院	25	41.33	广东省
228	广东科贸职业学院	80	41.16	广东省
229	山东商务职业学院	92	41.1	山东省
230	湄洲湾职业技术学院	44	41.08	福建省
231	浙江邮电职业技术学院	36	40.79	浙江省

续表

序号	学校名称	项目数	总分	省份
232	上海工商外国语职业学院	25	40.77	上海市
233	江苏城市职业学院	44	40.58	江苏省
234	镇江市高等专科学校	47	40.52	江苏省
235	连云港职业技术学院	47	40.49	江苏省
236	上海行健职业学院	45	40.41	上海市
237	河北艺术职业学院	41	40.3	河北省
238	泰山职业技术学院	35	40.1	山东省
239	山东药品食品职业学院	22	40.06	山东省
239	山东轻工职业学院	59	40.06	山东省
241	漳州卫生职业学院	41	39.95	福建省
242	福建农业职业技术学院	58	39.87	福建省
243	福建艺术职业学院	35	39.81	福建省
244	浙江同济科技职业学院	45	39.72	浙江省
244	浙江广厦建设职业技术大学	28	39.72	浙江省
246	济南幼儿师范高等专科学校	14	39.64	山东省
247	烟台汽车工程职业学院	87	39.57	山东省
248	天津工程职业技术学院	29	39.56	天津市
249	肇庆医学高等专科学校	21	39.43	广东省
250	浙江农业商贸职业学院	42	39.41	浙江省
251	福建对外经济贸易职业技术学院	29	39.34	福建省
252	闽江师范高等专科学校	54	39.29	福建省

续表

序号	学校名称	项目数	总分	省份
253	三明医学科技职业学院	42	39.27	福建省
254	天津艺术职业学院	27	39.13	天津市
255	山东铝业职业学院	18	39.08	山东省
256	南通师范高等专科学校	26	38.91	江苏省
257	天津国土资源和房屋职业学院	114	38.88	天津市
258	北京卫生职业学院	37	38.86	北京市
259	江苏卫生健康职业学院	34	38.73	江苏省
260	苏州健雄职业技术学院	49	38.63	江苏省
261	张家口职业技术学院	18	38.6	河北省
262	江苏旅游职业学院	23	38.58	江苏省
263	广东环境保护工程职业学院	50	38.54	广东省
264	广州科技贸易职业学院	40	38.39	广东省
265	廊坊职业技术学院	63	38.37	河北省
266	河北轨道运输职业技术学院	22	38.34	河北省
267	泉州轻工职业学院	29	38.22	福建省
268	江门职业技术学院	65	38.15	广东省
269	上海海事职业技术学院	20	38.1	上海市
270	枣庄科技职业学院	58	37.69	山东省
270	北京交通职业技术学院	25	37.69	北京市
272	天津石油职业技术学院	70	37.62	天津市
273	江苏商贸职业学院	56	37.45	江苏省
274	衢州职业技术学院	58	37.39	浙江省
275	石家庄幼儿师范高等专科学校	19	37.28	河北省
276	上海中侨职业技术大学	44	37.21	上海市
277	河北能源职业技术学院	37	37.02	河北省
278	海南政法职业学院	37	36.81	海南省
279	泉州华光职业学院	10	36.55	福建省
280	福建生物工程职业技术学院	24	36.5	福建省
281	漳州理工职业学院	13	36.16	福建省
282	上海震旦职业学院	38	36.1	上海市
283	宁德职业技术学院	22	36.05	福建省
284	海南外国语职业学院	57	36.04	海南省
285	菏泽医学专科学校	24	36.01	山东省
286	江苏护理职业学院	19	35.97	江苏省
287	广东松山职业技术学院	25	35.92	广东省
288	山东胜利职业学院	14	35.88	山东省
289	漳州科技职业学院	33	35.77	福建省
290	广东岭南职业技术学院	27	35.7	广东省
291	上海邦德职业技术学院	19	35.53	上海市
292	临沂职业学院	35	35.33	山东省
293	上海电影艺术职业学院	26	35.24	上海市
294	渤海理工职业学院	24	35.22	河北省
295	福州软件职业技术学院	11	35.19	福建省
296	连云港师范高等专科学校	30	35.17	江苏省
297	阳江职业技术学院	14	35.08	广东省

续表

序号	学校名称	项目数	总分	省份
298	保定电力职业技术学院	16	34.84	河北省
299	茂名职业技术学院	12	34.81	广东省
300	淄博师范高等专科学校	8	34.68	山东省
301	泉州工艺美术职业学院	9	34.67	福建省
302	潍坊护理职业学院	12	34.42	山东省
303	台州科技职业学院	39	34.41	浙江省
304	江阴职业技术学院	35	34.25	江苏省
305	菏泽家政职业学院	13	34.02	山东省
306	烟台工程职业技术学院	46	34.01	山东省
307	浙江长征职业技术学院	22	33.75	浙江省
308	石家庄信息工程职业学院	42	33.55	河北省
309	福建电力职业技术学院	40	33.52	福建省
310	上海工会管理职业学院	16	33.48	上海市
311	正德职业技术学院	14	33.12	江苏省
312	厦门软件职业技术学院	38	32.91	福建省
313	承德护理职业学院	11	32.84	河北省
314	威海海洋职业学院	24	32.78	山东省
315	宣化科技职业学院	32	32.76	河北省
316	浙江育英职业技术学院	19	32.69	浙江省
317	北京京北职业技术学院	32	32.58	北京市
318	天津工艺美术职业学院	7	32.29	天津市
319	三亚城市职业学院	16	32.17	海南省

续表

序号	学校名称	项目数	总分	省份
320	昆山登云科技职业学院	18	32.04	江苏省
321	苏州信息职业技术学院	31	31.99	江苏省
322	杭州万向职业技术学院	28	31.95	浙江省
323	福建华南女子职业学院	9	31.94	福建省
323	广东文艺职业学院	15	31.94	广东省
325	广东南华工商职业学院	29	31.7	广东省
326	衡水职业技术学院	34	31.63	河北省
327	钟山职业技术学院	10	31.49	江苏省
328	三亚理工职业学院	9	31.44	海南省
329	天津生物工程职业技术学院	28	31.17	天津市
330	天津公安警官职业学院	7	31.09	天津市
331	厦门华天涉外职业技术学院	20	31.06	福建省
332	海南工商职业学院	20	30.92	海南省
333	南京城市职业学院	43	30.81	江苏省
334	北京汇佳职业学院	14	30.74	北京市
335	潍坊工商职业学院	23	30.68	山东省
336	汕头职业技术学院	12	30.66	广东省
337	厦门南洋职业学院	25	30.64	福建省
338	石家庄财经职业学院	18	30.63	河北省
339	石家庄科技工程职业学院	12	30.62	河北省
340	山东司法警官职业学院	13	30.53	山东省
341	浙江体育职业技术学院	5	30.43	浙江省

续表

序号	学校名称	项目数	总分	省份
342	江苏安全技术职业学院	25	30.16	江苏省
343	闽北职业技术学院	12	30.13	福建省
344	广州南洋理工职业学院	20	30.12	广东省
345	河北工艺美术职业学院	10	30.11	河北省
346	山东服装职业学院	18	30.1	山东省
347	徐州生物工程职业技术学院	31	30.07	江苏省
348	河北公安警察职业学院	7	30.01	河北省
349	广州体育职业技术学院	9	29.85	广东省
349	天津开发区职业技术学院	10	29.85	天津市
351	北京经济技术职业学院	46	29.73	北京市
352	广东司法警官职业学院	15	29.69	广东省
353	山东信息职业技术学院	15	29.6	山东省
354	泰山护理职业学院	14	29.51	山东省
355	菏泽职业学院	23	29.43	山东省
356	广东体育职业技术学院	8	29.41	广东省
357	厦门兴才职业技术学院	18	29.35	福建省
358	江苏财会职业学院	12	29.23	江苏省
359	山东海事职业学院	8	29.09	山东省
360	北京科技职业学院	14	29.06	北京市
361	广州现代信息工程职业技术学院	13	28.97	广东省
361	泉州经贸职业技术学院	14	28.97	福建省

续表

序号	学校名称	项目数	总分	省份
363	扬州环境资源职业技术学院	14	28.92	江苏省
364	山东外国语职业技术大学	22	28.86	山东省
365	罗定职业技术学院	15	28.72	广东省
366	广东舞蹈戏剧职业学院	6	28.61	广东省
367	唐山科技职业技术学院	6	28.33	河北省
368	济南护理职业学院	18	28.3	山东省
369	浙江横店影视职业学院	17	28.21	浙江省
370	泉州职业技术大学	26	27.71	福建省
371	浙江东方职业技术学院	17	27.4	浙江省
372	河北劳动关系职业学院	12	27.36	河北省
373	广东工商职业技术大学	10	27.3	广东省
374	广东青年职业学院	13	27.13	广东省
375	广东碧桂园职业学院	7	26.99	广东省
376	泊头职业学院	6	26.89	河北省
377	天津广播影视职业学院	5	26.84	天津市
378	汕尾职业技术学院	12	26.54	广东省
379	苏州百年职业学院	17	26.48	江苏省
380	金肯职业技术学院	8	26.18	江苏省
381	江海职业技术学院	13	26.06	江苏省
382	河北司法警官职业学院	14	26	河北省
383	北京科技经营管理学院	3	25.87	北京市
384	苏州高博软件技术职业学院	10	25.76	江苏省

续表

序号	学校名称	项目数	总分	省份
385	保定幼儿师范高等专科学校	4	25.67	河北省
386	广州卫生职业技术学院	3	25.6	广东省
387	广东生态工程职业学院	14	25.55	广东省
388	福州墨尔本理工职业学院	7	25.5	福建省
389	泉州海洋职业学院	15	25.33	福建省
389	东营科技职业学院	15	25.33	山东省
391	海南健康管理职业技术学院	8	25.28	海南省
392	南京视觉艺术职业学院	12	25.21	江苏省
393	九州职业技术学院	10	25.17	江苏省
394	广州华夏职业学院	7	25.05	广东省
395	漳州城市职业学院	13	24.99	福建省
396	嘉兴南洋职业技术学院	15	24.45	浙江省
397	宿迁泽达职业技术学院	3	24.36	江苏省
398	冀中职业学院	5	24.34	河北省
399	盐城幼儿师范高等专科学校	9	24.26	江苏省
400	应天职业技术学院	6	24.2	江苏省
401	硅湖职业技术学院	11	24.19	江苏省
402	广州华立科技职业学院	14	24.15	广东省
403	渤海石油职业学院	7	24.11	河北省
404	惠州经济职业技术学院	10	24.1	广东省
405	北京北大方正软件职业技术学院	50	23.97	北京市
406	北京体育职业学院	4	23.95	北京市
407	廊坊卫生职业学院	6	23.91	河北省

续表

序号	学校名称	项目数	总分	省份
408	北京培黎职业学院	5	23.85	北京市
409	广州珠江职业技术学院	6	23.67	广东省
410	北京经贸职业学院	6	23.63	北京市
411	山东传媒职业学院	5	23.62	山东省
412	珠海艺术职业学院	4	23.58	广东省
412	泉州纺织服装职业学院	5	23.58	福建省
414	石家庄人民医学高等专科学校	5	23.55	河北省
415	南京机电职业技术学院	8	23.54	江苏省
416	广州华商职业学院	12	23.34	广东省
417	德州科技职业学院	8	22.91	山东省
418	厦门安防科技职业学院	3	22.53	福建省
419	揭阳职业技术学院	3	22.49	广东省
420	天津滨海汽车工程职业学院	1	22.35	天津市
421	山东圣翰财贸职业学院	9	22.3	山东省
421	石家庄理工职业学院	9	22.3	河北省
423	惠州卫生职业技术学院	10	22.18	广东省
424	广东创新科技职业学院	4	22.14	广东省
425	上海民远职业技术学院	6	22.07	上海市
426	私立华联学院	7	21.98	广东省
427	福建体育职业技术学院	2	21.87	福建省
428	石家庄医学高等专科学校	5	21.78	河北省

续表

序号	学校名称	项目数	总分	省份
429	山东工程职业技术大学	3	21.65	山东省
430	广东江门中医药职业学院	4	21.33	广东省
431	厦门演艺职业学院	3	21.27	福建省
432	江南影视艺术职业学院	6	21.18	江苏省
433	河北石油职业技术学院	2	21.08	河北省
433	广东行政职业学院	15	21.08	广东省
435	廊坊燕京职业技术学院	5	20.96	河北省
436	承德应用技术职业学院	7	20.94	河北省
436	金山职业技术学院	7	20.94	江苏省
438	潮汕职业技术学院	4	20.72	广东省
439	无锡南洋职业技术学院	9	20.29	江苏省
440	苏州托普信息职业技术学院	6	20.15	江苏省
441	浙江特殊教育职业学院	6	20.12	浙江省
442	山东外事职业大学	3	19.86	山东省
443	石家庄工程职业学院	3	19.53	河北省
444	厦门东海职业技术学院	3	19.28	福建省
444	浙江汽车职业技术学院	3	19.28	浙江省
446	广州涉外经济职业技术学院	5	19.25	广东省
446	广东茂名农林科技职业学院	5	19.25	广东省
448	浙江舟山群岛新区旅游与健康职业学院	8	19.13	浙江省

续表

序号	学校名称	项目数	总分	省份
449	苏州幼儿师范高等专科学校	2	18.79	江苏省
450	广州松田职业学院	5	18.61	广东省
451	浙江安防职业技术学院	7	18.48	浙江省
452	北京艺术传媒职业学院	1	18.39	北京市
453	山东特殊教育职业学院	2	18.3	山东省
454	广州东华职业学院	4	18.2	广东省
454	惠州工程职业学院	4	18.2	广东省
454	广东茂名幼儿师范专科学校	4	18.2	广东省
457	山东杏林科技职业学院	1	17.87	山东省
457	上海中华职业技术学院	1	17.87	上海市
459	福州黎明职业技术学院	21	17.6	福建省
460	广州科技职业技术大学	12	17.45	广东省
461	山东化工职业学院	4	17	山东省
462	唐山幼儿师范高等专科学校	1	16.98	河北省
463	广东茂名健康职业学院	3	16.94	广东省
463	明达职业技术学院	3	16.94	江苏省
463	山东艺术设计职业学院	3	16.94	山东省
463	日照航海工程职业学院	3	16.94	山东省
463	烟台黄金职业学院	3	16.94	山东省
463	广东酒店管理职业技术学院	3	16.94	广东省
463	三亚中瑞酒店管理职业学院	3	16.94	海南省

续表

序号	学校名称	项目数	总分	省份
470	青岛工程职业学院	1	16.45	山东省
471	武夷山职业学院	7	15.76	福建省
472	湛江幼儿师范专科学校	2	15.31	广东省
472	广东南方职业学院	2	15.31	广东省
472	广东新安职业技术学院	2	15.31	广东省
472	福州英华职业学院	2	15.31	福建省
472	海南卫生健康职业学院	2	15.31	海南省
472	江苏航空职业技术学院	2	15.31	江苏省
478	广东亚视演艺职业学院	3	15.16	广东省
479	广州康大职业技术学院	4	14.21	广东省
480	建东职业技术学院	2	13.93	江苏省
481	广东文理职业学院	2	13.38	广东省
482	海南体育职业技术学院	1	12.87	海南省
482	宁波幼儿师范高等专科学校	1	12.87	浙江省
482	广东信息工程职业学院	1	12.87	广东省
482	天津体育职业学院	1	12.87	天津市
482	山东力明科技职业学院	1	12.87	山东省
482	石家庄经济职业学院	1	12.87	河北省
482	广州华南商贸职业学院	1	12.87	广东省
489	石家庄工商职业学院	1	7.84	河北省

8.5 中部地区高职院校教师教学发展指数(2020 版)

序号	学校名称	项目数	总分	省份
1	黄河水利职业技术学院	382	79.05	河南省
2	长沙民政职业技术学院	360	78.94	湖南省
3	湖南铁道职业技术学院	254	75.09	湖南省
4	武汉职业技术学院	294	74.48	湖北省
5	九江职业技术学院	262	70.38	江西省
6	武汉船舶职业技术学院	185	69.79	湖北省
7	山西工程职业学院	199	69.3	山西省
8	襄阳职业技术学院	164	67.17	湖北省
9	湖南工业职业技术学院	229	64.68	湖南省
10	芜湖职业技术学院	248	64.34	安徽省
11	郑州铁路职业技术学院	167	64.21	河南省
12	黄冈职业技术学院	182	63.75	湖北省
13	山西省财政税务专科学校	185	63.69	山西省
14	河南工业职业技术学院	265	63.68	河南省
15	湖北职业技术学院	145	63.13	湖北省
16	平顶山工业职业技术学院	112	63	河南省
17	安徽职业技术学院	271	62.88	安徽省
18	湖南交通职业技术学院	191	61.98	湖南省
19	安徽机电职业技术学院	234	61.69	安徽省
20	河南职业技术学院	281	60.85	河南省

续表

序号	学校名称	项目数	总分	省份
21	江西交通职业技术学院	136	60.84	江西省
22	安徽水利水电职业技术学院	170	60.46	安徽省
23	湖南化工职业技术学院	145	60.39	湖南省
24	武汉铁路职业技术学院	98	60.28	湖北省
25	湖南汽车工程职业学院	161	60.17	湖南省
26	江西应用技术职业学院	249	60.01	江西省
26	安徽商贸职业技术学院	241	60.01	安徽省
28	永州职业技术学院	102	60	湖南省
29	湖南工艺美术职业学院	76	59.78	湖南省
30	河南农业职业学院	99	59.43	河南省
31	武汉软件工程职业学院	158	59.23	湖北省
32	长沙航空职业技术学院	112	57.2	湖南省
33	湖北交通职业技术学院	93	56.16	湖北省
34	安徽工商职业学院	282	55.61	安徽省
35	河南经贸职业学院	200	55.37	河南省
36	武汉交通职业学院	118	55.31	湖北省
37	商丘职业技术学院	70	55.19	河南省
38	山西职业技术学院	221	55.05	山西省
39	江西旅游商贸职业学院	149	54.97	江西省

续表

序号	学校名称	项目数	总分	省份
40	武汉电力职业技术学院	95	54.79	湖北省
41	江西财经职业学院	168	54.49	江西省
42	许昌职业技术学院	169	54.19	河南省
43	湖北三峡职业技术学院	118	54.11	湖北省
44	山西建筑职业技术学院	72	53.94	山西省
45	合肥职业技术学院	88	53.71	安徽省
46	山西药科职业学院	58	53.29	山西省
47	安徽医学高等专科学校	64	53.16	安徽省
48	岳阳职业技术学院	88	53.09	湖南省
49	湖南科技职业学院	83	52.78	湖南省
50	湖南大众传媒职业技术学院	92	52.46	湖南省
51	江西现代职业技术学院	210	52.35	江西省
52	湖北工业职业技术学院	64	52.25	湖北省
53	江西环境工程职业学院	195	52.14	江西省
54	长沙商贸旅游职业技术学院	125	51.98	湖南省
55	湖北城市建设职业技术学院	86	51.93	湖北省
56	湖南环境生物职业技术学院	56	51.84	湖南省
57	湖南生物机电职业技术学院	94	51.56	湖南省
58	江西外语外贸职业学院	123	50.97	江西省
59	江西陶瓷工艺美术职业技术学院	37	50.82	江西省

续表

序号	学校名称	项目数	总分	省份
60	河南交通职业技术学院	99	50.26	河南省
61	湖南铁路科技职业技术学院	72	50.07	湖南省
62	济源职业技术学院	105	50.03	河南省
63	安徽交通职业技术学院	51	49.73	安徽省
64	湖北水利水电职业技术学院	102	49.72	湖北省
65	武汉城市职业学院	153	49.65	湖北省
66	江西卫生职业学院	56	49.42	江西省
67	湖南机电职业技术学院	103	49.31	湖南省
68	江西工业贸易职业技术学院	67	48.94	江西省
69	湖南商务职业技术学院	130	48.71	湖南省
70	鄂州职业大学	68	48.48	湖北省
71	湖南现代物流职业技术学院	83	48.34	湖南省
72	湖北生物科技职业学院	99	48.33	湖北省
73	江西工业工程职业技术学院	49	48.16	江西省
74	山西机电职业技术学院	162	48.08	山西省
75	郑州旅游职业学院	81	47.94	河南省
76	安庆职业技术学院	80	47.85	安徽省
77	荆州职业技术学院	84	47.33	湖北省
77	安徽财贸职业学院	123	47.33	安徽省
79	漯河医学高等专科学校	30	47.26	河南省
80	湖北生态工程职业技术学院	86	47	湖北省

续表

序号	学校名称	项目数	总分	省份
81	开封大学	62	46.79	河南省
82	山西交通职业技术学院	72	46.54	山西省
83	鹤壁职业技术学院	111	46.39	河南省
84	郑州电力高等专科学校	52	46.29	河南省
85	江西机电职业技术学院	47	46.08	江西省
86	湖南中医药高等专科学校	49	45.54	湖南省
87	安徽电气工程职业技术学院	49	45.42	安徽省
88	湖南财经工业职业技术学院	58	45.29	湖南省
89	安徽国防科技职业学院	109	45.28	安徽省
90	阜阳职业技术学院	35	45	安徽省
91	仙桃职业学院	103	44.95	湖北省
92	湖南邮电职业技术学院	39	44.94	湖南省
93	南阳医学高等专科学校	28	44.84	河南省
94	长沙环境保护职业技术学院	76	44.71	湖南省
95	湖北轻工职业技术学院	47	44.63	湖北省
96	安徽国际商务职业学院	109	44.23	安徽省
97	湖北中医药高等专科学校	31	44.16	湖北省
98	晋中职业技术学院	97	44.12	山西省
99	咸宁职业技术学院	95	43.93	湖北省
100	常德职业技术学院	56	43.87	湖南省
101	长江职业学院	68	43.86	湖北省
102	湖南外贸职业学院	38	43.6	湖南省

续表

序号	学校名称	项目数	总分	省份
103	湖南信息职业技术学院	53	43.52	湖南省
104	湖北科技职业学院	117	43.51	湖北省
105	湖南城建职业技术学院	50	43.45	湖南省
106	河南应用技术职业学院	77	43.43	河南省
107	湘西民族职业技术学院	24	43.4	湖南省
108	安徽中医药高等专科学校	40	43.33	安徽省
109	太原旅游职业学院	72	43.27	山西省
110	湖北艺术职业学院	22	43.15	湖北省
111	湖南高速铁路职业技术学院	38	43.12	湖南省
112	三门峡职业技术学院	32	42.97	河南省
113	安徽城市管理职业学院	60	42.87	安徽省
114	湖南网络工程职业学院	58	42.77	湖南省
115	六安职业技术学院	36	42.37	安徽省
116	江西信息应用职业技术学院	55	42.27	江西省
117	河南建筑职业技术学院	50	42.15	河南省
118	马鞍山师范高等专科学校	43	42.08	安徽省
119	山西林业职业技术学院	29	42.04	山西省
120	江汉艺术职业学院	27	41.98	湖北省
121	湖南电气职业技术学院	90	41.97	湖南省
122	湖南艺术职业学院	29	41.96	湖南省

续表

序号	学校名称	项目数	总分	省份
123	合肥幼儿师范高等专科学校	28	41.89	安徽省
124	湖南工程职业技术学院	98	41.64	湖南省
125	九江职业大学	41	41.63	江西省
126	濮阳职业技术学院	46	41.26	河南省
127	河南机电职业学院	48	41.03	河南省
128	漯河职业技术学院	44	40.94	河南省
129	江西工业职业技术学院	82	40.87	江西省
130	荆州理工职业学院	31	40.68	湖北省
131	安徽工业经济职业技术学院	153	40.65	安徽省
132	江西制造职业技术学院	58	40.6	江西省
133	山西艺术职业学院	28	40.44	山西省
134	安徽电子信息职业技术学院	102	40.43	安徽省
135	滁州职业技术学院	69	40.31	安徽省
136	河南测绘职业学院	35	39.7	河南省
137	山西戏剧职业学院	29	39.68	山西省
138	湖北幼儿师范高等专科学校	13	39.43	湖北省
139	湖南安全技术职业学院	37	38.98	湖南省
140	山西经贸职业学院	29	38.97	山西省
141	武汉铁路桥梁职业学院	30	38.91	湖北省
142	信阳职业技术学院	36	38.87	河南省
143	湖南民族职业学院	24	38.6	湖南省
144	江西生物科技职业学院	31	38.58	江西省
145	晋中师范高等专科学校	28	38.57	山西省
146	山西金融职业学院	66	38.52	山西省

续表

序号	学校名称	项目数	总分	省份
147	山西铁道职业技术学院	19	38.45	山西省
148	长沙职业技术学院	40	38.37	湖南省
149	江西建设职业技术学院	30	38.2	江西省
150	娄底职业技术学院	44	38.08	湖南省
151	山西财贸职业技术学院	25	38.04	山西省
152	商丘医学高等专科学校	24	38.01	河南省
153	安徽新闻出版职业技术学院	23	37.97	安徽省
154	湘潭医卫职业技术学院	12	37.91	湖南省
155	安徽警官职业学院	47	37.77	安徽省
156	郴州职业技术学院	34	37.7	湖南省
157	开封文化艺术职业学院	19	37.63	河南省
158	淮南联合大学	39	37.55	安徽省
159	恩施职业技术学院	28	37.46	湖北省
159	池州职业技术学院	42	37.46	安徽省
161	江西航空职业技术学院	14	37.16	江西省
162	江西工程职业学院	23	37.15	江西省
163	宜春职业技术学院	31	37.1	江西省
164	周口职业技术学院	48	37.04	河南省
165	淮南职业技术学院	23	37.03	安徽省
166	焦作师范高等专科学校	24	37.01	河南省
167	铜陵职业技术学院	45	36.93	安徽省
168	江西农业工程职业学院	39	36.8	江西省
169	长江工程职业技术学院	34	36.7	湖北省

续表

序号	学校名称	项目数	总分	省份
170	运城师范高等专科学校	10	36.54	山西省
171	湖南司法警官职业学院	14	36.47	湖南省
172	江西中医药高等专科学校	30	36.43	江西省
173	张家界航空工业职业技术学院	26	36.3	湖南省
174	湖南理工职业技术学院	54	36.23	湖南省
175	河南水利与环境职业学院	45	36.22	河南省
176	湖南国防工业职业技术学院	11	36.18	湖南省
177	淮北职业技术学院	48	36.15	安徽省
178	河南工业贸易职业学院	39	36.12	河南省
179	河南工业和信息化职业学院	25	36.07	河南省
180	晋城职业技术学院	53	36.04	山西省
181	山西水利职业技术学院	81	36	山西省
182	安徽工贸职业技术学院	11	35.62	安徽省
183	湖北国土资源职业学院	25	35.61	湖北省
184	长沙电力职业技术学院	14	35.6	湖南省
185	临汾职业技术学院	25	35.55	山西省
186	湖南冶金职业技术学院	11	35.51	湖南省
187	徽商职业学院	51	35.24	安徽省
188	江西电力职业技术学院	14	35.21	江西省
189	保险职业学院	16	35.01	湖南省

续表

序号	学校名称	项目数	总分	省份
190	太原城市职业技术学院	34	34.99	山西省
190	湖北青年职业学院	10	34.99	湖北省
192	河南信息统计职业学院	17	34.84	河南省
193	郑州职业技术学院	38	34.53	河南省
194	河南林业职业学院	34	34.5	河南省
195	江西艺术职业学院	18	34.43	江西省
196	江西水利职业学院	23	34.33	江西省
197	郑州幼儿师范高等专科学校	13	34.31	河南省
198	三峡电力职业学院	10	34.19	湖北省
199	新乡职业技术学院	44	34.04	河南省
200	武汉外语外事职业学院	76	33.93	湖北省
201	焦作大学	24	33.6	河南省
202	江西冶金职业技术学院	10	33.58	江西省
203	运城幼儿师范高等专科学校	14	33.56	山西省
204	湖南水利水电职业技术学院	46	33.55	湖南省
205	邵阳职业技术学院	22	33.45	湖南省
206	洛阳职业技术学院	24	33.31	河南省
207	湖北工程职业学院	24	33.07	湖北省
208	江西青年职业学院	20	32.93	江西省
209	赣州师范高等专科学校	10	32.84	江西省
210	河南医学高等专科学校	12	32.74	河南省
210	江西司法警官职业学院	24	32.74	江西省
212	滁州城市职业学院	14	32.69	安徽省
213	安徽邮电职业技术学院	40	32.59	安徽省

续表

序号	学校名称	项目数	总分	省份
214	怀化职业技术学院	10	32.46	湖南省
215	南昌职业大学	15	32.39	江西省
216	安徽广播影视职业技术学院	14	32.33	安徽省
217	抚州职业技术学院	21	32.3	江西省
218	安徽工业职业技术学院	37	32.28	安徽省
218	江西医学高等专科学校	11	32.28	江西省
220	山西旅游职业学院	47	32.26	山西省
220	武汉信息传播职业技术学院	44	32.26	湖北省
222	长沙卫生职业学院	24	32.25	湖南省
223	合肥通用职业技术学院	13	32.23	安徽省
224	马鞍山职业技术学院	44	32.17	安徽省
225	江西传媒职业学院	8	31.96	江西省
225	运城职业技术大学	20	31.96	山西省
227	安徽审计职业学院	20	31.92	安徽省
228	襄阳汽车职业技术学院	16	31.88	湖北省
229	湖南三一工业职业技术学院	14	31.79	湖南省
230	山西电力职业技术学院	13	31.76	山西省
231	郑州信息科技职业学院	45	31.69	河南省
232	安徽冶金科技职业学院	13	31.66	安徽省
233	吉安职业技术学院	22	31.65	江西省
234	随州职业技术学院	14	31.41	湖北省
235	宿州职业技术学院	20	31.23	安徽省
236	安徽中澳科技职业学院	30	31.18	安徽省

续表

序号	学校名称	项目数	总分	省份
237	宣城职业技术学院	22	31.07	安徽省
238	南阳农业职业学院	11	30.75	河南省
239	湖南体育职业学院	8	30.72	湖南省
240	漯河食品职业学院	14	30.68	河南省
241	河南质量工程职业学院	23	30.66	河南省
242	武汉民政职业学院	9	30.65	湖北省
243	黄山职业技术学院	14	30.59	安徽省
244	上饶职业技术学院	24	30.58	江西省
245	河南司法警官职业学院	7	30.46	河南省
246	武汉警官职业学院	36	30.44	湖北省
247	皖西卫生职业学院	25	30.29	安徽省
248	亳州职业技术学院	37	30.28	安徽省
249	武汉工程职业技术学院	19	30.24	湖北省
250	益阳医学高等专科学校	9	30.15	湖南省
251	安庆医药高等专科学校	11	30.01	安徽省
252	河南推拿职业学院	3	29.91	河南省
253	河南艺术职业学院	12	29.87	河南省
254	山西体育职业学院	8	29.85	山西省
255	永城职业学院	10	29.74	河南省
256	湖南幼儿师范高等专科学校	7	29.72	湖南省
257	山西华澳商贸职业学院	9	29.67	山西省
258	湖南食品药品职业学院	43	29.57	湖南省
259	怀化师范高等专科学校	2	29.49	湖南省
260	河南检察职业学院	9	29.42	河南省
261	安阳职业技术学院	16	29.4	河南省
262	安徽公安职业学院	6	29.36	安徽省

续表

序号	学校名称	项目数	总分	省份
263	山西信息职业技术学院	5	29.35	山西省
264	大同煤炭职业技术学院	17	29.27	山西省
265	武汉商贸职业学院	11	29.24	湖北省
266	荆门职业学院	10	29.16	湖北省
267	鄂东职业技术学院	8	29.01	湖北省
268	河南科技职业大学	4	28.96	河南省
269	江西应用工程职业学院	13	28.87	江西省
270	江西师范高等专科学校	8	28.83	江西省
271	宜春幼儿师范高等专科学校	3	28.78	江西省
272	江西软件职业技术大学	9	28.71	江西省
273	平顶山职业技术学院	22	28.67	河南省
273	山西管理职业学院	11	28.67	山西省
275	湖北财税职业学院	18	28.44	湖北省
276	安徽矿业职业技术学院	20	28.43	安徽省
277	安徽粮食工程职业学院	9	28.42	安徽省
278	安徽黄梅戏艺术职业学院	3	28.23	安徽省
279	安徽卫生健康职业学院	7	28.2	安徽省
280	湖南石油化工职业技术学院	8	28.1	湖南省
281	嵩山少林武术职业学院	3	28.05	河南省
282	益阳职业技术学院	9	28.01	湖南省
283	武昌职业学院	28	28	湖北省

续表

序号	学校名称	项目数	总分	省份
284	郑州澍青医学高等专科学校	8	27.96	河南省
285	朔州职业技术学院	13	27.9	山西省
286	三峡旅游职业技术学院	34	27.85	湖北省
287	湖南都市职业学院	6	27.78	湖南省
288	河南护理职业学院	7	27.66	河南省
289	潞安职业技术学院	9	27.65	山西省
290	南阳职业学院	21	27.56	河南省
291	阳泉职业技术学院	9	27.32	山西省
292	长治职业技术学院	8	27.17	山西省
293	江西工商职业技术学院	8	27.11	江西省
294	长垣烹饪职业技术学院	22	27.06	河南省
295	山西青年职业学院	9	26.94	山西省
296	江西泰豪动漫职业学院	11	26.85	江西省
297	株洲师范高等专科学校	3	26.81	湖南省
298	驻马店职业技术学院	18	26.77	河南省
299	湖南软件职业学院(本科)	10	26.75	湖南省
300	郑州财税金融职业学院	27	26.71	河南省
301	安徽涉外经济职业学院	42	26.61	安徽省
302	山西警官职业学院	17	26.41	山西省
303	安徽艺术职业学院	34	26.3	安徽省
304	湖南劳动人事职业学院	12	26.21	湖南省
305	安徽林业职业技术学院	8	26.13	安徽省

续表

序号	学校名称	项目数	总分	省份
306	江西经济管理职业学院	4	26.03	江西省
307	鹰潭职业技术学院	2	26.01	江西省
308	许昌电气职业学院	11	25.96	河南省
309	民办合肥财经职业学院	8	25.91	安徽省
310	郑州电子信息职业技术学院	10	25.9	河南省
311	焦作工贸职业学院	13	25.81	河南省
312	山西运城农业职业技术学院	19	25.51	山西省
313	鹤壁汽车工程职业学院	11	25.44	河南省
314	江西新能源科技职业学院	21	25.33	江西省
315	河南轻工职业学院	12	25.21	河南省
316	湖南有色金属职业技术学院	11	24.99	湖南省
317	山西国际商务职业学院	9	24.78	山西省
318	合肥信息技术职业学院	5	24.63	安徽省
319	合肥科技职业学院	7	24.62	安徽省
320	洛阳科技职业学院	6	23.69	河南省
321	太原幼儿师范高等专科学校	3	23.66	山西省
322	民办万博科技职业学院	5	23.64	安徽省
323	武汉光谷职业学院	9	23.46	湖北省
324	皖北卫生职业学院	3	23.41	安徽省
325	山西同文职业技术学院	3	23.08	山西省
326	山西卫生健康职业学院	3	22.82	山西省

续表

序号	学校名称	项目数	总分	省份
327	湘南幼儿师范高等专科学校	4	22.57	湖南省
328	湖北体育职业学院	3	22.5	湖北省
328	安徽体育运动职业技术学院	3	22.5	安徽省
330	安阳幼儿师范高等专科学校	6	22.33	河南省
331	郑州电力职业技术学院	9	22.3	河南省
332	安徽汽车职业技术学院	12	22.19	安徽省
333	湖南高尔夫旅游职业学院	4	22.18	湖南省
334	运城护理职业学院	5	22.16	山西省
335	郑州城市职业学院	2	21.9	河南省
335	安徽绿海商务职业学院	2	21.9	安徽省
337	江西枫林涉外经贸职业学院	6	21.67	江西省
338	江西洪州职业学院	8	21.65	江西省
339	郑州理工职业学院	2	21.5	河南省
340	驻马店幼儿师范高等专科学校	2	21.12	河南省
341	湖南外国语职业学院	4	21.09	湖南省
342	忻州职业技术学院	10	21	山西省
343	桐城师范高等专科学校	8	20.97	安徽省
344	湖南电子科技职业学院	5	20.96	湖南省
345	郑州信息工程职业学院	7	20.94	河南省
345	共青科技职业学院	7	20.94	江西省
347	河南地矿职业学院	6	20.24	河南省

续表

序号	学校名称	项目数	总分	省份
348	江西科技职业学院	4	20.17	江西省
349	信阳涉外职业技术学院	6	20.15	河南省
349	安徽扬子职业技术学院	6	20.15	安徽省
351	长沙南方职业学院	5	19.37	湖南省
352	潇湘职业学院	3	19.28	湖南省
353	吕梁职业技术学院	5	19.25	山西省
354	武汉航海职业技术学院	2	18.24	湖北省
355	南昌影视传播职业学院	4	18.2	江西省
355	赣州职业技术学院	4	18.2	江西省
355	湖南工商职业学院	4	18.2	湖南省
358	黄冈科技职业学院	1	16.98	湖北省
359	长江艺术工程职业学院	3	16.94	湖北省
359	河南物流职业学院	3	16.94	河南省
359	景德镇陶瓷职业技术学院	3	16.94	江西省
359	赣西科技职业学院	3	16.94	江西省
359	湘中幼儿师范高等专科学校	3	16.94	湖南省
364	湖北铁道运输职业学院	2	15.31	湖北省
365	永州师范高等专科学校	1	12.87	湖南省
365	上饶幼儿师范高等专科学校	1	12.87	江西省
365	濮阳医学高等专科学校	1	12.87	河南省
365	郑州黄河护理职业学院	1	12.87	河南省
365	郑州商贸旅游职业学院	1	12.87	河南省

续表

序号	学校名称	项目数	总分	省份
365	赣南卫生健康职业学院	1	12.87	江西省
365	蚌埠经济技术职业学院	1	12.87	安徽省
365	民办合肥经济技术职业学院	1	12.87	安徽省
365	民办合肥滨湖职业技术学院	1	12.87	安徽省
365	衡阳幼儿师范高等专科学校	1	12.87	湖南省
365	三门峡社会管理职业学院	1	12.87	河南省
376	武汉海事职业学院	1	10.44	湖北省
377	抚州幼儿师范高等专科学校	1	10.29	江西省
378	山西老区职业技术学院	2	7.65	山西省
379	阜阳幼儿师范高等专科学校	2	6.91	安徽省

8.6 西部地区高职院校教师教学发展指数(2020 版)

序号	学校名称	项目数	总分	省份
1	陕西工业职业技术学院	413	78.85	陕西省
2	成都航空职业技术学院	237	75.39	四川省
3	昆明冶金高等专科学校	283	75.32	云南省
4	重庆电子工程职业学院	368	73.71	重庆市
5	杨凌职业技术学院	273	72.38	陕西省
6	新疆农业职业技术学院	226	72.14	新疆维吾尔自治区
7	重庆工业职业技术学院	377	71.62	重庆市
8	四川工程职业技术学院	138	70.01	四川省
9	南宁职业技术学院	311	69.91	广西壮族自治区
10	贵州交通职业技术学院	209	69.47	贵州省
11	兰州石化职业技术学院	203	68.15	甘肃省
12	四川交通职业技术学院	190	64.86	四川省
13	四川建筑职业技术学院	177	64.81	四川省
14	柳州职业技术学院	208	64.78	广西壮族自治区
15	西安航空职业技术学院	204	64.02	陕西省
16	广西职业技术学院	167	62.11	广西壮族自治区

续表

序号	学校名称	项目数	总分	省份
17	陕西铁路工程职业技术学院	162	61.84	陕西省
18	兰州资源环境职业技术学院	125	61.62	甘肃省
19	重庆工程职业技术学院	286	61.16	重庆市
20	重庆城市管理职业学院	236	61.07	重庆市
21	云南交通职业技术学院	97	60.33	云南省
22	内蒙古建筑职业技术学院	104	59.8	内蒙古自治区
23	宁夏职业技术学院	126	59	宁夏回族自治区
24	成都纺织高等专科学校	140	57.47	四川省
25	陕西国防工业职业技术学院	139	57.39	陕西省
26	包头职业技术学院	71	56.65	内蒙古自治区
27	重庆医药高等专科学校	74	56.33	重庆市
28	重庆工商职业学院	237	56.12	重庆市
29	内蒙古机电职业技术学院	90	56.11	内蒙古自治区
30	宁夏工商职业技术学院	131	55.99	宁夏回族自治区
31	新疆轻工职业技术学院	75	55.96	新疆维吾尔自治区
32	成都职业技术学院	160	55.23	四川省
33	铜仁职业技术学院	62	54.1	贵州省

续表

序号	学校名称	项目数	总分	省份
34	重庆电力高等专科学校	81	54.06	重庆市
35	绵阳职业技术学院	75	53.91	四川省
36	广西农业职业技术学院	112	53.14	广西壮族自治区
37	克拉玛依职业技术学院	63	52.94	新疆维吾尔自治区
38	云南机电职业技术学院	43	52.88	云南省
39	广西机电职业技术学院	139	52.82	广西壮族自治区
40	酒泉职业技术学院	103	52.77	甘肃省
41	广西交通职业技术学院	147	52.58	广西壮族自治区
42	内蒙古化工职业学院	65	52.5	内蒙古自治区
43	重庆三峡医药高等专科学校	81	52.23	重庆市
44	陕西职业技术学院	117	51.75	陕西省
45	新疆交通职业技术学院	53	51.66	新疆维吾尔自治区
46	包头轻工职业技术学院	61	51.36	内蒙古自治区
47	贵州轻工职业技术学院	99	50.86	贵州省
48	西安铁路职业技术学院	109	50.77	陕西省
49	锡林郭勒职业学院	118	50.09	内蒙古自治区
50	柳州铁道职业技术学院	329	49.69	广西壮族自治区
51	陕西交通职业技术学院	108	49.48	陕西省
52	青海交通职业技术学院	77	49.47	青海省

续表

序号	学校名称	项目数	总分	省份
53	宁夏财经职业技术学院	67	49.29	宁夏回族自治区
54	广西建设职业技术学院	116	49.11	广西壮族自治区
55	云南国土资源职业学院	81	49.09	云南省
56	甘肃林业职业技术学院	65	48.9	甘肃省
57	四川工商职业技术学院	75	48.86	四川省
58	四川邮电职业技术学院	83	48.38	四川省
59	乐山职业技术学院	71	48.32	四川省
60	广西电力职业技术学院	92	48.23	广西壮族自治区
61	广西国际商务职业技术学院	87	48.05	广西壮族自治区
62	云南林业职业技术学院	59	47.9	云南省
62	青海畜牧兽医职业技术学院	33	47.9	青海省
64	陕西能源职业技术学院	69	47.75	陕西省
65	重庆航天职业技术学院	80	47.7	重庆市
66	宜宾职业技术学院	66	47.58	四川省
67	成都农业科技职业学院	100	47.57	四川省
68	黔东南民族职业技术学院	54	47.38	贵州省
69	甘肃工业职业技术学院	71	47.28	甘肃省
70	贵州电子信息职业技术学院	106	47.1	贵州省

续表

序号	学校名称	项目数	总分	省份
71	昆明工业职业技术学院	40	47.03	云南省
72	西藏职业技术学院	56	46.9	西藏自治区
73	云南农业职业技术学院	46	46.85	云南省
74	新疆职业大学	65	46.73	新疆维吾尔自治区
75	包头铁道职业技术学院	58	46.69	内蒙古自治区
76	广西工业职业技术学院	93	46.67	广西壮族自治区
77	甘肃交通职业技术学院	64	46.52	甘肃省
78	广西金融职业技术学院	44	46.39	广西壮族自治区
79	广西水利电力职业技术学院	79	46.36	广西壮族自治区
80	四川电力职业技术学院	25	46.1	四川省
81	广西经贸职业技术学院	67	46.08	广西壮族自治区
82	四川信息职业技术学院	97	45.89	四川省
83	四川职业技术学院	61	45.88	四川省
84	新疆石河子职业技术学院	72	45.84	新疆维吾尔自治区
85	泸州职业技术学院	51	45.83	四川省
86	乌鲁木齐职业大学	53	45.54	新疆维吾尔自治区
87	四川化工职业技术学院	57	45.07	四川省
88	曲靖医学高等专科学校	30	44.39	云南省
89	内蒙古商贸职业学院	86	44.32	内蒙古自治区

续表

序号	学校名称	项目数	总分	省份
90	昌吉职业技术学院	36	44.2	新疆维吾尔自治区
91	咸阳职业技术学院	103	43.93	陕西省
92	陕西财经职业技术学院	114	43.92	陕西省
93	兰州职业技术学院	59	43.73	甘肃省
94	呼和浩特职业学院	57	43.49	内蒙古自治区
95	青海建筑职业技术学院	34	43.17	青海省
96	内蒙古电子信息职业技术学院	90	42.88	内蒙古自治区
97	延安职业技术学院	36	42.8	陕西省
98	渭南职业技术学院	39	42.75	陕西省
99	四川国际标榜职业学院	29	42.6	四川省
100	云南能源职业技术学院	34	42.52	云南省
101	宁夏民族职业技术学院	33	42.48	宁夏回族自治区
102	重庆三峡职业学院	180	42.44	重庆市
103	广安职业技术学院	51	42.03	四川省
104	四川财经职业学院	68	41.56	四川省
105	通辽职业学院	45	41.55	内蒙古自治区
106	内蒙古交通职业技术学院	27	41.3	内蒙古自治区
107	甘肃建筑职业技术学院	54	41.11	甘肃省
108	四川商务职业学院	61	41.03	四川省
109	云南旅游职业学院	23	40.74	云南省
110	重庆水利电力职业技术学院	42	40.49	重庆市
111	重庆财经职业学院	96	40.46	重庆市
112	四川航天职业技术学院	47	40.4	四川省

续表

序号	学校名称	项目数	总分	省份
113	广西工商职业技术学院	43	40.29	广西壮族自治区
114	黔南民族职业技术学院	33	40.1	贵州省
115	雅安职业技术学院	29	40.02	四川省
116	南充职业技术学院	36	39.69	四川省
116	贵阳职业技术学院	38	39.69	贵州省
118	桂林师范高等专科学校	44	39.68	广西壮族自治区
119	广西生态工程职业技术学院	38	39.53	广西壮族自治区
120	四川机电职业技术学院	25	39.3	四川省
121	重庆建筑工程职业学院	59	39.25	重庆市
122	陕西邮电职业技术学院	28	39.21	陕西省
123	重庆商务职业学院	43	39.02	重庆市
124	青海警官职业学院	13	38.92	青海省
125	武威职业学院	17	38.9	甘肃省
126	四川水利职业技术学院	52	38.85	四川省
127	乌兰察布职业学院	20	38.78	内蒙古自治区
128	四川城市职业学院	50	38.72	四川省
129	四川幼儿师范高等专科学校	23	38.69	四川省
130	云南文化艺术职业学院	21	38.67	云南省
131	甘肃农业职业技术学院	30	38.47	甘肃省
132	宁夏建设职业技术学院	19	38.4	宁夏回族自治区
133	阿克苏职业技术学院	33	38.32	新疆维吾尔自治区

续表

序号	学校名称	项目数	总分	省份
134	广西幼儿师范高等专科学校	28	38.28	广西壮族自治区
135	陕西工商职业学院	54	38.27	陕西省
136	贵阳护理职业学院	21	38.26	贵州省
137	重庆化工职业学院	61	38.23	重庆市
138	重庆科创职业学院	31	38.14	重庆市
139	青海卫生职业技术学院	24	38.07	青海省
140	重庆工贸职业技术学院	94	37.79	重庆市
141	乌海职业技术学院	71	37.7	内蒙古自治区
142	宝鸡职业技术学院	29	37.16	陕西省
143	眉山职业技术学院	27	37.09	四川省
144	西安职业技术学院	64	37.07	陕西省
145	新疆师范高等专科学校	16	36.97	新疆维吾尔自治区
146	广西体育高等专科学校	17	36.78	广西壮族自治区
147	伊犁职业技术学院	24	36.75	新疆维吾尔自治区
148	云南国防工业职业技术学院	24	36.74	云南省
149	重庆电讯职业学院	9	36.68	重庆市
150	商洛职业技术学院	14	36.64	陕西省
151	包头钢铁职业技术学院	10	36.52	内蒙古自治区
152	宁夏艺术职业学院	19	36.42	宁夏回族自治区
153	甘肃畜牧工程职业技术学院	25	36.19	甘肃省
153	兴安职业技术学院	30	36.19	内蒙古自治区
155	新疆建设职业技术学院	23	36.18	新疆维吾尔自治区

续表

序号	学校名称	项目数	总分	省份
156	成都工业职业技术学院	47	36.16	四川省
156	遵义职业技术学院	43	36.16	贵州省
158	四川长江职业学院	37	35.97	四川省
159	贵州建设职业技术学院	14	35.85	贵州省
160	和田师范专科学校	13	35.84	新疆维吾尔自治区
161	广西卫生职业技术学院	31	35.81	广西壮族自治区
162	重庆建筑科技职业学院	11	35.8	重庆市
163	赤峰工业职业技术学院	9	35.79	内蒙古自治区
164	陕西艺术职业学院	30	35.78	陕西省
165	甘肃机电职业技术学院	23	35.7	甘肃省
166	鄂尔多斯职业学院	25	35.51	内蒙古自治区
167	丽江师范高等专科学校	8	35.48	云南省
167	四川文化产业职业学院	17	35.48	四川省
169	新疆生产建设兵团兴新职业技术学院	28	35.42	新疆维吾尔自治区
170	四川中医药高等专科学校	22	35.25	四川省
171	楚雄医药高等专科学校	8	35.22	云南省
172	西安医学高等专科学校	10	35.2	陕西省
173	重庆文化艺术职业学院	7	35.15	重庆市
174	德宏职业学院	18	34.9	云南省
175	贵州工业职业技术学院	39	34.74	贵州省

续表

序号	学校名称	项目数	总分	省份
176	贵州盛华职业学院	9	34.72	贵州省
177	内江职业技术学院	33	34.58	四川省
178	柳州城市职业学院	40	34.4	广西壮族自治区
179	拉萨师范高等专科学校	8	34.36	西藏自治区
180	安顺职业技术学院	35	34.15	贵州省
181	白银矿冶职业技术学院	38	34.11	甘肃省
182	重庆幼儿师范高等专科学校	7	34.08	重庆市
183	陕西航空职业技术学院	11	33.87	陕西省
184	宁夏警官职业学院	17	33.77	宁夏回族自治区
185	甘肃钢铁职业技术学院	14	33.75	甘肃省
186	云南体育运动职业技术学院	11	33.72	云南省
187	西宁城市职业技术学院	29	33.7	青海省
188	陇南师范高等专科学校	11	33.63	甘肃省
189	云南财经职业学院	9	33.45	云南省
190	保山中医药高等专科学校	11	33.41	云南省
191	安康职业技术学院	14	33.4	陕西省
192	西安电力高等专科学校	18	33.39	陕西省
193	云南锡业职业技术学院	20	33.33	云南省
194	昆明卫生职业学院	9	33.07	云南省
194	达州职业技术学院	20	33.07	四川省
196	新疆铁道职业技术学院	11	32.79	新疆维吾尔自治区

续表

序号	学校名称	项目数	总分	省份
197	云南交通运输职业学院	5	32.69	云南省
198	重庆机电职业技术大学	29	32.68	重庆市
199	云南经贸外事职业学院	11	32.53	云南省
200	重庆交通职业学院	61	32.51	重庆市
201	内蒙古民族幼儿师范高等专科学校	5	32.3	内蒙古自治区
202	成都工贸职业技术学院	41	32.16	四川省
203	巴音郭楞职业技术学院	29	32.08	新疆维吾尔自治区
204	重庆旅游职业学院	44	31.9	重庆市
205	宁夏工业职业学院	7	31.87	宁夏回族自治区
206	四川体育职业学院	3	31.85	四川省
207	四川卫生康复职业学院	12	31.77	四川省
208	汉中职业技术学院	27	31.4	陕西省
209	新疆工业职业技术学院	7	31.39	新疆维吾尔自治区
210	四川华新现代职业学院	25	31.28	四川省
211	呼伦贝尔职业技术学院	17	31.21	内蒙古自治区
212	四川科技职业学院	23	31.11	四川省
213	四川现代职业学院	23	31.02	四川省
214	青海柴达木职业技术学院	12	30.87	青海省
215	遵义医药高等专科学校	9	30.86	贵州省
216	陕西机电职业技术学院	21	30.62	陕西省
217	贵州职业技术学院	25	30.6	贵州省

续表

序号	学校名称	项目数	总分	省份
218	广西现代职业技术学院	23	30.54	广西壮族自治区
219	重庆公共运输职业学院	11	30.33	重庆市
220	四川托普信息技术职业学院	39	30.27	四川省
221	西藏警官高等专科学校	7	30.17	西藏自治区
222	甘肃卫生职业学院	12	30.15	甘肃省
223	重庆能源职业学院	19	30.1	重庆市
224	六盘水职业技术学院	14	30.01	贵州省
225	四川艺术职业学院	20	29.75	四川省
226	铜仁幼儿师范高等专科学校	11	29.74	贵州省
227	玉溪农业职业技术学院	35	29.59	云南省
228	重庆安全技术职业学院	16	29.41	重庆市
229	陕西青年职业学院	21	29.4	陕西省
230	四川司法警官职业学院	5	29.36	四川省
231	红河卫生职业学院	5	29.35	云南省
232	石河子工程职业技术学院	11	29.25	新疆维吾尔自治区
233	川北幼儿师范高等专科学校	12	29.11	四川省
234	广西城市职业大学	25	29.1	广西壮族自治区
235	新疆天山职业技术大学	17	28.87	新疆维吾尔自治区
236	黔南民族医学高等专科学校	5	28.83	贵州省
237	陕西警官职业学院	12	28.47	陕西省

续表

序号	学校名称	项目数	总分	省份
238	宁夏葡萄酒与防沙治沙职业技术学院	9	28.4	宁夏回族自治区
239	重庆青年职业技术学院	25	28.29	重庆市
240	重庆城市职业学院	8	28.19	重庆市
241	四川铁道职业学院	4	28.17	四川省
242	新疆应用职业技术学院	8	28.12	新疆维吾尔自治区
243	西安海棠职业学院	8	28.1	陕西省
244	成都艺术职业大学	40	28.09	四川省
245	四川文化传媒职业学院	23	28	四川省
245	科尔沁艺术职业学院	12	28	内蒙古自治区
247	北海职业学院	23	27.88	广西壮族自治区
247	四川希望汽车职业学院	22	27.88	四川省
249	四川三河职业学院	15	27.84	四川省
250	云南工程职业学院	14	27.67	云南省
251	黔西南民族职业技术学院	13	27.45	贵州省
252	贵阳幼儿师范高等专科学校	9	27.14	贵州省
253	榆林职业技术学院	21	26.99	陕西省
254	陕西经济管理职业技术学院	2	26.79	陕西省
254	定西师范高等专科学校	2	26.79	甘肃省
256	甘肃警察职业学院	3	26.78	甘肃省
257	大理农林职业技术学院	6	26.72	云南省
258	鄂尔多斯生态环境职业学院	5	26.71	内蒙古自治区
259	德宏师范高等专科学校	5	26.68	云南省

续表

序号	学校名称	项目数	总分	省份
260	青海高等职业技术学院	9	26.29	青海省
261	云南司法警官职业学院	5	26.16	云南省
262	贵州电力职业技术学院	2	25.55	贵州省
263	广西安全工程职业技术学院	12	25.47	广西壮族自治区
264	四川西南航空职业学院	10	25.46	四川省
265	陕西旅游烹饪职业学院	29	25.33	陕西省
266	甘肃有色冶金职业技术学院	15	25.16	甘肃省
267	昆明铁道职业技术学院	10	25.1	云南省
268	广西理工职业技术学院	85	25.03	广西壮族自治区
269	西昌民族幼儿师范高等专科学校	2	24.97	四川省
270	西安汽车职业大学	4	24.47	陕西省
271	贵州航天职业技术学院	19	24.41	贵州省
272	毕节医学高等专科学校	5	24.39	贵州省
273	四川护理职业学院	8	24.37	四川省
274	乌兰察布医学高等专科学校	3	24.23	内蒙古自治区
275	黔南民族幼儿师范高等专科学校	5	24.18	贵州省
276	甘肃能源化工职业学院	13	24.14	甘肃省
277	毕节职业技术学院	13	24.02	贵州省
278	贵州水利水电职业技术学院	7	23.94	贵州省
279	巴中职业技术学院	5	23.83	四川省

续表

序号	学校名称	项目数	总分	省份
280	阿拉善职业技术学院	5	23.69	内蒙古自治区
281	百色职业学院	6	23.57	广西壮族自治区
282	铜川职业技术学院	5	23.56	陕西省
283	贵州护理职业技术学院	3	23.49	贵州省
284	西双版纳职业技术学院	2	23.12	云南省
284	重庆艺术工程职业学院	2	23.12	重庆市
286	新疆维吾尔医学专科学校	3	23.02	新疆维吾尔自治区
287	庆阳职业技术学院	8	22.91	甘肃省
288	民办四川天一学院	8	22.7	四川省
289	重庆海联职业技术学院	3	22.52	重庆市
289	广西工程职业学院	6	22.52	广西壮族自治区
291	贵州食品工程职业学院	6	22.5	贵州省
291	吐鲁番职业技术学院	2	22.5	新疆维吾尔自治区
291	内蒙古体育职业学院	3	22.5	内蒙古自治区
294	宁夏幼儿师范高等专科学校	3	22.47	宁夏回族自治区
295	新疆机电职业技术学院	3	22.35	新疆维吾尔自治区
295	云南城市建设职业学院	1	22.35	云南省
297	四川电子机械职业技术学院	9	22.3	四川省
298	重庆电信职业学院	14	22.15	重庆市
299	满洲里俄语职业学院	3	22	内蒙古自治区

续表

序号	学校名称	项目数	总分	省份
300	内蒙古警察职业学院	5	21.95	内蒙古自治区
301	新疆体育职业技术学院	2	21.87	新疆维吾尔自治区
301	新疆兵团警官高等专科学校	2	21.87	新疆维吾尔自治区
303	天府新区信息职业学院	8	21.65	四川省
303	兰州现代职业学院	8	21.65	甘肃省
305	广西科技职业学院	2	21.26	广西壮族自治区
306	贵州农业职业学院	11	21	贵州省
307	神木职业技术学院	4	20.99	陕西省
308	西安高新科技职业学院	7	20.94	陕西省
308	南充科技职业学院	7	20.94	四川省
308	梧州职业学院	7	20.94	广西壮族自治区
308	甘肃财贸职业学院	7	20.94	甘肃省
312	贵州城市职业学院	16	20.58	贵州省
313	江阳城建职业学院	6	20.15	四川省
314	重庆传媒职业学院	3	19.91	重庆市
315	川南幼儿师范高等专科学校	2	19.75	四川省
316	博尔塔拉职业技术学院	4	19.62	新疆维吾尔自治区
317	云南外事外语职业学院	6	19.29	云南省
318	贵州航空职业技术学院	3	19.28	贵州省
319	德阳城市轨道交通职业学院	5	19.25	四川省
319	广西自然资源职业技术学院	5	19.25	广西壮族自治区
319	天府新区航空旅游职业学院	5	19.25	四川省

续表

序号	学校名称	项目数	总分	省份
319	重庆科技职业学院	5	19.25	重庆市
319	天府新区通用航空职业学院	5	19.25	四川省
324	西安城市建设职业学院	3	19.17	陕西省
325	四川汽车职业技术学院	1	18.8	四川省
326	云南新兴职业学院	3	18.29	云南省
327	新疆能源职业技术学院	2	18.24	新疆维吾尔自治区
328	贵州装备制造职业学院	4	18.2	贵州省
328	兰州外语职业学院	4	18.2	甘肃省
328	云南水利水电职业学院	4	18.2	云南省
328	广西蓝天航空职业学院	4	18.2	广西壮族自治区
332	贵州工商职业学院	12	17.91	贵州省
333	贵州健康职业学院	2	17.81	贵州省
334	西安信息职业大学	10	17.49	陕西省
335	新疆现代职业技术学院	1	16.98	新疆维吾尔自治区
335	内蒙古北方职业技术学院	1	16.98	内蒙古自治区
335	内蒙古经贸外语职业学院	1	16.98	内蒙古自治区
335	昆明艺术职业学院	1	16.98	云南省
339	贵州电子商务职业技术学院	3	16.94	贵州省
339	贵州应用技术职业学院	3	16.94	贵州省
339	贵州电子科技职业学院	3	16.94	贵州省
339	喀什职业技术学院	3	16.94	新疆维吾尔自治区

续表

序号	学校名称	项目数	总分	省份
339	广西英华国际职业学院	3	16.94	广西壮族自治区
344	毕节工业职业技术学院	2	15.31	贵州省
344	重庆轻工职业学院	2	15.31	重庆市
344	贵州经贸职业技术学院	2	15.31	贵州省
344	云南特殊教育职业学院	2	15.31	云南省
344	广西培贤国际职业学院	2	15.31	广西壮族自治区
344	云南商务职业学院	2	15.31	云南省
344	哈密职业技术学院	2	15.31	新疆维吾尔自治区
344	临夏现代职业学院	2	15.31	甘肃省
344	崇左幼儿师范高等专科学校	2	15.31	广西壮族自治区
344	平凉职业技术学院	2	15.31	甘肃省
344	广西经济职业学院	2	15.31	广西壮族自治区
344	云南工贸职业技术学院	2	15.31	云南省
356	重庆护理职业学院	2	15.08	重庆市
357	大理护理职业学院	3	13.13	云南省
358	毕节幼儿师范高等专科学校	1	12.87	贵州省
358	昭通卫生职业学院	1	12.87	云南省
358	四川应用技术职业学院	1	12.87	四川省
358	重庆资源与环境保护职业学院	1	12.87	重庆市
358	资阳环境科技职业学院	1	12.87	四川省
358	德阳科贸职业学院	1	12.87	四川省

续表

序号	学校名称	项目数	总分	省份
358	扎兰屯职业学院	1	12.87	内蒙古自治区
358	重庆应用技术职业学院	1	12.87	重庆市
358	和田职业技术学院	1	12.87	新疆维吾尔自治区
358	四川文轩职业学院	1	12.87	四川省
368	重庆信息技术职业学院	4	8.69	重庆市

8.7 东北地区高职院校教师教学发展指数(2020 版)

序号	学校名称	项目数	总分	省份
1	长春职业技术学院	512	72.83	吉林省
2	辽宁省交通高等专科学校	264	71.29	辽宁省
3	辽宁农业职业技术学院	210	67.92	辽宁省
4	黑龙江建筑职业技术学院	150	67.58	黑龙江省
5	长春汽车工业高等专科学校	225	66.71	吉林省
6	哈尔滨职业技术学院	215	63.9	黑龙江省
7	黑龙江农业工程职业学院	228	63.33	黑龙江省
8	黑龙江农业经济职业学院	179	63.12	黑龙江省
9	黑龙江职业学院	230	62.69	黑龙江省
10	大连职业技术学院	197	59.93	辽宁省
11	沈阳职业技术学院	162	58.42	辽宁省
12	辽宁机电职业技术学院	166	58.35	辽宁省
13	吉林工业职业技术学院	116	56.4	吉林省
14	吉林交通职业技术学院	126	55.17	吉林省
15	辽宁石化职业技术学院	104	54.72	辽宁省
16	辽宁生态工程职业学院	158	53.62	辽宁省
17	渤海船舶职业学院	84	52.08	辽宁省
18	辽宁经济职业技术学院	127	51.95	辽宁省

续表

序号	学校名称	项目数	总分	省份
19	吉林铁道职业技术学院	68	50.04	吉林省
20	哈尔滨铁道职业技术学院	37	48.78	黑龙江省
21	长春医学高等专科学校	58	48.6	吉林省
22	黑龙江交通职业技术学院	110	48.12	黑龙江省
23	吉林电子信息职业技术学院	169	47.9	吉林省
24	黑龙江林业职业技术学院	60	47.23	黑龙江省
25	辽宁职业学院	79	46.31	辽宁省
26	大庆职业学院	42	45.81	黑龙江省
27	黑龙江旅游职业技术学院	37	45.19	黑龙江省
28	黑龙江农业职业技术学院	51	45.13	黑龙江省
29	辽源职业技术学院	49	44.92	吉林省
30	黑龙江农垦职业学院	51	44.8	黑龙江省
31	辽宁建筑职业学院	63	44.38	辽宁省
32	黑龙江生物科技职业学院	73	44.31	黑龙江省
33	辽宁铁道职业技术学院	45	44.26	辽宁省
34	辽宁装备制造职业技术学院	57	43.81	辽宁省
35	辽宁轨道交通职业学院	73	43.69	辽宁省

续表

序号	学校名称	项目数	总分	省份
36	黑龙江护理高等专科学校	37	43.4	黑龙江省
37	辽宁金融职业学院	52	42.61	辽宁省
38	长春金融高等专科学校	61	42.42	吉林省
39	锦州师范高等专科学校	34	42.18	辽宁省
40	辽宁城市建设职业技术学院	63	41.29	辽宁省
41	辽宁轻工职业学院	65	41.09	辽宁省
42	营口职业技术学院	34	41	辽宁省
43	大庆医学高等专科学校	29	40.44	黑龙江省
44	抚顺职业技术学院	26	40.17	辽宁省
45	黑龙江民族职业学院	20	39.91	黑龙江省
45	辽宁医药职业学院	28	39.91	辽宁省
47	辽宁现代服务职业技术学院	58	38.54	辽宁省
48	黑龙江生态工程职业学院	23	38	黑龙江省
49	辽阳职业技术学院	35	37.95	辽宁省
50	盘锦职业技术学院	28	37.79	辽宁省
51	黑龙江幼儿师范高等专科学校	29	37.54	黑龙江省
52	朝阳师范高等专科学校	24	37.17	辽宁省
53	黑龙江艺术职业学院	16	36.78	黑龙江省
54	牡丹江大学	23	36.74	黑龙江省
55	松原职业技术学院	30	36.36	吉林省
56	辽宁地质工程职业学院	31	36.21	辽宁省
57	抚顺师范高等专科学校	11	36.12	辽宁省

续表

序号	学校名称	项目数	总分	省份
58	铁岭师范高等专科学校	23	35.9	辽宁省
59	白城医学高等专科学校	19	34.66	吉林省
60	佳木斯职业学院	42	34.49	黑龙江省
61	黑龙江司法警官职业学院	4	34.17	黑龙江省
62	黑龙江农垦科技职业学院	21	33.54	黑龙江省
63	四平职业大学	26	33.3	吉林省
64	齐齐哈尔高等师范专科学校	12	32.9	黑龙江省
65	吉林工程职业学院	21	32.42	吉林省
66	黑龙江冰雪体育职业学院	2	32.09	黑龙江省
67	哈尔滨科学技术职业学院	12	31.84	黑龙江省
68	辽宁商贸职业学院	7	31.41	辽宁省
69	黑龙江公安警官职业学院	4	30.94	黑龙江省
70	黑龙江商业职业学院	36	30.52	黑龙江省
71	黑龙江能源职业学院	14	30.03	黑龙江省
72	鹤岗师范高等专科学校	3	29.91	黑龙江省
73	辽河石油职业技术学院	5	29.87	辽宁省
74	伊春职业学院	10	29.29	黑龙江省
75	哈尔滨幼儿师范高等专科学校	7	29.18	黑龙江省
76	白城职业技术学院	9	28.84	吉林省
77	辽宁冶金职业技术学院	9	28.24	辽宁省

续表

序号	学校名称	项目数	总分	省份
78	吉林科技职业技术学院	11	28.21	吉林省
79	延边职业技术学院	19	28.14	吉林省
80	大兴安岭职业学院	4	26.86	黑龙江省
81	长春信息技术职业学院	9	26.45	吉林省
82	哈尔滨电力职业技术学院	6	26.07	黑龙江省
83	辽宁理工职业大学	16	25.76	辽宁省
84	辽宁政法职业学院	21	25.35	辽宁省
84	长白山职业技术学院	8	25.35	吉林省
86	阜新高等专科学校	7	25.11	辽宁省
87	七台河职业学院	7	24.75	黑龙江省
88	沈阳北软信息职业技术学院	6	24.15	辽宁省
89	铁岭卫生职业学院	13	24.13	辽宁省
90	大连枫叶职业技术学院	18	24.04	辽宁省
91	长春师范高等专科学校	8	23.66	吉林省
92	辽宁特殊教育师范高等专科学校	3	23.52	辽宁省
93	吉林司法警官职业学院	5	22.79	吉林省
94	大连装备制造职业技术学院	2	22.6	辽宁省
95	吉林职业技术学院	3	21.79	吉林省
96	吉林水利电力职业学院	7	20.94	吉林省
97	沈阳航空职业技术学院	3	20.78	辽宁省
98	大连汽车职业技术学院	47	20.67	辽宁省

续表

序号	学校名称	项目数	总分	省份
99	哈尔滨应用职业技术学院	3	19.28	黑龙江省
100	辽宁工程职业学院	9	18.55	辽宁省
101	哈尔滨北方航空职业技术学院	4	18.2	黑龙江省
102	辽宁民族师范高等专科学校	4	17.9	辽宁省
103	大连软件职业学院	1	17.87	辽宁省
104	齐齐哈尔理工职业学院	2	15.31	黑龙江省
104	哈尔滨传媒职业学院	2	15.31	黑龙江省
104	哈尔滨城市职业学院	2	15.31	黑龙江省
107	辽宁广告职业学院	9	14.24	辽宁省
108	大连航运职业技术学院	1	13.87	辽宁省

8.8 民办高职院校教师教学发展指数(2020 版)

续表

序号	学校名称	项目数	总分	省份
1	上海思博职业技术学院	98	50.3	上海市
2	上海东海职业技术学院	59	46.19	上海市
3	上海济光职业技术学院	38	45.86	上海市
4	绍兴职业技术学院	78	43.57	浙江省
5	广州城建职业学院	60	43.43	广东省
6	三亚航空旅游职业学院	47	43.15	海南省
7	四川国际标榜职业学院	29	42.6	四川省
8	海南科技职业大学	80	42.5	海南省
9	上海工商职业技术学院	61	41.5	上海市
10	上海工商外国语职业学院	25	40.77	上海市
11	浙江广厦建设职业技术大学	28	39.72	浙江省
12	四川城市职业学院	50	38.72	四川省
13	泉州轻工职业学院	29	38.22	福建省
14	重庆科创职业学院	31	38.14	重庆市
15	上海中侨职业技术大学	44	37.21	上海市
16	江西航空职业技术学院	14	37.16	江西省
17	重庆电讯职业学院	9	36.68	重庆市
18	泉州华光职业学院	10	36.55	福建省
19	漳州理工职业学院	13	36.16	福建省
20	上海震旦职业学院	38	36.1	上海市
21	四川长江职业学院	37	35.97	四川省
22	重庆建筑科技职业学院	11	35.8	重庆市
23	漳州科技职业学院	33	35.77	福建省
24	广东岭南职业技术学院	27	35.7	广东省
25	上海邦德职业技术学院	19	35.53	上海市
26	上海电影艺术职业学院	26	35.24	上海市
27	渤海理工职业学院	24	35.22	河北省
28	西安医学高等专科学校	10	35.2	陕西省
29	福州软件职业技术学院	11	35.19	福建省
30	贵州盛华职业学院	9	34.72	贵州省
31	武汉外语外事职业学院	76	33.93	湖北省
32	浙江长征职业技术学院	22	33.75	浙江省
33	正德职业技术学院	14	33.12	江苏省
34	昆明卫生职业学院	9	33.07	云南省
35	厦门软件职业技术学院	38	32.91	福建省
36	浙江育英职业技术学院	19	32.69	浙江省
37	重庆机电职业技术大学	29	32.68	重庆市
38	云南经贸外事职业学院	11	32.53	云南省
39	重庆交通职业学院	61	32.51	重庆市

续表

序号	学校名称	项目数	总分	省份
40	南昌职业大学	15	32.39	江西省
41	武汉信息传播职业技术学院	44	32.26	湖北省
42	三亚城市职业学院	16	32.17	海南省
43	昆山登云科技职业学院	18	32.04	江苏省
44	运城职业技术大学	20	31.96	山西省
45	杭州万向职业技术学院	28	31.95	浙江省
46	福建华南女子职业学院	9	31.94	福建省
47	湖南三一工业职业技术学院	14	31.79	湖南省
48	钟山职业技术学院	10	31.49	江苏省
49	三亚理工职业学院	9	31.44	海南省
50	四川华新现代职业学院	25	31.28	四川省
51	四川科技职业学院	23	31.11	四川省
52	厦门华天涉外职业技术学院	20	31.06	福建省
53	四川现代职业学院	23	31.02	四川省
54	海南工商职业学院	20	30.92	海南省
55	北京汇佳职业学院	14	30.74	北京市
56	潍坊工商职业学院	23	30.68	山东省
56	漯河食品职业学院	14	30.68	河南省
58	厦门南洋职业学院	25	30.64	福建省
59	石家庄财经职业学院	18	30.63	河北省
60	重庆公共运输职业学院	11	30.33	重庆市
61	四川托普信息技术职业学院	39	30.27	四川省
62	广州南洋理工职业学院	20	30.12	广东省
63	重庆能源职业学院	19	30.1	重庆市

续表

序号	学校名称	项目数	总分	省份
64	北京经济技术职业学院	46	29.73	北京市
65	山西华澳商贸职业学院	9	29.67	山西省
66	厦门兴才职业技术学院	18	29.35	福建省
66	山西信息职业技术学院	5	29.35	山西省
68	武汉商贸职业学院	11	29.24	湖北省
69	广西城市职业大学	25	29.1	广西壮族自治区
70	山东海事职业学院	8	29.09	山东省
71	北京科技职业学院	14	29.06	北京市
72	广州现代信息工程职业技术学院	13	28.97	广东省
73	河南科技职业大学	4	28.96	河南省
74	新疆天山职业技术大学	17	28.87	新疆维吾尔自治区
75	山东外国语职业技术大学	22	28.86	山东省
76	江西软件职业技术大学	9	28.71	江西省
77	安徽矿业职业技术学院	20	28.43	安徽省
78	吉林科技职业技术学院	11	28.21	吉林省
78	浙江横店影视职业学院	17	28.21	浙江省
80	西安海棠职业学院	8	28.1	陕西省
81	成都艺术职业大学	40	28.09	四川省
82	嵩山少林武术职业学院	3	28.05	河南省
83	武昌职业学院	28	28	湖北省
83	四川文化传媒职业学院	23	28	四川省

续表

序号	学校名称	项目数	总分	省份
85	郑州澍青医学高等专科学校	8	27.96	河南省
86	四川希望汽车职业学院	22	27.88	四川省
87	四川三河职业学院	15	27.84	四川省
88	湖南都市职业学院	6	27.78	湖南省
89	泉州职业技术大学	26	27.71	福建省
90	云南工程职业学院	14	27.67	云南省
91	南阳职业学院	21	27.56	河南省
92	浙江东方职业技术学院	17	27.4	浙江省
93	广东工商职业技术大学	10	27.3	广东省
94	江西工商职业技术学院	8	27.11	江西省
95	长垣烹饪职业技术学院	22	27.06	河南省
96	广东碧桂园职业学院	7	26.99	广东省
97	江西泰豪动漫职业学院	11	26.85	江西省
98	湖南软件职业学院(本科)	10	26.75	湖南省
99	安徽涉外经济职业学院	42	26.61	安徽省
100	长春信息技术职业学院	9	26.45	吉林省
101	金肯职业技术学院	8	26.18	江苏省
102	江海职业技术学院	13	26.06	江苏省
103	民办合肥财经职业学院	8	25.91	安徽省
104	郑州电子信息职业技术学院	10	25.9	河南省
105	北京科技经营管理学院	3	25.87	北京市

续表

序号	学校名称	项目数	总分	省份
106	焦作工贸职业学院	13	25.81	河南省
107	辽宁理工职业大学	16	25.76	辽宁省
107	苏州高博软件技术职业学院	10	25.76	江苏省
109	四川西南航空职业学院	10	25.46	四川省
110	鹤壁汽车工程职业学院	11	25.44	河南省
111	泉州海洋职业学院	15	25.33	福建省
111	东营科技职业学院	15	25.33	山东省
111	陕西旅游烹饪职业学院	29	25.33	陕西省
111	江西新能源科技职业学院	21	25.33	江西省
115	海南健康管理职业技术学院	8	25.28	海南省
116	南京视觉艺术职业学院	12	25.21	江苏省
117	九州职业技术学院	10	25.17	江苏省
118	广州华夏职业学院	7	25.05	广东省
119	广西理工职业技术学院	85	25.03	广西壮族自治区
120	合肥信息技术职业学院	5	24.63	安徽省
121	合肥科技职业学院	7	24.62	安徽省
122	西安汽车职业大学	4	24.47	陕西省
123	嘉兴南洋职业技术学院	15	24.45	浙江省
124	宿迁泽达职业技术学院	3	24.36	江苏省
125	应天职业技术学院	6	24.2	江苏省
126	硅湖职业技术学院	11	24.19	江苏省
127	广州华立科技职业学院	14	24.15	广东省

续表

序号	学校名称	项目数	总分	省份
127	沈阳北软信息职业技术学院	6	24.15	辽宁省
129	惠州经济职业技术学院	10	24.1	广东省
130	大连枫叶职业技术学院	18	24.04	辽宁省
131	北京北大方正软件职业技术学院	50	23.97	北京市
132	北京培黎职业学院	5	23.85	北京市
133	巴中职业技术学院	5	23.83	四川省
134	洛阳科技职业学院	6	23.69	河南省
135	广州珠江职业技术学院	6	23.67	广东省
136	民办万博科技职业学院	5	23.64	安徽省
137	北京经贸职业学院	6	23.63	北京市
138	珠海艺术职业学院	4	23.58	广东省
138	泉州纺织服装职业学院	5	23.58	福建省
140	石家庄人民医学高等专科学校	5	23.55	河北省
141	武汉光谷职业学院	9	23.46	湖北省
142	广州华商职业学院	12	23.34	广东省
143	重庆艺术工程职业学院	2	23.12	重庆市
144	山西同文职业技术学院	3	23.08	山西省
145	德州科技职业学院	8	22.91	山东省
146	民办四川天一学院	8	22.7	四川省
147	大连装备制造职业技术学院	2	22.6	辽宁省
148	厦门安防科技职业学院	3	22.53	福建省
149	重庆海联职业技术学院	3	22.52	重庆市

续表

序号	学校名称	项目数	总分	省份
149	广西工程职业学院	6	22.52	广西壮族自治区
151	云南城市建设职业学院	1	22.35	云南省
151	天津滨海汽车工程职业学院	1	22.35	天津市
153	四川电子机械职业技术学院	9	22.3	四川省
153	山东圣翰财贸职业学院	9	22.3	山东省
153	郑州电力职业技术学院	9	22.3	河南省
153	石家庄理工职业学院	9	22.3	河北省
157	湖南高尔夫旅游职业学院	4	22.18	湖南省
158	重庆电信职业学院	14	22.15	重庆市
159	广东创新科技职业学院	4	22.14	广东省
160	上海民远职业技术学院	6	22.07	上海市
161	私立华联学院	7	21.98	广东省
162	郑州城市职业学院	2	21.9	河南省
162	安徽绿海商务职业学院	2	21.9	安徽省
164	吉林职业技术学院	3	21.79	吉林省
165	石家庄医学高等专科学校	5	21.78	河北省
166	江西枫林涉外经贸职业学院	6	21.67	江西省
167	山东工程职业技术大学	3	21.65	山东省
167	天府新区信息职业学院	8	21.65	四川省
167	江西洪州职业学院	8	21.65	江西省

续表

序号	学校名称	项目数	总分	省份
170	郑州理工职业学院	2	21.5	河南省
171	厦门演艺职业学院	3	21.27	福建省
172	广西科技职业学院	2	21.26	广西壮族自治区
173	江南影视艺术职业学院	6	21.18	江苏省
174	湖南外国语职业学院	4	21.09	湖南省
175	湖南电子科技职业学院	5	20.96	湖南省
176	西安高新科技职业学院	7	20.94	陕西省
176	金山职业技术学院	7	20.94	江苏省
176	南充科技职业学院	7	20.94	四川省
176	郑州信息工程职业学院	7	20.94	河南省
176	共青科技职业学院	7	20.94	江西省
181	潮汕职业技术学院	4	20.72	广东省
182	大连汽车职业技术学院	47	20.67	辽宁省
183	贵州城市职业学院	16	20.58	贵州省
184	无锡南洋职业技术学院	9	20.29	江苏省
185	江西科技职业学院	4	20.17	江西省
186	信阳涉外职业技术学院	6	20.15	河南省
186	安徽扬子职业技术学院	6	20.15	安徽省
186	江阳城建职业学院	6	20.15	四川省
186	苏州托普信息职业技术学院	6	20.15	江苏省
190	重庆传媒职业学院	3	19.91	重庆市
191	山东外事职业大学	3	19.86	山东省
192	石家庄工程职业学院	3	19.53	河北省

续表

序号	学校名称	项目数	总分	省份
193	长沙南方职业学院	5	19.37	湖南省
194	云南外事外语职业学院	6	19.29	云南省
195	潇湘职业学院	3	19.28	湖南省
195	厦门东海职业技术学院	3	19.28	福建省
195	哈尔滨应用职业技术学院	3	19.28	黑龙江省
195	浙江汽车职业技术学院	3	19.28	浙江省
199	德阳城市轨道交通职业学院	5	19.25	四川省
199	广州涉外经济职业技术学院	5	19.25	广东省
199	天府新区航空旅游职业学院	5	19.25	四川省
199	重庆科技职业学院	5	19.25	重庆市
199	天府新区通用航空职业学院	5	19.25	四川省
204	西安城市建设职业学院	3	19.17	陕西省
205	四川汽车职业技术学院	1	18.8	四川省
206	广州松田职业学院	5	18.61	广东省
207	北京艺术传媒职业学院	1	18.39	北京市
208	云南新兴职业学院	3	18.29	云南省
209	新疆能源职业技术学院	2	18.24	新疆维吾尔自治区
210	南昌影视传播职业学院	4	18.2	江西省
210	兰州外语职业学院	4	18.2	甘肃省
210	广州东华职业学院	4	18.2	广东省
210	湖南工商职业学院	4	18.2	湖南省

续表

序号	学校名称	项目数	总分	省份
210	广西蓝天航空职业学院	4	18.2	广西壮族自治区
210	哈尔滨北方航空职业技术学院	4	18.2	黑龙江省
216	贵州工商职业学院	12	17.91	贵州省
217	大连软件职业学院	1	17.87	辽宁省
217	山东杏林科技职业学院	1	17.87	山东省
217	上海中华职业技术学院	1	17.87	上海市
220	福州黎明职业技术学院	21	17.6	福建省
221	西安信息职业大学	10	17.49	陕西省
222	广州科技职业技术大学	12	17.45	广东省
223	新疆现代职业技术学院	1	16.98	新疆维吾尔自治区
223	黄冈科技职业学院	1	16.98	湖北省
223	内蒙古北方职业技术学院	1	16.98	内蒙古自治区
223	内蒙古经贸外语职业学院	1	16.98	内蒙古自治区
223	昆明艺术职业学院	1	16.98	云南省
228	明达职业技术学院	3	16.94	江苏省
228	贵州应用技术职业学院	3	16.94	贵州省
228	山东艺术设计职业学院	3	16.94	山东省
228	日照航海工程职业学院	3	16.94	山东省
228	长江艺术工程职业学院	3	16.94	湖北省
228	烟台黄金职业学院	3	16.94	山东省
228	广东酒店管理职业技术学院	3	16.94	广东省

续表

序号	学校名称	项目数	总分	省份
228	三亚中瑞酒店管理职业学院	3	16.94	海南省
228	景德镇陶瓷职业技术学院	3	16.94	江西省
228	赣西科技职业学院	3	16.94	江西省
228	广西英华国际职业学院	3	16.94	广西壮族自治区
239	武夷山职业学院	7	15.76	福建省
240	重庆轻工职业学院	2	15.31	重庆市
240	齐齐哈尔理工职业学院	2	15.31	黑龙江省
240	广西培贤国际职业学院	2	15.31	广西壮族自治区
240	哈尔滨传媒职业学院	2	15.31	黑龙江省
240	广东南方职业学院	2	15.31	广东省
240	云南商务职业学院	2	15.31	云南省
240	广东新安职业技术学院	2	15.31	广东省
240	福州英华职业学院	2	15.31	福建省
240	哈尔滨城市职业学院	2	15.31	黑龙江省
240	广西经济职业学院	2	15.31	广西壮族自治区
250	广东亚视演艺职业学院	3	15.16	广东省
251	重庆护理职业学院	2	15.08	重庆市
252	辽宁广告职业学院	9	14.24	辽宁省
253	广州康大职业技术学院	4	14.21	广东省
254	建东职业技术学院	2	13.93	江苏省
255	大连航运职业技术学院	1	13.87	辽宁省
256	广东文理职业学院	2	13.38	广东省

续表

序号	学校名称	项目数	总分	省份
257	广东信息工程职业学院	1	12.87	广东省
257	四川应用技术职业学院	1	12.87	四川省
257	重庆资源与环境保护职业学院	1	12.87	重庆市
257	资阳环境科技职业学院	1	12.87	四川省
257	山东力明科技职业学院	1	12.87	山东省
257	石家庄经济职业学院	1	12.87	河北省
257	郑州黄河护理职业学院	1	12.87	河南省
257	郑州商贸旅游职业学院	1	12.87	河南省
257	德阳科贸职业学院	1	12.87	四川省
257	重庆应用技术职业学院	1	12.87	重庆市
257	蚌埠经济技术职业学院	1	12.87	安徽省
257	民办合肥经济技术职业学院	1	12.87	安徽省
257	民办合肥滨湖职业技术学院	1	12.87	安徽省
257	广州华南商贸职业学院	1	12.87	广东省
257	四川文轩职业学院	1	12.87	四川省
272	重庆信息技术职业学院	4	8.69	重庆市
273	石家庄工商职业学院	1	7.84	河北省
274	山西老区职业技术学院	2	7.65	山西省

9 浙江省本科院校教师教学发展指数（2020版）

续表

序号	学校名称	项目数	总分
1	浙江大学	7481	100
2	浙江工业大学	2759	67.76
3	浙江师范大学	2999	63.25
4	宁波大学	2187	60.15
5	杭州电子科技大学	1860	59.45
6	浙江理工大学	1985	58.61
7	温州医科大学	1722	57.24
8	浙江工商大学	1824	56.49
9	杭州师范大学	2036	56.32
10	温州大学	1890	55
11	中国美术学院	1055	53.71
12	中国计量大学	1493	52.67
13	浙江中医药大学	1280	51.37
14	浙江财经大学	1412	50.44
15	浙江农林大学	1361	50.4
16	浙江万里学院	1044	47.57
17	浙江科技学院	1166	47.2
18	湖州师范学院	1154	47.05
19	浙江海洋大学	1262	46.36
20	绍兴文理学院	1089	46.17
21	嘉兴学院	1118	44.41
22	浙江传媒学院	1022	43.68
23	浙江水利水电学院	697	43.39
23	台州学院	1128	43.39
25	宁波工程学院	845	41.46
26	浙江树人学院	848	41.05
27	浙江外国语学院	631	40.01
28	浙江警察学院	512	39.72
29	丽水学院	790	38.01
30	杭州医学院	395	37.45
31	宁波财经学院	685	37.05
32	浙大城市学院	580	36.08
33	浙大宁波理工学院	471	35.86
34	衢州学院	557	35.23
35	浙江越秀外国语学院	517	34.04
36	浙江音乐学院	224	31.08
37	温州商学院	245	27.45
37	浙江工业大学之江学院	216	27.45
39	杭州师范大学钱江学院	127	26.77
40	宁波大学科学技术学院	150	26.39
41	绍兴文理学院元培学院	115	26.34
42	浙江师范大学行知学院	141	26.2
43	浙江财经大学东方学院	189	26.15
44	浙江工商大学杭州商学院	157	25.94
45	温州大学瓯江学院	155	25.6
46	同济大学浙江学院	160	24.61
47	浙江农林大学暨阳学院	144	24
48	上海财经大学浙江学院	74	23.78
49	浙江海洋大学东海科学技术学院	75	23.75
50	宁波诺丁汉大学	72	23.46
51	中国计量大学现代科技学院	83	23.34
52	温州医科大学仁济学院	86	23.24
53	嘉兴学院南湖学院	91	22.98
54	湖州师范学院求真学院	85	22.89
55	杭州电子科技大学信息工程学院	104	22.85
56	浙江理工大学科技与艺术学院	87	22.01
57	浙江中医药大学滨江学院	57	20.36
58	温州肯恩大学	49	15.05